The New Constitutional Order

"十二五"国家重点图书出版规划

法学译丛·公法系列

新宪法秩序

［美］马克·图施耐特（Mark Tushnet） 著
王书成 译

中国人民大学出版社
·北京·

序　言

虽然学术界有一种一般性的认识，即"与批判法学派相关联的那些分析方法已经过时了"，但我在此仍要表明的是：在我看来，本书的论点是我自在该领域开始研究宪法及其理论以来所持观点的一种延续。批判法学方法在过去和现在都有两种要素，这被彼得·加贝尔（Peter Gabel）描述为"对客观性（objectivity）和合理性（reasonableness）所持主张进行的一种批判"，这尤其体现在法律领域，但也不限于此。而且批判法学方法作为一种针对历史和当代社会的解释方法，尤其关注法律在社会中的发展及地位，当然也不限于此。

《红、白和蓝：美国法律的一种批判分析》（1988年）这本书所包含的两部分，都是沿着批判法学的这两个要素展开的。第一部分主张，当时为诸多论点所支持的宪法解释理论在过去——以及现在——都不能满足自由政治理论（liberal political theory）在宪法解释理论上的需求。第二部分则从描述社会学（descriptive sociology）的角度对当时宪法原则的一些内容进行分析，并将宪法原则（constitutional doctrine）与所谓"自由社会"中的社会组织的某些方面相联系。《把宪法带出法院》（1999年）一书则通过对宪政主义自身予以批判（尽管我的观点在某种程度上已有所改变，经过这十年的思考，再来看它们则要变得比以前愈加老练），由此沿用了《红、白和蓝：美国法律的一种批判分析》在第一部分所采用的策略。手头的这本书经过又一次的修改，而延续了第二部分所使用的策略。这次，我不再把具体的宪法原则与那些宽泛的社会结构（social structures）联结在一起，而是把宪法原则的结构与当前政治制度在实际运转中的某些方面联结起来。

自一开始,分析性方法与社会学描述方法之间的区别就是批判法学派讨论的内容之一。那些痴迷者把它当做一种"倾向"(tilt)问题。我的立场一直都是:任何分析性方法如果限制了宪法原则——更广义地说是法律原则——的结构或内容,都是不可行的,而只有社会学描述方法才可能把具体历史时刻中的一些倾向识别出来。这个问题在过去重要;在现在,可能也很重要,因为在有些人看来,那些被描述的地方已经暗示了某种程度的(社会)决定论(determinism),而这种决定论与分析性方法并非一致,更重要的是,这可能会在政治上带来一些弱化效果(debilitating effects)。不过,我过去和现在的观点都是:政治课本身不会存在不协调或者误导。对我而言,这本书中所采用的社会学描述方法意味着:那些带有政治观点的人(就像我自己也是)可以在两种法律主张之间游刃有余。其中一种主张可以支持——进而可推至极限——我在结论中所描述的改革主义者的各种计划,当然,该结论与当前宪法秩序的政治结构是相一致的。另一种主张——也并非与政治结构不一致——可能会提出一些提案,而这些提案在目前的政治情境中近乎是一种乌托邦,诸如废除司法审查这样的提案——这也是《把宪法带出法院》一书所得出的结论。

我在此要感谢布鲁斯·阿克曼、伊丽莎白·亚历山大、塞缪尔·巴根斯托斯、迈克尔·多尔夫、丹·厄恩斯特、威廉·埃斯克里奇、丹尼尔·法伯、海蒂·李·费尔德曼、罗伯特·弗格森、巴斯琴·弗兰科斯、弗雷德里克·马克·格迪克斯、马克·格拉伯、维基·杰克逊、桑福德·莱文森、约翰·曼宁、卡丽·梅克尔·麦德罗、杰拉尔德·纽曼、理查德·帕克、埃里克·波斯纳、马修·波特菲尔德、杰夫·罗森、路易斯·迈克尔·塞德曼、彼得·斯皮罗、彼得·斯特劳斯、凯斯·桑斯坦、丽贝卡·图什内特、卡洛斯·曼纽尔·巴斯克斯以及尤金·沃洛赫。感谢他们对该书部分内容的初稿所给予的评论。另外,在乔治城大学法律中心和哥伦比亚大学法学院组织的研讨会、哥伦比亚大学法学院公法午餐小组、埃默里大学法律理论研讨会、弗吉尼亚大学法学院比较宪法研讨会,以及芝加哥大学法律理论研讨会上,一些学者也对部分内容给予了很好的评论。尼森·马伯比、雷切尔·利贝克·普利斯特和杰奎琳·夏皮罗在研究上提供了有益的帮助。该书的部分内容也曾以论文的形式刊发，分别是：《序言：新宪法秩序和消磨的宪法雄心》，《哈佛法律评论》第113卷第29页起（1999年）；《后普林茨案世界中的全球化和联邦制》，《塔尔萨法律杂志》第36卷11页起（2000年）；《最高法院的新联邦制是什么?》，《俄克拉何马城市大学法律评论》第25卷927页起（2000年）；《琼斯先生和最高法院》，《绿袋》第4卷173页起（2001年）；《新宪法秩序中的联邦制和国际人权》，《韦恩法律评论》第47卷841页起（2001年）；言论自由条款的过剩?》，《莱奥那大学芝加哥法律杂志》第33卷71页起（2001年）。不过对那些在其他地方已发表的文章，我在内容上已经进行了重新组织和构思，有的地方甚至作了根本性的改动。

目 录

导论　宪法秩序之理念 …………………………………………… 1

第一章　新宪法秩序中的政治机构 ……………………………… 12
　　总统权 …………………………………………………………… 14
　　分治政府中两极化的国会（Polarized Congress）………… 19
　　关于媒体 ………………………………………………………… 27
　　对国家政策制定范围的影响 …………………………………… 31
　　对总统行政（Presidential Administration）的影响 ……… 35
　　对弹劾所产生的影响 …………………………………………… 37
　　对州政府的影响 ………………………………………………… 39
　　对个人权利的影响 ……………………………………………… 42
　　对司法审查的影响 ……………………………………………… 43
　　结论 ……………………………………………………………… 44

第二章　新宪法秩序中的最高法院 ……………………………… 66
　　现代法院与 20 世纪 20 年代的宪法原则 ……………………… 69
　　联邦制 …………………………………………………………… 70
　　州际贸易 ………………………………………………………… 72
　　规制那些享有自治主权的州 …………………………………… 77
　　第十四条修正案的实施 ………………………………………… 82

—— 1

第十一条修正案与各州自治主权的豁免 …………………… 88
现代民族主义（nationalism） …………………………………… 94
经济自由 …………………………………………………………… 96
合同条款 …………………………………………………………… 96
合同自由 …………………………………………………………… 97
征收条款 …………………………………………………………… 98
非授权原则（The Nondelegation Doctrine） ………………… 106
新宪法秩序中的个人权利 ………………………………………… 108
种族 ………………………………………………………………… 109
言论自由 …………………………………………………………… 111
种族因素以外的平等问题 ………………………………………… 114
宗教条款 …………………………………………………………… 116
宪法上存疑的法律 ………………………………………………… 119
尚未开发的领域 …………………………………………………… 126
附条件支出（Conditional Spending） ………………………… 127
先占（preemption） ……………………………………………… 128
遵循先例 …………………………………………………………… 137
新宪法时代的最高法院和国会 …………………………………… 140
为何法院是谦抑的 ………………………………………………… 142

第三章　新宪法秩序之外？ ……………………………………… 163
不同宪法秩序之间低迷的宪法抱负 ……………………………… 164
一个短暂的统一政府？ …………………………………………… 168
中间派大法官（median justice）？ …………………………… 170
总统领导的可能 …………………………………………………… 176
结语 ………………………………………………………………… 182

第四章　新宪法秩序之法理 ……………………………………… 187
最高法院的角色忧虑及其消解 …………………………………… 188
为法院角色的正当性辩护：一个还不算充分的理由 ………… 190

宪法审慎（constitutional seriousness）：
    作为原则的替代……………………………………… 199
  科学之隐喻 ………………………………………………… 204
  作为新秩序法理的极简主义 ……………………………… 208
  极简主义与司法权：布什诉戈尔案的法理……………… 219

第五章　全球化和新宪法秩序…………………………………… 239
  北美自由贸易协定（NAFTA）与缅甸法律 …………… 241
  布雷德案、索林案和缅甸法律案 ………………………… 244
  布雷德案和缔约权的内容限制 …………………………… 246
  "反强占原则"（Anti-Commandeering Principle）和
    国际事务……………………………………………… 251
  缅甸法律和先占原则（Preemption Doctrine）………… 256
  国际协定在新宪法秩序中的政治特征…………………… 264

结语　新宪法秩序中的规制……………………………………… 284

参考文献…………………………………………………………… 297
判例目录…………………………………………………………… 314
索引………………………………………………………………… 321
译后记……………………………………………………………… 333

导论　宪法秩序之理念

比尔·克林顿（Bill Clinton）总统在1996年的国情咨文演说*中说："大政府的时代已经结束了。"[1]许多共和党人认为，克林顿总统冷嘲热讽般地缓和了共和党的那些政治话题，从而保护了他的总统职位，因为在之前1994年的选举中，克林顿的政府策略明显是被公众反对的。当时，共和党人是自1954年以来第一次在众议院和参议院中同时获得了多数席位。许多传统的民主党人认为，由富兰克林·罗斯福（Franklin Roosevelt）发起的"新政改革"（New Deal agenda）以及林登·约翰逊（Lyndon Johnson）实施的"大社会计划"（Great Society programs）发展出来的——且为民主党所秉持的——那些原则，已经被克林顿总统背叛了。

我们应该认真思考克林顿总统的这番言论。他的表述说明了他的一种理解，那就是我所说的那种宪法新秩序已经得到了巩固。通过宪

---

*　国情咨文（State of the Union address）是每年总统在美国国会联席会议召开之前于美国国会大厦中的众议院发表的报告。这项报告不仅仅包括国情分析，总统还会在报告中向美国国会阐述他的立法议程以及国家优先事项。这个报告从1934年起，通常于1月份发表，如遇总统交接，则于2月份由新总统发表。——译者注

法秩序（或政体）这个概念，我想表明的是：某个时期会存在一套相当稳定的制度，而国家的重大决策都可以通过这种制度得以持续地作出，而且经由原则来指导这些决策。[2]这些制度和原则会产生一种结构（structure），由此让一般的政治主张都置身其中。这也是为何我把它们称作是宪法的（constitutional），而不仅限于政治（political）。[3]

由此，机构（institution）和原则（principle）构成了宪法秩序。在机构层面，宪法秩序并不限于最高法院这一个机构，也包括全国性政党组织、国会以及总统。实际上，就如我在第一和第二章中所主张的，如果不考虑可以主导其他联邦机构的制度性安排（institutional arrangement）这个语境，我们根本无法理解最高法院所阐释的那些宪法原则。对我而言，宪法秩序更像是小 c 开头的英国宪法（constitution），而不像我们所说的美国宪法（Constitution）这样一部文件。而且如同一些研究宪政的学者所发现的，研究英国宪法会更奏效，所以我认为，对于美国宪法秩序的研究，如果我们超越司法教义（judicial doctrine）以及成文宪法（written Constitution）这个层面，进而放眼那些相对稳定的政治安排以及指导性原则，那么，这样会更为奏效。

在1944年的国情咨文中，富兰克林·罗斯福（Franklin D. Roosevelt）对20世纪30年代到80年代宪法秩序中的指导性原则进行了界定，而我则把它称为"新政—大社会"（New Deal-Great Society）宪法秩序。罗斯福呼吁落实"第二权利法案"（Second Bill of Rights），其中包括"有权利丰衣足食及娱乐"，"有权利有病可医、居者有其所、接受良好教育"，以及"有权利在老龄、疾病、意外事故和失业时获得充足的经济保障"[4]。当然，克林顿宣称大政府时代已经一去不复返了，但这并不意味着政府就可以消极怠工。应该说，新宪法秩序中的那些改革动议都是小规模的。而罗斯福在"新政—大社会"宪法秩序中所表达的那些雄心，在新的秩序中也已被消磨了。

最常见的是，那些指导新宪法秩序的原则所达到的情形是：直接通过法律（Law）来追求正义的那种雄心，已经在根本上被消磨了。让个体责任与市场过程——而不是国家的立法——来确认并努力推进正义，这已成为实现雄心的手段。与过去新政—大社会政体的情形相比，法律（包括宪法）虽然并没有消失，但它们在新宪法秩序中所直接扮演的角色比以前要弱化许多。法律与宪法原则设立了很多条件，由此可以让个人和组织努力去追求他们的自身目标——包括一些人可以由此来追求正义。当然，法律和宪法原则也搭建了一个架构，由此让这些努力都可以置身其中来展开。换句话说，新秩序下的正义图景（vision of justice）是：政府只为个人搭建一个架构，从而可以让他们置身其中来追求自身的正义。

当然，宪法秩序也会逐渐被修建，乃至转型：但在任何时候，我们都能于其中发现一套枢纽式的制度与原则，其中有一些来自先前的政体，也有一些可能是从那些对之后政体有激励的制度和原则中引申而来的。[5]如同我在第一章里所提出的，当前的宪法秩序最初成形于1980年罗纳德·里根（Ronald Reagan）的选举之中，接着在1994年的选举中，它在内容上更为确定，然后在克林顿任职的最后几年，又得到了加固。这种政体修建与转型的逐渐过程，很难被描述为"某一种"宪法秩序，因为总存在一些需要考虑的特征——这些特征有的是过去留下来的，有的是未来可预期出现的，因此并非只是考虑当下政体的某个核心特征（central feature）。诚然，我对这些核心特征的描述可能并没有达到其本来应有的面貌，当然，如果总认为我的观点只是一种尝试（tentative），那么可能会对内容的理解有所影响。

在本书中，我比较了新宪法秩序和"新政—大社会"宪法秩序。从我的目的来说，没有必要再从美国宪法史中去挖掘其他类型的宪法秩序，但就此而言，似乎要把我所使用的方法与宪法学中其他两种紧密相关的方法予以妥当地区别开。[6]法学教授布鲁斯·阿克曼把宪法的历史描述成：长期维系的日常政治（normal politics）之后发生的一系列宪法时刻（constitutional moments）。[7]阿克曼的日常政治时期大致可对应我所说的宪法秩序，而他所说的宪法时刻也许就是新宪法秩序出现的时刻。

根据阿克曼的观点，法学教授杰克·巴尔金（Jack M. Balkin）

和桑福德·列文森（Sanford Levinson）也对宪法秩序中的"革命性转变"有相关论述。[8] 在强调这些转变可以——而且一般来说也是——逐渐发生的时候，他们并不赞成阿克曼。他们间接地批评了阿克曼所使用的某一时刻（a moment）这个隐喻——该隐喻以此是要表明宪法秩序的形成是迅速的（quickly）。至少就新宪法秩序而言，这具有误导性。[9] 对于巴尔金和列文森来说，宪法变革要通过他们所说的"政党巩固"（partisan entrenchment）过程来发生，其中某一政党通过主导性的意识形态——有时是迅速、但时常是逐渐地——来获得对三个政府权力部门的控制。巴尔金和列文森以布什诉戈尔案（Bush v. Gore）为背景来架构他们的力作。他们把该案中乔治·布什（George W. Bush）就任总统看作政党巩固过程中又一个得力的棋子。通过这个案件，最高法院那些保守派法官逐步采取了一些措施，以确保下一位被任命的法官能进一步巩固共和党对法院的控制效果，从而完成政党巩固的任务——政党巩固是宪法变革的一个重要组成要素。[10]

我并不同意阿克曼的说法，反而赞成巴尔金和列文森的观点，也就是宪法政体是在长期的过程中逐渐形成的，而不是通过某一些突发时刻（convulsive moments）完成的。比如，从第二章中讨论的一些最高法院判决，可以看出 20 世纪 80 年代后期"新政—大社会"宪法秩序的衰亡，且可以看出一些在 20 世纪 90 年代广为人知的原则其实是来源于 20 世纪 70 年代。不过，巴尔金和列文森强调政党巩固，意味着他们不可能考虑到一种情形，即宪法政体也可能是一个在意识形态上持续分治的政府（divided government）——我在书中对此进行了探讨。而意识形态分治的政府各自用他们自身的指导原则来制定政策。对巴尔金和列文森来说，布什诉戈尔案已经把我们放到了宪法变革的边缘。不过与此相反，我倒认为我们已经向新宪法秩序转型了。

我与阿克曼在方法上的另一个区别是：阿克曼强调对宪法时刻的识别，因为他想提出一种"规范宪法理论"（normative constitutional theory），由此可以来解释他所说的宪法上的时际困难（intertemporal difficulty）[11]，并就"人民在多年前所做的决定为何还可以在当下约束人民在行为上的选择"这个问题作出解释。阿克曼认为，在宪法时刻期间所作出决定的规范权重（normative weight）比在日常政治状态下的要大，由此便解决了时际困难。[12]这是因为：与日常政治时期相比，宪法时刻期间所产生的政治结果是能够吸引公众更为关注那些"宪法要义"的（constitutional fundamentals）。日常生活状态下的那些关注让许多人远离了政治审议（political deliberation）以及允诺，当然，这也可以理解，而且也是合适的，从而也只会在很狭小的范围内关注一些利益群体，并以此来影响政策的发展。当然，这些日常状态比宪法时刻要多很多。

阿克曼的这些规范考虑使得他要去构建一些形式标准，而且在他看来，只有达到这些标准之后，我们才可以说某个宪法时刻发生了：因为对宪法忠诚的那些义务产生于宪法时刻，所以人民要弄清楚究竟在哪些具体的场合下会出现这些义务。与阿克曼相比，我很少关注时际困难方面的规范难题。[13]基于此，我认为没有必要通过去满足一些特殊的形式标准，从而来证明新宪法秩序是否已经产生了。[14]比如，并不存在某个特定的关键性选举。[15]虽然阿克曼对我们宪法秩序所进行的思考已经影响了我的方法，但我相信，阿克曼这种来源于规范性关注的形式主义，会让我们看不清当下的宪法秩序究竟是什么。

阿克曼的形式标准确实也有一个很大的优势：它们可以让我们知道一个宪法秩序何时代替了另一个。然而，我的方法没有阿克曼那样来得爽快。我不依靠任何形式标准，当然，我也会对"哪种制度安排和指导原则可足以稳定地成为宪法秩序的一部分"这个问题作出相应的判断，不过其他人对此可能已经做好争辩的准备了。在第一章和第二章中，我尽力去为我的这些判断进行辩护。第三章则向大家展现那些挑战我的这些判断的情形，当然，这不可避免地会影响我所做判断的说服力。但是最后，我仍然认为我的判断是靠得住的，至少，我希望大家能够认识到我分析过程中那些最有价值的地方。

由于阿克曼关注时际困难，这也使我与他在方法上有另一个不同之处。时际困难和那些指导宪法秩序的原则在司法适用（judicial enforcement）方面是紧密相连的：在某种程度上，这个困难是我们担心自己受制于那些多年前所做的决定,并且让法院来发布具有法定约束力的指令。与阿克曼、巴尔金或列文森相比,我在政体原则上所使用的方法在某种程度上不再只以法院为中心。与他们不同的是,我相信宪法原则可以——并且正是——通过连贯性宪政体制中的法律(statutes)得以呈现出来。对于"新政"宪法秩序来说,社会保障制度以及罗斯福所提出的"第二权利法案"与最高法院的判决一样,都具有重要性。对于"大社会"宪法秩序来说,最高法院的判决其实没有办法与1964年的民权法案、1965年的选举权法案以及那些政体指导原则(regime's guiding principles)下的医疗保障计划相匹配。当然,宪法秩序中的那些指导原则也会影响一些司法判决,但是,如果我们把注意力仅仅局限在法院,那么对于"我们的制度是如何运作的"这个命题,我们就会在认识上有所偏差。

第一章探讨了国会和总统在制度上的安排,同时也简要地讨论州政府(state government)的进展问题。现代宪法秩序最重要的特征是政府在意识形态上的分治,这给联邦政府在行为选择上施加了很多严格的限制。对此,我探讨了为何会出现分治政府,以及它是如何影响总统与国会之间关系的,并且它是如何影响了国会内部那些组织的。在此,我主要运用了政治科学家的那些研究成果。其中对我的研究有些不利的是:政治科学家在探讨或解释联邦政治机构的发展时常常会出现观点上的纷争。对于这些纷争,我承认是客观存在的,不过,我会选择使用那些对我来说最具启发性的政治分析。

第二章对最高法院在过去几十年里所做的一些重要判决进行了探讨。从第一章中所分析的那些理由来看,最高法院在新宪法秩序中时常扮演着一种"重要指示器"的角色。它废弃了"新政—大社会"宪法秩序,发展了新秩序下的那些宪法原则,并在制度上作相应的安排,从而最终可以为这些原则提供一个更为宽广的制度环境。但在我看来,目前的最高法院很好地契合了这种新秩序,进而不可能挑动一场实质性的宪法变革甚而将宪法秩序推至另一块新的领地。

第一章和第二章采用修辞式手法宣称现在是新宪法秩序。在第三章中,我对那些挑战"我们处在新宪法秩序之中"这个观点的诸多说法进行了分析。或许，我们还处于某一过渡期，从而在这一时期之后——比如通过为巴尔金和列文森所担心的最高法院法官之任命，或者经由总统的领导来创造一种在意识形态上统一的政府，我们才可以进入新宪法秩序。或许也有可能，我所说的新宪法秩序只是对美国政治发展的一般性概括：我们偶尔会迎来一些突发时刻，即阿克曼所说的"宪法时刻"，之后再经历一段漂流期——由此便不可避免地会把那些让早期美国人备受鼓舞的宪法雄心消磨掉。当然也有可能，我所说的新宪法秩序只是普通的宪法秩序而已。对于上面所提出的这些问题，我的立场其实很简单：它们都只是有可能正确而已，但是对"我们目前的情形是很稳定的，而且特色鲜明，因此可称为新宪法秩序"这个可能性命题，如果对之进行相应的思索，这会让我们更清楚地理解对当下所进行的那些思考。可以说在某种程度上，第一章和第二章应该以"我们有可能处于新宪法秩序之中"这样的语句来装饰。但是基于修辞的目的，我决定把这些限定降至最低限度，尽管与我实际上所说的言辞相比，这些限定可能更为准确地反映了我的立场。

第四章对近来宪法学的一些最新发展进行了探讨，尤其是凯斯·孙斯坦（Cass Sunstein）的相关研究成果，进而认为，这些研究表明了它与宪法秩序在宪法法理（constitutional jurisprudence）上是相一致的——这也有可能是为新宪法秩序准备的。在第五章，我在既有原则的轮廓之外进一步探讨如何让本国的新宪法秩序（the new domestic constitutional order）去适应新的国际环境——用时髦的话来说，就是适应全球化。我所关注的是推进普遍人权过程中的那些国际利益，以及这些国际利益给联邦制下的国内法可能带来的间接影响，因为在新秩序下，联邦制已成为宪法原则发展上的焦点问题。在最后简短的结论中，我也提到了规制理论中那些颇为有趣的新近发展，这也可能会给新宪法秩序中那些温和的进步改良主义者（progressive reformist）提供一种依据。

最后，我提到了第二个困难——"我使用了政治科学的素材，并将其运用到与该书有关的那些一般性问题上"，并得出了我的结论。在 2000 年大选之前，当时政治科学家很自信地提出了一些模型，而在很大程度上预测副总统戈尔会胜出。这些模型是通过一些理论预测得出的，但这近乎又要取决于选民对经济条件、对前任总统政绩表现的评价以及对类似情形的反应究竟如何，而并不是完全取决于候选人的个人特征或者他们采用了哪种竞选方式。当然，这些模型最后都尴尬地失败了：他们都成功预测到副总统会在两党中获得多数选票，但是，他们并没有预测到最后的选举结果会如此地接近，因此，这一丁点儿的成功便也黯然失色了。[16]其中的原因在于，政治科学范式中的"科学"无法把人的意念——比如那些竞选决定、选民对特定人格和事件的反应——以及那些偶然性机遇也考虑进来。但我们知道，这种意念和机遇在日常政治中扮演着重要的角色。充其量，我能够描述出来的是胜利的大方向，但是随时都有可能被不可预见的事件或人为决定改变了。

我在具体分析中对其中的结构也有所阐释。人们一般是基于自己的偏好、信念和价值在这些结构中作出决定。这些结构给人们带来了激励和机遇，但是，政治人物也许会抵制这种激励，或者无法抓住这些机遇。[17]分治政府在其中扮演着重要的角色，但是对于"是去抵制还是去重建一个新政体——比如去支持第三个政党，或者改变他们的偏好以此在某种程度上形成一个具有统一意识形态的政府"，选民们有可能只是简单地抛出他们的决定而已。

法学教授杰克·巴尔金的知识结构是在"新政—大社会"宪法秩序时期形成的。他通过最高法院判决的布什诉戈尔案，对这些事宜给予了间接的评论，其中指出："在过去大约五年里，我对'法院意欲推进它的保守性计划'这个说法在认识上一直是错误的。而且一直都是这样……我对此进行了自我反思：'他们不可能那样做。那样会让人觉得不可思议。'但每一次，我的认识都被证明是错误的。"[18]从某种意义上来说，巴尔金的第一印象是对的：当法院完全背离新政—大社会秩序下的那些宪法原则时，这确实会让人觉得最高法院的角色定位简直是疯掉了。一些年轻学者——尤其是那些认同联邦制的学者——更能理解最高法院角色定位的何去何从。而问题的关键在于：最高法院的角色定位是否已经偏离了现代宪法秩序给它所设定的界限。他们很有可能会成为重大变革的预言者。不过,法院的判决无疑会受到那些激进乃至变革的影响。而这些激进和变革会让宪法得以重塑,甚至很明显的是,这种重塑已经发生了。不过我相信,宪法原则发生根本性变革是不可能的事情,因为当下最高法院的教义与那些政体原则是内在一致的,而这些政体原则其实就是新宪法秩序中其他权力机构的表征所在。但我很清楚地知道约吉·贝拉或尼尔·波尔(不很确定)的一句名言,那就是"预言是危险的,尤其对未来预言"。不过,我也信赖另一句名言(不知是达蒙·瑞炀还是 H. L. 门肯说的),那就是"赛跑并非总是那般迅速,战争也并非总是那般强烈,但这正是赌注之所在。"

注释

[1] Clinton, "State of the Union 1996."

[2] 政体这一概念主要是由国际关系方面的学生发展出来的。一个经典的定义是,"政体……是由不成文或成文的原则、规范、规则和决策程序所组成的,而各类主体的期望也汇聚于此。" Krasner, "Structural Causes and Regime Consequences," at p. 186. 另外一个概念把政体界定为"各种类型的整合(ensemble),这些类型决定着(a)获取重要政府职位的形式和渠道,(b)被纳入或者排除出这一过程的主体所具有的特征,(c)这些主体能够使用的资源或策略,以及(d)有公共约束力的决定在作出时所遵循的那些规则。为了达到其效果,这种整合必须予以制度化(institutionalized);也就是说,各种类型必须习惯性地被大多数(即使不是所有的)所知晓、实践并接受。那么逐渐地,这便包括了对它们进行相应的法律化和宪法化,但是许多稳定政体的规范也具有间接的、非正式的、审慎的或先例上的依据"。Schmitter, *How to Democratize the European Union*, at p. 3. 这些概念公式在表述上会有细节上的差别,而且在某种程度上,这些差别还可能很大,但是它们能够引导读者去认识关于宪法秩序或政体的一般性观念,进而达到我的目的。我在此书中的探讨也详细地展示了我对于宪法秩序观念的独特理解。

[3] 激发宪法秩序的那些原则可能在法院对立法进行合宪性审查的过程中被贯彻执行,但是以这些原则为基础的司法审查并不是认识新宪法秩序的先决条件。

[4] Roosevelt, "Annual Message to Congress, January 11, 1944."

[5] 对政体建构(regime construction)所具渐进性的讨论,参见 Orren and

Skowronek, "Regimes and Regime Building", at pp. 698-99. 奥伦和斯科瓦拉那克总结认为，"一个政体可能在一段时间里整体上处于悬空的状态，但是其实从来都没有真正地契合在一起过，这种新旧因素间的交互作用，或多或少会让政体不停地处于转型之中"（第 792 页）。See also Whittington, "Dismantling the Modern States?"at p. 527. （"宪法秩序就是……—座突然出现的建筑，它是在政治中自我运转的。"）

[6] Bobbitt, *The Shield of Achilles*，其提出的关于政体转型的内容，至少与我所提出的很像是一对姐妹，与我相比，尽管博比特对战争和国际事务在创造和提供宪法秩序所需结构（structure）上扮演的角色更为关注，而且尽管他赞同新宪法秩序本该在 20 世纪末出现，但他还是认为，新的政体所替代的是内战时产生的那个政体，而不是新政和大社会时的政体。

[7] See Ackerman, *We the People*：*Foundations*；Ackerman, *We the People*：*Transformations*.

[8] Balkin and Levinson, "Understanding the Constitutional Revolution."

[9] 参见 also Halpern and Lamb, "The Supreme Court and New Constitutional Eras".（提出了一种模型，其中"突发性历史事件或力量"促成了政体的改变。）

[10] 巴尔金和列文森详细阐释了最高法院近来的决定是如何以一种革命的方式扩张的。接下来的第二章对这些决定进行了相应的阐释。

[11] Ackerman, "Discovering the Constitution,"at pp. 1045-49.

[12] 在一般意义上，阿克曼关于宪政主义的主张可能是规范性的，而在我看来，它是关于美国宪政主义传统的描述。这种描述性主张是：与其他时刻的决定相比，美国人碰巧将在宪法时刻所作出的决定赋予了更强的规范力。

[13] 关于我在规范性立场上的相关阐释，参见 Tushnet, *Taking the Constitution away from the Courts*。

[14] 需要注意的是，在某种程度上，阿克曼用那些形式标准来识别宪法时刻，其中有一种政党上的动机：他想表明，新政的宪法危机——此间富兰克林·罗斯福抵制并改组最高法院——是一个宪法时刻，但是里根的变革（Reagan Revolution）——以及它后来的继受者——并不是。See Ackerman, "Revolution on a Human Scale,"at pp. 2286, 2290（指出，"迄今为止，新政中那些重大努力都没有在根本上被改变，且预见到了一个更长的日常政治时期——时常被许多可能出现的革命的失败所打断，这些革命都试图使制度进入一种转型模式"）；Ackerman, "A Generation of Betrayal?"at pp. 1534-36（其中的主张是：虽然描

述了一种可能——那就是通过一系列拥护共和党的选举来使里根的变革得以巩固，但事情最后并非如此）；Ackerman，"Off Balance," in Ackerman, ed., *Bush v. Gore*。

［15］可参见第一章中对关键性选举（critical elections）理论的简要讨论。

［16］《政治科学与政治》2000年3月卷的附录中有很多文章讨论了这些选举模式的成功和失败之处。

［17］Cf. R. Kent Weaver and Bert A. Rockman, "Assessing the Effects of Institutions," in Weaver and Rockman, eds., *Do Institutions Matter*? at p.39.（"政治制度最好被认为是，其既可以给有效的决策带来风险，也会提供机遇。是否能够认识到这些风险和机遇，则取决于是否存在那些促成或约束这些制度效应的具体条件。"）

［18］Balkin，"*Bush v. Gore*，" at p.1446.

第一章 新宪法秩序中的政治机构

宪法秩序把那些新颖的指导原则与特色鲜明的制度安排结合了起来。简而言之，新宪法秩序的特征表现为分治政府（divided government）以及意识形态各异却又统一的政党制度。它所秉持的原则实际上是那些曾经指导新政—大社会秩序（New Deal-Great Society order）的宪法雄心被消磨后的版本。它第一次在制度上有所斩获是1980年罗纳德·里根的当选。[1]1994年的大选使得共和党在众议院和参议院中占有了多数席位，自那时起，新宪法秩序就已经得到了巩固。

新政—大社会秩序以那些多元利益集团之间的博弈为特征，其中许多利益集团在联邦政府的官僚机构中都站有脚跟。[2]虽然在如何用最好的方法来平等地保护所有美国人方面，不可避免地会存在一些重大分歧，但其指导原则仍然还是平等自由主义（egalitarian liberalism）。指导新体制的那些适度保守的原则是众所周知的，接下来，我将关注的是新秩序的制度特征。这些特征背离了新政—大社会秩序的背景，但仍然会对新秩序中的政策有所影响。[3]

宪法政体其实把机构（institution）和行为（behavior）绑在了

第一章　新宪法秩序中的政治机构

一起，当然，我们不必特意去优先分析哪个机构。但我们要从某个地方着手，对此，一个可选择的切入点是选民与政党之间的关系——当然，这些政党其实是被总统以及那些想在国会谋取职位的政客所操控的。从历史来看，美国所发生的那些政体转变，也是由于那些关键性选举导致党派重组而发生的，这使得大量选民的政党关系在很大范围内发生了甚至是持久性的改变。[4]新宪法秩序的产生情形则有所不同。[5]许多观察家认为，1980年的选举是一场关键的重组性选举，其中传统的民主党人一直都是转向里根的共和主义。[6]不过，事实其实并非如此。[7]恰恰相反的是，1980年的选举只是整个政党长时期解组（dealignment）并调整过程中的一个部分而已。其中，许多选民不再依附于某个政党，而其他一些选民则从民主党转向了共和党，这种转向在数量上足可以消除民主党在新政—大社会时期所独具的巨大优势，但是，这并不足以让共和党人可以获取持续而有保证的"多数"（majority）。[8]尤其是，调整所带来的一个结果是，两党在"哲学层面的一致性"（philosophical coherence）有所增强：自由派的共和党人几乎消失了，而且保守派的民主党人在数量上也有所减少，尽管减少的没那么多。[9]同样，解组（dealignment）与调整（adjustment）是相互联合的，由此，那些继位总统便可以组建他们自己的政党。政党的解组与调整也许不会促成新的宪法秩序，但是，它为新政体的繁荣昌盛还是创造了很多条件。

在下面的章节里面，我将分析新宪法秩序中的机构。首先，我会阐释总统在建构宪法秩序中所采取的方式，其中重点分析那些通过执政让政体发生变化的总统与那些后来——既有来自同一政党、也有来自反对党——的继任总统之间的关系。接下来，我讨论了国会，阐释了新宪法秩序中之所以出现国会两极化（congressional polarization）的根源所在，以及选民为何对分治政府情有独钟。在我看来，在一个新的政体中，总统与国会之间的相互作用会产生一个宪法雄心被消磨遏制的政府。在本章的最后，我对先前观点的一些具体影响展开讨论：一般来说涉及的问题有联邦制政策的范围、总统的动议权、弹劾、个人权利和司法审查。

新宪法秩序

总统权

斯蒂芬·史卡罗奈克指出，总统在发动政体转型（regime transformation）的过程中发挥了关键作用。[10] 就我一直使用的术语而言，史卡罗奈克认为，每一个宪法秩序下都有一个促生新秩序的总统，他既对新秩序下的那些原则进行阐释，同时也着手让制度转型，从而最终产生一个与以前有所不同的宪法政体。[11] 所以，比如说，富兰克林·罗斯福就逐渐发展了现代自由主义的原则，并着手创设了一些制度，使得各类利益集团可以在其中有所体现。林登·B·约翰逊的愿景是非常激进地去追求一种强健有力的平等主义，同时为了能够控制政策的议程（policy agenda），也接受并努力去操控各个利益团体之间的竞争。在罗纳德·里根执政时，则是去挑战自由主义的那些原则，并试图去拆散那些在新政—大社会秩序中为利益集团所操控的机构，虽然就此只获得了很小的胜利。[12]

虽然在里根任职期间政府并没有转型，但是，新的政体却得到了加固，而且它采取的形式比里根在1981年至1989年执政时期所取得的那些成绩都要重要。值得注意的是，"与美国立约"（Contract with America）* 所提出的一系列改革措施与里根的想法完全一致。该"契约"的条款内容并不是瞬间被炮制出来的，但是到1999年的时候，其中许多关键内容都已经通过某种形式被制定成法律了，而且通常都有克林顿总统的支持。[13] 这个结果有力地说明了，新宪法秩序已经在生根发芽：来自反对党的总统也不再抵制——有时甚至是同意——那些与新政体相关的提案。[14]

在政体发起人（regime initiator）之后的那些总统扮演了多种角色。与发起人所属政党相同的总统不但试图去继承发起人的遗产，并

---

* 美利坚契约是在1994年议会竞选活动中由共和党发布的一个文件，其中具体的文本内容包括共和党承诺将制定的八项改革措施，以及如果他们在选举中获得多数将要辩论的十项法案。——译者注

第一章　新宪法秩序中的政治机构

且会用他们自己的方式去开辟一些新的道路，从而来证明他们同样是值得尊敬的领袖。他们要想从所效仿总统的影子里走出来，往往会面临一些困惑，比如史卡罗奈克指出的乔治·H·W·布什就存在这样的困惑。[15]

可能更加有意思的是那些来自反对建构新政体的政党的总统。如果那种政体已经实实在在地存在了[16]，那么，继位者便会践行史卡罗奈克所说的"先占政治"（politics of preemption）。*他们接受新政体的一般性架构，但也试图在细节上做些具体的修改。有的时候，他们也会愤怒于在他们政党看来是政体的多余物。[17]这样的话，他们将获得先前政体中党派的支持。而在这些稳妥的提案动议中，这些党派仍可以看到希望，对原先的秩序（former order）进行更大范围的修正。但是，这个过程很难满足总统的那些雄心——他们要用这些雄心把自己特色鲜明地标榜为国家首领。

一个可选择的方案是：带着新政体里的这些动议，继续向前发展。这才是一种真正的"先占政治"。总统可以盗用他在形式上反对的政党方案。比尔·克林顿便选择了这种角色。[18]作为一个所谓的新民主党人，他所阐述的主题与那些和共和党相关的主题相比，并没有多大的区别："政策将通过市场机制或者各个州来运转，而且它会'重塑'（reinvent）政府"；"政策将对个人责任的'明确预期'进行具体化，并对恶行施以制裁"；而且"政策将强调对人民（people）'投资'所带来的长远利益，从而使他们成为有生产力的工人和公民"[19]。在克林顿执政前两年所实行的三个主要动议中，有两个——削减财政赤字与签署北美自由贸易协定——与共和党的那些原则是完全相符的。[20]

那些践行先占政治的总统，面临着两方面的挑战。他们必须通过某种方式把他们的想法施加于他们的政党，而对于政党中的那些积极分子来说，他们很可能还停留在已被替代的旧宪法秩序中。对于那些

---

　　* 先占（preemption），就法律层面而言，一般指以联邦层面的法律来替代州层面的法律。——译者注

15

反对者们对总统的真诚所提出的诸多挑战，这些总统必须予以面对，而且要面对因他们盗用了反对者的那些措辞而带来的恼怒。[21]

11 　　史卡罗奈克还发现了总统可能扮演的其他角色。总统会试图去证明他们是领袖，因此，他们要迎接很多新的挑战，迎接那些他们的前任并没有面对或者还没有解决的问题。但是，每个宪法秩序都会慢慢衰退，由此下去，这些挑战也许是很难解决的。无论是依附组建了该政体的某个党派，还是践行"先占政治"与否，这些总统都逐渐发现，他们用以贯彻政体原则（regime's principles）的制度性安排（institutional arrangements）根本无法胜任他们所面临的新挑战。但是，在他们手头上，很少有可以替代的制度资源。有些改革者建议用新秩序来取代旧秩序，这使得在政体后期（late-regime）的那些总统可以知晓他们的失败结局。

　　克林顿总统的国情咨文表达了这样一种信号：他把自己看作一位"先占政治"的践行者。他广泛地提及了三角结构政治谋略，其中他既远离那些"控制国会、严格且过度保守主义的"共和党人，也远离在国会中那些还秉持过时的新政—大社会式自由主义的民主党人。这种三角谋略正是"先占政治"的践行者们所要采纳的。[22]他经常向他的政治顾问引用下面的陈述，即"我希望你们都能意识到，我们都是艾森豪威尔时代的共和党人……而且，我们正在与里根时代的共和党人作斗争"，这已表明了克林顿计划的内容所在。[23]

　　对克林顿来说，这种"先占政治"由"联邦政府那些已经被削弱的雄心抱负（ambitions）"所构成。到1999年年初的时候，我们可以看出，克林顿为了改变民主党，为之付诸了很多努力。不论在克林顿遭到弹劾的时候，国会党（congressional party）是统一的，还是总统候选人戈尔也着手对他的竞选宗旨进行界定，不过，这些都是雕虫小技而已。[24]其实，在新的宪法秩序下，所有的总统竞选活动也许都只是展现了由这些小举措组成的大礼包而已，这也让让人愤世嫉俗地知晓，"那些政客……将用许多简短而空洞的承诺来取代……那些宏大而空洞的承诺"[25]，这些都是仍依附于新政—大社会中那些已过时假定的政客所干的事情。

第一章 新宪法秩序中的政治机构

那些着手进行政体改革的总统与之后继任总统之间的关系问题，在每一个政体中都会出现。史卡罗奈克也指出，当国家在经历前任所留下的政体时，其中有一个重要的倾向：每一政体都会留有一些残渣，而继任者对此必须要以某种方式加以处理。从这一点来看，新政—大社会政体的一个重要遗产，就是那些利益团体在全国性政治中已经积聚起来的权重。[26]

富兰克林·罗斯福在新政—大社会宪法秩序中确立了一些利益集团，而西德尼·米尔奇斯对其中的过程进行了阐释。[27]罗斯福发现，他要面临一个以各州为基础的全国性政党（national party）制度，而这对完成他的计划来说是一个障碍。这些全国性政党是各个州和地方政党之间相互联合起来的，其中一项重要的功能就是分配好处（dispense patronage）。但是，那些州的机构阻碍了这些新政计划的实施。[28]罗斯福便直接挑战各州的地方政党，但就此而言，最多只能说取得了部分成功。他真正的成功之处其实是在其他地方——那就是用一项鲜明的计划性措施，把那些以恩惠为导向的各州地方政党用一个全国性政治组织替代掉。[29]

罗斯福对政党制度的贡献在于他创设了一个特色鲜明、全国性的总统党（presidential party）。该政党独立于各州的政党，并在国会成员选举中发挥了至关重要的作用。他通过利用"进步政治"（progressive politics）中起重要作用的知识人士及组织来达到目的，这给他提供了一个支撑的源头：利用自由派专家人士中的骨干力量，比如那些社会工作者，因为他们接受罗斯福政体的那些原则。[30]罗斯福则依靠这些进步的专业人士来配备那些新政体制中的政治官僚机构，从而取代以政治施惠为基础来挑选的方式（selection）。反过来，这些政治官僚机构也可以独立于各州政党来运转，这就会直接把各个选区（constituencies）与联邦政府联系起来，而不需要地方政党再在中间插上一杠。[31]罗斯福还动议了一项在现在仍被广泛践行的做法：那就是组建一个总统竞选组织，让其可以独立于全国性政党组织来运转——而总统候选人在名义上仍然是全国性政党组织的领导。[32]

总的来看，随着他们不断地推进，这些创新举措也产生了——如米尔奇斯所说的——那种不是以选民而是以政府为中心的政治形态。[33]随着新政—大社会宪法秩序的衰弱,那些利益集团动员他们所在选区的努力也在消退。在以政府为中心的政治形态下,那些利益集团会竭尽全力地去影响那些政治官僚机构,当然,这依赖于他们的领导对"他们所做的哪些行为与名义上所代表的选民利益是相符的"这个问题所作出的决定。政治社会学家西达·斯考波尔把这些新的利益集团描述成"没有成员的倡议者"[34]。斯考波尔认为,"利益集团政治"(interest group politics)这种新形式"回应了——当然反过来也推进了——美国政府和选举政治中那些重大变化之处"[35]。成天在首都华盛顿游说,也有资金来垫付那些启动成本,通过群发邮件来不停地筹集资金,且可以很容易地来运用媒体,以上这些方面都很重要,且可以为"利益集团政治"创造一种"由上而下"(top-down)般的情境。斯考波尔也强调,通过群发邮件筹集资金会"放大那些已极端化的声音",因为"收件人很容易立刻改变态度,而且会被那些强烈的政策偏好所煽动……叫嚣和僵局都是很容易出现的情形"[36]。

新宪法秩序仍然受新政—大社会政体残余物的影响。那些利益集团仍然很重要,特别是在制定由联邦政治官僚机构所执行的那些政策时,更是如此。如史卡罗奈克所说的,行政部门的"制度增厚"(institutional thickening)提升了总统在形式上所享有的权力,且有的时候是那些实效性权力,但这也有可能会使其他政治主体发起更让人难以对付的抵制,因为他们可以通过配置他们所在政治部门的资源来抵制总统或国会的动议。[37]不过政治仍然是以政府为中心的。而且,总统竞选也还是"以候选人为中心"[38],且国会选举也逐渐成为这样了。但是,新宪法秩序给最终的当选者也施加了一些约束。新宪法秩序一个重要的特征就是重新联合总统党与国会党。[39]"与美国立约"这个计划(Contract with America)已完成了共和党的重新联合[40],而且也对克林顿总统进行了弹劾——其中克林顿及其同僚付出了艰辛努力去转变其所在政党的意识形态重心,不过,对民主党而言,他们所做的似乎也是如此。政策制定方面的事务再一次被联合起来的全国性政党所掌管。但是,这些政党与选民已经不再有什么联系,虽然在新政之前是有联系的。

分治政府中两极化的国会（Polarized Congress）

新宪法秩序包含好几个部分。我已经讨论了以政府为中心的总统党所扮演的角色。下面将讨论其他几个部分。首先，新秩序中有一些并不参与政治的公众。这反而促使那些处于弱势地位的国会党可以发展起来，这些国会党成员几乎就像独立的企业家来参与竞选活动。这些国会党作为政党组织，可能处于弱势地位，但是他们在意识形态上是连贯一致的。[41]他们也具有高度的政党性，因为其候选人必须在选区中通过争取那些积极而有党派倾向的选民，从而才可以获得提名，那么当然也要使他们自己与这些选区中的意识形态更为一致。最后，作为一种规范，新宪法秩序似乎会采取分治政府的形态，其中由不同的政党来控制总统职位，而且至少要能控制国会两院中的一院。

在过去的一百多年里，参加投票的选民数量已经下降了25%。[42]"这种下降，是由疏远了选民还是因选民满意了而导致的[43]，抑或是由投票环节的法律障碍导致的[44]，或是由于那些动员大众介入政治事务的组织转化成了政党而导致的[45]"，观察家对此有着不同的意见。其实，结果还是相对清晰的。政治已经被那些相对少数的选民所掌控，而不是被那些政党组织所控制。新政——大社会政体中的国会党也具有混杂性：保守派的南方民主党人（Southern Democrats）掺和了自由派的北方民主党人（Northern Democrats），而且共和党中也包含那些带有国际主义思想的"洛克菲勒共和党人"（Rockefeller Republicans）以及一些孤立主义的保守派。这种混杂性是在对候选人进行挑选（candidate selection）中出现的，因为这种挑选是通过地方政党组织——而不是选民自己——进行的。

如今，挑选候选人这一环是发生在预选环节（primaries）。那些有抱负投身国家事务的人士，当然有必要让自己投身到公众当中，而且不让自己带有任何政治组织的印记。但是，他们可以投身的选民现在是越来越少,而且有很多选民是受不同党派的控制。因此,这些可以起作用选民的萎缩,即意味着"那些候选人以及立法议员已经开始慢慢地被意识形态化"[46]。这些议员一旦当选,也必定会明哲保身,以防止有人对他们的预选环节提出挑战,当然其中最大的威胁是来自他们自身政党中那些已被高度意识形态化的人士。即使在一般性选举中,这些受意识形态驱使的公民都比没有强烈立场的公民更可能去参加投票。[47]由此结果是,共和党的立法议员比普通大众要来得更为保守,而民主党的立法议员则要更为自由。[48]这些因素会导致的一个结果是,那些国会议员会逐渐地不再去关注以及回应其选民所抱的整个看法。[49]这些全国性政党在意识形态上逐步一致(coherence),能反馈给选民的是:共和党选民在保守方面比以前更加一致,而民主党选民在自由方面则比以前更为一致。[50]

在预选环节提名候选人,这会降低那些地方政党组织的重要性。这些候选人不再期盼从政党领袖那里寻找祝福,而是直接走到选民当中,并看着候选人自己手头上的支票本*,同时寻找可以为他们的竞选活动提供资金支持的朋友。这种提名过程同时也会进一步让各个政党在意识形态上相互分离,因为"预选环节的选民比一般选民在意识形态上更有倾向性",而且,那些政党中的积极分子也愿意调整他们自己,从而来迎合那些全国性利益集团及那些超越国会选区范围所找到的联盟。[51]那么,整体上的效果就是"掏空"了"如今国会政党制度(congressional party system)的内核",且几乎让自由派的民主党与保守派的共和党之间没有任何交叉。[52]党派分离这一个手法也表明了,国会中最保守的民主党人比最自由的共和党人其实更加自由。[53]

那些国会选区(Congressional district)**自身在政党派别上也逐渐趋同化。比如,在1998年,有94名现职人员不反对,有114名现职人员也只是在名义上反对,这主要是因为这些选区被一个政党牢牢掌控。[54]不过反过来看,这在很大程度上是由最高法院在"议席重新

---

* 支票本,即为候选人提供参选的经费。——译者注
** 一个国会选区(Congressional district)是对一个州的地理划分,其中在这个区域挑选出一位参议院议员。——译者注

分配"（reapportionment）方面所做的那些判决导致的，这也排除了很多关于划分选区界限的传统理由。那些具体划分界限的政客主要是把精力集中在"通过分区（districting）来使政党获得优势"上面，并力所能及地去追求这个结果——这一结果也可以通过一些计算机程序（computer program）得到改进，原因在于这些程序可以对不同的分区决定进行比较，从而评估出他们政党的影响力。[55]当然，政党方面的优势有时候意味着，通过对这些温和派的现职人员在内部进行多样化的分区，从而来保护他们，但也更意味着创建了一些在政党上已趋同的选区，这对于现职人员来说是安全的，而且可能更为重要的是，一旦现职人员卸任，这对于来自同一政党的代表来说也还是安全的。

这些分区决定显然并没有对参议院产生影响，但对于选民决定"想在哪里居住"来说，却可能产生了影响。比如，一个新闻工作者认为，人们会搬到和自己偏好相近的邻居那里居住。[56]一个更为全面的调查显示，从一个州移到另一个州的那些移民，更有可能是共和党人，就此而言，要远胜于那些民主党人；搬迁的花费很大，富人比穷人在搬迁上要更为频繁，而富人里面更多的是共和党人。[57]那么，这样达到的效果就是，让他们所离开的州会有越来越多的民主党人，而他们所搬入的州会有更多的共和党人。[58]那么，如果两个参议员来自同一个政党，这就有可能要增加参议院代表的数量。[59]

在那些政党已经趋同化的选区中，现职人员所面临的挑战主要来自本党内部在政治上最活跃的分子（the politically active），而且这些政治活跃分子比普通选民有更强的意识形态。通过预选环节来挑选候选人，这可以让人们把自己都当做潜在可能的候选人（potential candidate），然后便会求助于那些政党中的政治活跃分子。选择这么做的人，很可能会变得高度政党化（highly partisan）。[60]那么结果就是，在过去几十年里，国会里党派间的趋同明显得到了强化。[61]正如一位国会议员所说的，"那有可能要追溯至 1962 年贝克诉卡尔案（Baker v. Carr）的判决……因为国会的很多选区越来越多地被某一个政党所控制，而美国国会比以前也要更为极端。经过三十年的重新划分选区之后,你在国会里所拥有的也越来越被政党所极化。"[62]那些候选人的极化(polarization),反过来好像又促使了那些参与政治的公众在极化程度上有所提高。[63]

这些普通选民可以看到这些党派间的差别所在,且他们看起来好像也已经认同,其中最好的应对措施就是去建构一个分治政府,"经由不同的机构来控制这些反对党,从而来平衡反对党的政策或意识形态"[64]。这种架构表明了,选民的偏好有可能会促成一个分治政府:一旦认识到全国性政党中出现的意识形态极化情形,那么,就会有足够多的选民去分散他们的选票,从而保证更稳妥结果的出现。[65]

这种对分治政府的解释在政治学家之间也存在着相当大的争议。[66]这种以偏好为基础对分治政府所做的解释,有的时候可能会要求"在选民中进行一项在程度上不可能达到的协调工作"。这些偏好也许可以解释"为什么选民在1992年会选择克林顿,但在1994年却选择共和党的国会",但是,欲对这些偏好进行协调进而在总统选举中——像在1996年——产生一个分治政府,这是件相当困难的事:一些人可能想拥有一个由民主党当总统与共和党掌管国会的分治政府,而另一些人可能想拥有一个由共和党当总统和民主党掌管国会的分治政府,但是,除非事情进展得都极其顺利,否则,最后的结果很可能是同一个政党同时操控了这两个机构。一些政治学家根据选举的结构性特征对分治政府作了一些解释,但不幸的是,这些解释都过于抽象,而且也没有以偏好为依托(preference-based)进行解释所具有的那种直观力(intuitive pull)。

无论是什么原因,至少在过去几十年里,选民已经构建了一个分治政府。但这样一来,选民已经把那些政党机构的重要性降低了。就选民的偏好来说,选民其实并不会标榜自己是民主党人,还是共和党人;不过,他们虽然不这么做,却还是创建了一个分治政府。但是,我们在第三章中将会看到,如果分治政府是由那些偏好所导致的,那么,总统领导可以去重新塑造这些偏好,并创造出一个统一而且在意识形态上具有一致性的政府。

候选人和选民中的极化情形也可能会促成分治政府。正如政治学

第一章 新宪法秩序中的政治机构

家莫里斯·菲奥里纳所说的，政党中的活跃分子"要求的是可以选择（choice），而不是有回声（echo），进而会把他们的候选人推到一个更为极端的位置。但是，越来越多的选民宁可要'回声'也不愿去'选择'，从而就会分散他们的选票。这些政党活跃分子会试图去游说一种有原则且有纲领的政府（programmatic government），但是，选民会以分治政府来应对"[67]。在这样一个选民已被解组（dealignment）的时代，政治精英会在精英阶层对政党进行重建。总统总会有一些平台来进行各种活动，而这些平台也给选民们提供了一个信息，那就是"如果他们把票投给这个候选人或者其他候选人，他们从中究竟能得到什么"。但是，对于追求分治政府的选民来说，他们可能在对国会议员投票的时候，还都不知道——除了投反对票——他们以后能得到什么。[68]

在罗纳德·里根担任总统期间，新政—大社会中的民主党联盟处于一个持续衰退的状态，但是在北方，有一个人以民主党人身份在进行活动，这个事实至少可以传达一些政治承诺（political commitment）方面的信息。"与美国立约"（Contract with America）给国会里的共和党人提供了一个与对手相同的平台，从而可以反映出他们在分治政府中将要履行的职位。[69] 然后，在1994年就已经决定对政府进行分治的那些选民，到1996年的时候，决定通过让克林顿再次当选，以此来继续维持这种分治政府的状态。[70]

解组（Dealignment）对政党自身也有影响。正如我所主张的，在新政—大社会政体中，联邦官僚机构中的职位被分给了不同的选区。而且"这些政府机构的内部加固（entrenchment）使得现代政党和利益集团可以去使用那些公共资源，而不再需要他们去进行那种全方位的选举动员"[71]。这些利益集团也能够绕过国会党，直接去对付这些官僚机构。同时，这些利益集团自身的加固也会使政体转型变得越来越困难，其实，里根在解散联邦行政机构时所遇到的困难已经说明了这点。

这些全国性政党由于不能对联邦政府的资源进行控制，便会从一种以动员选民为目的的组织转变为一种通过自己的竞选活动来帮助候选人的服务性组织。[72]这些政党对"谁可以获得政党提名"基本上都颇感兴趣:"这些政党组织……被迫要在那些重大——如果不是唯一的——目标上获胜,而不是让这些重大目标在意识形态上变得纯净。"[73]一个政党工作者把民主党国会竞选委员会(Democratic House Campaign Committee)描述成:"我们唯一感兴趣的就是第一号记名投票(Roll Call One),即通过政党来投票(party-line vote)产生负责召开每次议会的众议院议长(House Speaker)。此后在众议院里所发生的那就是别人的事情了。"[74]由于在地方当选的那些候选人带着更为强烈的意识形态,因而那些全国性政党就有了可以让他们获取胜利的制度性资源。

这种转型所带来的效果也已变得非常复杂。这些全国性政党组织可能不会参与具体的治理过程,但是他们却可以财源滚滚,因为他们是由那些精英专业人士来掌管的,而这些精英专业人士非常擅长筹集资金、设计竞选信息及其他相关事项。[75]这些专业人士为参加竞选的每一位候选人……组建一些特别的竞选组织,来经营竞选活动。在选举结束的时候,这些特别竞选组织中的民意调查者、战略家、资金筹集人员、各领域专家等,都将一去而空。[76]由于选民不能再就所遇到的问题找到一个固定的组织,他们便会发现他们的处境是"被疏远了,而且身份也被降低了"[77]。"由于选民们不再去拥戴他们的政党……这些政客便想用那些更为有力的政党组织"来提供一些选民们曾提供给他们的资源。[78]反过来,对于那些在财力上更为丰厚的全国性政党,会让政客没有多大必要再去依赖那种草根动员(grassroots mobilization),由此也便会使得选民的投票数比以前更少。[79]而对于那些以服务为宗旨的政党,虽然它们也会去选举那些用政党来标识的候选人,但这会间接地促进政党的极端化,因为去动员那些带有意识形态的重大选区,与面对那些更大范围的选区比起来,前者当然要相对容易得多。那么,"行政型政党(parties of administration)的出现,加强了全国性政党组织,并且使得国会中的政党成员在纪律上也更为严明,但是其代价是削弱了选民对政党的忠诚度"[80]。根据总统学者奖获得者(presidential scholar)西德尼·米尔奇斯的观点:"新

第一章 新宪法秩序中的政治机构

的政党制度可以让华盛顿特区内的政治发生严重的极端化，但是……可能并没有能力……让大众去支持那些政治原则和计划。"[81]

在新的宪法秩序里，政党已经成为"公共官员、求职人员、政治活跃分子的联盟所在"[82]。国家政策的制定是——在一般政治过程之外——经由那些政治网络或政策网络而发展出来的产品而已。[83]政党在慢慢地消失，也"不再是对他们的计划能够予以支撑和推动的组织"[84]。很多个体竞选组织作为公民与候选人之间的调解人，已经取代了政党组织在相关方面的功能。[85]而且，那些总统候选人发起的"个性化"（personalistic）竞选活动，把焦点集中在了个人人格上，而不再集中在他们的政党纲领上。[86]最后的结果——用政治历史学家乔尔·希尔彼的话来说——就是"是我们让这些混乱发生的"[87]。

这些极端化效果本身也可能因为国会内部的变化而被强化。独立候选人在竞选时可以或多或少地不受全国大趋势的影响，尽管与此同时他们可以选择和"与美国立约"这样的全国性计划结盟在一起，不过吊诡的是，独立选举（individual election）以参选人为中心的特性，却成了强化国会内部政党领导力的激励因素。[88]这些彼此单独行事的议员会面临"集体行动"（collective action）这样的问题，但是，如果他们想在下一次选举中在选民面前把自己表现为成功的立法议员，那么他们就需要有所作为。通过授权众议院和参议院的政党领导行使那些重大权力，由此可以解决协调（coordination）方面的问题。[89]像"与美国立约"这样的共同平台也会产生同样的效果，但可能更为重要的是，在这种情况下，领导要有能力进行一揽子立法（legislative packages）——然后由议员们对该一揽子立法进行整体投票，而且领导还要有能力制定一些规则从而授权——或者更为重要的是限制——对提案的修正案进行投票。[90]反过来，这些一揽子立法会让相关报道有所增加，而这些报道都为那些内心持反对意见的议员所把持，因而他们可以向他们的选民解释说，就是这种领导关系强迫他们对这一系列法案进行投票的，当然，其中有一些法案还是深受选民喜欢的，而另外一些则是选民所讨厌的。[91]不过，"由于政党的内在趋同性增强了，因而在政策层面的领导成本也就相应地减小了，由此，收益也就增加了"[92]。正如政治学家大卫·罗德所说的："如今，立法机关中的那些政党在政策方面一般都能在内部达成广泛的一致意见，但是与反对党在政策方面则存在着不同的意见。如果还是这样，那么，大多数议员都还愿意把那些重要权力授给他们的领导，从而追求他们在政治和政策上的共同目标。"[93]

在内部发生的各种变化（internal change）——比如某些规则限制了一些重要委员会的数量，而且也限制了委员会主席的任期——会分散国会议员的权力[94]，而这对于"政党唯一的核心代理（central agent）——政党领导——来说，进一步推进政党的那些重大立法目标就显得更为重要"[95]。所以，比如，现在的政党领导有更多的权力去选举那些委员会的主席，去决定哪一委员会要考虑一些立法上的特别条款，并且通过制定规则来对哪些修正案和代替法案要予以考虑进行规定，并在众议院中集体讨论决定（floor action）。[96]当由于出现立法上的障碍而产生总统和国会之间的高峰会议时，此时，就可以由领导（leadership）来选择具体的参会者。这些领导人已经发展出了所谓的"政治行动委员会"（leadership PACs）*，由此，这些政党领导人便可以筹措到资金，并将其分发给那些独立候选人[97]，这样便可以把议员的竞选财务状况和他们对政党领导人指令的服从联系起来。[98]那么结果是，这些政党领导人有了更多的武器去驯服那些顽固不化的党内成员。通过拉拢那些有可能反对政党决策委员会所持立场的党员，这些变化又进一步加深了政党在意识形态上的极端化。国会内的这些政党作为"组织……专注于协调那些为了共同政策目标所采取的行动……并找出这些自治政党所共同的基础所在，且以他们共有的偏好为基础来建构起一些政党联盟"[99]。

简言之，新宪法秩序包括那些不参与政治的公众，也包括分治政府中那些处于弱势地位但党派特性却很强的政党组织。

---

* Leadership PACs 是一个政治行动委员会。它主要是由现任国会议员、原国会议员以及一些知名的政治家所组成。任务主要是两个：筹集资金，结交朋友。当选官员也知道，在政治游戏中，金钱和朋友对于赢得选举以及获取那些领导职位来说是最为重要的。——译者注

第一章　新宪法秩序中的政治机构

关于媒体

在新宪法秩序中，媒体的作用也是复杂的。其实，我并没有利用新闻专业领域以外的大量研究来阐释媒体和新秩序之间的结构性关系。不过，对于这种关系的一些重要特征，也存在一些基本的认同。

从政治学家的角度来看，这种情形就相当简单。正如两位政治学家所指出的："政党组织的弱化使得政治家们更加依赖于那些有利于他们的媒体报道。"[100]在这两位学者看来，政治家们其实知道如何去"精心制作"（craft）他们的信息，以此来"吸引媒体的关注"，而且可能更为重要的是，对于政治家们所追求但其实并不符合选民要求的那些政策内容，他们会模糊处理之。[101]政治家们"通过让媒体充满着他们的信息"，以此来操控媒体行业，而且会用简洁而又有吸引力的话题（themes）来进行报道，且对于这些话题，"政治家们其实已经通过一些讨论小组（focus group）预先进行了测试，从而确保观众能够接受这些话题所涉及的内容，虽然这些话题可能在具体政策中并没有得到体现"[102]。"对那些极化情形进行结合运用、对政策目标进行突出强调、对政治智囊进行突出强调、抛出一些谙熟媒体业的政治领导人，以上这些伎俩可以明显地对舆论操控术（opinion manipulation strategies）的广泛使用起到强化效果——从总统到那些国会议员和利益集团，都是如此。"[103]

从媒体的角度来看，这种情形更加复杂。新闻媒体要跟得上观众的娱乐性。他们要编写故事情节，并把它们放到每位记者可用的"新闻板块"（news-hole）里，这些都有严格的时间限制。比如，这两位政治学家对关于最高法院的电视报道进行了相关研究。他们在报告中指出，1989年到1994年间对法院所作的报道，在范围与性质上都有明显的下降，其中的新闻数也从245起降到了111起。[104]他们对"报道数量下降"所作的解释是，"法院待决案件的数量（caseload）在下降，而'娱乐信息节目'（infotainment）的数量在上升"[105]。

如今，新闻故事一定要具备"及时、简洁、易懂、有戏剧性、生动、直观"等特征。[106]新闻报道是集中在这些事件上面，而不是集中在其中复杂的条件（conditions）上，这样就得把那些政治提案进行简单化处理，从而可以把它们放到那些"新闻板块"里，而且同样重要的是，要让这些事件……具有个性。[107]政治学家巴塞洛缪·斯贝罗提出了"标准做法"（standard practices）这个概念，比如，媒体对总统竞选过程中"'赛马'（horse race）环节的关注"，再比如，"它会努力对新闻报道进行平衡，并在政治新闻方面倾向于采取批评的态度……其中新闻媒体扮演的角色并不仅仅是'裁判员'，也可以是宣判死刑的'法官'"[108]。他将实践中的这些做法部分归因于现代媒体的结构性需求，因为这些媒体在资金成本上有严格的约束，而且他们也知道，他们必须依赖这些"软新闻"（soft news）和戏剧性的新闻情节，否则，这些新闻报道可能会变得很干瘪，从而无法吸引那些赞助商所期望的观众。[109]斯贝罗也指出，"对于制片人和越来越多的编辑来说，他们的工作就是让这些新闻具有娱乐性，其中，戏剧化（drama）是新闻的根本特性所在。"[110]那么，结论就非常直截了当了："那些记者和编辑通过简洁的、容易售卖的以及容易被观众获取的方式来报道政治问题，从而避免出现那些繁文缛节，由此来应对他们在经济方面的压力。这种市场化核算的逻辑是……政治冲突以及那种政治'赛马'……将会引诱观众，并让他们沉迷于那些让人兴奋且带有娱乐性的报道。"[111]当然，一些政治家对以上这些媒体路线持谨慎态度，那么，他们也可以勾画他们自己的形象，并用媒体的方法将其注入到那些新闻报道中，这也不失为一种应对方法。

　　法学教授杰克·巴尔金将这些理念运用于法律之上：电视已经创造了这样一个包含与法律相关的表演节目以及法律评论员的世界，这些法律评论员的基本任务是用观众可以理解的方式来描述法律，从而引起他们的关注。这意味着，在其他环节上，法律必须要有娱乐性。[112]政治学家道格拉斯·里德提出了"司法与娱乐一体化"（juridico-entertainment complex）这个概念，这与德怀特·艾森豪威尔总统在1961年的告别演说中所描述的"军事与工业一体化"（military-industrial complex）这个概念颇为类似。[113]根据里德的观点，司法娱乐一体化是将"那些法律程序和法律冲突转变成可以被消费的商品，并以此来教育、启发但与此同时也兴奋、娱乐我们的普通大众。这是……通过专业人士进行重新解释这样的过程，来获取政治上的影响力……然后从更传统的意义来说，这便为政策的制定打下了基础"[114]。

为了当下的一些目标，里德的这番分析很重要，其中他把选民当做宪法性政策（constitutional policy）的被动消费者。选民不会参与到这些政策当中，而只是观望这些政策是如何被制定出来的，这就像观众只是去观看电视上的那些娱乐节目一样。有些人把"投票人数少"（voter turnout）解释为"选民疏离感"的一种反映，那么，这些人也可能会主张"司法与娱乐一体化把选民当做被动的消费者，这也会导致这种疏离感（alienation），从而使他们变成了现在这个样子"。如里德所说的，"由于法律以外……的体制因素在权力空间上不断增多，因而这些基本的法律制度反倒变得越来越无关痛痒了。"里德同时指出，司法娱乐一体化会影响政策议程（policy agenda）：在一定程度上，相关问题不可以用娱乐的方式来报道，而且他们也发现，如果一项议程所根据的是决策者对公众关注的问题所作的解释，而公众所关注的问题是从大众媒体的表面报道中获得的，那么，要让他们按照该议程行事，则是一件很困难的事情。

把所有这些特征汇集起来，就会让这种"流言政治"（politics of scandal）变成"信息政治学中用于斗争和竞赛的选择性武器"[115]。历史学家约翰·H·萨姆尔斯指出：这种流言政治是19世纪美国政治的显著特征之一，然后在20世纪的大部分时间里，它随之就消失了。[116]他把流言政治消失的原因归于"在这个世纪的大部分时间里那些全国政治精英所处的孤立状态"，而且一个很重要的原因是，在职业化的新闻产业中，意识形态和实际做法都发生了很大的变化。[117]而当职业化的新闻业再一次发生改变的时候，流言政治就又会兴起。

当然，总统是流言政治中一个最突显的关注点。[118]理查德·波斯纳法官把弹劾克林顿描绘成"近来美国历史上最为精彩（*riveting*）的篇章"，而且把首席大法官威廉·伦奎斯特穿的法袍看作弹劾"剧场"的一部分。[119]社会学者曼纽尔·卡斯特做了一个简明的概括，那就是一些传统的宪法问题也有可能在新宪法秩序中得到处理：

> 法官、检察官和调查委员会的成员以及媒体都一起卷入了一种共生关系（symbiotic relationship）。他们保护媒体（以确保他们的独立性）……而作为一种交换，他们也受媒体的保护，且他们成了那些媒体英雄……他们一起去争取民主和廉洁政府（clean government），去制约政治家的过分之举，而最终，他们从社会当中获得了权力，并再将这些权力分散到社会当中。当这样做的时候，他们有可能会让政党、政治家、政治，并最终让民主——以其当下的形式（incarnation）——丧失了合法性基础。[120]

卡斯特在这里所说的一切并非都能准确无误地描述清美国的新宪法秩序。很明显，媒体在总体上不会把独立检察官（Independent Counsel）*肯尼思·斯塔尔看作一位民主斗士。他在"弹劾肥皂剧"中反而扮演了另外一种角色。但是，卡斯特对法院和媒体之间的共生关系有其深刻的洞见，这也许可以在一定程度上解释当代最高法院对第一次修正案所持有的那种热情。然而，记者会把他们的质问以一些看似对国家治理有重要作用的流言的形式报道出来。[121]公众会通过报纸、电视广播及类似的途径来了解最高法院的判决。当然，最大限度地保护言论自由，这对媒体而言有着直接的利益关系：言论被保护得越多，他们的担心就越少。这也意味着，一般而言，媒体会更加拥戴一个支持言论自由的判决，而不会对言论自由方面的判决持拒绝态

---

* 独立检察官（independent counsel）是在1978年美国总统尼克松因水门事件被赶下台后创立的。——译者注

度，当然这并不是绝对的，但是通常都是如此。在分治政府时期，大法官们可以做任何他们想做的事情，而不必去特别敏感于判决可能带来的公众反应。但在某种程度上，大法官也会对拥戴法院的情形予以考虑，而作出对言论自由有利的判决便是其中一种合乎情理的好方法。

波斯纳法官对首席大法官伦奎斯特进行评论后所得出的结论是："他的表现很难让人再相信'美国人还会期望他们的官员会比他们自己来得更尊贵、冷淡而且让人印象深刻'。"[122]喜剧演员杰伊·莱诺对弹劾案的评论更是击中要害："我们现在知道，议会不会对每个人的生活有啥影响，所以，我们也只是把它当做一种娱乐而已。"[123]在新的体制中，国家在宪法上书写的那些雄心抱负已经降到这样一种程度，那就是"公众似乎已经把华盛顿发生的那些精英操控（elite manuevering）游戏当成一种有些许娱乐价值的肥皂剧罢了，这对美国人民的生活已没有什么影响"。

对国家政策制定范围的影响

党派的极化情形以及分治政府都会对法律的制定过程产生明显的影响：那些获得两党支持的动议（initiative）才有可能被制定为法律，而极化情形会使这些重大的政策动议（policy initiative）很难同时获得两党的多数支持。这两点都很重要。在适当的条件下，可以集合到两党的支持，而且分治政府本身也有可能要么导致"僵局"现象，要么导致"哄抬"现象的出现，这取决于决策者在政治和政策上的盘算。[124]大卫·梅休对分治政府所作的研究表明了，在分治政府和统一政府时期所制定的重要法律在比率上大体相当。[125]最近的研究也证实梅休的这些结论，其中指出了分治政府有很多种形式，而且梅休所得出的结论可能基于这样一个事实，那就是"他对分治政府所分析的各个时期在特征上表现为不同形式的政党分治，但这又允许跨越政党的界限来进行一些重大合作"[126]。在新宪法秩序的建构中，会产生更多重大的政党分离情形,这会使富有成效的合作(productive cooperation)变得越来越困难。如菲奥里纳所说的,或许是那些选民选择让"对政府的控制"分裂开,从而可以使两党有所挫败。[127]毕竟,梅休在立法产出能力(legislative productivity)上并没有指出"那些重要的法律是因分治政府而没有被通过的"[128]。

另外,立法规范的变化也提升了国会中占多数的政党成员可以去阻碍两党合作的能力。这种情形在参议院里最为明显。在参议院中,曾经很少被使用的"阻碍议案通过措施"(filibuster)以及绝对多数决程序(super-majority process),现在在立法过程中却扮演了很重要的角色。[129]根据巴巴拉·辛克莱在1989年所发表的观点:"阻碍议案通过措施的使用比过去要更为频繁,并且在他们想制定的法案上所受到的限制也比以前少多了……这在20世纪50年代还很少发生,但到了70年代就相当普遍了。"而且对采取阻碍议案通过措施的"威胁"……也比过去要频繁得多。[130]"在第103届国会期间,这种阻碍措施作为一种政党工具被使用,而其使用程度在这个世纪里也是前所未有的。在第104届国会的第一个年头里,那些占少数的民主党人再次使用了该措施。在1995年,44%的重大立法都遭遇到'延续辩论'(extended debate-related)这样的问题。"[131]阻碍议案通过这个措施的兴起是由一系列因素综合造成的:参议院工作量的增加——这大大增加了这种阻碍议案通过措施以及其他类似阻碍措施所带来的成本,而且增强了政党的派别性(partisanship)。[132]另外,参议员已经知道如何去设定参议院的规则,创设出一种在辩论终结之后(post-cloture)可采取的议案阻碍措施,这也是延续辩论的一种形式——虽然其在形式上很有限,但是随着在时间上接近每次立法环节的末尾而产生的时间压力,让这些延续辩论也能带来一些严重结果。[133]对于那些威胁将对立法进行阻碍的参议员,参议院的领导们必须把他们的所求考虑进来,而在方式上要么推迟考虑该措施,要么通过让步来获得他们的支持。[134]

用辛克莱的话说,总体效果是让这些阻碍措施变成了一种标准化的操作程序。[135]其他政治学家把这种阻碍议案通过措施的兴起描述成"一种国会军备竞赛（arms race）"，并认为"一旦这些国会里的策略（parliamentary strategies）被释放出来，它们就会像原子弹一样不可能不被创造出来"[136]。也就是说，普遍使用这种阻碍议案通过措施（filibuster），已成了新体制的一个特征。从更一般意义上来说，即使占少数的政党无法制定法律，但是这些阻碍措施（obstructionism）可以让只占少数的政党去阻碍其所反对政党的政策制定，以及阻碍他们去书写一个界定他们自己计划的立法记录。[137]

从反对党那里吸取一些投票，从而聚合成一个"最低获胜联盟"（minimum winning coalition），这种策略在新的宪法秩序中也可能会遭遇失败。反对党的领导人可能会用他们的资产去训练并回报他们的党员，从而使他们在战线上保持统一，而那些单个党员可以通过使用这些阻碍策略来削弱……那些重大的政策动议。[138]虽然预算法案可以在规则层面免于延伸辩论（extended debate）的约束，但是，参议院和众议院也都制定有一些规则，其中对一些重要的预算问题要求必须获得绝对多数（super-majorities）的通过。[139]这些规则和规范在总体上所设定的要求是：一些非预算法案如果要获得通过，必须要有60位参议员的支持。[140]而且很有可能在可预期的将来，任何一个法案如果能够吸引到60张投票，那么也就有可能吸引到更多的投票：而一旦两党之间的门槛被跨越，那么，两党中的绝对多数也都会去签署那些法案。[141]比如，在均等分治的参议院中，任何一项为共和党支持的提案，需要有60张投票才能获得通过，但是那些只能吸引到10张民主党投票的提案，也有可能会一共吸引了30张投票。[142]

"绝对多数要求"（super-majority requirement）对立法内容产生的效果是复杂的。[143]"绝对多数要求"削弱了各个委员会对立法议程的控制权，因为立法过程必须要能容纳那些参与了"延长辩论"的人士，否则就会出现立法上的障碍情形。通过提升那些参与辩论议员的影响，"绝对多数要求"可以进一步激励形成一种强有力的领导，其实就这种情形本身来说，它也有一些重要的影响。在分治和极化不是很强的体制中，"绝对多数要求"也许反倒可以增强那些中间派（moderate）的权力。[144]但是，逐渐的趋同化（homogeneity）会减少这些中间派的数量,而且领导层面上出现的集权(centralization),再经由每个政党多数选择的带有意识形态的领导,那么就可以把这些中间派很好地控制住。由此,"绝对多数规则"可能也只是会让"综合性预算法案"之外的那些立法变得更加困难。[145] "立法僵局"(Legislative gridlock)主要是由于国会内部的安排而造成的,其中包括党派的逐渐极化和内部程序规则的适用,而这些也是由总统与国会中的一院或两院之间出现了分歧而造成的。[146]

菲奥里纳也指出:在分治政府中,立法似乎也会发生一些变化。将法律制定权授予行政部门,这是发生在新政—大社会宪法政体中的事情,因为其有必要通过授权来完成该政体所设定的很多计划目标。但是,国会并不愿意对——由不同政党控制的——行政部门进行广泛的授权。[147] 最近的研究显示了,自新政以来,授权呈现了"总体下滑的趋势",而在某种程度上,作者发现这在一定程度上是由于"分治政府时期不愿意去授权"所导致的。[148]

但是,在制定法律的过程中回避授权问题是有困难的。要想制定出非常详细的立法,其中的困难要更大,因为它要求在一开始就能意见一致,而如果遇到立法要花更长时间(more time)的情形,这对国会而言,真正的成本是时间上的巨大压力(time pressure)。当由另外一个政党控制行政部门的时候,就会出现授权上的不情愿,而且要在高度党派化的国会中制定出详尽的立法,其中会有很多困难。这种"不情愿"会让任何一项新的计划在范围上被审查。

25 政党极化和那些阻碍措施并不意味着国会在新宪法秩序中就是消极怠工的状态。毕竟,议员来到国会,也是为了干些事情——要么制定新的法律,要么裁减旧的法律。但是,政府机构本身的"厚重"(thickening)以及那些——残留但又重要的——为那些利益集团所享有的权力,使得对那些重要纲领进行修改(programmatic change)变得非常困难。[149] 正如菲奥里纳所指出的:"为了政治信誉,有时可能会在一些立法背后让两个政党去互相妥协,当然也有可能会让立法进程走入一种僵局。"[150] "立法上的产出"有可能是一些政策提案(policy initiative),虽然这些提案的范围很小[151]——有时候这些提案非常有趣而且只是作为一种尝试。[152]如果从总统的立场来看这个过程，一位学者的结论是，"总统基本上控制了这些小型的计划项目（small pet project），而且他们知晓这些计划项目，且是在他们当政早期就提出并推动的"[153]。当然就立法来说，这个结论一般来讲也是中肯的。[154]

不过，两个政党之间也能达成一些共识。有时候，这种情形会发生在那些更小的计划项目上面，当然，这与联邦政府在新宪法秩序中被缩减之后的范围也是相吻合的。有的时候，在那些有象征意义但没有实效的立法上面，也会出现这种情形。[155]有的时候，党派之间的共识也有可能在一些重大计划上达成，比如福利改革与预算政策。在经济迅速增长时期，这些计划通过限制联邦的开销从而可以暂时地产生预算上的盈余。很明显，这些政策在内容（content）上都是为了缩小联邦政府的职权范围。

由此，联邦政府在新宪法秩序中所实施的这些政策也符合这样的理念，即"我们在宪法上的那些雄心抱负已经被减少了"。

对总统行政（Presidential Administration）的影响

作为克林顿总统白宫里的资深人员，法学教授埃林娜·卡根（Elena Kagan）从她的经历中认识到了一种控制行政机关的新机制，并将其称为"总统行政"[156]。卡根对先前宪法秩序中那些控制行政机构的方法进行了分析。有的时候，国会会制定一些规则让行政机构去执行；有的时候，国会会通过立法监督听证会（legislative oversight hearings）的形式来进行监督，由此，如果国会议员认为他们有过错，就会惩罚相关部门的行政官员。而这些行政部门也受制于那些适用于专家人士的职业性规范，这些机构也应该让这些专家来操作，并且最终交由法院来对这些机构的决定进行审查。

卡根将总统行政追溯至里根总统时期，并指出它是新宪法秩序中控制行政部门的独特方法。最早期的一个重要表现是，行政当局试图对所有的行政规则（agency rule）进行成本收益分析。由此，新政—大社会中的利益集团便努力去满足不同法律情境下的成本收益要求，当然也取得了一些成功。

在新宪法秩序中，总统行政契合了总统在政治上的利益，而且一直都持续地存在着，并且卡根认为，总统行政在克林顿当政期间得到了进一步的扩张。分治政府意味着总统的立法议程（legislative agenda）可能会因为那些"旁门左道"而流产。但正如斯考罗尼科（Skowronek）所强调的，总统不得不去做一些一般人认为成功政治领袖应该做的事情。如果很难通过立法议程，那么，总统将不得不采取一些手段（tools）去实施他们所偏好的那些计划。总统行政对这些"可采取手段"也有所描述。[157]

卡根认为，克林顿其实"把行政活动（administrative activity）这个概念转化到了他自己的政策和政治纲领当中"[158]。克林顿要求他所监管的部门启动规则制定程序（rule-making proceedings），而且在名义上也激励这些独立性机构（independent agencies）去这么做。然后，他把自己以及它们所制定的规则联系在一起。卡根表明了，总统行政在范围上非常宽广，其中包括那些关于军备规制的扩张性计划，而且也包括——在总统试图努力制订全国医疗保健计划（national health care plan）遭遇失败之后——那些对医疗保健进行规制的扩张性计划。[159]

卡根发现，这些技术存在着一些明显的局限。一个在意识形态上存在分歧的国会，即使被另一个政党所控制，也可能无法阻碍总统从事那些行政活动。[160] 但总统只能在现行法律赋予行政部门裁量权的范围之内从事行政管理活动。所以，比如，克林顿总统会努力让食物和药品管理局去规制烟草广告，但是，当最高法院判决"那些调整食物和药品管理局（FDA）以及烟草的相关法律禁止当局这么做"的时候，这种努力也就会受到阻碍。[161] 该诉讼本身也反映了其中另外一种限制，即作为政治力量的利益集团，它们所持续扮演的角色也给新宪法秩序中所有的政府行为施加了一些约束。

无疑，总统很想在现行法律限制的范围内竭尽更多的方法来推进他们的计划。他们会确定新的立法议程，并将其制定为法律。但是，分治政府使得他们很难成全其所想。在新的宪法秩序下，尽管现行法律以及利益团体的施压会带来一些限制，但是，总统行政所服务的对象是——可以想象到的——总统的政治利益。这正如卡根所主张的，我们可以去预期，这将是当下政体的一个持续性特征。

对弹劾所产生的影响

由于新宪法秩序中的这种制度安排，因而出现了对克林顿总统的弹劾。一个高度党派化的众议院发起投票弹劾总统，这甚至是发生在一场——已经表明全国人民并不想让这一弹劾继续进行的——大选之后。[162]处于安全选区的共和党人免受了复仇之苦，而且也吸引了更多的竞选捐助。[163]领导则利用他们的权力来使这些中间派分子在战线上保持统一。[164]许多观察家——如凯斯·桑斯坦——已经表明了，这些弹劾事件在宪法上其实具有破坏稳定的特性（destabilizing），"因为在采取弹劾手段的时候，除了最极端的情况外，其会存在一些致命的制度风险。"[165]有一种关于弹劾的解释是：这种结果已经告诉人们，只有在这类案件中才可以发起弹劾。[166]

还有一种看待弹劾及其结果的情形。正如我们已经看到的，虽然克林顿总统作为候选人，其所在的政党反对构建一个新政体，但是他却挪用了新宪法秩序的那些话题。[167]克林顿在1992年当选后不久，史蒂芬·史卡罗奈克便预见到由于宪法秩序的特定结构而可能出现的弹劾情形。根据史卡罗奈克的观点，克林顿实行的"先占政治"（politics of preemption）所具有的标志性特征（hallmarks）也是"独立政治组织、特别联盟（coalition）的使用以及最后由于弹劾而会让人颜面尽失的高风险这三者的聚合"[168]。总统要是处在克林顿的位置，还能够在其政党内部做到以上这些方面，这其实并不是件容易的事情，因为他已经挪用了其他政党的政治话题，而且也由于同样的原因，他在这些方面还激怒了其他政党人士。一次失足就会导致弹劾情形的出现，而且这种可能还不小。

但是，正如对克林顿总统进行弹劾及其结果所表明的，弹劾不需要什么重大事由。就弹劾本身来说，对克林顿总统的弹劾看起来也影响不大。[169]在克林顿被宣告无罪的六个月里，引用一位共和党领导人的话来说，就是"我们有一位操控国会的总统，他可以得到他所想要的一切"[170]。这不是一场宪法危机，但我们可能会把这场弹劾看作一起"无害、无味"的事件：可以预见到无罪的情形，且对于一个高度党派化与极化的众议院来说，它可以在不搅乱宪法秩序的情形下满足多数（majority）议员的党派利益需求。[171]与此相类似，观察了克林顿弹劾结果的总统可能得出的结论是，"践行先占政治并不会带来严重的危险：虽然弹劾有可能会发生，但是后果并不严重。"[172]

如果政府按1998年所发生的情形被分治了——其中总统隶属于一个政党，而占多数的众议院属于另一个政党，而且参议院中超过三分之一的议员又属于总统的那个党派——那么，我们也许就知道弹劾将是件很平常的事情（normalization），对此，由于结构原因而被高度党派化的众议院可以去弹劾总统，但别想让参议院把总统从办公室里赶出来。如果弹劾经常以这种方式发生的话，那么可能也就不会产生那种很强地对稳定具有破坏性的效果。[173]

在某种程度上，我们还可以从弹劾克林顿这一案件中收获更多。践行先占政治的总统很可能与他们同属一个政党的国会议员在步伐上不相一致，因为正如我们所看到的，这些议员将比大多数选民有着更强的政党派别，特别是比那些支持总统实行先占政治的投票人在政党派别程度上要更强。这意味着，一个即使在名义上统一的政府，也有可能在实践中是分治的——其中总统和"与总统同属一个政党的国会议员"对应着完全不同的选区。换句话来说，如果我们看到的单单只是国会和总统在政党上的隶属关系，那么，要想实现统一政府（unified government）的那些实际条件，可能会比我们想象的要更为苛刻。

第一章 新宪法秩序中的政治机构

对州政府的影响

新政—大社会宪法秩序给州以及地方政府留下的空间很小。联邦政府有责任去保障经济的稳定，保护公民的参与权，并确保社会有一个安全健康的环境。各州要么会成为实现政体目标上的阻碍，要么会成为实施联邦计划的手边工具。州和地方政府在新宪法秩序中的作用也许可以发挥得再大一些，但是也并不是像人们一开始想象的那般大。在 20 世纪 80 和 90 年代，在州和地方上出现了两个方面的发展，现在看来，这两个发展似乎就是新宪法秩序的特征所在：（1）对州和地方政府征税能力所施加的限制，这其实约束了他们去实施那些重大计划的能力，以及（2）对民选官员的任期所施加的限制。这两个发展对州和地方政府的施政能力都施加了一定的限制，而且很有可能出现的情形是：州立法机关将会制订出一些在法院看来是违宪的立法计划。

自 1978 年加利福尼亚第 13 条提案（California's Proposition 13）实行之后，限制征税举措很快就蔓延开了。限制征税的兴起有两个因素。第一因素是资本的流动性。这些资本将离开那些征税资本（tax capital）过高的税区，而被吸引到那些实施减免税（tax break）政策的税区。这种资本流动会导致地方经济的不稳定，并"致使出现焦虑和不满"的情形，由此也产生了一些政治条件，而这些条件导致出现了施行征税限制的第二个因素，同时也产生了一些新的宪法和法律条款，而这些都"削弱了地方政府的职能，且在人力资本（human capital）的发展方面着墨甚少"[174]。但是，这些影响主要是发生在地方（local）层面。这些征税限制在整体上的影响已经不再是限制州政府的资金筹集，而是让税赋由国家来收取并由其重新分配。[175] 让州政府去收集那些先前由地方政府收集的税金，然后再由其返回给地方政府，不过，这一次所依据的是州资本（state capital）所界定的标准。当然，最明显的影响发生在教育领域，其中由地方掌控的那些悠久传统已经被取代，首先是被"财政国家化"（fiscal centralization）所取代，然后是被"州政府教育政策的国家化"所取代。[176]

立法者努力寻找新的财源，从而来补缺由于征税限制而丢失的那些资金。对此，他们通过收费（fees and charges）来解围。[177]最有意思的是，这些被迫缴纳费用的人很难或根本不可能对这些缴费问题有投票的机会：对外地游客收取旅馆入住费，以及对整个州或全国范围内经营的那些商业活动收取商业许可费。税赋的增加其实是降低了立法议员对所属地方选区所应负的责任；而收费措施的使用则降低了他们对那些缴费人所应负的责任。[178]

20世纪80和90年代推行的任期限制（term-limits）运动看起来似乎已经达到了顶点。[179]直到最近，才出现了更多的关于任期限制效果方面的推测，而不再仅仅限于这方面的证据（evidence）问题，因为直到2000年前后，整个立法机关的议员才有任期上的限制问题。现在也有证据表明，其中有一些推测是对的。[180]任期限制让立法者的权力变小了，与此同时增加了那些行政首长的权力——即使他们自身也有任期的限制——以及增加了各州行政官僚机构的权力，也包括那些立法助理（legislative staff）在内。* 这些政府官僚机构、立法助理和政治说客之所以可以获得权力，是因为他们可以充分运用信息和专业技能，而这些是立法机关的那些新手们（newcomers）所不具备的——而在有任期限制的立法机关中，几乎每个人都是新手。这些新手要为他们自己去制造名声，但他们其实也没有太多的时间去做这些。任期限制就"迫使立法者……要更迅速地推进他们政策的重点内容，由此来促成相应的立法提案（legislative initiative）"[181]。但是，这些提案时常都难以获得其他立法议员的支持。正如一个立法议员所指出的，"我根本不知道这些人是谁"，所以，他并没有足够的理由让自己相信他们的政策提案多么的有意义。[182]在有任期限制的立法机构中，个人声誉起不到多大的作用，但党派关系还是可以起作用的。

---

* 立法助理（legislative staff）是协助立法机关及人民代表履行立法职责、完成立法工作且具有专门立法知识的工作人员。——译者注

第一章　新宪法秩序中的政治机构

立法议员会用政党身份作为线索，从而来决定采取哪种方式对议案进行投票：民主党人为其他民主党人所提的那些议案投票，而共和党人为其他共和党人所提的那些议案投票。那么产生的效果就是，各州立法机关中会出现政党派别极化现象。[183]

任期限制带来的另外一个影响是：这些立法议员开始相当迅速地寻找新的工作——瞄准一些其他立法机关中的职位。各州的下院议员开始在州的参议院（state senate）中谋职；而各州的参议员开始在联邦众议院中谋职，或者努力争取各州一些民选机构中（elected office）的职位。在他们可用的时间里，为了能够达到目标，他们要为自己制造名声。这使得他们要"在选民关注的问题上非常明显地凸出这些职位，由此不会再去考虑那些可行的立法计划进展的究竟如何了"[184]。

在新宪法秩序中，各州的立法政策有可能主要集中在如何去保护那些税赋资源。在人力资本上的那些投资，比如在教育项目上，看起来也有吸引之处。不过，这里的困难在于，这种投资可能就像把水灌进了漏水的桶一样：各州在人民教育方面投入了很多财力，但是这些接受了教育的人在获得了他们所需的人力资本之后，不久就离开了。[185]一些州也可能会实施其他一些计划去满足受过高层次教育的工人的一些愿望，但是，这些人可能更愿意用一些赋税作为交换，从而来改善他们的生活，比如拥有更好的环境，或者上下班往返时间比以前短了。[186]

总的来看，任期限制对政策制定过程所产生的影响并不那么引人注意。这些提案其实也就"粗枝大叶般地被炮制出来了"，而且相对于政府首长和游说议员来说，在对各州政策的具体执行情况进行监督方面，立法者的能力更加有限。[187]就如加拿大法学教授迈克尔·科里比尔科克和罗恩·丹尼尔斯所指出的，"好的想法本来就很少"，而且要让这些——即使是最好的——想法能够被具体地落实（details），就更需要倾注非常多的注意力。[188]当把所有这些影响放在一起的时候，所呈现的画面似乎就是：立法者会漫无目的地去实施一些在政治上看起来有吸引力的政策。没有人会去认真考虑这些政策是否真的有意义。大多数政策都是通过一些纯粹的技术术语被粗制滥造出来的。对于在制度里积极行使司法权的法院来说，这倒成了一剂处方（prescription）。即便法院的法官认为"他们的工作是去推翻那些超越合理限度的法律"，也是如此。[189]

对个人权利的影响

从新政—大社会政体的宪法图景来看，国家当时需要制定第二人权法案（Second Bill of Rights），因为财产权的那些背景规则——即使结合第一人权法案的条款以及重建时期的那些修正案——已经无法促进人类的繁荣。[190]对于种族隔离问题，必须要通过在国家层面支持非裔美国人的那些激进政策来予以解决；对于经济上的不平等，必须要通过"向贫穷宣战"（War on Poverty）＊这样的计划来予以解决；对于旧时代的那些艰辛（travail），必须通过医疗保健计划来给老年人提供医疗保健的方式予以减少。

在新宪法秩序中那些已被遏制的宪法抱负，在某种程度上对"实现自由和繁荣的那些前提条件"在观念上有所不同。在一定程度上，与以前的新政—大社会秩序相比，新宪法秩序对"自由和繁荣"（liberty and flourishing）采取了一种更加自由主义式的定义方式。那些保护财产权的"背景规则"（background rules）对于一些边边角角的微调也要予以考虑，而且要结合新宪法政体中那些小规模的计划举措，由此来实现自由和繁荣。[191]一些新秩序的支持者认为，医保方面的相关法律条款也可能会存在一些问题，但是，他们可以通过市场手段（market-focused solutions）来予以解决。对此，可以通过让穷人接受教育和培训，从而让他们可以积极地投身劳动市场，由此，贫穷问题便可以得到缓解。

不过，新宪法秩序继续接受了以前的一个观念，那就是那些保护

＊ "向贫困宣战"是美国总统林登·约翰逊于1964年提出的。——译者注

财产的背景规则并不足以济世，因为政治制度会有结构性改变从而会逐渐地调整以前政体中那些较大计划的内容，比如社会保障，当然这并不是说要把它们废除掉。最后，新政体中的政治结构会使得那种大规模的规制动议（regulatory initiatives）不太可能出现。

总的来说，这些特征说明了，新宪法秩序有可能是返回到一种适度的自由主义（moderate libertarianism）状态，而不是把纯粹自由主义作为政体的组织原则：适度的自由主义之所以会盛行，是因为在新秩序之下，政府无法做得太多，所以就都交给了人民。

对司法审查的影响

正如我已经提到的，新宪法秩序中的政治机构仍然会制定一些即使在将来也会被法院推翻的法律。由于各州议员相对缺乏经验及基于自身的政治需求，因而州立法机关一般无法胜任宪法上规定的那些责任。当然，以候选人为中心的国会政治很有可能会制定一些几乎在政策理由层面并不切实可行的法律，而只顾着去考虑国会议员自身的政治利益了。法院有可能想把这些法律废掉，但是如果他们这么做，则会面临一些报复性风险。不过，由法院来对这些法律进行相关的司法审查，其实也并不是一个多么重要的制度，因为这些法律本身已经不是那么重要。

分治政府有可能会实行一种"强司法审查"模式（a stronger form of judicial review），甚而让那些政治家对此很感兴趣。既然没有哪个政党能做到持续地掌控立法权，那么，每个政党在丧失对立法权的控制之后，都还是希望法院仍能支持在野党（out-of-power party）的那些计划。[192]也就是说，法院可以为政治家"提供了一种保证方式"[193]。正如政治学家科奈尔·克来顿指出的，"如果没有一个可以控制那些民选机构且稳定的政治结盟，那么，即使法院作出了一些不得人心的判决，它也很少担心由此带来的制度性报复。与以前有所不同，晚近的情形是：总统和国会已不再是不愿联手起来攻击法院，而是那些控制了各个机构的政党都身体力行地去保护法院的独立性，从而使其免受另一方的威胁。"[194]在一些问题上——比如总统与国会在宪法上的分权，无论法院采取哪种方式判决，都会有人支持。

但要注意的是，如果在野党重新夺得了决策权，从而有希望把它所关注的问题施加给那些富有同情心的法官，那么只有在这个时候，政治家在支持司法审查上的那些盘算才会有意义。民主党对布什诉戈尔案的判决结果有所不满，其中一个原因是该案基本上排除了这种可能性。下一章将会分析目前最高法院在司法审查上所扮演的角色。第三章将讨论这种政治制度如何能够减弱分治政府中那些鼓吹司法审查的声音，从而来影响提名和确认程序。

结论

这一章对在意识形态上分治的政府进行了大量的讨论。但是意识形态分治的政府并非就会一直维持下去，而且即使那些短时间内在意识形态上统一的政府，也可能会产生长时间的重大影响。"偶然性地"终结一个统一政府，这并非一件难事。如 1992 年选举所显示的，在总统选举年，对"偏好分治政府"情形进行调和有可能会存在困难，因为全国的选民都只各顾各地去选择他们的参议员和众议员，而不会去考虑别人的选择。[195]统一政府有可能比某些选民所偏爱的政府更有党派性，因为之前提到的选区结构（districting structure）以及总统所采取的那些激励措施，会有助于政党派别的极化程度。统一政府所采行的政策有可能会给下一届选举在选举上带来一些反应，但是在此过渡期间，政府也有可能会制定一些在以后难以被推翻的重大公共政策。[196]

或许，最为重要的是要弄清新政秩序（New Deal order）究竟是在哪种意义上溃败的。新政已经一去不复返了，但是在某种程度上，这只是说明政府的那些宪法抱负已经被消磨了，而不是说被彻底废除了。最近有一项调查研究表明，美国人民对政府抱有一种深深的矛盾情结：一般而言，他们并不喜欢政府，但是又很期望政府能继续做那些在新政—大社会计划中所做的事情。[197]对于新政—大社会中所实行的那些"追求幸福生活"的计划（quality-of-life program），新宪法秩序仍致力于维护那些还被保护着的底线，比如环境保护，以及社会安全保障方面的一些问题——比如社会福利计划[198]，还有大量的"多元包容"（pluralistic tolerance）问题。新政体中的指导原则并非意指"政府不可以解决这些问题"，而是说"它不能去解决很多其他方面的问题"[199]。

注释

[1] 政体转型的那些结构性前提条件可能很早就到位了，但是，我相信这种转型是由——里根所阐释的——那些新的政体原则来予以具体化的。

[2] "新政—大社会"政体所特有的机构组织形式就是所说的"铁三角"，其中那些利益集团、有特别关注的那些官僚机构以及国会的各委员会，他们都在一些具体领域制定相关政策，但没有哪一个机构能够对这些汇总起来的政策予以实质性的操控。关于"铁三角"政治秩序的一般情况，参见 Ripley and Franklin, *Congress, the Bureaucracy*, and Public Policy。

[3] 我的讨论中没有考虑那些政治机构和国外的政策原则，而主要集中在联邦层面的政策制定，而对州和地方政府也只是做了很简短的讨论。

[4] 对关键性选举理论的经典论述，可参见 Burnham, *Critical Elections and the Mainsprings of American Politics*。有的主张持续了更长的时间，乃至有60年乃至70年的周期，而且这可以与长远的经济走向联系在一起。A. James Reichley, "The Future of the American Two-Party System after 1996," in Green and Shea, eds., *The States of the Parties*, at pp. 10, 20-22. 历史学家持怀疑的态度，至少怀疑"政党重组在19世纪的时候非常重要"这个论断，参见 Formisano, "The 'Party Period' Revisited"。

[5] 政治学家并不赞同对新宪法秩序的这种特征概括。有人把它作为新制度来临的先兆——在新制度下，选民们将永久性地完成重组任务。但其他一些人——包括很少依附于某些政党的自由选民——将此作为一种具有自身特征但又面貌一新且与众不同的政党制度。近来有学者对前面一种情形进行了相关论述，并对后面一种情形展开了分析，可参见 Aldrich, "Political Parties in a Critical Era"。在这里，我依据的是政治学家们提出的观点，当然也承认别的政治学

家们已提出了相关的观点。我依据的都是那些接受程度相当广泛的观点,即使有时存在一些挑战,但是在我看来也是正确的。

[6] 比如,一位评论员在1983年写道,"在1980年,里根成功拆散了1934年由富兰克林·罗斯福所组成的政治阶级联盟。"Sundquist, *Dynamics of the Party System*, at p. 424.

[7] 一个重要的党派转变在上一代人中就已经发生了,因为南部那些白种男人从民主党转向了共和党,由此产生的重要影响会在下文详细讨论,加上文中的注释,从42到75,参见 John Ferejohn, "A Tale of Two Congresses: Social Policy in the Clinton Years," in Weir, ed., *The Social Divide*, at p. 71.("种族和社会方面的保守派在很大程度上抛弃了国会中的民主党,这意味着政党内部分裂的那些因素已大多消失了,而出现了一个比以往任何时候都更加自由和趋同的政党。极为保守的共和党人代替了那些保守的南部民主党人,这也在两个方面改变了共和党:它比以前更趋于保守,而且,南方人的渗入也增加了政党对社会保守主义的依附性"。)

[8] 解组的指标之一是"认真"(seriousness),对此,全体选民以一种认真的态度来选择第三党候选人约翰·安德森和罗斯·佩罗,由此可窥见一二。关于解组的具体实证材料,参见 Shea, "The Passing of Realignment and the Advent of the 'Base-Less' Party System," at pp. 34-40(其中概括了20世纪90年代的实证材料);Wattenberg, *The Rise of Candidate-Centered Politics*, Presidential Elections of the 1980s at pp. 31-46(章节标题为"全体选民的解组");Paul Allen Beck, "The Changing American Party Coalitions," in Green and Shea, eds., *The States of the Parties*, at p. 28(描述了两类"选举人"的产生,一个是具有高度党派性的,另一类是解组的、无党派且无固定偏好的)。关于民主党丢掉优势地位的分析,参见 Meffert, Norpoth, and Ruhl, "Realignment and Macropartisanship"。

[9] See Pomper, "The 2000 Presidential Election," at pp. 205-6.(其报道说,"少于十三分之一的共和党人将自己看作自由主义的,且少于八分之一的民主党人将自己看作保守主义的"。)

[10] Skowronek, The Politics Presidents Make.

[11] 富兰克林·罗斯福在过去的新政—大社会秩序中扮演了这种角色,罗纳德·里根现在也扮演了这种角色。在史卡罗奈克观点中,很重要的一点是,"总统作为一种否决机制最管用……比如可以排挤走那些已站稳的精英,破坏支持他们的那些制度安排,以及为一些全新计划开辟道路"。*The Politics Presi-*

dents Make, at p.27. 因此, 从史卡罗奈克的分析看来, 一个新的宪法秩序是否是在一届总统任期内被创造出来的, 这并不是那么的重要。比如, 在与我的观点相关的一份评论中, 他注意到, 罗纳德·里根"停止了早期的发展进程, 但并没有去建立一套可能的新制度"(第428页)。更多的讨论, 参见第三章。

[12] See Landy and Milkis, *Presidential Greatness*, at p.200. ("从艾森豪威尔到尼克松, 那些共和党总统……并没有提供可以用来重组政党的公众哲学。起初, 里根看上去是要提供的, 但是……在关键时刻, 他满足于现状而没有再去继续建设'行政国家'(administrative state), 也未能去挑战它的那些基本理念"。)

[13] 根据其中的一个分析, "立约"中有69%的承诺在"很大程度上"都兑现了, 其中一些完成的还相当快, 而另一些则花了很长的时间。Gerald M. Pomper, "Parliamentary Government in the United States?" in Green and Shea, eds., *The States of the Parties*, at pp.258-60. 该契约的条款包括平衡财政预算(已完成)和逐项否决权(已制订但被最高法院判决违宪, *Clinton v. City of New York*, 524 US 417 [1998]), 人身保护程序方面的重大变化, 囚徒对其监禁条件不满所提出的可能挑战(已制定在反恐怖主义和有效死亡法案中, Pub. L. 104-132, 110 Stat. 1214 [1996]), 以及监狱诉讼改革法案, (42 U.S.C. § 1997e [d] [3] [1994 ed., Supp. II]), 增加了联邦政府对监狱建设的支持(已立法), 福利改革(已立法, 1996年个人责任与工作机会协调法案 Pub. L. 104-193, 110 Stat. 2105 [1996])。(我应该注明的是——拟在第二章讨论——法院废除了美国契约计划的部分内容, 这与我所主张的"法院是新宪法秩序的组成部分"这个观点并不冲突。该秩序中所有的原则才是问题的所在, 而不是其中一些具体的计划——它们只是作为政治努力的一部分去巩固政体。)大幅度的减税法案最终在2001年得以制定颁布。在2002年授权可以大幅地增加国防开销。契约法案条款的内容不包括国会任期限制方面的内容(而这也不能通过制定法强加给最高法院, *U.S. Term Limits v. Thornton*, 514 US 779 [1995])。对"一些契约法案条款的内容实际上已经被制定成法律"这个主张来说, 那些对联邦政府的环境规制问题进行调整的条款, 也许在最大范围内规定了例外情形。

[14] 这并非要去主张——和"与美国立约"相通的那些法律在某种意义上就是立法的重要部分。但是, 它们是新政拥护者们所应该去制定的。通过制定这些法律来支撑该主张, 即一个新的政体已经建立了。

[15] Skowronek, *The Politics Presidents Make*, at pp.429-42.

[16] Ibid., at p. 43.

[17] 德怀特·艾森豪威尔对新政体制一般性纲领的接受，在此也是一个典型例子。

[18] See John J. Coleman, "Clinton and the Party System in Historical Perspective," in Schier, ed., *The Postmodern Presidency*, at p. 152. （其把克林顿描述成"典型的奉行先占政治的总统"。）关于历史学家所做的类似评论，参见 Kennedy, "Bill Clinton in the Eye of History"。

[19] Margaret Weir, "Political Parties and Social Policymaking," in Weir, ed., *The Social Divide*, at p. 27. （阐释了新民主党人所奉行的那些原则。）

[20] See David R. Mayhew, "Clinton, the 103d Congress, and Unified Party Control," in Geer, ed., *Politicians and Party Politics*, at pp. 270, 271. （把克林顿的计划描述成先前计划的一种延伸。）第三个重要的动议——医疗改革——很明显在共和党那里并不适宜；它也未能被制定出来。之所以失败，其中一个原因是新民主党坚持医疗保险制度要以市场为原则，从而使得该计划在行政官僚层面变得很尴尬，并且在政治层面也很脆弱。关于医疗保健动议的具体分析，参见 Hacker, *The Road to Nowhere*；Skocpol, *Boomerang*。梅休列举了在克林顿执政的前两年里所制定的 11 项重大立法：财政赤字减少；北美自由贸易协定；家庭和病假法案；机动选民法案；国家服务法；大专学生贷款资金改革；布雷迪法案；国家教育目标；综合犯罪法案；加州沙漠保护法案，以及处理世界贸易组织的那些立法。Mayhew, "Clinton, the 103d Congress, and Unified Party Control," in Geer, ed., *Politicians and Party Politics*, at pp. 264-65.

[21] Cf. Sidney M. Milkis, "Political Parties and Divided Democracy," in Shull, ed., *Presidential Policymaking*, at p. 91. （其中提到，克林顿的医疗保健提案"惹怒了那些保守主义者，也让党内那些热心的自由派感到沮丧"。）Michael Foley, "Clinton and Congress," in Hernnson and Hill, eds., *The Clinton Presidency*, at p. 39. 这里有一段很简练的概述："克林顿总统与国会之间的关系揭露了新民主党的一些问题——新民主党在动员获取立法支持时，既要面向党内，也要跨越政党的边界，因为此时它的纲领还是一个刚出炉的混杂体，进而需要把财政上的限制和'大政府'（big government）已终结这两者结合起来，同时又要保持各州的积极性，并要接纳那些来自社会关注领域的、很小但很明显的干预情形。"

[22] 关于三角结构的讨论，参见 Morris, *Behind the Oval Office*, ch. 5。

[23] Woodward, *The Agenda*, at p. 165, quoted in Dilys M. Hill, "The

Clinton Presidency：The Man and His Times,"in Hernnson and Hill，eds.，*The Clinton Presidency*，at p. 18，and in Ribuffo,"From Carter to Clinton,"at p. 20. 我应该注意到，完整的引用是由里布福而不是希尔提供的，并可以从中读出一种讽刺的味道。它继续写道："我们追求更低的财政赤字、自由贸易和债券市场。难道这样不好吗？"

[24] See Berke，"Following Baby-Size Issues into Voters' Hearts"。（说道："如果克林顿总统改变了总统任期……从那些主流的宏大观念到其中一个精小的提案，他的副总统都已经走得更远"，并且指出，"'越小越好运动'可以威胁并渗透美国的政治对话，这些已远超越了戈尔先生"。）

[25] Dorf and Sabel，"The Constitution of Democratic Experimentalism,"at p. 344n. 172.

[26] See also Olson，*The Rise and Decline of Nations*。（其从公共选择理论的前提来主张，所有政治体制都会逐渐积聚一些利益集团，而最终使得他们会阻碍了经济的增长，直到像战争这样的骤然变化摧毁这些利益集团。）

[27] Milkis，*The President and the Parties*.

[28] 对新政与各州政党组织之间关系所进行的一般讨论，参见 Patterson，*The New Deal and the States*。

[29] See Amenta，*Bold Relief*，at p. 19.（结论是，"一个以恩惠为导向的政党制度"阻碍了现代社会消费政策的发展，而被"有纲领性的……政党制度"所代替。）

[30] 关于现代美国自由主义中进步主义的角色所进行的相关讨论，参见 Ribuffo，"From Carter to Clinton,"at pp. 5-6. 对职业主义作用进行的概括，参见 Whittington，"Dismantling the Modern State?" at pp. 490-93。

[31] See Whittington，"Dismantling the Modern State?" at p. 492.（指"用那些以国家为志业的专家来代替扎根在当地的党魁，从而根除那些已被下放到地方的纽带和成果，同样根除掉低效率和腐败的情形"。）See also Milkis，*The President and the Parties*，at pp. 134-36；Ginsberg and Shefter，*Politics by Other Means*，at p. 79.（其中主张，官僚机关的网络作为福利国家制度的核心所在，取代了政党组织。）关于总统行政办公室人员配备的进展情况，有相关的讨论，而且这些讨论所支持的观点是：这些行政人员成为了白宫内部政策制定的一个环节，而且独立于行政官僚系统。see Shirley Anne Warshaw，"Staffing Patterns in the Modern White House,"in Shull，ed.，*Presidential Policymaking*，at p. 131.

[32] See Milkis，*The President and the Parties*，at pp. 163（阐释了艾森豪

威尔继续予以践行），第 179 页（描述林登·约翰逊对民主党机制所作的"攻击"）。

[33] Ibid., at p. 243.

[34] Theda Skocpol, "Advocates without Members: The Recent Transformation of American Civic Life," in Skocpol and Fiorina, eds., *Civic Engagement in American Democracy*, at p. 461.

[35] Ibid., at p. 487.

[36] Ibid., at p. 503.

[37] Skowronek, *The Politics Presidents Make*, at p. 31.

[38] See Wattenberg, *The Rise of Candidate-Centered Politics*, at pp. 1-2.

[39] Cf. Milkis, *The President and the Parties*, at p. 263.（指出了里根政府中"政党政治的复兴"。）

[40] See Thomas H. Little, "The 1996 State Legislative Elections: The Fate of Responsible Parties in America," in Green and Shea, eds., *The States of the Parties*, at p. 306.（认为，"与美国立约"也给州和地方选举提供了一个平台。）

[41] 大概的情形，参见 David W. Brady, Robert D'Onofrio, and Morris P. Fiorina, "The Nationalization of Electoral Forces Revisited," in Brady, Cogan, and Fiorina, eds., *Continuity and Change in House Elections*, at p. 130。

[42] Ginsberg and Shefter, *Politics by Other Means*, at pp. 2-3.

[43] 可以比较 Hall and Lindholm, *Is America Breaking Apart*? at p. 120（"参与性的缺乏也能大致反映出对事情现状是相对满意的。这些'单一问题群体'（single-issue group）的扩散、迅速出现以及消失都清楚地表明，当他们面对那些感觉与自己相关的问题时，美国人在政治上就变得很积极。但当与他们没有什么特别关系的时候，选民们就宁愿保持安静，从而让他们自己更多地去享受和消遣那些非政治活动"），以及 Lipset, *American Exceptionalism*, at p. 282（把参加投票人数的下降归因于这些美国机构中公众信心的迅速下降），和 Keefe, *Parties, Politics, and Public Policy in America*, at p. 181（"漠视、疏远、政党忠诚度的下降，以及对政府的不信任和与此相联系的选举投票率的下降"）。

[44] See, e.g., Piven and Cloward, *Why Americans Don't Vote*.

[45] See Kornbluh, *Why America Stopped Voting*.（认为这种下降出现在20世纪初，而且之后就一直走低。）

[46] 关于极化的具体原因，参见 Jacobson, "The Electoral Basis of Partisan

Polarization in Congress".

[47] 比较 Ansolabehere and Iyengar, *Going Negative*, at pp. 112-13（认为，这种负面宣传减少了一般选举中独立选举人的数量），以及 Gant and Lyons, "Democratic Theory, Nonvoting, and Public Policy"（得出的结论是，选民比非选民更有可能带有政策上的偏好，但是这两类群体对总统所持的立场有些不同）。或许这些不同之处来源于他们对立法上的选择和总统选举中的选择分别予以关注了。

[48] See, e.g., Shea, "The Passing of Realignment and the Advent of the 'Base-Less' Party System," at p. 43（其中指出，那些党派性被强化的政党，可能是投票率下降的结果，而那些以服务为宗旨的政党会动员那些党派性最强的选民，从而致力于做一些事情，这也有可能导致政党党派性的增强。）

[49] See Jacobs and Shapiro, *Politicians Don't Pander*, at p. 5（该报道发现，在20世纪30年代之前，那些"候选人"对他们选区内的观点在意识形态上所进行的回应很少，然而在1934年开始稳步上升，至1970年达到了顶峰，然后到90年代又开始下降［在那些共和党候选人中是急剧下降］。

[50] See Pomper, "The 2000 Presidential Election," at pp. 205-6（其中指出，在2000年，"在每13个共和党人中不到1人认为自己属于自由派，而在每8个民主党人中不到1个人认为自己属于保守派"）；Hetherington, "Resurgent Mass Partisanship"（结论是，"国会中程度更深的政党极化情形，让一般美国人都知道政党在意识形态上的姿态，相应的，这又增强了政党在大众中的重要性和特殊性"）。

[51] Wattenberg, *The Rise of Candidate-Centered Politics*, at pp. 22-23.

[52] Cameron, *Veto Bargaining*, at p. 259.

[53] See Cohen, "A Congress Divided"（报道称，在1999年的参议院中，自1981年杂志开始编排统计数据以来，"每次民主党对最自由的共和党中的左派都打了一个平均分。［或者根据你的观点，每次共和党对最保守的民主党中的右派也打了一个平均分］"）。Cameron, *Veto Bargaining*, at pp. 247-49, 提供了20世纪90年代极化程度增强的另外一组统计数据，也可参见 Watson and Stookey, *Shaping America*, at pp. 180-81.（"根据作者的测量，在1968年，两个政党在意识形态上的焦点在36点上分离了……到1991年，这种分离程度达到了70点……同时，两个政党在意识形态组成上的差异性变得更小了……共和党内的中间派和自由派变得更少了，而民主党内的中间派和保守派也变得更少了。"）

[54] Salant, "Fewer congressional candidates means less campaign spending." See

also Ginsberg and Shefter，*Politics by Other Means*，at pp. 3-4.（描述了那些非竞争性选区在数量上的增加。）

[55] See Calmes，"House Divided".（描述了"计算机操作的绘图能力……精确到了街区（block）的程度"。）关于法院对计算机程序的描述和评论，参见 *Johnson v. Miller*，864 F Supp 1354，1363（S. D. Ga. 1994）（"梅格斯女士给法院提供了大量证据来证明她的计算机——'天王星'——上最高级别的重新分区问题。只有格鲁吉亚人真正理解其是与这个称号的装备相一致的。当输入地理学和人口学资料[包括黑人投票年龄的人口资料]时，它让使用者在区块层面可以最方便地绘制出各个选区。）See also *Vera v. Richards*，861 F Supp 1304，1318（S. D. Tex. 1994）.（描述了 REDAPPL 程序。）有时候，趋同性的增加归因于土地分配制度——该制度是为了回应1965年选举法案下的那些诉讼而采行的". Cf. Pildes，"The Politics of Race," at pp. 1384-90.（引证的研究成果显示，虽然这些选举产生的民主党人可能是自由派，但这种土地分配制度使得民主党人的前景暗淡了不少。）Epstein and Sharyn O'Halloran, "Majority-Minority Districts and the New Politics of Congressional Elections," in Brady, Cogan, and Fiorina, eds., *Continuity and Change in House Elections*，at p. 87. 问题带来的整体影响太大，从而无法将其主要归因于土地分配制度。See David A. Bositis, "The Future of Majority-Minority Districts and Black and Hispanic Legislative Representation," in Bositis, ed., *Redistricting and Minority Representation*，at p. 19n. 5（引用的研究资料显示：这些土地制度导致了民主党在1992年流失了8至13个席位，而整个民主党失去了54个席位）；Bernard Grofman and Lisa Handley, "Estimating the Impact of Voting-Rights-Related Districting on Democratic Strength in the U. S. House of Representatives," in Grofman, ed., *Race and Redistricting in the 1990s*，at pp. 51，61-62（结论是，"在整个1994年，与黑人占少数选区的那些州相比，民主党的席位并没有——在那些已划出黑人占多数选区的州——遭遇大幅度的下滑"，而且，虽然共和党的选举在1994年遭遇了全国范围内的大幅振荡，甚至没有从20世纪90年代的分区过程中拿到任何一个黑人占多数的席位，但是共和党仍控制着众议院）。

[56] Tilove, "The New Map of American Politics," at p. 35.（认为"移民方面的选择……加强了那些移民所寻求的政治和文化特质"。）

[57] Gimpel and Schuknecht, "Interstate Migration and Electoral Politics."

[58] 对共和党人产生的影响是复杂的，因为刚进来的共和党人可能比那些已在位的共和党人要更加中庸。新党员可能会让各州的共和党没有以前那么保

守。而且作者也指出，不移民情形与共和党并不相称了，但是与过去相比，更少的共和党人会选择不移民，这种情形弱化了共和党在州内的力量。Ibid., at p. 213.

[59] 在 1976 年，有混杂参议院代表的州在数量上高达 27 个。Segura and Nicholson, "Sequential Choices and Partisan Transitions in U. S. Senate Delegations," at p. 86. 在 2001 年，只有 14 个州有混杂性代表。

[60] 对"众议院中政党派别程度的上升"进行了一种以候选人为中心的解释，参见 Lucas, "Voters, Parties, and Representatives"。

[61] See Rohde, Parties and Leaders in the Post-Reform House, at pp. 166-67（描述了 20 世纪 80 年代政党趋同化程度的增强）；Sinclair, *Legislators, Leaders, and Lawmaking*, at p. 50（描述了从 1982 年到 90 年代早期，众议院在选举上的凝聚力有所增强）；Gimpel, *Legislating the Revolution*, at pp. 13-14（指出，这种趋势在 1994 年都在扩张）。

[62] 众议院议员杰克·泰勒（田纳西州代表），引自 Gimpel, *Legislating the Revolution*, at pp. 122-23. See also Calmes, "House Divided"（引用了罗杰·戴维森——一位杰出的国会研究专家——的观点，"两个党派间的分歧可能至少要比现代任何一个时期都要来得大"）。

[63] Hetherington, "Resurgent Mass Partisanship."

[64] Fiorina, *Divided Government*, at p. 72. 菲奥里纳的一般观点是，选民们对分治政府的偏好——与其他解释相比——可以更好地解释这种现象。为了证明这个观点，如果有足够多的选民偏好于分治政府，那就足够了，尽管大多数选民也不会分散他们的选票。

[65] 关于支持这一论点的调查证据，参见 Layman, Carsey, and Rundquist, "The Causes and Effects of Preferences for Party Government"。

[66] 关于其中的意见分歧，参见 Burden and Kimball, "A New Approach to the Study of Ticket Splitting," at p. 538（区分了"故意"与"无意"理论）。对菲奥里纳观点的支持，参见, e. g., Mebane, "Coordination, Moderation, and Institutional Balancing in American Presidential and House Elections," at p. 51（在最近的选举中得出了这样的结论，即"一小部分但却占很重要比例的选民已经被动员去投那些被分散的选票，从而可以增加制度平衡的机会"）关于结构方面的一些论点，参见, e. g., Jacobson, *The Electoral Origins of Divided Government*（认为，由于选民对众议院议员和总统存在着不同的期待，因而产生了分治政府）；Ingberman and Villani, "An Institutional Theory of Divided Govern-

ment and Party Polarization"; Sigelman, Wahl-beck, and Buell, "Vote Choice and the Preference for Divided Government"（发现偏好分治政府和分散选票并没有关联性）；Grofman et al., "A New Look at Split-Ticket Outcomes for House and President"。

［67］Fiorina, *Divided Government*, at p. 77. 菲奥里纳也指出，选票分散所起的作用与第三政党的支持者所起的作用具有相似之处（第121页）。这里也是一种安德森-佩罗现象（Anderson-Perot phenomenon），参见上面的注释8，其确证了这个一般观点。

［68］Ibid., at pp. 68-69.（指出，创建一个分治政府，就行政机关方面来说，比立法机关方面要来得容易得多，因为改变立法机关的组成需要进行跨区域的协调。）

［69］See Gimpel, *Legislating the Revolution*, at p. 7.（把该立约法案（Contract）描述成一个已做好准备的平台，而由这个平台把政党的责任放置到竞选活动中。）

［70］菲奥里纳在1996年选举之前就写道，他发现"共和党在1994年国会选举中的胜利已经增强了克林顿总统在1996年选举中获得连任的可能性"。Fiorina, *Divided Government*, at p. 156. Born, "Policy-Balancing Models and the Split-Ticket Voter, 1972-1996," 在整体上并不同意菲奥里纳的政策平衡分析，但是所得出的结论是，1996年的选举结果支持菲奥里纳所使用的方法。

［71］Ginsberg, Mebane, and Shefter, "The Presidency, Social Forces, and Interest Groups," at p. 368.

［72］Shea, "The Passing of Realignment and the Advent of the 'Base-Less' Party System," at pp. 41-50.

［73］Briffault, "The Political Parties and Campaign Finance Reform," at p. 646. 我怀疑意识形态上的考虑可能会影响到那些边缘性决定。比如，面对两个有平等获胜机会的候选人，政党竞选委员会可能会在机会分配上多分一点给其中的一位，而不是去"契合"政党在国会中的多数。但是我认为，这种影响在总体上可能是很小的。

［74］Menefee-Libey, *The Triumph of Campaign-Centered Politics*, at p. 131.

［75］Shea, "The Passing of Realignment and the Advent of the 'Base-Less' Party System," at p. 42.

［76］Menefee-Libey, *The Triumph of Campaign-Centered Politics*, at p. 218.

［77］Ibid.

[78] Menefee-Libey, *The Triumph of Campaign-Centered Politics*, at p. 45. John F. Bibby, "Party Networks: National State Integration, Allied Groups, and Issue Activists," in Green and Shea, eds., *The States of the Parties*, at pp. 70-75. （描述了全国性政党——作为为候选人及各州政党服务的组织——在权力集中方面的情形。）

[79] Shea, "The Passing of Realignment and the Advent of the 'Base-Less' Party System," at p. 48. 一个有趣的副作用是，动员那些新的投票选民，这对于这些政党来说变得更为困难，尤其是那些归化的公民，因为他们不会依赖他们的过去，即在美国化进程中受过地方政党组织的帮助。相关的讨论，参见 Peter Skerry, "The Racialization of Immigration Policy," in Keller and Melnick, eds., *Taking Stock*, at pp. 81-82, 89-92, 94-96.

[80] Milkis, *The President and the Parties*, at p. 87.

[81] Milkis, *Political Parties and Constitutional Government*, p. 141.

[82] Ginsberg and Shefter, *Politics by Other Means*, at p. 10.

[83] Milkis, *Political Parties and Constitutional Government*, at p. 187.

[84] Landy and Milkis, *Presidential Greatness*, at p. 199.

[85] Menefee-Libey, *The Triumph of Campaign-Centered Politics*, at pp. 33-34.

[86] Landy and Milkis, *Presidential Greatness*, at p. 224.

[87] Silbey, *The Partisan Imperative*, at p. 36.

[88] 这段接着讨论辛克莱在 *Legislators, Leaders, and Lawmaking* 一书中的观点，然后辛克莱的 *Unorthodox Lawmaking* 一书对此作了进一步的拓展和讨论。领导的那些控制机制在各个党派之间可能会有所不同，并且由于显而易见的原因，有关民主党的学术研究要更为广泛。另外，众议院比参议院在变化的深度和进度上更深、更大。但是，如辛克莱主张的，对于不断增加的集权化，有很多结构性原因，而且那些参议院规则的变化在众议院里也是类似的。See John Ferejohn, "A Tale of Two Congresses," in Weir, ed., The Social Divide, at p. 68. （"所有人都同意，国会已经发生了转变，从一个由委员会及其所隶属的委员会所组成的松散而相对独立运行的结构——其中政党领导人在很大程度上充当了交通警察的角色，转变成了一个更加协调一致、团队化、政党派别化、有时甚至是集权性机构——其中有时候重要的政策制定活动就发生在政党领导人的办公室中、发生在政党决策委员会中或私下就决定了。这些变化都已经走得很远了，而且在众议院比在参议院中来得更快，但这些情形都可以不同程度

地从两院里看得出来。") 辛克莱在她 1995 年著作的前言中指出,"共和党在众议院规则上的任何改变最多只能边缘性地对整个过程产生影响。" Sinclair, *Legislators, Leaders, and Law-making*, at p. xi. 在 1997 年,她又发现,新共和党的多数并没有改变那些"内部规则……很多", Sinclair, *Unorthodox Lawmaking*, at p. 100. 费内中(Ferejohn)发现,"共和党在第 104 届国会中进行的程序改革……是为了增强多数派政党在那些委员会中的影响。" Ferejohn, "A Tale of Two Congresses," at p. 69.

[89] 根据辛克莱的观察,这些新规则用"标准回应"的方式来应对那些集体行动难题——这些难题是,用领导手中可使用和选择的激励措施来诱使制度层面的行为。Sinclair, *The Transformation of the U. S. Senate*, at p. 210.

[90] 对于这些规则的使用,参见 Farrar-Myers, "Controlling the Floor"。

[91] Barbara Sinclair, "Do Parties Matter," Center for the Study of Democracy, UC Irvine, Research Papers (1998), available at http：//www. democ. uci. edu/ democ/ papers/sinclair. htm,其强调了领导者的这种角色。

[92] Sinclair, *Legislators, Leaders, and Lawmaking*, at p. 15. 辛克莱在 1995 年作品中主要提到了"民主党人的意识形态在多样性上降低了"。see, e. g., at pp. 6，44，50，182. 就共和党来说,这一点看起来也是有效的。

[93] Rohde, "The Gingrich Speakership in Context," at p. 7. 这种陈述对"共识之处"已经得到发展的地方进行了总结。Cox and McCubbins, "Toward a Theory of Legislative Rules Changes," at p. 1376. 对于政党极端化的强调以及同质性所引起的微弱效果所作的考察,参见 Schickler, "Institutional Change in the House of Representatives，1867- 1998"。

[94] See Sinclair, *Legislators, Leaders, and Lawmaking*, at pp. 34-36. (对众议院中的那些改革进行了描述。)

[95] Ibid.，at p. 34.

[96] 关于这些变化,参见 Aldrich and Rohde, "The Transition to Republican Rule in the House," at pp. 548-56. 关于个案上的研究,参见 Aldrich and Rohde, "The Republican Revolution and the House Appropriations Committee"。甚至对最近的一些立法所进行的分析,都仍旧依赖原来那些关于国会组织的知识。See，e. g.，BeVier, "The Communications Assistance for Law Enforcement Act of 1994," at p. 1096. (把 1994 年制定的《执法中的通信协助法案》描述成"在总体上是委员会——特别是专门委员会主席——的产品……其中,专门委员会的成员和国会议员在立法日的一般流程中可能已经被期望要保持适当的谦抑姿

态,而且这依赖于那些在 1985 年和 1977 年出版的议会工作流程中的成果。)就立法的一个部分来说,这点可能是准确的,但是当我们处理最近的那些立法时,对更早前的观点一定要谨慎使用,因为它们是在 20 世纪 80 和 90 年代那个过程中产生的"。

〔97〕See Wayne, "Congress Uses Leadership PACs to Wield Power"(描述了参议员特伦特·洛特和众议员纽特·金里奇对创设基金的使用情形);Pomper, "Parliamentary Government in the United States?" in Green and Shea, eds., *The States of the Parties*, at p. 262(指出,金里奇和阿米"尽最大努力去帮助那些忠诚分子——但也仅仅是那些忠诚分子,而帮助的方式是通过政治行动委员会所筹集的资金和意识形态联盟的强力支持")。与此相反,从国会竞选委员会那里获得的钱,看起来并没有让党纪得以加强。See Ansolabehere and Snyder, "Soft Money, Hard Money, Strong Parties," at pp. 611-13.

〔98〕See Ferejohn, "A Tale of Two Congresses," at pp. 75-76.("那些独立的选民越来越希望他们的代表能够像党魁那样行事,而且越来越倾向于通过看这些代表是否赞同他们,进而来对他们进行评价。所以,对这些议员来说,要想通过给各个选区提供服务,并以此来让他们脱离全国的大趋势,这已经变得更为困难了……结果就是,议员们已逐渐看到'他们的命运更多地受制于这些问题,而且受制于他们的政党在国家层面是如何行事的'。而随着时间的推移,这些倾向应该会逐渐把越来越多的议员分类到与意识形态相协同的选区中。")当然,领导人在这些规则之下拥有了更大的权力,但这个事实并不意味着他们就会在实际中运用权力。但是,我已指出,在弹劾过程中,党纪一般都被认为特别严厉,尤其对众议院中的那些中间派共和党人。

〔99〕Jacobs and Shapiro, *Politicians Don't Pander*, at pp. 37-38.

〔100〕Ginsberg and Shefter, *Politics by Other Means*, at p. 25.

〔101〕Jacobs and Shapiro, *Politicians Don't Pander*, at pp. 7, 27.

〔102〕Ibid., at pp. 49, 63, 106, 272.

〔103〕Ibid., at p. 46.

〔104〕Slotnick and Segal, *Television News and the Supreme Court*, at pp. 165, 187.

〔105〕Ibid., at pp. 64-67.

〔106〕Cook, *Governing the News*, at p. 113. 甚至平面媒体也受到了这些要求的影响,虽然其中一些要求——对电视来说——明显更加重要。

〔107〕Castells, *The Power of Identity*, at p. 322.

[108] Sparrow, *Uncertain Guardians*, at pp. 47-51. See also Jacobs and Shapiro, *Politicians Don't Pander*, at p. 158.

[109] Sparrow, *Uncertain Guardians*, at pp. 96-97, 109-10.

[110] Ibid., at p. 109.

[111] Jacobs and Shapiro, *Politicians Don't Pander*, at p. 57. 作者继续指出，对于"观众在事实上受'赛马'报道所影响的程度，也存在广泛的争议"。

[112] Balkin, "How Mass Media Simulate Political Transparency," at p. 397.

[113] Reed, "A New Constitutional Regime."（里德的关注点与我的相比，多少有些不同，但我相信我的观点和他的是一致的。）

[114] 司法娱乐一体化也包括审判法院在内。一些刑事审判很受欢迎，对与此相关的政治问题所进行的讨论，参见 Fox and Van Sickel, *Tabloid Justice*。

[115] Castells, *The Power of Identity*, at p. 337. See also Balkin, "How Mass Media Simulate Political Transparency," at pp. 404-7.（阐释了"流言文化"。）卡斯特利用了世界范围内可用的证据。以类似的跨国证据作为基础，他在一定程度上持怀疑的观点，所得出的结论是"政治制度越来越依赖并受到大众媒体的影响，但是仍然受制于那些政治过程和政治功能"。see Mazzoleni and Schulz, "'Mediazation' of Politics: A Challenge for Democracy?"

[116] Summers, "What Happened to Sex Scandals?"

[117] Ibid., at p. 826.

[118] See Fitts, "The Legalization of the Presidency," at pp. 733-34 (1999). （指出，"那些具有多样性且吹毛求疵特点的媒体，它们的兴起……对总统产生的影响已经失调了"。）

[119] Posner, *An Affair of State*, pp. 1, 168.（增加了强调。）

[120] Castells, *The Power of Identity*, at p. 338.

[121] 依巴尔金的话说，"这些记者……已经在使用'政治透明'作为修辞法术来为他们在实践中的调查活动进行辩护，从而可以让新闻报道中更多的'性坦白'（sexual frankness）具有合理性，并使他们有更足的理由去调查和报道那些公共官员的私人生活，其中包括他们的不忠、性取向、性习惯等。"Balkin, "How Mass Media Simulate Political Transparency," at p. 400.

[122] Posner, *An Affair of State*, at p. 168.

[123] 引自 Kurtz, "Americans Wait for the Punch Line on Impeachment." See also Rich, "All the Presidents Stink"（描述了华盛顿的政治精英与美国人民之间的断层）。

第一章　新宪法秩序中的政治机构

〔124〕Harvey Feigenbaum, Richard Samuels, and R. Kent Weaver, "Innovation, Coordination, and Implementation in Energy Policy," in Weaver and Rockman, eds., *Do Institutions Matter*? at p. 101.

〔125〕Mayhew, *Divided We Govern*, at p. 76.

〔126〕See Jones, *The Presidency in a Separated System*, at pp. 19-23.（区分了党派、党派合作（其中各政党在法律制订阶段互相妥协）、两党联合（其中他们在立法起草阶段进行合作）及跨党派关系（其中由每个政党的某些部分来组成一些联盟）。）其他研究的概况，参见 Fiorina, *Divided Government*, at pp. 162-66。

〔127〕Fiorina, *Divided Government*, at p. 128.

〔128〕See Ibid., at p. 89（注意到，梅休的那些方法并没有检测出立法上的"需求"）；Binder, "The Dynamics of Legislative Gridlock, 1947-96," at p. 520（需要检测一下那些潜在的立法……从而来检测政治僵局方面的那些理论）。

〔129〕关于这些方法的延伸性讨论，参见 Fisk and Chemerinsky, "The Filibuster," at pp. 203-6。

〔130〕Sinclair, *The Transformation of the U.S. Senate*, at pp. 94, 95. 近来的一些证据和例子，参见 Sinclair, *Unorthodox Lawmaking*, at pp. 47-49；Fisk and Chemerinsky, "The Filibuster," at pp. 182-83。

〔131〕Sinclair, *Unorthodox Lawmaking*, at p. 49.

〔132〕Binder and Smith, *Politics or Principle*? at pp. 14-15.

〔133〕Sinclair, *The Transformation of the U.S. Senate*, at pp. 128-29. 辛克莱也描述了在立法上"近乎绝对"坚持的情形，进而参议员要求对这些个别法案拖延考虑，这在名义上是拖延时间，不在短时间内考虑立法，但这逐渐成为一种让立法过程永远偏离轨道的手段（第130—131页）。

〔134〕Binder and Smith, *Politics or Principle*? at p. 40.

〔135〕Sinclair, *The Transformation of the U.S. Senate*, at p. 125.

〔136〕Binder and Smith, *Politics or Principle*? at p. 16.（引用了其中一位参议院评论员的话。）

〔137〕Evans, "The House That Governs Least, Governs Best." Thorson, Maxwell, and Nitzschke, "Strategic Decision Making and the Invoking of Cloture in the United States Senate," 发现了"一些有限的证据但说明了，投票困境规则（cloture voting rule）至少偶尔也会促使那些占多数的政党作出一些让步，并对那些法案进行调适，否则，这些法案不会被占少数的政党所接受"（第13页）。

[138] Hernnson, "Reflections on Clinton's First Term," in Hernnson and Hill, eds., *The Clinton Presidency*, at p. 168. （描述了共和党对克林顿"依靠那些'最低获胜联盟'"情形所作的应对。）

[139] 相关的讨论，参见 Garrett, "A Fiscal Constitution With Supermajority Voting Rules," at pp. 478-82。这些规则在形式上受制于是否弃权（waiver），有时这要通过多数决，有时要通过绝对多数决（但是，它自身也可能被另一个多数决取代掉）。但加勒特认为，这些规则已不再"没有牙齿"（toothless）了（第 482 页）。

[140] Fisk and Chemerinsky, "The Filibuster," at 213；Sinclair, *Unorthodox Lawmaking*, at p. 77. （"要通过那些有争议的立法，逐渐要求必须有 60 张投票"。）把这种分析运用到预算法案中就更复杂了。在分治政府中，总统的计划只有获得多数决，才能被制定成法律，虽然一些程序性规则让总统很难在计划方案上获得那些起伏不定的投票。相反，反对者的计划只有在两院中获得三分之二的支持才能被制定成法律，这三分之二支持也足以推翻那些否决票了。

[141] See Sinclair, *Unorthodox Lawmaking*, at p. 49. （"如果立法达到了'投票通过'的那个点，那么它几乎将肯定能通过。"）

[142] 在分治政府时期，那些获得多于三分之二支持的法案在数量上有所增加，具体分析，参见 Covington and Bargan, "The Effect of Divided Government on the Ideological Content of Bills Enacted by the House of Representatives"。

[143] 相关的讨论，参见 Fisk and Chemerinsky, "The Filibuster," at pp. 217-20。

[144] Ibid., at pp. 221-22。

[145] See Sinclair, *Unorthodox Lawmaking*, at p. 96. （"那些政党领导人对他们所属党员在获取立法成功上的那些要求进行了回应，试图找到处理问题的各种方法。他们开始更多地用一揽子立法这种方式；而这作为国会和总统之间达成协议的最后诉求方式，甚至达到了最高点"。）See also Thorson, Maxwell, and Nitzsche, "Strategic Decision Making and the Invoking of Cloture in the United States Senate". （得出的结论是，投票困境规则（cloture voting rules）——作为那些有绝对多数要求的政策制定的一个方面——对于调节那些提案有一定的效果。）这种正式的模式表明了，那些绝对多数规则让立法出现了僵局，参见 Krehbiel, "Institutional and Partisan Sources of Gridlock"。

[146] Sinclair, "Bipartisan Governing," 对那些控制了众议院、总统和（在写作当时）参议院的共和党人所面临的那些问题，有一个概要性的阐释。

[147] Fiorina, *Divided Government*, at p. 168, 阐释了一种正式的模式，

第一章 新宪法秩序中的政治机构

其中"在立法机关的偏好与行政机关的偏好相类似时,立法机关会授予更广泛的自由裁量权"。更详尽的相关讨论,参见 Epstein and O'Halloran, *Delegating Powers*。

[148] Epstein and O'Halloran, "The Nondelegation Doctrine and the Separation of Powers," at pp. 978-80.

[149] See Skowronek, *The Politics Presidents Make*, at p. 413. (描写"一个'厚重型'政府(thicker government),它能够把改革者更多的废弃之物挡掉并且转移掉"。)

[150] Fiorina, *Divided Government*, at p. 90.

[151] Sinclair, "Structure, Preferences and Outcomes: Explaining When Bills Do—and Don't—Become Law,"结论是,在分治政府时期制定的法律在形式上不同于统一政府时期可能发生的情形。

[152] 关于对一些这方面的动议所作的阐释,可参看结论部分。

[153] Pfiffner, "Presidential Constraints and Transitions," in Shull, ed., *Presidential Policymaking*, at p. 32. (增加了强调。)

[154] 关于记者对这些政策提案的范围所进行的评论,参见 Berke, "Following Baby-Size Issues into Voters' Hearts"。

[155] 对人身保护令以及——持有这个立场的——1996年监狱诉讼立法所进行的分析,参见 Tushnet and Yackle, "Symbolic Statutes and Real Laws"。

[156] Kagan, "Presidential Administration."

[157] 对总统行政兴起的具体原因,卡根作了分析,参见 ibid., at pp. 2310-12。

[158] Ibid., at p. 2282.

[159] Ibid., at pp. 2303-06.

[160] See ibid., at p. 2314. (解释了国会无法阻挡克林顿的那些动议。)

[161] *FDA v. Brown and Williamson Tobacco Corp*, 529 US 120 (2000). 卡根讨论了总统行政在宪法上一般会遇到的那些反对情形。Kagan, "Presidential Administration," at pp. 2319-31.

[162] 一种分析认为,弹劾之所以发生,是因为已经被挫败或者已经选择离开众议院的那些"跛脚鸭"(lame ducks)投了与投票人的希望完全相反的投票,但是,这些投票人(voters)过去是,但现在已经不是他们的选民(constituents)。Rothenberg and Sanders, "Lame-duck Politics."

[163] See Abramowitz, "It's Monica, Stupid"; Morris, "Conventional Pol-

61

itics in Exceptional Times."

［164］运用了这一章前面所依据的那些论点，Hurwitz, Moiles, and Rohde, "Distributive and Partisan Issues in Agriculture Policy in the 104th House," at p. 912. 用克林顿弹劾这个例子来表明，"当占多数的政党对议员关注的问题在所持的信念上相对（并不完全）趋同，而且这些信念与全体议员所持信念的中间点（floor median）有所不同，那么此时，这些多数派将会用它来影响该机构所制定的那些规则及其结构，从而试图操控最后的结果，使其不再围绕全体议员的那个中间点，而是朝向这些多数派所持的那个中间点"。

［165］Sunstein, "Impeaching the President," at p. 281.

［166］Cf. Ackerman, "Revolution on a Human Scale," at p. 2347. （"各政党里的立宪主义者都应该共同努力去达成一个共识，从而在以后的宪法发展中把克林顿案作为一个负面的先例"。）

［167］由总统罗纳德·里根任命的法官波斯纳也庶几看清了这一点，但并没有抓住克林顿究竟在何种程度上挪用了里根的那些宗旨："从政策的角度来看，很难把克林顿和纳尔逊·洛克菲勒这样的共和党人、甚至乔治·布什、鲍勃·多尔或者杰拉德·福特这样的共和党人很好地区分开。这有点像民主党已经消失了，而共和党则分裂成两支，即克林顿领导的左翼（纳尔逊·洛克菲勒，威廉·韦德）和由特伦特·洛特和汤姆·迪莱领导的右翼（丹·奎尔，杰西·赫尔姆斯）"。Posner, *An Affair of State*, at p. 202.

［168］Skowronek, *The Politics Presidents Make*, at p. 444.（增加了强调。）

［169］我的意思是，由此来保留这样一种可能性，即弹劾背后的那些事件也有可能产生一些持久的影响。

［170］Dewar and Eilperin, "GOP Fears Agenda Drift as 2000 Elections Near". （引用了众议员约翰·爱德华·波特的话——其来自伊利诺伊州共和党。）

［171］众议院采取的这些行动使他们在参议院里的那些政党联盟非常难受，那就是要通过很多提案，虽然这个过程几乎不可避免地会产生履行职责的问题。而在其他情况下，比如，如果分治政府的情形是共和党控制的众议院、民主党控制的总统和参议院，那么，一个通过党派来引发的弹劾——对于众议院的多数来说——成本会很低。

［172］其实，当国会宣布创设这种独立委员会机制的立法失效时，弹劾至少可以增加总统的权力。Spitzer, "Clinton's Impeachment Will Have Few Consequences for the Presidency," 通过指出那些弹劾的原因与一般所行使的总统权之间几乎没有任何关联，由此来支持了它的观点。

第一章　新宪法秩序中的政治机构

［173］或许值得注意的是，克林顿总统所遭到的困难，在结构上的根源是他践行了"先占政治"。但是，即使是一位来自共和党的总统，在一定的条件之下也可能会面临规范层面的弹劾问题。如史卡罗奈克所主张的，继任总统无论如何都要有所作为，从而把他们的领导和那些创建政体的总统的领导区分开。当他们这样做的时候，他们可能会犯一些错误，而这些错误也可能会导致发生规范层面的弹劾情形。

［174］Clarke and Gaile, *The Work of Cities*, at p. 33.

［175］See, e. g., Joyce and Mullins, "The Changing Fiscal Structure of the State and Local Public Sector," at p. 252（结论是，"对地方税收开销的那些限制，已经使得动向从那些地方税收转向了⋯⋯'让各州可以有更多的花销'这个角色上"）; Sokolow, "The Changing Property Tax and State-Local Relations," at p. 165（结论是，这些限制"可以通过好几种方式让州变得国家化：(1) 由整个州的选民和立法议员来控制地方税率和其他的财产税规则；(2) 鼓励各州增加对各个地方政府的财政支援力度；和 (3) 在州和地方财政的整体结构中，减少地方层面的征税比率"）。

［176］See Sokolow, "The Changing Property Tax and State-Local Relations," at pp. 175-77.（阐释了教育基金的国家化问题。）索科洛夫指出，州法院的判决要求对各州学校在经费使用上要更加平等，这其实也推动了这种国家化。

［177］一些统计数据，参见 Pagano, "State-Local Relations in the 1990s," at p. 94。

［178］相关分析，参见 Stark, "The Right to Vote on Taxes"。

［179］See Doron and Harris, *Term Limits*. 他指出，一些运动成功地把任期限制施加在了那些立法者身上，最后在 20 世纪 90 年代中期结束了。

［180］下面的论述主要参考，Carey, Niemi, and Powell, *Term Limits in the State Legislatures*。

［181］Ibid., at pp. 49, 50.

［182］Ibid., at p. 44.

［183］Rader, Elder, and Elling, "Motivations and Behaviors of the 'New Breed' of Term Limited Legislators."

［184］Carey, Niemi, and Powell, *Term Limits in the State Legislatures*, at p. 44.

［185］See Clarke and Gaile, *The Work of Cities*, at pp. 193-94（describing this problem）.

[186] See Boeckelman, "The American States in the Postindustrial Economy," at p. 185. （对这种影响提供了一些证据。）

[187] Clarke and Gaile, *The Work of Cities*, at pp. 45, 93.

[188] Michael J. Trebilcock and Ron Daniels, "Journeys across the Institutional Divides: Reinterpreting the Reinterpreting Government Movement," 在我手头上尚未出版的手稿中。他们对他们的观点进行了更深入的讨论，参见 Trebilcock, Daniels, and Thorburn, "Government by Voucher"。

[189] 立法机关在制定侵权改革法案时所遇到的困难，也许可以说明这个问题，其中州法院认为这些法案在宪法上是可以接受的。See Berkman, "After the Hype, Tort Reform Moves Slowly"; Glaberson, "State Courts Sweeping away Laws Curbing Suits for Injury."有的时候，这种困难是由竞选中的一些捐助所造成的，其中那些出庭律师把这些竞选中的捐助用在司法运动（judicial campaigns）上，但是，支持侵权改革的那些商业利益已知道如何去抵消这些捐助。

[190] 在这个意义上，法律现实主义就是新政—大社会宪法秩序的法理基础。

[191] 但是，这些调整可能包含一些侵犯权利的情形，而这些权利——在原先政体的支持者那里——被认为是基本人权，比如言论自由以及生育自由权。因此，新宪法秩序没必要采取纯粹自由主义的范式。虽然它所包含的那些原则确实有着自由主义方面的倾向，而且也包含了一些去间接追求自由主义目标的制度，而所采取的方式是"不让自由主义范式中的自由在立法上有新的限制"。

[192] 关于这点所作的正式阐释，参见 Hansen, "Is There a Politically Optimal Level of Judicial Independence?"; Ginsburg, "Economic Analysis and the Design of Constitutional Courts"。

[193] Ginsburg, "Economic Analysis and the Design of Constitutional Courts," at p. 5.

[194] Cornell Clayton, "Law, Politics, and the Rehnquist Court: Structural Influences on Supreme Court Decision Making," in Gillman and Clayton, eds., *The Supreme Court in American Politics*, at pp. 155-56.

[195] 对集体行动有一个说法是：一个理性的选民虽然相信——由来自总统党的议员来代表他/她的选区，这对选区来说是件好事，但是他/她又对分治政府存有偏好，那么这就有可能会选择一张只投给同一政党候选人票的选票（straight ticket），并且希望在其他更多的选区会有更多的选民选择投分裂选票

（split），让选票投给不同的政党候选人。由此，有可能出现一个统一政府，尽管在抽象的意义上，我们可能会发现，当这些选民被问及时，他们还是偏好分治政府。Mebane, "Coordination, Moderation, and Institutional Balancing in American Presidential and House Elections,"认为，这些民意调查和利益集团可以提供一些信息，从而让选民可以彼此相互协调。

[196] 最明显的例子是对联邦法院法官的那些任命，但由于法律的制定（或废除）在分治政府中都比较困难，因而许多政策一旦在实践中被制度化，就难以再被改变。

[197] Cantril and Cantril, *Reading Mixed Signals*, at pp. 10-14.

[198] Esping-Andersen, *Social Foundations of Postindustrial Economies*, at p.181，指出"在许多国家的社会制度发生转型的过程中，那种离奇的年龄偏见问题很难被反转过来，因为那些中间派的投票人正在慢慢老去"。（增加了强调。）

[199] 对于这个构想，我要感谢马克·格雷伯。

第二章　新宪法秩序中的最高法院

在分治政府这样的政体中，最高法院可以通过它的多数（majority）去做任何想做的事情。比如就法律解释来说：如果法院所作的保守性法律解释比保守派总统所希望的还要保守，那么就会被推翻掉（因为总统通过签署比他还要自由的国会所制定的新法律，从而可以修正法院的判决），或者，如果这些解释比任何一院（参议院或众议院）中最保守的三分之一议员还要保守，那么也会被推翻掉（因为国会接着可以推翻总统的否决）。[1]但是基于国会在意识形态上存在着明显的分裂，很少会出现下面两种情况，即最高法院的判决比国会中共和党的右翼还要保守，或者比国会中民主党的左翼还要自由。[2]

最高法院作的宪法解释就不会那么脆弱了：保守派的判决只比任何一院（众议院或参议院）中最保守的三分之一议员还要保守，该判决才会被推翻。同理，自由派的判决如果比任何一院中最自由的三分之一还要自由，也是如此。在新宪法秩序中，国会在意识形态上的分裂，使得那些大法官们基本上可以去做他们所想做的任何事情。[3]或者更准确地说，那些与法院所分裂意识形态之中间值最接近的大法官（即中间派法官），他们想要做的任何事情，最高法院都可以去做。[4]

第二章 新宪法秩序中的最高法院

今天法院里的中间派大法官，有可能是桑德拉·戴·奥康纳（Sandra Day O'Connor）大法官，也可能是安东尼·肯尼迪（Anthony Kennedy）大法官，他们明显想做一些与新政—大社会宪法秩序时期有所不同的事情。但是，中间派大法官究竟想做些什么呢？我们可以很容易地看到，人们把法院的一些判决描述成是具有革命性的。这些人认为法院在进行一场宪法革命，正在废弃人们对宪法业已确立的那些理解，并且试图让这个国家回到20世纪20年代——甚至更早——的宪法世界当中。这种所谓的革命是要恢复到这样一种宪法世界，其中最高法院可以宣布州及联邦的法律无效，从而服务于一个有限的、近乎完全自由主义式的政府。[5]

目前最高法院中的多数几乎必定会放弃这些革命般的抱负，指出他们并未推翻任何新政—大社会宪法秩序的重大判决。相反，他们认为，他们要努力恢复宪法文本（Constitution）的真实含义，尤其在联邦和各州的权力分配上。根据那些恢复主义者（restorationist）的看法，在20世纪60和70年代所盛行的那种情形，显然是放弃了最初宪法当中所规定的联邦主义（federalism）图景。最高法院很不幸地受到了这些改革者的影响，这大概持续了一代人的时间，但是，法院中的多数目前正在试图把联邦和各州之间的关系恢复到合理的状态。同样，这些恢复主义者声称，在其他一些重要领域，法院也正在恢复规制与经济自由之间恰当的平衡关系。

我对法院的这些做法持有不同的看法。现代法院的议程（agenda）可能确实还处在新政之前的那个时代。这就是说，对于现代法院所关注的那些重大问题——联邦制和财产权，其实也正是法院在新政之前所关注的问题。但是，现代法院对解决这些议程上的问题所采取的方法，在根本上不同于之前所使用的方法。法院的判决并没有预示要在根本上对联邦政府进行重建。最好也不要理解为是要让宪法恢复到某种想象的且无争议的原初理解情形，或者恢复到我们之前已经达到的某种情形。不过，法院目前正在发展与新宪法秩序相一致的宪法原则，而在新宪法秩序中，我们在宪法上的那些抱负已经遭到了遏制。

面对那些宣称"法院具有革命性"的人士所带来的挑战，我们能够最佳地辨别出法院的立场所在。首先我会考察对新政—大社会宪法秩序之前来说三个至为重要的问题：联邦制、经济自由和国会对行政的授权。在每一个领域，我都表明了，对法院的行为应该进行比较狭义的解读。根据这些解读，政府必然是稍稍缩减了些，但是，政府在新政—大社会宪法秩序中的扩张在根本上并没有被削弱。如果要阐释这一点，则需要一些技术细节，不过即便用相对粗略的方法，很多细节也是显而易见的。

接着，我讨论了新政—大社会秩序中那些个人权利（individual rights）和公民权利（civil liberties）在宪法上的发展。对此，我认为，一些领域已经出现了重大改变，尤其在表达自由领域，其在一些方面出现了缩减，而在另一些领域则出现了公民权利的扩张，如果法院要革命性地否定新政—大社会宪法秩序，那么这种扩张会让人出乎意料。

然后，我讨论了一些重要的法律。在目前至多算是温和的原则之下，这些法律确实很脆弱。但是，法院为了完成一项革命，必须在一些重大领域有所作为——比如涉及"国会有权附条件拨款给各州"方面的内容，不过到目前为止，法院对此也兴趣不大。

我并不否认，一个进步的法院会朝着革命性的方向迈进，或者对法院最近作的那些判决可以进行更广义的解读，而不是我之前所提及的狭义解读。我在此只想表明，法院实际上并没有作出那些革命性举动，或者把自己的原则扩展了。从表面的价值来看，法院秉持的那些原则对新政—大社会宪法秩序所产生的影响，相对来说不算太大。我在第三章中分析了那些挑战我的论点：有可能，当前的法院并没有革命性，但是新任命一位致力于宪法变革的大法官，便会把法院推向一个非常极端的位置：大法官安东尼·斯卡尼亚有可能变为一个中间派，而非大法官肯尼迪或奥康纳。通过第一章所作的分析，并根据目前对那些提名和任命程序所作的学理分析，第一章其实分析了为何在新宪法秩序中，其他政治机构要使得这类法官就任于最高法院是一件可能性很小的事情，尽管对此还不是那么十分确定。

现代法院与 20 世纪 20 年代的宪法原则

在新政之前,最高法院通过限制联邦政府在规制经济活动上的权力来约束政府;通过落实宪法上所保护的合同自由来约束政府;且在对新政立法自身进行酝酿的时期,有些时候是坚持让国会来进行全国性规制,而不是由国会授权的行政官员来进行,由此来约束政府。[6] 那些建构了新政—大社会宪法秩序的人士知道,在新政之前,虽然经济秩序在传统上只由普通法上的财产权和契约自由来维护,但最高法院可以在宪法上对经济秩序进行相应的强制。普通法并没有确立一种在经济上可以自由放任的政体,而且法院实际上有的时候容忍了一些偏离普通法规则的情形。在新政之前,法院允许各州行使一般意义的规制权,这种权力即法院所说的治安权(police power)的一部分——各州在卫生、安全和道德上享有治安权。而且它更可以进一步扩展,去规制法院所说的那些影响了公共利益的商业活动——这不是一个在范围上极为狭小的类别。但是,一些商业活动只是很普通的商业活动,而且治安权并没有扩展至那些对工人和雇主之间的经济实力试图予以均衡的法律。

新政之前的宪法秩序还有另一个重要特征。最高法院相信,在宪法与政治之间可以划出一条明确的界线,而且它的一个独特任务就是找到并且监管好这条界线,从而确保立法机关在政治的范围之内进行活动。

新政—大社会宪法秩序对经济领域的重大干预比以前要多得多。由此,法院在"商业活动"这个概念上放弃了"受公共利益影响"这个类别限定,而判定政府对任何商业活动都可以有所作为。法院同样确认,政府有权对经济上的谈判力(economic bargaining power)进行重新分配。对于"法院在宪法与政治的界线划分上可以扮演一定的角色"这个观念,法院也放弃了。如果目前最高法院已经走上了一条回到 20 世纪 10 和 20 年代的回头路,那么,这些商业活动何时才可以获得宪法保护而免受规制的干预呢?也许这还没有发生。但是,法院已经否认了这样一种预设——宪法与政治之间没有实实在在的界线。法院可能还没有采纳新政之前那些对宪法秩序进行规制的重要原则,但是,法院如今已经回到它之前所扮演的角色。

联邦制

在新政之前,最高法院对国会的商业规制权(power to regulate commerce)施加了很多严格的限制,依据的是宪法对国会在"各州间的商业活动"上所享规制权的限制。它之所以这么做,原因是联邦制:国会的规制权越多,那么,各州的权力就会越少——至少在一定程度上,各州发展自己所独具特色的规制性政策,会受到那些国会决定的限制,乃至替换。比如,从新政之前法院的立场来看,国会没有权力对制造业进行规制,因为"商业活动是在制造环节之后,由此并不是它的一部分"[7]。同样,国会不能对煤矿公司和雇工间的讨价还价情形有所要求,因为"在采煤中引发和产生的这些事件并不属于"商业活动。[8]那么在链条的另一端,国会不能建立一个制度最终规定屠宰场向直接与消费者交易的屠夫出手家禽的规则——因为当屠宰场把鸡卖给屠夫时,"州际交易……就已经结束了"[9]。

在上一个案例中,其中有一项规则要求屠夫购买整个"批次"的鸡,包括那些可能生病的。"病鸡"这个案例,可以说是"新政"用来攻击新政之前那些原则的一个要点,因为法院使用了它所秉持的那些旧原则,来把那些——新政改革者认为对他们的新政计划非常重要的——因素废除掉,而且有可能更为重要的原因是,在病鸡案和煤矿案中适用的那些旧原则表明——国家劳工关系法案(National Labor Relations Act)可能是违宪的。

法院在这个过程中避开了这个威胁,并开始建构与新政—大社会秩序相符合的联邦制原则。比如,法院支持了国家劳工关系法案。在1942年,法院对威卡德诉费本案(Wickard v. Filburn)所作的判决是最重要的。[10]国会制定一项法律，授权农业部部长对小麦的产量可以实行定额控制。费本经营了一个养有奶牛的农场，其中他也种植了一些小麦来饲养这些奶牛，并自己在家中制作面包。费本超过了他应有的限额，然后对此主张——国会不可以对那些在农场直接被消费的小麦进行产量上的规制，因为这个行为与"州际"贸易没有任何关系。法院则不予认同。费本这种自给自足行为所带来的微弱影响并不重要；在法院看来，问题的关键在于，诸如费本这种行为所带来的影响如果被聚合起来，是否就会产生重大影响。

在新政—大社会中，法院运用这种"聚合效应"（aggregate effects）标准，似乎可以让国会无所不为。那么，这可能就会与联邦制的核心理念不相一致了，因为在联邦制中，各州与联邦之间必须存在着分权。有些宪法理论家为新政—大社会秩序提供了一个正当理由，让司法退出这个领域。他们认为，问题的关键不在于是否可以在宪法上划一条界线，从而确定联邦政府可以做什么，以及不能做什么。按照他们的说法，当然有一条这样的界线。但是，真正的问题在于，哪个机构——国会还是最高法院——更能胜任来决定"国会的行为是否超越了界线"这个问题。现代经济具有复杂性，而且从新政—大社会宪法秩序的那些构建原则来看，联邦政府所追求的那些公共目标具有社会广泛性，这些都限制了法院可以胜任的可能。相反，在国会的政治结构中，各州都有自己的代表，这让国会要比法院更能胜任去决定"某项提案是否超越了联邦与各州在权力上的界线"，甚至也会考虑国会扩大自身规制权范围的私利。[11]在1985年，最高法院在支持将联邦最长工时法案（federal maximum-hours laws）适用于联邦以及各州的时候，它认同了这种"政治防护"理论（"political safeguards" theory）。[12]这是新政—大社会宪法秩序时期最后一个关于联邦制的重要判决。

威卡德案以及将联邦工资法案（national wage laws）适用于各州政府的案例，都表明了两个关于联邦制原则的不同维度。威卡德案是关于各州是否可以对联邦政府所不能规制的那些事务进行规制——比如自家种植小麦，或者更为现代的一些例子，如暴力犯罪、教育以及家庭法。关于联邦工资法律的这个案例，并没有把各州当做其所属公民的规制主体，而是将其作为主权政府（sovereign governments）来对待，由其对各个机构进行调整，从而使该"政府"可以成为一个真正的政府。通过四组案例，新宪法秩序其实已经解决了联邦制在这些维度上的问题：包括国会对州际贸易进行规制的权力；国会对享有自治主权的各州进行规制的权力；国会对第十四条修正案予以执行的权力；以及对第十一条修正案予以执行的权力，其中该修正案规定，"合众国的司法权不应该……扩展至任何……由其他州公民提起或起诉合众国的一个州的诉讼。"要想理解新宪法秩序中联邦制原则的内容，有时候要去理解那些法院判决中大量的细节性内容。

州际贸易

在1996年，也是新政以来第一次，最高法院认定一项联邦法案违宪，原因在于商业条款（commerce clause）并没有授权国会有权这么做。[13]合众国诉洛佩兹案（States v. Lopez）牵涉到1990年的校区禁枪法案，其中规定，禁止在学校附近拥有枪支。法院指出，从最根本的前提来看，"宪法创造了一个权力已被列举了的有限联邦政府"[14]。对新政—大社会的那些商业条款案件进行考察之后，法院认为，国会可以对"三大类行为进行规制"："利用州际贸易的那些通道，""州际贸易中的那些手段，或者州际贸易中的那些人或事"，以及校区禁枪法案所涉及的那类行为，即"在实质上影响到州际贸易的那些行为"[15]。

合众国认为，对那些在实质上影响到州际贸易的行为，该法案确实进行了规制："在校园里出现枪支，这会通过对学习环境造成威胁，进而给整个教育过程带来实质性的威胁。反过来，一个残缺的教育过程，又会教育出那些创造性偏低的公民。这又会对国家的经济状况产生负面的影响。"[16]这种观点明显来自威卡德案，而在该案中，类似的一系列经济后果足以让法院去支持该法案。首席大法官威廉姆·伦奎斯特在洛佩兹案中的观点则回应指出，如果法院接受了政府的观点,那么,国会的规制范围就不再限于"对学校附近的枪支进行规制"这种情形。比如,它可以"通过下令让地方的初中和高中采行联邦政府的课程体系",从而"对教学过程直接进行规制","因为地方学校所讲授的课程会对'课堂学习有着重大的影响',而且这反过来,也会对州际贸易产生重大的影响。"[17]其次,法院对新政—大社会的那些先例所作的解读是,国会只有在对那些商业贸易(commercial)活动进行规制的时候,才可以适用威卡德案中的"聚合效应"理论。法院也承认,判断一个行为是否具有商业特征,这并非易事,但是"在地方学校的区域范围内,'持有枪支'在任何意义上都不会是一种——可以通过在其他地方的重复存在而会对某类州际贸易产生影响的——经济活动。"[18]

大法官肯尼迪在洛佩兹案中有一个并存意见(concurring opinion)*,大法官奥康纳也认同此意见。他说道,法院曾努力去落实联邦制对于国会权力的那些限制,这段不光彩的历史给了他一些"犹豫",但他认为法院这样判是"有必要的、但也有限"[19]。大法官克拉伦斯·托马斯也发表了并存意见,但是,他更愿意进一步去推翻新政—大社会时期的那些判决。就如他所看见的,商业(commerce)这个术语应该被界定为"出售、买入以及作物物交换,同样,基于这些目的的运输也是如此",而且不应该包括——比如——制造业或农业。[20]法院的多数意见——在结论部分——表明了,法院认识到了洛佩兹案的重要性。

> 为了在此支持政府的那些主张,我们需要在推理的基础上进一步推理,所采取的方式似乎会把国会基于商业条款所享有的权力转换成由各州所保留的一般治安权。要承认的是,我们先前有一些案例已经这么做了,而且对国会的行为持极大的谦抑态度。这些司法意见的宽泛措辞已经表明了权

---

* 并存意见(concurring opinion)一般是指同意判决结论,但判决理由不同的意见。——译者注

力"继续扩张"（additional expansion）的可能性，但是，在此我们并不愿意更进一步。[21]

洛佩兹案可能会涉及联邦刑法典中一个无足轻重的规定，而该条文的制定可能只是为了表明，国会正试图在枪支暴力上有所行为，但并不是真的要去实现那些重大的政策目标。同样在这个方面，法院下面的一个判决牵涉到暴力侵犯妇女法案（VAWA）中的一个条款。该法案是一项重要的联邦提案。但是，在一些大法官看来，所牵涉的特殊条款可能并不是那么重要。

合众国诉莫里森案（United States v. Morrison）牵涉到暴力侵犯妇女法案中的一个条文。该条文授权那些因性取向而引起的暴力犯罪的受害者，可以到联邦法院去起诉那些迫害者。[22]（这个法案之下的其他提案包括"为那些性取向暴力的受害者设立联邦援助基金"。法院在莫里森案中的判决丝毫没有表明——这些追加的而且可能更加重要的联邦计划违反了宪法。）法院在洛佩兹案中的意见——虽然近乎是一带而过的——表明了，对于"在学校附近持枪会对州际贸易产生影响"这个论点，国会没有作出任何判断，而且对暴力侵犯妇女法案中的民事补偿条款予以支持的那些人，对此则有所暗示。不过，他们提出的另一个重大记录表明了，"性取向暴力犯罪会阻慑那些潜在的受害人在各州间自由流动，会阻慑她们在州际商业中从事雇佣工作，或者会阻慑她们进行商业交易，阻慑她们去那些有州际贸易的地方，这些都会对州际贸易产生影响"。[23] 不过最终表明，这些判断并不具有关联性（irrelevant）。不过，法院没有说这些判断是错误的（inaccurate），或者说是推测性的（speculative）。相反，法院援用了洛佩兹案中的原则：只有在对商业或经济活动进行规制的时候，国会才可以运用"聚合效应"理论，但是对妇女实施暴力，这并不属于商业或经济活动。由此，"既然他们主要运用的是一种我们——如果去维护宪法所列举的权力——已经抛弃而不再使用的推理方法，那么，这个事实当然就把国会的那些判断削弱了。"[24] 首席大法官伦奎斯特的法庭意见也再次强调了，这个理论可以让暴力侵犯妇女法案中的那些民事补偿条款具有合宪性,也可以让国会在本质上去规制一切事务,包括暴力犯罪,"而制止暴力犯罪则一直是各州治安权的首要任务"[25]。

那么,我们该如何理解这些判决呢?无疑,这留下了一个开阔的讨论空间,包括这可能会预示着联邦政府在规制权力上发生一场革命性的转变。法院指出,校区禁枪法案和暴力侵犯妇女法案存在着宪法层面的障碍,因为判断"这些法案具有合宪性"所依据的那些理论,可能完全可以用来判断"对联邦课程予以规定的那些联邦法律"或者"那些规定离婚条件的联邦法律"的合宪性。这表明了,法院的方案也许是去识别哪些是属于州规制权的重要领域,而联邦政府对此不能有所涉足,比如教育、家庭法、土地使用规划或者街头犯罪。这个方案确实会危及国会的很多一般性事务。[26]

然而,有理由认为,法院的方案是比较有限的。法院可能已经把洛佩兹案和莫里森案中涉及的那些法律当成——尤其在宽泛的联邦权力观方面——非常怪异的行为表现了。校区禁枪法案可能是属于那种"感觉很好"(feel good)的立法,那些哗众取宠的国会议员都会对该法案投赞成票,而不会去认真考虑其在政策上可能会有什么重大后果。[27]在立法审议期间,首席大法官伦奎斯特便反复地指出,莫里森案中所涉及的那些民事补偿条款在政策上是完全不合理的,它会使那些享有盛誉的联邦法院法官去裁决那些——本该由名誉度较低的州法官去处理的——家庭纠纷。[28]

第二,法院在洛佩兹案和莫里森案中的正式理论并不是说,联邦法律侵犯了那些在规制权上应该由州予以保留的领域。法院所关注的是两位学者所说的"非无限性"(non-infinity)原则:无法为国会权力的存在找到正当理由(justification),除非它的赞成者能够找到一些该理由无法予以正当化的法律。[29]因此,正如大法官伦奎斯特在洛佩兹案中写道:

> 我们认真考虑那些政府观点所带来的影响……根据政府用的"国家生产力"(national productivity)这个推理,国会可以对任何——与公民个人的经济生产力相关的——行为

进行规制：比如家庭法（包括婚姻、离婚和孩子监护）。根据政府所提出的这些理论……很难发现联邦权力有什么限制，即使在历史上各州具有自治主权的领域，如刑法执行或者教育领域，也是如此。由此，如果我们接受政府的那些论点，我们很难设想任何不受国会规制的个人行为。[30]

法院所持的理论是，只有在国会所规制的行为完全具有商业性的时候，那么，威卡德案（Wickard）中的"聚合"原则才可以被适用。大量的现行法律都涉及这类活动，即便我们有时候承认，很难去判定所规制的行为是否确实具有商业性。很显然，在洛佩兹案中，法院实际上已经认同威卡德案的判决是正确的，尽管没有太多的热情，其写道：这个案件"也许在'商业条款有权对州内活动（intrastate activity）进行调整'方面，是最具深意的一个例子，其中的州内活动也涉及经济活动，而这不同于在学区持有枪支的情形"[31]。

第三，除了在涉及商业行为的时候会确认威卡德案的判决内容，法院也指出，在"使用州际贸易的那些通道"时，国会甚至有权对一些非商业活动进行规制。[32]很明显，这里的戏法在于创建了一种"管辖权挂钩"（jurisdictional hook）*，让国会可以把它的规制系于此。最明显的挂钩就是让被规制活动必须在一些方面要与州际贸易具有确实的关联性。在洛佩兹案之后，国会将这种管辖权挂钩也用到了校区禁枪法案上，而把在校区持有曾经跨越州界线的枪支定性为全国性犯罪。[33]没有人敢自信地说，法院会支持这部被修改的法律：法院可能因这种回避其洛佩兹案判决内容的直白努力而被触怒，这就像——我们将会看到——法院在一个涉及第十四条修正案的相关语境中被触怒一样。大法官斯蒂芬·布雷耶在莫里森案中的异议，在一定程度上是

---

* 管辖权挂钩的目的是在具体行为和州际贸易之间确立一种必需的联结，从而让联邦起诉符合美国宪法中的商业条款。洛佩兹案中的管辖权挂钩并不是实质性效果（substantial effect）方面的检测。关键在于制定法是否表达了"州际贸易"，且只有行为与国会权力相关联的时候，才允许起诉。管辖权挂钩作为制定法的一个因素，与联邦权力在表面上具有关联性。管辖权挂钩的有无对于法院的推理至关重要，虽然其只是整个分析过程中的一个考量因素。——译者注

一个关于使用管辖权挂钩的更好例子。在布雷耶大法官看来，如果国会能够制定一项法律，规定当针对妇女的暴力犯罪是在工作场所或者公共住所或者大学里（这些地方使用的很多东西都曾经在州际贸易中流转过，或这些地方为人们在国民经济中的就业做了很多准备工作）发生的时候，可以获得民事补偿，那么，法院在原则上的那些考虑就可以被排除掉了。[34] 更一般地来说，为了满足法院的"非无限原则"，国会只要表明，"将一种活动定性为'商业性'（commercial）并不意味着所有的活动都有商业性"。这对于那些关心法院所秉持原则的律师来说，应该不存在问题。

奥康纳和肯尼迪大法官反复地指出，他们的信念是"法院在联邦制原则上的很多重大变化，其实是又回到了新政之前的那个时代（pre-New Deal era），不过他们并不希望如此"[35]。如法院在洛佩兹案中所说的，案件的结果表明了，法院决心克制自己，从而不会超越它所理解的那些——在新政—大社会宪法秩序中所确立的——边界。不论这是否是对旧政体下那些治理原则的特征概括，法院的用语都没有表明——它已经把"彻底修正之前所理解的国会权力范围"当成是一项任务（尽管法院已经修正了原先法院所扮演的角色，而且有可能是彻底的）。法院处理的那些商业条款案件确实表明了，我们正处在一个新的宪法秩序中。然而，他们并没有预示要回到新政—大社会宪法秩序之前的时空里。洛佩兹案和莫里森案中的那些论据（尽管有限）表明了，如果国会接受新政—大社会宪法秩序中那些原则，但有过度立法之嫌，对此，法院愿意去削减这些过度立法情形。当然，对于法院所认为的过度立法情形，新宪法秩序中的国会很少会介入，这部分是因为他们从洛佩兹案和莫里森案得到了教训，但更重要的是因为，他们自身并没有接受旧秩序中的那些原则。

规制那些享有自治主权的州

现代最高法院已经限制了国会在各州自治主权上的规制权，甚至，对于议会无疑可以进行规制的州际贸易，也有所限制。在一个仅在名义上涉及法律解释的问题的案件中，法院就开始这么做。格雷戈里诉阿什克罗夫特案（*Gregory v. Ashcroft*）提出了下面这个问题：对于强制州法官在70岁退休的州法律，全国年龄歧视法案（ADEA）可以对其适用吗？[36]这部法律对"受雇人"进行宽泛的界定，不过排除了"根据所制定的政策而被任命的那些人（appointees）"。密苏里州的那些法官最初是州长任命的，然后再参加"留任选举"（retention elections）以继续任职。那么，他们属于那些"被任命人"（appointees）吗？法官是只去解释法律呢，还是要去制定政策呢？也许可以对法律进行解释，从而把密苏里州的那些法官包括进来。但是，奥康纳大法官在法庭意见中并没有认同这一点。

从技术上来看，这只是一个关于"合理法律解释"的意见而已，然而，各州作为联邦制中的自治主权者，应该享有哪些保护以防范联邦的规制呢？奥康纳大法官对此所发表的意见实际上都成了一篇学术论文了。她写道，对于我们联邦制度的运行来说，各州和联邦政府必须在合理的"平衡关系中共存……这种联邦权力与州权力之间存在的张力，才能实现对自由的许诺"[37]。对于确立法官的任职条件，它"是自治主权体最重要的一项决定。通过政府的结构安排以及政府权力的行使主体所具备的特征，一个州可以把自己界定为是一个自治主权体（a sovereign）"[38]。法院不会轻易地得出结论，而指认国会已经侵蚀了自治主权体的某项功能，所以，它对法律所进行的解释，没有把密苏里州那些法官的情形包括在内。

在纽约诉合众国案（*New York v. United States*）中，奥康纳大法官把她的"要保护州政府的结构"这个立场变成了宪法上的裁决。[39]此案涉及的是一部联邦法律，而该法律规定了如何处理低度核废物，以及如何处理那些在医院和烟雾探测器中的放射性物质使用之后的废弃物。之所以这里会存在问题，是因为没有人愿意去接近这些即使是储存低度放射性废弃物的地方。这些废弃物会慢慢累积起来，而国会则想通过让各个州一起建立一些区域处理站（regional disposal sites）的方式来解决这些问题。由此，国会建立了一项制度，要求那些拒不服从的州必须自己去承担本州内所有的核废物处理成本，或者选择按照国会的规定建立一些区域废物处理站。从效果上来看，国会要求，各州要么通过自己来承担核废物的处理成本，由此给那些废物排放者进行补贴，要么根据国会所设定的那些标准来对废物的排放进行规制。

奥康纳大法官认为，这个计划违反了联邦制的一项根本原则，即禁止联邦政府强制各州立法机关从事联邦性事务。这种强制（commandeering）降低了联邦以及各州官员的责任，对此，她在判决中写道："如果是由联邦政府来指令各州去进行规制，那么，各州的政治官员可能要去承担由于公众非难而带来的那些刁难，而那些联邦政治官员虽然创建了这些规制计划，但有可能反而逃脱了他们在决策上所要承担的那些'选举性结果'（electoral ramifications）。"[40]奥康纳大法官的意见表明了，法院找不到任何其他——让州政府只能去落实国会的立法，此外别无选择的——法律。[41]

奥康纳大法官对法院的要点进行了概括，那就是，国会不能强迫各州"去制订或者实施联邦政府的规制计划"[42]。这个论断既限制了、也拓展了法院之前所秉持的原则。它将原则的内容限制在那些规制计划上，由此，法院是想让州政府的那些计划来对一般民众进行相应的规制。这个限制也保护了各州基于自治主权而对其公民所享有的权力（sovereign power），但是这并不是让各州可以免受联邦在内部管理方面（internal operations）进行的规制，当然，这种规制对普通公民来说并没有直接的影响。

但是，这个论断在另一个方面也拓展了法院的论点。这里涉及的是——直接指令各州去制订（enact）规制计划的——法律，而不是指令那些行政官员去实施（administer）联邦的规制计划。在普林茨诉合众国案（Printz v. United States）中，在宣布布雷迪手枪暴力防止法案（Brady Handgun Violence Prevention Act）中的一个临时条款无效的时候，法院就很认真地指出了，不管是各州的立法官员还是其行政官员国会均不能强制。[43]根据布雷迪法案，枪支出售者在出售时必须要检查购买者是否有犯罪记录，如果有，那么便会被禁止持枪。

如今，联邦政府仍然在执行这些"背景审查"（background check），但是，其实在布雷迪法案刚生效的时候，国家在制度上并不是这样规定的。直到国家在制度上进行了相应调整从而来填补这个缺漏的时候，国会才要求每个管辖区的首席法律执行官要实行这种"背景审查"制度。不过，法院又一次援用了"反强制原则"（anti-commandeering），从而宣布布雷迪法案中的这部分规定是违宪的。从历史记录来看，其强调"由州的那些行政官员来实施联邦的那些计划……是前所未有的"，而且法院也认识到，"如果联邦政府能够把它的服务（service）渗透——且对自身来说没有任何成本——给50个州的治安官，那么，联邦政府的权力将会无限扩大。"[44]托马斯大法官对此也发表了并存意见，认为第二条修正案也许可以禁止国会去规制那些"纯粹是各州在内部买卖或持有武器"的事宜。[45]

这些反强制方面的判决到底重要在哪里呢？也许并不像它们初看起来那样重要。就像对这些判决予以支持的肯尼迪大法官所指出的，这里涉及了"联邦制中的礼节（etiquette）问题"[46]。一般来说，人们认为被描述为礼节的行为不会那么重要。而且，那些礼节性规则通常都会不假思索地被遵守。在某种程度上，反强制原则也是这样的规则，而且，我们可以预料到，国会一般不会在这方面有所冒犯。事实上，斯卡利亚大法官在普林茨案（Printz）中着重讲了"国会是如何用新奇般的方法来竭尽全力地迫使各州官员去实施它的那些计划的"，这其实表明了，新政—大社会所秉持的理论——"政治是用来限制国会对各州有所作为"，确实发挥了一些作用。当然，反强制原则可以在政治上对国会起到约束作用：那些免受"强制"的各州公民，也许可以感受到"他们所在的州都是作为重要的自治主体而存在的"，而且也可以看到"强大的州政府"（strong state governments）之价值所在，并且可以只去选举那些尊崇州政府的人来做众议院及参议院的议员。[47]

但是，这些仍然要取决于反强制原则的范围大小。法院已经表明了，国会对各州自治主权范围内的事项进行规制，这种规制是非常有限的，而且就此而言，可能只允许在一个相对狭小的范围内进行。全国驾驶员隐私保护案（Driver's Privacy Protection Act）对"各州机动车辆管理局公开其档案记录中的个人信息"这种情形进行了规制，而里诺诉康登案（Reno v. Condon）支持了该法案。[48]该法案对一些必须公开的情形进行了规定，而且对"驾驶员信息的出售与再售"情形进行了规制。不过，法院一致认为，该法案并没有违背反强制原则。在法院看来，该法案并没有"在各州自治主权的范围内（sovereign capacity）来要求各州对它的公民进行规制。该法案只是把各州作为数据的所有者（owners of databases）来规制的"[49]。另外，法院还认为，该法案具有"普适性"（generally applicable），而并非仅适用于各州，因为它规制了所有的人，只要这个人参与了由许可制度而形成的信息市场——包括这些信息的私人销售者。[50]

为了执照许可而收集信息，这看起来当然是一个自治主权行为。而把信息出售给私人供他们自用，这就不再属于这种情形了。但是，要说国会进行了规制，因为其规制了那些再次出售只能从州获取的信息的人，这似乎就像是某种小把戏。[51]

更为重要的是，再次回到法院在加西亚案（Garcia）中的判决，该判决支持"全国工资和工时立法可以适用于各州和地方政府"。对此也存在异议，其中奥康纳及伦奎斯特大法官都说道，"他们希望可以尽早把它推翻掉。"[52]不过，这并没有发生。要是这样做，会让法院面临大量棘手的问题。密苏里州法官案称，对于州的自治主权来说，选择谁可以做这个州的雇员，与决定给雇员付多少工资，两者是一样重要的。这是否意味着，国会不能要求各州在雇用中不能歧视残疾人，或者各州"在竞升公职时不能有年龄上的歧视"？当然，法院创设了反强制原则而且把普适性法律作为该原则的例外情形，以此作为保护各州自治主权的更佳方法。各州在雇工过程中不得有残疾或年龄方面的歧视，因为国会把反歧视原则的要求也适用于那些私人老板（private employer）。[53]各州必须遵守全国工资和工时法案中的那些规定，因为其他所有的人都必须遵守。然而，将反强制原则只限于那些挑选出州从而加以规制的联邦法律，就会维持新政—大社会时期大量立法的合宪性。

最后，法院在纽约诉合众国案（New York v. United States）中

指出，国会可以用两种手段来鼓励各州按照国会的意愿来行事。国会可以使用"附条件开销权"（conditional spending power）：比如在普林茨案中，国会给各州拨款用来雇用警官，而所附的条件是"各州要有执法人员实施布雷迪法案所要求的'背景审查'"。同样，国会也可以使用我们所说的"附条件先占权"（conditional preemption power）。它可以对各州说，"联邦政府的官员将在这个领域进行规制，除非你们州的官员按照我们的意愿去做。"如果哪个州的执法人员并没有实施那些"背景审查"，那么，国会可以禁止在该州内买卖枪支。政治家可能会发现，与这些手段的使用相比，直接命令那些州官员，要容易得多。附条件开销要求国会拨款，不过有时候不管怎样国会都会拨款。附条件先占有的时候则像一颗原子弹，它的威力几乎不会被发挥出来，因为枪支销售的那些支持者会发动一场大的政治运动，从而防止在一个或两个州内出现停止销售枪支的情形，还因为国会无法雇用足够多的联邦官员监督销售能满足"背景审查"的要求。[54]再加上将那些普遍适用的法律排除在反强制原则的适用范围之外，这些可能性会在根本上降低反强制原则对国会希望执行的那些计划的影响。

第十四条修正案的实施

第十四条修正案第1款说道，"任何一州，都不得制定或实施限制合众国公民的特权或豁免权的任何法律；不经正当法律程序，不得剥夺任何人的生命、自由或财产；对于在其管辖下的任何人，亦不得拒绝给予平等法律保护。"第1款确认了一系列的个人权利。该修正案的第5款则授予国会"有权以适当的立法实施本条规定"。那么根据第5款，国会享有哪些权力呢？很明显，第5款授权国会可以制定法律，由这些法律授权全国的法院落实第1款所确认的那些权利。那么，除此之外，还授予了国会其他权力吗？

新政—大社会宪法秩序时期的最高法院认为，通过让国会在对第1款所确认权利的界定上有最后的发言权，由此，第5款确实授予了国会更多的权力。1965年的选举法案有一条规定,只要已经在波多黎各完成了小学教育,那么任何人的投票权都不能被州所禁止,即使这个人不会讲英语。在卡曾-贝奇诉摩根案(Katzen-bach v. Morgan)中,判决支持了该条规定。[55]这个条款带来的主要效果就是推翻了纽约州的一项法律,该法律将英语能力作为投票的先决条件,由此,它否认了很多从波多黎各移民到纽约的那部分人所享有的投票权。这里的问题是,最高法院在1959年作出的判决已经认定,把英语能力作为投票先决条件的法律并不违反宪法第十四条修正案第1款。[56]那么,面对法院之前的判决,国会是从哪里获得了权力制定该条文呢?归根结底,第5款授予国会有权去执行(enforce)"这一条的诸条款",也就是说,不得否认平等保护或其他诸如此类的情形。但是,如果英语要求本身并没有否认平等保护,那么,禁止对英语加以要求的法律,怎么可能去"执行"(enforce)"不得否认平等保护"这个原则呢?

最高法院对此作了好几种回答。首先,也是最重要的,它表明(虽然没有直接认定),第5款授予国会有权在法院自身已确认的那些权利之外,再去界定重要的实体宪法权利,只要这些新界定的权利没有侵蚀到法院所执行的其他权利。就选举而言,让那些在波多黎各地区接受教育的人有选举的权利,这一般来说与平等理念是相一致的,而且没有让任何人的权利处于司法保护的最低限度之下。其次,法院也表明了,在法院所确认的那些权利之外,国会可以做一些禁止性规定,从而防止其他的违宪情形。这有可能表明了,对于那些在波多黎各接受教育而非选民的地区来说,纽约的立法议员对其提供的公共服务更少,因为他们不担心选举的报复(electoral retaliation)。再次,法院在相关的案件中也表明了,如果国会可以通过制定广泛的禁止性规定,来让那些直接侵犯司法所确认权利的情形不再发生,那么,国会就可以在法院所确认权利的范围之外来保护"权利",从而防止出现那些被司法确认的权利受到侵犯。比如,在法院看来,由于种族原因而剥夺某人的投票权,这是对权利的直接侵犯,那么,法院当然会让那些选举官员不要再这么做。但问题是,那些选举官员可能会耍一些花招:比如在对文化水平进行测试的过程中,他们可能把那些简单的方程式让白种选民去完成,而把难的留给非裔选民。要想发现这些花招,其实还是很难的。而国会的应对方法是,把这种广泛使用但带有种族歧视的"测试或手段"(tests or devices),直接定性为非法。法院对此予以支持,当然,这不是因为这种测试本身侵犯了投票权,而是因为这种测试在被运用的过程当中已经变得非常糟了,因此,一项广泛适用的禁止性规定,这不失为一种防止发生这种侵犯投票权的情形的有效方法。[57]

对于最高法院在宗教自由权保护范围上的限缩,国会认为有不妥当之处,对此,其依据第5款的首要理论——"实质性"(substantive)——予以应对。法院认为,各州可以去实施那些反对宗教活动的法律,即使其对宗教活动的影响是实质性的,即便实施这些法律的正当性基础并不牢靠,当然,如果各州对宗教活动进行压制,则另当别论。[58]比如,根据俄勒冈州的反毒品法律,它可以对宗教仪式中使用仙人掌的情形予以禁止。为了推翻这个规定,那些支持宗教自由的人士纷纷联合起来,认为这样会使各州在宗教活动上有太大的权力。他们便游说国会两院制定法律,即1993年的恢复宗教自由法案(Religious Freedom Restoration Act)。根据该法案,即使有一般法律上的依据,也禁止政府对宗教活动施加任何实质性的负担,除非政府有"重大的理由"(compelling justification)要这么做。

在得克萨斯州的伯尼地区,天主教主教申请一项扩大教堂面积的建设许可,由此便可以容纳那些迅速增加的聚会人数,对此,最高法院在这个具体案件中,对于"第5款是否授权国会制定恢复宗教自由法案"这个问题,便有了判决的机会。[59]该城市的主管部门拒绝了许可申请,然后,主教依据恢复宗教自由法案提起诉讼。最高法院判决认为,第5款并没有授予国会在恢复宗教自由法案中所行使的那些权力。法院的判决包括两个要点。首先,法院果断地拒绝了关于第5款的"实质性"理论:除了法院自身已确认的那些宪法权利,国会不能"执行"其他宪法权利:

> 如果国会可以通过改变第十四条修正案的内容来对它自

己的权力进行界定,那么,宪法就已经不再是"最高的根本法了,且是一般立法程序无法改变的"……要是这样的话,通过改变立法上的多数(legislative majorities),那么就可以改变宪法,并且可以有效地规避宪法第5条所规定的繁琐的修改程序。[60]

法院把"宪法"（the Constitution）等同于它自己在判决中所解释出来的宪法,这已经很有争议了。[61]而且我在这章的后面也会讲到,在新宪法秩序中,这其实是一个非常重要的因素。

其次,法院赞成国会用第5款来支持一些法律,从而防止出现那些难以发现的违宪情形。但是,法院也指出,国会可以使用这种"救济性或预防性的权力",但前提是,这种救济必须与司法上所确认的那些违宪情形相符合并且成比例。比如,投票权法案（Voting Rights Act）是合宪的,因为国会在此之前已经有一个重要的记录,其中表明了,那些投票官员事实上是以种族歧视的方法来进行那些看起来是合理的测试。但是,法院认为,在议会制定恢复宗教自由法案之前,在违宪方面并没有类似的记录。那些支持恢复宗教自由法案的人,已经制造了一系列的趣闻逸事,都是关于分区制（zoning）和其他普遍适用（general）的法律是如何对宗教活动产生负面影响的,但是,这些几乎都没有表明"那些地方官员已经把那些宗教机构单独列出并恶劣地待之（bad treatment）"。恢复宗教自由法案并没有救济性,因为其中没有可救济的地方。

在其他一些案件中,法院使用了比例原则。在法院看来,只有当歧视已经"不合理"（irrational）的时候,那些公共部门在年龄上的歧视才是违宪的。[62]联邦反就业年龄歧视法案（ADEA）明确禁止年龄歧视,即使那些雇佣者可以在歧视上找到一些合理的借口。最高法院认为,第5款并没有授权国会可以将反就业年龄歧视法案适用于各州政府。[63]（根据第5款,国会无权将反就业年龄歧视法案适用于每一个人,但是,贸易条款（commerce clause）却可以支持"将该法案适用在个人身上"。）在涉及恢复宗教自由法案的案例中,关于各州政府在就业中对年长者进行歧视的违宪情形，没有任何实质性的记录。将反就业年龄歧视法案适用于各州政府，这种做法其实"是对一个可能无关紧要的问题，随便做个回应而已"[64]。法院指出，"国会的'证据'（evidence）几乎都是那些——议员相互争论以及立法报告中的——只言片语，也包括报刊评论以及选民信件中的一些说辞。"[65]

对于美国残疾人法案的适用，某些在第5款中也找不到依据。该法案规定，雇主要给那些胜任工作的残疾雇工提供一个合适的接纳环境。在理事会诉加勒特案（*Board of Trustees v. Garrett*）中[66]，一个州医院的护士在动了乳腺癌手术之后，被拒绝回到之前所在的工作岗位，还有一位患有慢性哮喘的保安被拒绝在无烟车里工作。法院认为，这两人都不能因为在残疾方面没有被接纳而根据美国残疾人法案来获得救济。

美国残疾人法案是通过立法上的长期努力才得以制定的，包括收集那些歧视残疾人的重要材料，并且把它们递交给国会所任命的专门小组（task force），该小组在全国范围内进行听证。但是，对于法院来说，问题在于——如史蒂芬·布雷耶大法官在异议中提及的[67]——这些"有力的证据"（powerful evidence）是否就能够确认那些州政府的歧视行为是违宪的（unconstitutional），从而可以启用第5款的"救济性"（remedial）权力。在加勒特案（*Garrett*）中，法院分析认为，如果只（solely）根据"消极态度"（negative attitudes）或"担忧"（fear），就可以判断这种残疾歧视有不合理（irrational）之处，这样的话，就可以认定其违宪；如果只是出现"一些偏见（biases）……并非就构成违宪"[68]：

> 其实，各州并没有被要求……对残疾人予以特别的接纳，只要他们对这些人的行为是合理的，就可以了。他们可能会非常固执——而且可能是铁石心肠地坚持工作条件上的那些要求，而不给残疾人留下空间。[69]

法院然后把视线转向了国会中的那些记录，从而审视该法案中的那些接纳要求是否可以被辩解为"救济性"（remedial）或"预防性"

(preventive)。经过对这些记录的仔细甄别，法院首先把市（city）政府所提出的"不合理歧视"方面的证据搁置在一边，然后得出的结论是，几乎所有剩下的证据都可以证明"那些私人老板有歧视行为"。其中有少部分事件——"有半打"*——牵涉到了州政府，而且其中一些存在"不愿意予以接纳"的情形，但也许并不属于"不合理歧视"。作为对布雷耶大法官的回应，法院对他的那些案例进行了"仔细的审查"，表明了"歧视对待情形中很多未予审查的有趣材料"可能并没有违宪。[70]"其中只有一小部分……涉及州政府在就业中对残疾人的歧视"，可能有50件，"而且大多数都很一般、很简单，因此也难以得出一个确切的结论"[71]。法院也指出，"这些材料……并没有直接提交给国会"，而是提交给了国会所任命的专门小组。不过，这些专门小组"在各州的就业歧视上也没有任何证据材料"[72]。简而言之，在法院看来，美国残疾人法案在接纳方面规定的那些要求，与国会所知道的实际违宪情形（constitutional violations），两者其实很难对应或成比例。

现代法院在第5款方面所做的判决，明显比在联邦制方面所做的判决产生了更大的影响。事实上，国会运用第5款授予的权力所完成的那些事项，也许通过其他权力也可以完成，这些包括商业规制权和附条件开销权。比如在2000年，国会制定了影响相对小的恢复宗教自由法案（RFRA）和宗教土地使用与法人法案（Religious Land Use and Institutionalized Persons Act），其中规定，对于那些——适用于教堂的——各州分区方面的法律，以及各州对犯人的宗教活动所作的限制性规定，如果法院要对此进行评价，则须使用"重大利益"（compelling interest）审查基准。[73]只要宗教活动影响到了州际贸易，或者那些接受联邦资助的设施或计划中有宗教活动，这些新法就可以适用。

尽管用第5款之外的权力，国会或许也能达到这些同样的结果，但是，法院的判决表明了，新宪法秩序是由那些新原则来规制的。罗

---

* 一打（a dozen）为十二个。——译者注

伯特·波斯特和雷瓦·西格尔教授的观点是，在新政—大社会宪法秩序中，国会和法院相互合作来推进那些实体性的宪法权利（substantive constitutional rights）。[74]在布朗诉教育委员会案（Brown v. Board of Education）之后，在对那些重要的宪法权利进行界定时，最高法院其实便邀请国会参与了进来，而且，法院在判决时也考虑议会的那些回应。[75]有的时候，这些合作上的努力也会出现失败，比如就法院在刑事程序方面做的一些判决来说，包括米兰达诉亚利桑那州案（Miranda v. Arizona），法院便邀请国会寻找其他同等有效的措施代替那些著名警告*（famous warnings）。[76]到20世纪90年代，普遍性的权利文化已经开始出现，这使得权利的修辞成了一个推动立法的重要引擎。比如，共和党总统乔治·H·W·布什把制定一部美国残疾人法案看作他的一个重要政绩。[77]法学教授斯蒂芬·格里芬则把90年代的美国描述成一个"权利民主"（democracy of rights）时代[78]，其中，在确认和执行公众所认可的那些基本权利上，国会和总统都扮演了非常重要的角色。第5款以及那些国际人权（具体在第五章讨论），在这样的民主背景下有可能是国会权力一个有利的渊源。但是，在加勒特案中，法院带着一种怀疑的态度，对国会认定事实的那些过程进行了审查，这尤其表明了，法院并没有把国会当做一个合作者，而是有点把它看作一个不怎么服从的下级，从而要对它的行为进行严格的审查，由此，法院才能确保国会在行事方面会有责任心。现代法院在第5款方面的判决表明了，它不再把民主建构过程中的合作当做一项重要的政体原则。

第十一条修正案与各州自治主权的豁免

一些对宪法微妙之处不太注重的人也许会疑惑，法院为何要在基

---

* 著名的米兰达警告（Miranda Warning），要求在询问刑事案件嫌疑人之前，当局必须明白无误地告知其有权援引宪法第五修正案，即刑事案件嫌疑犯有"不被强迫自证其罪的特权"，而行使沉默权和要求得到律师协助的权利。——译者注

第二章 新宪法秩序中的最高法院

默尔案和加勒特案中去处理国会基于第5款所享有的权力。毕竟，两个案件都涉及就业歧视，而且根据贸易条款（commerce clause），对那些作为雇主的州，国会明显就可以将普遍适用的反歧视法律适用在它们身上。不过，第5款之所以重要，是因为在这些案件中，原告对于所遭受的那些损害，都试图通过州来获得救济。而在宪法上，各州就金钱义务（monetary liability）具有特殊的豁免权，这个问题便在基默尔案和加勒特案中被引发了出来。而要解释清楚这种豁免权，也不是一件容易的事情。

从最初的情形来看：在独立战争时期，许多州政府都负有重大的债务。战争结束之后，他们考虑到了那些战争中的"暴发户"（profiteers），他们并没有在战争上付出努力，但却极不公平地从中收取了很多债务。当然，在传统观念中，由于各州的自治主权（sovereigns）不能被起诉，因而这些人也就踏实了一些。对于这些收债方面的官司，由于在他们自己的州法院中进行，他们有自信可以打赢这些官司，因为他们的法院会对他们州的自治主权予以认可。当然，宪法也再次让我们关注"各州收取战时债务"这个问题。新的联邦政府在主权上当然高于各州，而且在这个新的政治共同体中，这种成员关系（membership）或许会把州的豁免权消除掉，至少在联邦法院中有可能是这样。对一个州与另一个州公民之间的诉讼，以及不同州的公民之间的诉讼，有一个宪法条款使得新成立的联邦法院可以对这些纠纷进行管辖，而且根据那些"公民身份多样化"方面（diversity of citizenship provisions）的法律条款，联邦法院可能也会允许那些针对各州所提起的诉讼。有一位南卡罗来纳州公民针对佐治亚州的战时债务提起了诉讼，当最高法院宣布联邦法院对此有管辖权的时候，各州的那些担忧便出现了。[79]国会迅速炮制出一条新的宪法修正案，然后迅速得到了批准。[80]宪法第十一条修正案处理的正是佐治亚案件中出现的问题，其中规定："合众国司法权，不得被解释为可扩展到受理……由他州公民或任何外国公民或臣民对合众国一州提起的或起诉的任何诉讼。"

第十一条修正案有两方面的限制。它适用的情形是，一个州的公

52

89

民起诉另一个州,而不是本州公民起诉他自己所在的州。而且如果原告依据的不是"多样化条款"(diversity provision)* 而是另外的条款,并由此来让联邦法院去管辖那些"基于美国宪法或法律所引起"的诉讼,即所谓的"联邦问题管辖权"(federal question jurisdiction),那么此时,这条修正案也许并不能被适用。** 内战之后,各州都来发行债券以支持铁路建设以及其他的商业发展,然后又发现自身无能去偿付外借的钱。债务人(debtors)又一次对各州提起了诉讼。有的时候,最高法院也会让这些诉讼进行下去,尤其是,如果债务人自己可以找到获得赔偿的方法,而并不要麻烦各州立法机关通过制定法律来拨付款项,这时候更是如此。不过,对那些在形式上是针对各州自身的诉讼,法院并不愿意去面对。[81] 在 1890 年,法院宣布,一个州的公民不能在联邦法院中对她自己所在的州提起诉讼,这时法院才不再纠结于这个问题。[82]

如果各州所属公民基于存在违反宪法或联邦法律的情形而对本州提起诉讼,国会试图消除各州在这方面的豁免权,那又会怎样呢?第十一条修正案对此并没有给予明确的答案。在新政——大社会宪法秩序末期,有一个判决指出,国会也可以消除这种豁免权,只要国会这样做的目的并不是特别的明显,因为各州已经同意加入联邦政府,由此也放弃了它们在诉讼上的豁免权。[83] 法院也出现了意见上的巨大分歧,其中拜伦·怀特大法官投了决定性的一票,其中隐晦地写道,他同意国会可以让各州被起诉这个结论,但并不同意支持该结论的推理。

随着新宪法秩序的到来,出现了一系列关于各州免受起诉的新判决。佛罗里达州米诺尔人部落诉佛罗里达州案(*Seminole Tribe of Florida v. Florida*)中所涉及的联邦法律,时常在地方引起争议,其规定,印第安部落可以去开设赌场,而且在设立赌博税收减免的条

---

* 这里的多样化意旨当事人来自不同的州。——译者注

** 联邦问题管辖权是美国民事诉讼法中的一个术语,指美国联邦法院有权审理民事案件,是因为原告宣称其中存在违反美国宪法或法律的情形,或者违反了条约而其中一方当事人为合众国。——译者注

件上，各州要与这些部落进行协商，并且对于那些没有诚心进行协商的州，允许在联邦法院对其提起诉讼。[84]依据"在第十一条修正案中所体现的州主权豁免（sovereign immunity）这一背景原则"[85]，法院认为，虽然宪法第一条授予国会有立法权，不过，原初条文并没有授权国会可以去否定各州免受起诉的豁免权。

对米诺尔人部落案来说，可能理解该判决的最好思路是，它依靠的并不是第十一条修正案，而是依靠这样一个主张——那就是，各州享有主权豁免已经深深地根植于18世纪的法律理论之中，以至于毋庸多言，国会的立法权当然没有授权它可以去否定州所享有的主权豁免。法院在1999年的奥尔登诉缅因州案（Alden v. Maine）中也采纳了这个主张。[86]奥尔登案是另一个关于工资和工时的案件。其中，州的缓刑监督官（probation officer）主张，该州对他们的工时所采取的计数方法，违反了全国工资工时法案中关于超时的相关规定。该州最终同意了原告对该法案所进行的解释，而且对他们所要求增加的工资也进行了支付。但是，对于他们那些被错扣的工资，原告则继续主张，要求予以偿付。在米诺尔人部落案判决的时候，他们在联邦法院的诉讼也就被驳回了，之后，他们又在州法院提起新的诉求。当然，第十一条修正案在州法院中并不具有可适用性，因为该修正案只是提到了"合众国的司法权"。在奥尔登案中，所涉及的问题是，国会是否可以坚决要求"各州法院可以受理针对本州的那些诉讼"。法院对此持否定意见。各州免于被诉，这是宪法所预设的内容之一，就此而言，其没有被授予国会享有立法权的宪法原初条款所取代。在这个意义上，米诺尔人部落案和奥尔登案都是一种原初主义式（restorationist）的判决。

当然，这些前提预设也会发生改变，而且现代法院主张，第十四条修正案确实改变了联邦和州在权力上——与该修正案所创设的宪法权利有关——的那些假定。如波特·斯图尔特大法官指出的，重建时期（Reconstruction）的那些修正案，"已经使联邦制在18世纪末所盛行的那些概念发生了重大转变"[87]。根据第十四条修正案，国会可以根据第5款所授予的权力，去把各州免于诉讼的豁免权消除掉。[88]

这就是为何法院要考虑基默尔案中的反就业年龄歧视法案，以及考虑加勒特案中的美国残疾人法案，看它们是否可以在第 5 款上获得支持。一旦法院得出的结论是，第 5 款并没有授权这些法案，那么就只剩下了贸易条款（commerce clause）可以利用了，而且米诺尔人部落案也就意味着原告将面临败诉。但是，承认"联邦制在重建时期发生了变化"这一点还是非常重要的，因为它表明，一个真正具有革命性的法院，在一个承认由于重建而发生变化的宪法秩序中，必须为各州的位置提供恰当的说明。不过，最高法院还没有这么做，而这又一次说明法院的任务只在于去制止联邦政府，而不是加以转变。

这些主权豁免方面的判决虽然很重要，但也很有限。首先，只有州——而不是地方政府——可以寻求最高法院所说的那些宪法保护。对原告被扣的工资或其他方面的损失，他们可以从那些歧视残疾人的市（cities）或县（counties）那里获得救济，或者从联邦政府认为应该支付但并未付足雇工工资的市或县获得救济。

其次，法院已经强调了，各州仍有义务遵循联邦的法律，尽管它们享有免被起诉的豁免权。在奥尔登案中，肯尼迪大法官指出，各州会赞成提起诉讼，不管该诉讼是在联邦法院，还是在它们自己的法院[89]，且这样做常常有很多有说服力的理由——比如为了残疾人或自己所在州的雇工联盟的利益，一些选民进行呐喊而带来的政治压力，或者只是期望符合联邦法律的要求。如果是合众国（United States）提起诉讼，要求执行那些授予公民对抗本州的联邦法律，那么对此各州也不享有免于被诉的豁免权。第十四条修正案的目的是要限制州的权力，而且对于国会——根据第 5 款（section 5）所享有的权力*——制定的法律，各州不能据此要求免于被诉的豁免。

对这些判决所施加的最重要限制，在根本上降低了这些判决的重要性。其实，各州提起诉讼的真正目的并不在于给原告一个判决，而是要确保各州遵守联邦的法律。在 1908 年，最高法院创造了一种救

---

* 宪法第十四条修正案第 5 款授予议会的权力，即国会有权以适当的立法实施本条规定。——译者注

济，从而很好地提供了这种保障。在扬案（*Ex parte Young*）中，法院指出，原告可以通过不起诉州，而是起诉该州的官员来获得指令（order），从而让该州的官员以后都会遵守联邦的法律。[90]所以，比如在奥尔登案中，该州的工人可以对该州青少年教养所所长在其公职范围内的事项提起诉讼，由此可以从联邦法院那里获得指令，要求所长以及任何继任者自指令生效的那天起，支付联邦所要求支付的那些工资。[91]

这个故事中存在着一个障碍，那就是，在新宪法秩序中，最高法院可能会限制扬案（*Ex parte Young*）的强制令（injunction）的使用。或许扬案最大的威胁来自下属判决，即扬案中的那些强制令并不能用来执行州的法律。[92]法院说，扬案建立在一个虚构之上，即针对州官员提起的诉讼并非就是针对各州本身。在法院看来，这个虚构是保证各州遵守联邦（national）法律的必要条件，根据联邦的宪法理论，联邦法律当然可以否定各州与联邦法律的相异之处。当然，这种虚构并非就能保证各州政府会遵守州的法律。法院说道，联邦层面的救济法律必须考虑相互牵制的因素，"需要促进联邦法律的最高性"以及"各州在宪法上的豁免权"[93]。很容易可以提炼出一个公式，那就是，"否决"（overriding）可以保证各州遵守宪法（the Constitution），而在仅仅涉及联邦法律的时候，这种平衡就会被改变。也就是，法院可以说，扬案中的那些强制令不能被用来执行像美国残疾人法案这样的联邦法律。

当然，在1997年，这唯一与扬案相对的威胁因素被彻底地消除了。对扬案的强制令，有两位大法官希望限制联邦法院签发的条件，但其他七位大法官都坚持认为，如果遇到同样的案件，应该完全适用扬案。[94]即使坚持要修正该原则的一位大法官也认为，关键在于如果消除联邦层面的救济，是否还可以在州法院获得类似的救济。

对于保证联邦法律可以得到遵守而言，扬案的强制令当然是非常好的方法。[95]当然，对于已经发生的违反联邦法律的情形，他们无法提供有效的救济——比如在奥尔登案中工资受损的情形。在一些非常有限的情形下，如果人们的宪法权利受到一些州官员个人的故意侵犯，那么可以通过州官员个人来获得损失上的救济。在理论上，奥尔登案中的那些官员也许可以起诉他们的上级，从而寻求损失（他们失去的工资）上的救济，但是，如果按照法院的原则，要求从官员个人那里去寻求损失上的救济，很有可能导致败诉。

为了对现代法院的判决所产生的影响作一个整体评价，我们可以来看看那些并不想支付联邦所要求工资的州，或者那些并不想接纳残疾人作为雇工的州。它完全可以让自己搭一会儿"免费车"（a free ride）。为了那些雇员的利益，合众国可能提起诉讼，并要求对那些损失的工资进行赔偿，但是，联邦政府在这方面的执法行动上所花费的资源相对很少。最终，州还是要去遵守那些联邦法律，因为该雇工最后可以提起如同扬案这样的诉讼，从而得到一个针对州违法行为的强制令（an injunction）。[96] 而在国会看来，一些对于保证各州遵守联邦法律来说比较重要的救济措施，也被该判决排除了。尽管如此，这些动力因素的减少最终并不会削弱联邦政府——甚而联邦法院——针对不听话的州去执行联邦法律的能力。

现代民族主义（nationalism）

现代法院和各州并非总是站在一边。法院其实已经开始去构建"国家公民"（national citizenship）这一具有效力的概念。如同我们在第一章中所看见的，在20世纪90年代，发生了一场重大的运动，是要限制那些被选代表的任职届数。这种运动已经在地方和州的层面都取得了成功，然而，运动的支持者们希望把类似的限制也施加到参议院和众议院的议员身上。在美国任期限制组织诉桑顿案（*U. S. Term Limits, Inc. v. Thornton*）[97] 中，最高法院却驳回了之前所作的那些努力。这个判决在技术上的理由是，宪法具体规定了联邦立法机关议员的资格条件，那么，任何州或国会本身都不能随便增加其他新的资格条件，比如规定"代表还没有达到服满四届任期"的情形。这个判决的潜台词是，联邦议会代表着整个民族国家，而代表们自身

第二章 新宪法秩序中的最高法院

"首要的效忠对象不是各州的人民,而是整个国家的人民"[98]。尽管我们采取的是联邦制结构,但对唯一的联邦最高法院来说,人民是整个国家的人民。

这个理念也许会与最高法院在其他一些判决中所要推进的"地方意图"(localist urges)不一致。对于州的新来者,他们在财政援助上本来应该可以像之前的新来者那样从中受益,但一部经过国会授权的州法律对此进行了限制。那么,最高法院在废除该州法律的时候,它所依靠的是它的民族主义观。[99]法院引用的是宪法第十四条修正案中的"特权或豁免"条款。法院说道,该条款要求每个州要像对待"受欢迎的新来者"(welcome newcomer)那样来对待那些来自其他州的短期居留者,而且当他们决定成为永久居民的时候,要与当地公民一样平等地对待。就像在任期限制案中那样,最高法院援引的"民族"(nation)感是一个单独的实体,其在一个共同的事业中联结在一起,而这项事业不可能被那些——实际上将其他美国公民当做外国人看待的——地方性计划所挫败。

爱德华·鲁宾教授把现代法院的愿景形容为少年联邦制(puppy federalism):"像少年初恋那样,看上去像是真的,但却没有反映、揭示出事物内在真正的那种强烈渴望。"[100]这也许有点夸大,但是,法院判决在范围上的有限性也确实显示了,与那些把法院的工作描述成"具有革命性"相比,鲁宾教授的描述更接近真实情形。法院在联邦制方面的判决都是关于美国宪法身份(constitutional identity)的性质问题,其中多少都融合了州和联邦的倾向及权力,但是,目前法院的这些法官并没有把"这种身份的内容是什么"表达清楚。[101]目前法院的法官在看到违宪法律(unconstitutional statute)的时候,知道什么是违宪的法律,但是,他们并不没有用一个更深入的理论来解释"为何该法律是违宪的,但另一部法律却是合宪的"。在任期限制案的判决中,肯尼迪大法官的附和意见和其他任何一位法官的意见都很接近。肯尼迪大法官说道,制宪者"把主权进行了原子式的分解",把一些任务分配给了享有自治主权的州,而另外一些任务分给了作为国家主权的国家。[102]但到目前为止,这也只是一个隐喻,而

_95

并没有形成理论。

少年联邦制可以让法院想象，对于一个被遏制的联邦政府，该政府还没有完全放弃新政—大社会宪法秩序中的那些扩张性成果以及官僚机制上的转变，法院如果真正参与界定——一个被遏制的联邦政府的——那些政体原则，那么就是在维护那些具有深厚历史根基的宪法安排。

经济自由

在目前的宪法秩序中，关于经济自由的故事并不是特别的复杂。法院用三个宪法原则来保护经济自由：合同条款，可以禁止各州（但不是联邦政府）侵害"合同义务"；征收条款（takings clause），可以禁止各州和联邦政府对私人财产进行征收，除非给予补偿；以及作为一般概念的"经济正当程序"（economic due process）。另外，对于言论自由条款，会在本章后面讨论，这个条款已不仅可以最大限度地保护商业言论，而且可以特别地保护那些媒体财团的利益。在今天的经济当中，与新政—大社会所规制的煤炭和钢铁公司一样，媒体也具有同样重要的地位。

合同条款

在新政之前，法院偶尔会用合同条款来限制各州对经济的规制。但在1934年，法院抽干了合同条款的真实内涵。家建信用社诉布莱斯德尔案（*Home Building and Loan Association v. Blaisdell*）涉及明尼苏达州的一个法案。当时由于大萧条，那些房主偿付抵押贷款的能力受到了影响，因而为了应对这种情形，制定了该法案。[103]该法终止了贷方所享有的"由于延期偿付，取消抵押人赎回抵押品的权利"（rights to foreclose）。而宪法中的合同条款正是用于处理这类法案的：制宪者们知道，经济困境会诱使各州给那些债务人提供救济，而他们不想再这么做。不过，最高法院支持了明尼苏达州的抵押延期偿付法案。布莱斯德尔案对合同条款在新政—大社会宪法秩序中的含义进行了界定：它其实无关紧要。

随着新政—大社会秩序的衰变，法院又捉弄般地复兴了合同条款。在1977年，法院表明，如果政府试图去改变它自身所负的那些合同义务[104]，那么，此时该条款就应更加严格地适用，而且在一年之后，法院又运用合同条款去废除了一项——强制私人雇主去重新安排现有退休金计划的——法案。[105]法院虽然对那些案件中相当温和的限制有所超越，但没有提出任何有意义的指标，而实际上之后的一些案例也表明了向布莱斯德尔案中所界定的那种宽松标准的回归。[106]

但无论何时，合同条款都没有成为对政府规制权的主要限制：几乎从一开始，法院就对该条款进行了文义上的解释，从而排除那些对现有合同进行规制的情形，但是，在那些规制法案生效之后，对于政府指令人们在其所制定的合同中包括某些内容的情形，则不起作用。那么在新宪法秩序中，合同条款与之前的情形很相像，都没有给政府的重大"规制立法权"施加任何限制。

合同自由

在新政之前，法院所提出的是一般性的合同自由，带有某些效力。比如，在一个典型的案件中，法院认为，合同自由意味着各州不能去实施那些限制普通面包师工时的法案；合同自由意味着政府不能干涉面包师与雇主之间自愿达成的任何协议。[107]有一个重要判决，可以说确立了新政—大社会宪法秩序，它反对在宪法上用这种宽泛的合同自由来限制政府的权力。[108]在新政—大社会时期，法院从来都不认为对经济活动的规制会侵犯一个人在工作选择上的一般自由。

这种关于一般经济自由权的观念在1998年再次适度地复出。安东尼·肯尼迪大法官投了关键性的一票，从而废除了1992年的煤矿法案——这一法案的目的是给东森实业公司的矿工提供医疗服务，而该公司在该法案生效前已有很多年都没有从事煤炭贸易了。[109]肯尼迪大法官强调，该法案在适用上对东森实业公司具有追溯力。由于有煤矿法案的相关条款作为依据，矿工们也许可以期待拿到医疗上的那些好处，但是，这种期待依据的是那些曾经的许诺和协议，不过它们都是在"东森公司不再从事煤炭业务之后很久才作出或签订的"，而且"对于其他煤炭公司对资助体制所造成的混乱，东森公司并没有责任"。不过，肯尼迪大法官对经济自由所提出的保护范围非常狭小，这与他援引的——在新政—大社会宪法秩序时期所提出但在现在已逐渐过时的——原则相比，前者要显得更为重要。

征收条款

相反，法院已经在适用征收条款，但采用的方式却困扰了那些环境主义者。征收条款可以分成两类，而其中第二类又可再细分出好几类。政府可以通过物理上的占用（physically appropriating）来对个人财产进行征收——这被法院称为对财产的"物理上的永久占用"（permanent physical occupation）。或者更重要的是，在新宪法秩序中，它可以通过对所有者的财产使用能力进行严格限制，从而来征收财产，也就是说，财产所有者只能在很小的范围内对财产进行处置，而且这个范围可能并不包括在经济上的"积极利用行为"（productive use）。现代法院已经发展出了一些原则，来限制政府在征收上的规制权，从而防止其超越新政—大社会宪法秩序中的那些边界，或者甚至超越一些大概在1937年之前就已经确立的边界。

"物理的永久占用"方面的案件在很大程度上并没有争议性，但是也无关紧要，因为政府对那些迁移到其土地上的人，通常都会在财政上有所付出。1982年发生的一个案子涉及纽约州的一个法案，其中规定，公寓的房主必须允许那些有线电视的操作员可以在他们的建筑上安装接收设备。[110]法院认为，这确实意味着是物理上的永久使用，并将此案发回下级法院，由其决定具体的赔偿情形。（赔的并不多，最后的结果是：下级法院裁定，对于每栋公寓楼上这种永久性物理占用的情形，赔付1美元就可以了。）[111]

不过，规制性征收方面的案件更为重要，而且也具有争议性。在现代土地使用规制的体系之下，法院其实一直都在持续地关注规制性征收这个问题，目标是环境保护（如保护湿地）、历史文化保护，以及"精明增长（smart growth）"*。在那些主要利益团体的政治议程上，这些计划明显都是很重要的因素，而且那些对现代环境保护计划施加严格限制的宪法性原则，有可能会被描述成"具有革命性"。法院所秉持的这些原则确实限制了政府在保护环境和促进"精明增长"方面的能力，但是，这倒还没有达到严重制约这些计划的程度。

对法院在土地使用征收方面的判决进行讨论之前，值得一提的是，现代法院已把征收条款主要限定适用在土地使用类案件中，即使人们在土地之外还有很多其他的财产权，比如我们所说的知识产权，还有电力公司在发电站使用上的那些限制条件——比如，禁止发电站焚烧高硫黄的炭——这也很容易被纳入"对某人可选择使用的财产进行了征收"这种情形。当然，征税一般在字面上也是对个人财产的一种征收。

尽管如此，在土地使用规制之外，现代法院都是很认真地适用征收原则。在土地使用范围之外，法院已经在三个案件中讨论了征收条款，而且认定其中两个违反该条款。在这些案件中，国会努力去寻找一些方法，从而确保分配给印第安人的那些土地不会随着时间而变得很零碎，以至于都不能让土地所有者在经济上产生真正的收益；国会说道，一旦土地被瓜分给很多人，那么，这些零星的股份（fractional shares）将自动地归属于作为整体的那个部落。法院认为这是违宪的。那些零星股份的所有者应该可以获得土地方面的补偿。[112]当然，正是由于这些零星股份太小了，因而每位土地所有者可以获得的补偿数

---

* "精明增长"理论一般指政策和实践的紧密结合，使之与传统的发展方式相比，能够提供更好的居住和交通条件，带来更快的经济发展，也能够更好地保护环境。——译者注

额也非常小。

第三个案例则涉及大社会时期的一个创新计划。律师在面对其顾客的时候，经常要处理与钱有关的问题：在房屋买卖之前，他们已经通过契约（由第三者保存附带条件委付盖印的契约）（escrow）的方式拿到了资金，或者在将钱交付给顾客之前，他们临时控制顾客已获得的损害赔偿金。一般来说，任何个人律师所持有的那些钱，如果放在存款账户里，都会因为数额太少而不会产生什么利息，因为银行在个人账户维护上所收取的手续费都已超过了这些钱可以获得的利息。得克萨斯州以及其他每个州都要求律师把这些信托基金账户集中存放在一个单独的账户里，而律师替顾客保管的所有这些钱都存在这个账户里，这样的话，便可以保证这些钱的数目足够大，从而银行就要支付那些超出手续费的利息。然后，法院说道，通过这些账户所获取的利息（要不然可能不会存在支付这些利息的问题）将用来支持那些法律援助计划，从而帮助那些低收入客户。最高法院认为，这种利息是信托账户里那些资金持有人的"私人财产"[113]。但是很明显，对这个计划是否构成对财产的征收，法院并没有作出决定。（要判断"一个州的计划是否在某个方面可以对财产进行'征收'，且如果没有同一个计划的另一个方面，这种情形就不存在了"，对这个难题，法院回避掉了。）

对于那些想回到新政之前那种宪法秩序的人来说，租金控制法律（Rent-control statutes）是分析征收条款的首要替代。但是，法院避开对这样的法律进行处理。最高法院关于租金控制最重要的案例涉及这样一个条例（ordinance），该条例对那些"移动式房屋停车场"（mobile home park）的所有人在行为能力上施加了重要的限制，以增加他们的租金，这些所有人主张，这在效果上会让每一个已经占有移动房屋的人一直待下去。法院在判决中明确驳回了这种主张，认定"实际上没有任何强制性因素迫使公园园主继续将其租给特定的承租人"[114]。

在土地使用类案件之外，适用征收条款最有力的例子是之前提到的煤炭法案方面的案件。在该案中，四位大法官得出的结论是，煤炭法案属于规制性征收。该法案规定了一套复杂的机制来对"一旦从事采矿贸易,什么构成税收"进行评估。与四位大法官的意见一致,奥康纳大法官也认为该法案是一种征收。和肯尼迪大法官一样,她的理由也很有限:她的意见阐释了煤炭法案的详细背景,然后解释了东森实业公司的结构以及它与煤炭开采业务的关联性。根据奥康纳大法官的意见,该法案征收了东森实业的财产,因为"它为某些无法预知相关义务的当事人规定了严重的追溯性责任,而且这种责任的程度与当事人的经历严重不合比例"[115]。毋庸多言,便可知道该意见的范围非常有限:不过如果出现下面的情形,结果可能就有所不同了,比如,这种有追溯性的责任并不"严重"(severe)(但是要征收多少又才算得上足够严重呢?),或承担责任的那些对象并不属于"某些"有限的(limited)范围(但是又究竟多小的范围才算够资格呢?),或者这些人也能够预见这种责任(但是要具备哪些产业史的背景才能够表明该产业的人员本该预见到这种责任呢?),或者这种责任尽管不合比例性要求,但也并不严重(但是要到什么程度才会成为"不合比例"呢?)。可能更重要的是,对于"税收——或者就像煤炭法案在贸易方面所施加的收费等类似的情形——绝不可能构成财产征收"这个主张,这五位大法官都明确表示反对。[116]

与其他类型的经济规制相比,现代法院更多的判决都是关于征收和土地使用方面的规制。这些案件都比较复杂,不过基本的底线很清楚:法院的这些判决增加了政府在土地使用方面进行规制的成本,尤其是那些用于改进或保护环境质量方面的规制,或者那些用于促进"精明增长"方面的规制,但是直接对政府权力的限制都很少。结果就是,允许政府基于环境或其他理由继续对土地使用进行规制,不过这会阻止其在规制方面有可能出现过于积极的情形。

有的时候,想获得建筑许可,土地所有者必须满足的条件是"让环境有所改进",现代法院认为,这也是对土地拥有者在财产上的一种征收。在一起案件中,一位私人房主想获得扩建房屋的许可。不过,扩建就会阻挡高速公路附近的海滩景观。该州认为,只要私人房主允许人们自由地在其所有的(土地)海滨地区走过,那么就可以颁发该许可。当然，该州的理论并不十分清楚，不过最好的理解可能是：景观被挡住后，可能就会让人们不知道在可以看见的海滩侧边（即房屋下面）还有一处公共海滩可以使用，那么由此就会减少人们对这块公共海滩的使用，这样，允许人们在私人房主的海滨地区自由路过算是对这种减少的补偿。不过最高法院认为，对于"要求人们可以在私人房主的海滨地区行走"这项通行权方面的要求，与在高速公路上看到沙滩在范围上减少之间没有任何关联。[117]没有法院所说的"条件与所设置的目的之间存在'纽带'（nexus）关系"这种情形，州在颁发许可的时候就不能规定这样的条件。最高法院认为，州的主张，即"视觉上的妨碍与物理上的可接触性要求之间具有关联性"，是让人无法相信的。

另一个涉及"纽带"关系的案件与"精明增长"方面的一个倡议有关。一位五金店的店主想扩建她的店铺，并铺设她的停车场。城市规划委员会认为，她可以这么做，但要求她拿出她的一些土地来做自行车道，从而减轻城市中心商务区的交通堵塞情形，而且拿出一些土地来做附近河边的园林小路，从而减少所铺停车场的排水可能导致的洪涝风险。法院认为，这些要求（即将财产的百分之十用做自行车道和园林小道）与店主所设想的店铺扩展计划之间有可能会有纽带关系，但是，"店铺的扩展会导致交通拥挤以及增加洪涝风险"的条件并不能"在大体上合比例"[118]。在伦奎斯特大法官看来，"不需要去做精确的数学计算，但是，除了作出'它能够补偿所产生的一些交通需求'这种没有根据的陈述之外，市政方面还必须努力量化其根据，从而支持将土地用于人行道和自行车道"[119]。

最高法院认为，如果土地使用方面的规制"走得太远"，那么就是违宪的。[120]什么时候会出现这种情形呢？现代法院所秉持的原则有两种情形。第一，如果规制剥夺了土地所有者在土地上"所有的经济收益"，那么就走得太远了。[121]当然，最高法院阐述该标准的案件事实似乎很过分。在南卡罗来纳州的查尔斯顿，戴维·卢卡斯在附近沿岸的岛屿上买了两块地，计划在此建造两栋房屋。他买完地后过了两年，南卡罗来纳州制定了一项法案，改变了它对该州沿海区域建筑物的规制方法，这其中也包含了卢卡斯财产所在的那个岛。该州担心的是沿海区域里的侵蚀会危及该州的环境。由此，根据新法案的规定，禁止卢卡斯建造房屋。不过随着诉讼的进行，该州也承认——虽然可能并没有必要——如果卢卡斯不建造房屋，那么，这块土地其实就没有任何经济价值。

卢卡斯案中的复杂之处在于，要去识别出究竟财产中的哪块地被剥夺了全部的经济收益权。比如，假使卢卡斯买的地足够大，以至于他所建的某栋房子足可以远离水域，由此符合了该州在沿海区域方面的规制。那么对于他的其他剩余财产，还有可能剥夺它们全部的经济收益权吗？或者说，他还可以对这些财产进行相应的处置，那么这个事实是否意味着他的全部财产其实还没有被征收呢？在另一个湿地规制案中，法院提供了一些指引。安东尼·帕拉佐洛在罗德岛上买了18亩的海边沼泽地。他计划用其中的11亩建一所俱乐部，但是根据该州对湿地的那些规制，他不能这么做。但是他可以在18亩地上建一所价值20万美元的房子，这不受那些湿地规制的限制。在法院看来，整体上来看，这意味着帕拉佐洛还没有被完全剥夺在该地块上全部的经济收益权。[122]（然而，该案件之所以被起诉，在于"帕拉佐洛对征收所有18亩地所依据的那些湿地方面的规制进行了挑战"，对此，法院并没有指出。而且如果帕拉佐洛只对其中11亩地予以征收的那些湿地方面的规制进行挑战，结果又会如何呢？法院对此也没有说明。）

在帕拉佐洛案之后，卢卡斯案的判决也许成了一项运动。毕竟，让土地的所有者不能对自己的财产有任何收益方面的处置，这种规制会维持多久呢？即使是一块沼泽地，也有可能变成一片生态旅游区。当然，将沼泽地用做生态旅游，与通过填土改造而用做海滩俱乐部相比，前者在价值上可能要小得多。大法官约翰·保罗·史蒂文斯在卢卡斯案中也指出，由于规制性征收而损失了全部的投资，因而对这些人要给予补偿，但是，对于那些损失了百分之九十五的人，却丝毫没有任何补偿，这是一件很奇怪的事情。

法院所作的回应便是规制性征收内容的第二种情形。在宾州中央运输公司诉纽约州案中，涉及城市的历史建筑保护计划（historic preservation program），该计划也在全国很多城市被推行。[123]纽约市将该市的中央火车站指定为历史建筑物。在没有得到建筑物保护委员会许可的条件下，该指定禁止车站的所有者擅自改变建筑的外观。宾州中央运输公司想在它的站点上面建一间办公室，但是该委员会拒绝了它的许可申请。于是宾州中央运输公司对这种规制性征收提出了挑战。

最高法院驳回了宾州中央运输公司的挑战。法院说道，并没有一个"固定不变的公式"（set formula）来判断何时存在这种规制性征收，那么，所提出的质疑必须要有"特殊性"以及"事实根据"[124]。当财产还存在一些经济收益权能时，法院必须考虑很多因素进而决定是否存在规制性征收：比如"该规制对原告在经济上产生的影响，尤其是该规制在何种程度上妨碍了人们在投资上的明显预期"以及"政府行为的特征"——其中包括这种"妨碍是否是源于一些公共计划，即是否通过调整经济领域的收益和责任来促进公共利益"[125]。

宾州中央运输公司案中所作的审查显然并没有告诉我们这么多的内容，也就是，政府的规制在什么情况下才算是离谱的。在对政府行为的"特征"（character）进行评估的时候，作为其中的一个环节，也许法院应该考虑那些政府计划的重要程度。但是，难道我们真的希望法院作出判决说"湿地计划是真的重要，而对历史建筑物的保存并非如此重要"吗？这种问题也会影响到其他问题，比如，如何去决定一项规制对投资预期所产生的妨碍程度。有一些法院已经尝试着去回答这些问题，认为"在规制计划生效之后购买土地的那些人，如果他们的土地使用是规制所禁止的，那么他们于此便没有合理预期可言"。不过，在帕拉佐洛案中，法院否认了这种颇为简单的规则，但是并没有说明应该用哪个具体的规则来代替。斯卡利亚和奥康纳大法官都认为，之前有效的规制计划并不能当然就排除征收上的诉求，但是他们在精神层面的沟通表明了其中的问题一直存在着。斯卡利亚大法官认为，对"规制性征收（regulatory taking）是否存在"进行判断，这与之前存在的那些规制没有任何关联。不过，奥康纳大法官说道，

"投资者在判断'是否存在补偿性征收'时，会有一些投资上的预期，就此而言，法院可以适当地考虑现有规制对此可能产生的影响。"[126]对此持异议的四位大法官们都认为，至少奥康纳大法官的分析是值得认同的，她的分析阐释了现有的法律。但是，她的分析并没有很清晰地予以阐释。那么，如果之前存在的规制对投资者所进行的土地使用方式是禁止的，究竟要在何种情形下，投资上的预期才具有合理性呢？奥康纳大法官说道，"在一个规制体制中，如果财产所有者没有任何开发方面的权利，那么，被允许开发（permitted development）的性质和程度以及原告所进行开发的性质和程度，也许可以影响（shape）那些合法预期（legitimate expectations）的内容。"为何这里是影响（shape）而不是决定（determine）呢？进一步来说，如果这些影响投资者合法预期的"因素"不符合规制所允许的情形，如果这种不相符的情形很明显，那么，投资者的那些预期将不具有合理性；如果这种不相符的情形很细微，那么，还要去否定投资者的那些预期，又怎么可能会在规制上走得很远呢？其实，这时候就很难再在规制上去否定这些预期了。

在实体法上，规制性征收的结论是，政府可以进行实质性规制，如果规制被提出了挑战，那么将会用一种颇为抽象的平衡标准进行审查，并且在诉讼中，政府还必须提出大量确凿的事实证据。大量的诉讼费将由政府来承担，而且如果他们考虑实施一些规制措施，他们的律师会告诉他们将要面临的一些诉讼风险，因为这些规制措施有可能被判为违宪。[127]也就是说，法院给规制施加了成本，而并没有直接对规制进行禁止。"精明增长"（smart growth）方面的判决对土地使用方面的规划其实是欢迎的，同时也指出，"对于如何来完成这些规划，会有一些外部的限制。"[128]有一些计划比较激进，超越了我们目前所可以涵盖的范围，那么，这些计划有可能特别脆弱，也可能并不那么脆弱，但是，诉讼成本加上诉讼风险，这可能会在一定程度上让政府更加节制地去行使规制权，这比新政—大社会宪法秩序中的情形要节制得多。

在新宪法秩序中，经济自由方面的法律怎样和新政—大社会秩序中同样的情形进行比较呢？简单地说，在新政—大社会宪法秩序中，政府可以按照他们任何想要的方式来对经济活动进行规制，而在新宪法秩序中，政府虽然可以进行广泛的规制[129]，但是对于——在法院看来——那些已走向极端（extreme forms）的规制，政府必须避免之。在新宪法秩序中，经济规制方面的法律在宪法层面的目标是去消磨（chasten）那些采取最激进形式的规制情形，而不是去变革"规制国"（regulatory state）或者要回到一种带有想象的自由放任时代。

非授权原则（The Nondelegation Doctrine）

随着现代政府的发展，出现了许多新的机构。由于经济体的复杂性，在规制上已经不可能都做到细致入微，因而议会便把规则制定权（rule-making authority）授权给一些行政组织（administrative agency）和行政机构（executive branch）。一般来说，对于这些行政主体所制定的规则，最高法院认可它的合宪性。尽管在名义上，法院仍然坚持认为，议会应该通过法院所说的用于指导行政行为的"明白性原则"（intelligible principle），来对行政主体（administrator）进行一些重要的指导。[130]法院只在两个案例中发现，议会授予的法律制定权是违宪的。这两个案件都涉及全国工业复兴法案（National Industrial Recovery Act）的相关条款，而相关内容是实施新政第一个阶段的关键所在。[131]当然，在新政—大社会宪法秩序时期，对非授权原则，不存在宪法上的任何挑战。[132]

然而，也会存在一些忧虑。许多现代的规制性法律在标准使用上都非常宽泛。比如，职业安全与健康法案（Occupational Safety and Health Act）规定，其中采纳的标准"在提供安全或健康就业方面应该具有合理的必要性或恰当性"，而且劳动部部长根据那些最充分的证据所设定的标准，要能够"最大程度地确保——乃至完全有可能做到——任何雇工都不会在健康方面遭受物质上的损害"。同样，其他的规制性法律在授权上也具有广泛性的特征。最高法院由此对职业安全与健康法案进行了狭义解释,从而避免出现"议会给行政部门的授权太多,但对于应该如何去进行那些'困难的选择'(hard choices)并没有提供足够的指导"[133]。法院也废除了逐项否决法案(Line Item Veto Act)——而该法案本来可以被理解成一部让总统不受约束的法律,不过,法院在判决上很明显没有依靠非授权原则。[134]学术界对新政—大社会时期在立法上的广泛授权也有很多批评。[135]如他们所看到的,这些授权源自新政—大社会宪法秩序框架中的利益群体。议会出于利益群体的压力,通过立法授予行政机构广泛的权力,并说是信任他们能够解决这些问题。但当其他利益群体对行政机构采取的规制持有怨言时,国会还可以指责这些行政机构。

所有这些会让一些人预见到,"最高法院在新宪法秩序中会重新启用非授权原则"。相关法律规定,"满足并维系这些标准……是让公共卫生充分具有安全性的先决条件"。而依据该规定制定的关于清洁空气的相关条例,下级法院采取一个很随意的形式根据非授权原则将其废除了。最高法院很快便推翻了下级法院的这个判决,这可以从斯卡利亚大法官的意见中看出。[136]法院意见的结构很醒目。在对清洁空气法案的相关条款进行阐释之后,斯卡利亚大法官说道,从本质上来说,该条例中的标准与其他规制性法律的标准相比,并没有明显的不同。如同托马斯大法官在并存意见中所说的,"清洁空气法案中的相关条款和已经被批准的很多指令一样,也只不过是'明白性原则'的情形。"斯卡利亚大法官则说,"在大量的规制计划中,我们从来没有要求……这些法律要提供一个确切的标准来告诉我们究竟危害有多大才算是大。"[137]

至少对新政前法院所管辖的版图,目前最高法院已从根本上表明了,它完全同意新政—大社会宪法秩序中所奉行的那些原则。[138]如果想通过变革回到过去,这看起来是不可能的事情。

现代最高法院再次启用了在新政—大社会秩序中那些被奉为圭臬的宪法原则。比如,现在面临规制解除(deregulation)的那些公用事业公司(utility company)可以提出一些确凿的要求,尽管这些要求最终可能没有说服力,比如要求对他们在投资上的损失进行补偿,同时他们可能还假定他们的垄断地位可以保住。[139]十年前,"放松规制下的征收"(deregulatory takings)这种提法可能很可笑;但是今天已经不会了。

再次启用之前的那些原则,这并没有让它们又回到新政之前它们所沉浸的那种很有活力的情境之中。然而,这些原则增加了一种风险,那就是一些有创新性的规制(innovative regulations)将会在宪法上受到挑战,而且会增加国会在辩护以及执行这些规制上的费用支出。这些新原则由此也会降低国会采行新规制的积极性,从而会消磨这种规制国(regulatory state)。

新宪法秩序中的个人权利

通过比较现代法院与新政之前法院的工作,对于新宪法秩序中那些在处理联邦制和经济自由方面充满活力的原则,我已经有很多讨论,当然,这些原则都被遏制了,不具有变革性。接下来,我会把现代法院对个人权利的处理方式与新政—大社会中法院的处理情形进行比较。对于"那些遭受巨大痛苦而快要死亡的人,在宪法上没有权利在自杀上获取帮助"这种情形,法院并没有进行判决,对此,詹姆斯·弗莱明作了评论,并作了最好的概括。[140]法院之前的判例其实已经支持了"宪法确实赋予了这样的权利"这个论断,但是,法院并没有用这些先例来得出这个结论。弗莱明还发现,法院其实说的是,"这已经走远了,那么就不要再这样下去了。"[141]再加上一些条件,这可以说是对现代法院——在处理新政—大社会宪法秩序中所认可的个人权利上——所持立场的最好概括。对此,我并没有从历史的角度去详细论述新政—大社会对个人权利的保护是如何变化的,而只是作了很简洁的概括,目标也是支持弗莱明教授所得出的结论。[142]放到我这个更广的观点中,他的结论其实表明了,新宪法秩序在对个人权利的理解上已近乎达到了边界。早前的一些判决在某些方面有所缩减,而在其他方面也有所扩展。值得注意的是,早前从宪法上对种族融合（racial integration）所做的一些努力，现在也被抛弃了，尽管这些努力在付出的当时也许是很确实的。那么，总体上是要去创设一种宪法秩序，而在该秩序中，个人权利在宪法上的那些要求已经被消磨了，但是对于之前已经取得的那些成就，并非要采取激进手段把它们取代掉，或者统统废除掉。

种族

在布朗诉教育委员会案（Brown v. Board of Education）中，法院认为，州所支持的隔离措施是违宪的。该案也是沃伦—布伦南法院在宪法事业上的关键所在。布朗案推进了很多民权运动，由此也出现了许多言论自由方面的案件；大法官们意识到，刑事法程序中也暗含着那些种族关系，由此也推动了法院在刑事程序方面的判决；而且在经济不平等方面，也有明显的种族因素在里面。

在法院最大限度扩张的时候，法院曾说道，在废除种族隔离方面的案件中，它的任务是把隔离的"根及枝"消除掉。[143]要做到这一点，就要求学校委员会和法院要关注这些结果：要能够"迅速地把制度变过来，其中没有'白人'学校和'黑人'学校之说，而只有'学校'一说"。[144]学校委员会和法院有权采取广泛的措施，以确保真正废除种族隔离。法院不只是运用宪法来消除种族融合上的那些法律障碍，在本质上都是为了种族融合本身。[145]

我们已经很熟悉废除种族隔离的那段历史，在此没必要予以重复。法院在这方面也曾经非常地挣扎，因为在南方，所要求的是通过法律来废除种族隔离，但是在北方，又显然是容忍了同样情形的种族隔离，其中的隔离源于那些不同种类的住房类型（housing patterns），当然，法律对这些住房类型本身的规定也都是比较模糊的。新上任的大法官们认为，为了隔离而采取的那些"救济措施"（remedies），对白人来说成本很高，比如，必须将学生分到那些有班车的学校，那么，这些救济措施其实是不公平的。法院逐渐地解除了那些废除种族隔离的机制。而且如果一个判决中包含了废除种族隔离计划中的那些郊区（suburban district），那么，法院就不再维持这些判决。[146]到20世纪90年代，法院的判决主要都是去处理"在何种情境下，曾经受法院指令的那些学区（school districts）可以使自己摆脱司法上的监管"[147]。法院然后也放弃了宪法上的任务，不再对全国所有的学校进行整合：如果白种人和少数人种的孩子都去同一个学校，那么，这种事情要由他们的家长和学校委员会来决定，当然，这些学校委员会所追求的是他们认为需要的那些政策，但是不能由宪法上的那些命令来决定。

最高法院在纠偏行动（affirmative action）方面的判决，其实已经对学校委员会能主动做的那些事项设置了一些限制。[148]新政—大社会其实在宪法上有时候也在一些不融洽的对立情境中结合了两个方面。第一，它认为，隔离是错误的，因为它是以肤色意识（color-conscious）为基础来作出判决。而肤色上的无差别应该是一种宪法规范。第二，新政—大社会也试图让社会中的各种机构可以在事实上融合在一起。宪法上的新任务只去追求肤色上的无差别，同时强烈地推定"任何政策如果在实质上将种族作为考虑因素，那么都是违宪的"[149]。

在此，"消磨的"这个术语能更精确地描述新宪法秩序中那些雄心所具有的特征。如今，大法官们从废除种族隔离的实践中已经知道，要想让这个国家实现种族融合，宪法其实并不是合适手段。[150]剩下来还有一些扫尾工作，要去更准确地界定"在哪种情境下，反对种族意识的推定才能胜出"，而且对于用"多元化"这个概念来论证高等教育领域中的那些纠偏行动计划，也可能有其正当性，那么，对此也要进行阐释。这些留下来的问题都很重要，但值得强调的是，纠偏行动计划虽然有很强烈的反对者，但同时也有一些支持者，不过已经深深地根植于整个国家的制度中了。要根除纠偏行动的那些"根与枝"，这可能同解除隔离一样都非常困难。通过废除种族隔离的那些经验，现代法院也许可以用它非常有限的能力来发起一些运动，从而来反对纠偏行动。

第二章 新宪法秩序中的最高法院

言论自由

在新政—大社会宪法秩序中，政治中和社会上的那些局外人在言论上享有实质性的保护。现代法院对公司利益几乎也提供了同样程度的保护，而对那些非传统形式的政治抗议在保护方面已经没啥兴趣了，尽管对于这些异见者来说，要想努力获取公共的关注，这些新颖的形式越来越重要。

对于商业言论（commercial speech）的保护问题，在一个涉及某州禁止对处方药做价格广告的案件中，法院对此重新进行了审查。[151]哈里·布莱克门大法官在为法院所撰写的意见中写道："消费者在自由流动的商业信息中的那些利益……可能和他每天在最激烈的政治辩论中的利益一样，如果目前还没有超过后者的话，他们当中的利益其实都非常重要。"[152]逐渐地，法院在商业言论上所持的立场逐渐变得更为坚定。为了应对即将出现的能源危机，纽约的公用事业委员会（public utilities commission）制定了一项法规，其中禁止公用事业单位在促进电力使用方面做广告。最高法院认为这项禁令是违宪的，并从四个方面进行了审查：该广告考虑的必须是一项"合法活动，而不能有误导性"；政府进行规制的利益必须是"重大的"；该规制必须直接提升了政府的利益；而且，如果在达到政府的目标上有很多方法可以选择，那么，该规制不能"过度"[153]。

在2001年，法院用这种审查方法废除了禁止在学校附近做烟制品方面广告的那些限制。当一些州在全国范围内对烟草工业提起诉讼之后，马萨诸塞州检察长（attorney general）——作为离职前的最后一项工作——制定了相关的法律，禁止在学校或公共场所周围1 000英尺以内放置烟草广告。[154]法院从很多方面都认定，这种限制是违宪的。多数法官较为认真地审查了有关"广告与孩子使用烟草制品关系"的证据，所得出的结论是，其中确实有些问题。但法院最后得出的结论是，这些规制过度了，因为对于禁止广告牌所带来的成本和收益，检察长并没有予以仔细的考量。一个最大的难题是，这些规制是在非常大的区域范围内——尤其是在本州最大的城市——来禁止对广告牌的使用，那么，在效果上"对那些成人消费者来说，近乎是完全禁止了真实产品信息的流通"[155]。法院对其中涉及的宪法问题所做的阐释也很有意思："这些规制的宽度和范围，以及检察长制定这些规制的过程，都没有表明对其中言论所涉及的利益进行了仔细的考量。"[156]法院还说，"检察长看起来并没有考虑1 000英尺范围的限制会给那些主要的大城市在商业言论上带来的影响"，而且"对信息交流的限制看起来已经是过于宽泛了"[157]。法院显然是要求，政府在限制商业言论之前应有一些有效的协商过程。

即使法院对烟草广告规制所具有的重要性进行了认真的审查，而且这也表明了法院对那些做商业广告的商家所持的同情心，但一些人认为，让孩子接触那些烟草广告明显是一个社会问题。在新政之前，对于经济规制要服务于那些重大的公共目的，法院确实表示过怀疑；不过，法院在商业言论方面的判决也许逐渐走向了怀疑的道路。即使法院接受政府在那些重要目标上的主张，烟草广告方面的判决还是表明了，政府在商业言论规制上所遇到的困难越来越多。确实，有一些理由会让我们相信，现代法院将会把商业言论和政治上的异见人士和局外人所持的言论进行无差别的保护，而之前的言论自由原则主要是围绕政治上的异见人士和局外人的言论发展而来的。托马斯大法官也明确地主张，法院不要区分商业言论和其他言论，而且要给商业言论与政治言论一样的保护程度，并且法院的其他法官也持类似的观点。[158]

那些商业言论方面的判决解决的是"保护什么"这个问题。另外一些重要的判决则从另一个方面解决了"在哪些方面进行保护"这个问题。在新政—大社会宪法时期一开始，最高法院就发展了已为人知的"公众场所"（public forum）原则。根据这个原则，对于那些基于言论目的而使用公众场所的人，政府必须要保障他们可以使用公众场所，比如示威和抗议游行。很多年来，这个问题变成了哪些公共空间是必须可以被使用的。依据"公众在哪里聚集"这一现已过时的概念，法院在过去和现在都认为，政府必须让那些公共街道和公园成为可以进行示威和发表言论的场所。

从新政—大社会宪法秩序达到鼎盛时期开始，这个世界就已经发生了变化。在上一代人以前，人们可能在街道或公园里就可以看到那些示威者，但是如今，示威者必须在行为上有所不同，而且要去一些新的场地，这样才能让人们看到。对于公众场所原则的扩张适用，现代法院已不再持一种同情的态度。对于国家公园管理局（National Park Service）所规定的"禁止通宵睡在国家公园里"，法院给予了支持。当然，一些对无家可归者予以支持的人士则认为，这样一群无家可归的人通宵睡在国家公园里，横穿在白宫的街道上，这是一种特殊的示威形式，是对与无家可归者相关的那些国家住房政策进行的示威。[159]不过，法院将这种禁止性规定也适用于这些支持者。其他一些案例则禁止在军事基地、国家博览会的露天场所以及邮局人行道上进行示威。[160]不过，对于那些航空集散站，法院坚持要求可以自由地散发资料[161]，但是，也许法院在公众场所方面作出的最重要判决是，"那些私营购物中心和市中心的那些购物区以及类似的区域，并不是公众场所"[162]。现代言论自由方面的法律为那些在传统场所中以传统形式表达出来的政治言论提供了保护，但是在当代语境下，这些也许并不足以让公众看见那些政治异见（dissenting political speech）。

当然，言论自由方面的法律继续保护那些政治上和社会上的局外人（outsider）。在现代最高法院已判的案件中，只有非常少的案件涉及之前所处理的言论限制种类问题（对公众场合中的明确性政治言论进行压制）[163]，这可能是因为，表达自由作为一种文化已深入社会，乃至人们很少会想到要对这些言论进行限制。[164]当然，法院在商业言论方面的判决并非仅仅对言论自由方面的法律作出了贡献。现代法院通过对政府规制商业言论的能力进行限制，而使得商业利益（commercial interest）成为了抵抗规制的又一利器。的确在某种程度上，商业利益可以基于"言论"而获得宪法上的保护，而这对努力去免受那些新规制（new regulation）来说，也许是有所助益的。

种族因素以外的平等问题

富兰克林·罗斯福提出的"第二权利法案"（Second Bill of Rights），也许能够保护社会福利权。在 20 世纪 60 年代，在一些案件中，最高法院试图从宪法上去建立这些权利的基础，但是收效甚微。法院认为，各州必须对刑事被告的上诉予以援助，即使这些被告起初在上诉方面没有宪法上的权利依据，也要这样做，这是因为——如法院所说的——允许富人去上诉（因为它们可以支付律师费）而不允许穷人这样做（因为他们没有经济能力），这是违反平等保护条款的。[165]法院在这个原则上的意思是，上诉权是一种重大利益——尽管在宪法上没有明确的规定，而且按照平等保护条款的要求，如果有些法律在重大利益方面区别对待了穷人和富人，那么要对其进行严格的司法审查。

有一种观点认为，一些利益虽然没有宪法上的承诺，但也可能属于重大利益，那么，这个观点也可能用来支持呼声很高的社会福利权。比如，人民在住房和食物方面有利益上的关系，且这种利益可以很容易地被描述成是"重大的"（fundamental）。那些福利权的倡导者们试图去推动这方面的法律，从而可以认同第二权利法案的内容。但是，他们最终失败了。在圣安东尼奥独立学区诉罗德里格斯案（*San Antonio Independent School District v. Rodriguez*）中[166]，法院在结论中又回到了那些福利歧视案件中的内容。在这个案件中，由于当时财产税被广泛地用以援助公共教育，当事人便对这种情形提出了挑战。对此所主张的理由是，教育也是一种重大利益，但在财产税资助上区别对待了富人学区与穷人学区。由刘易斯·鲍威尔大法官撰写的法院意见是，真正的重大利益仅仅应该是那些受宪法明确或潜在保护的利益。当然，他的观点自身在原则层面也有一些问题。法院在对之前案例的解释上显露了这些问题，还有对那些限制了宪法权利的法律所要求的严格司法审查，平等保护条款对此能做什么，对于这

第二章　新宪法秩序中的最高法院

些，法院所做的解释也显露了其中的问题，但是，法院最后并没有去创设一个"第二权利法案"。很明显，除了我在之前所讨论的那些居住要求方面的案件，对于1996年个人责任与工作机会协调法案（Personal Responsibility and Work Opportunity Reconciliation Act of 1996）所规定的全国公共援助制度，它所发生的变化并没有真正在宪法上受到挑战。其实，在新宪法秩序中，该法案也是一部福利改革方面的法律。

当然，现代法院还没有放弃"平等"这个理念。随着社会上发生的一些重要变化，这个原则已经在很多新的领域有所发展。在新政—大社会时期，法院很少保护妇女的权利，且根本就不去保护同性恋者的权利。对那些区分了男性和女性的法律，现代法院在处理上所持的怀疑程度，就如同处理那些有种族区分的法律那样。

在两起关于同性恋者权利的重要案件中，法院的立场完全不同。对于各州法律所规定的"同性间的鸡奸（sodomy）属于犯罪"，法院给予了支持。其实，这个意见几乎只是表述了弗莱明教授的观点而已。[167]要承认的是，通过对这些先例进行解读，也可以来支持被扩张了的隐私权，从而让那些反鸡奸法律违宪，当然，法院不愿采纳这种扩张的做法，从而不愿意在宪法中再挖出一些新的基本权利，因而法院也明确抵制对正当程序条款的边界进行扩张[168]：

十年后，法院发出了截然不同的声音。法院推翻了科罗拉多州的第二修正案，这在于该修正案没有提供男同性恋和女同性恋的"受保护身份"（protected status），由此也不让市政府去制定相关的条例来禁止歧视男同性恋和女同性恋的情形。法院的判决意见一上来便引用了一百年前支持宗族隔离判决的反对意见。[169]其中法院说道，"这类法律"并"不属于我们的宪法传统"[170]，不过，对于"各州为何不能通过反歧视保护法来否认同性恋，由此来抵制同性恋行为，而非直接将这类行为定性为犯罪"，法院从来没有提供清晰的解释。*

在第二修正案（Amendment 2）一案中，斯卡利亚大法官持反对

---

* 此处意旨，如果承认同性恋，便存在性别上的差别对待，从而有歧视之嫌进而违背反歧视法律。——译者注

意见，且在开场就说道，"法院因为一时的怨恨而错误理解了文化斗争*。"[171] 斯卡利亚大法官明显认为，他可以将知性主义（intellectualism）中的启示融入他的司法意见中，所采取的方式是将文化革命（culture war）翻成最初的德文（Kulturkampf），这样也就摆脱了历史语境——19世纪80年代德国发生的一场恶劣的反天主教运动——中的敏感性。他认识到，这个案件作为文化革命的一个部分，当然是正确的。他也指出，"当法院支持文化革命的时候，它便倾向于与那些爵士为伍，而不是农奴。"[172] 这无疑是准确的。尽管在斯卡利亚看来，法院的步伐落后于精英所领导的那些文化转型——可以说，每一次转型都是如此，因为引导每一次转型所应具有的这种能力，其实就可以让一个精英成为精英。关于对同性恋权利的保护，有一个重要的地方值得注意，那就是在新政—大社会宪法秩序盛行的时候，对同性恋的权利所进行的保护会让人难以想象。

在新宪法秩序成型之前，法院没有再去创设一个"第二权利法案"。法院支持将一些个人权利扩展适用到一些新的类型当中，但条件是"在文化上已经发生了重大变化之后"。这其实并不是一个勇于创新的法院会采取的方式——当然，这并不是如那些批评者所想的那样，即"现代法院成了变革的领导者"[173]。

宗教条款

我们已经看到，新政—大社会宪法秩序对那些少数派宗教群体的权利给予了保护，而对他们来说，就可以用这些权利来对付那些在手法上比其他人还要严厉的州法律，尽管这些州法律并没有把这些少数派宗教群体单独列出来予以处置。法院在这方面最著名的案例是，对

---

* 术语 Kulturkampf 源于 1873 至 1887 年罗马天主教会和德国政府之间围绕教育和教职任命权进行的文化斗争。该术语后来被布坎南等使用来形容在美国 20 世纪 60 年代开始发生的相类似的文化革命，其发生于传统道德与革新自由主义（avant-garde liberalism）、宗教上的社会保守派与非宗教上的社会自由派之间。——译者注

不能接受在周六从事工作的安息日会的教友（Seventh Day Adventist），法院让其可以获得失业补偿金，而且对阿米什宗派的教友不让孩子上中学这个事情，法院也允许了。[174]我们也看到了，现代法院已经不再采用之前的那些做法。现在，各州在实行一般分区制、药品或其他方面法律时，并没有义务去接纳这些宗教信徒。[175]但是如果它们这么做了，法院还是会维持之前判决中的那些结论：也就是说，各州可能要去容纳这些人，如果它们的行政机制已经可以针对不同的个体来作出决定——比如在失业保险制度中，而且在涉及阿米什宗派的那些案例中，很多都是多种权利"混合"的情形，其中把那些宗教权利与父母对孩子教育进行监管的权利糅合在了一起。

宗教条款中的另一个分条款规定，政府不得确立国教。当然，这里面的内容有着很大的争论。在新政—大社会时期，"禁止确立国教条款"（establishment clause）所涉及的政治问题，主要都是去质疑天主教以及那些公立学校。[176]那些主流的新教派教徒们在政治上占据着重要的位置，而且通过改造这些公立学校，从而来反映其教派对世俗公共场所（secular public sphere）予以支持的立场。最高法院也越来越认同那些分离主义者（separationist）的立场，虽然也会接受那种一致性（coherent）的做法。对于各州允许在公立学校里进行祷告以及对教会学校直接提供财政资助的情形，法院判决认为是违宪的。而在向新宪法秩序转型的过程中，我们可以看见，新教对分离主义的支持有所减弱了，尤其在创建私立教会学校（这又允许父母把孩子送到那些被隔离了的学校）以及在减少对天主教的反对方面，更是如此。

在新宪法秩序中，法院的立场只是一直争议的一个部分。对于宗教与公立学校之间的象征性关联（symbolic connection），法院还在寻找其中让人难以捉摸的关联之处，尤其是在它的一些判决中，禁止在学校的毕业典礼上有祷告行为，或者禁止在热爱足球的地方举行的足球比赛中有祷告行为。[177]在这些情形中，法院的一个考虑是，这些观察者——尤其是学校中的那些宗教少数派人士——将会让政府去认同这些宗教性表达。

至于对教会组织（包括教会学校）给予政府援助，情形则截然不同。优惠券计划（Voucher program）涉及的是将政府资金拨付给个人使用，从而使得他们可以用这些钱来享用特别的社会服务，其中包括在教育方面的服务。自 20 世纪 80 年代以来，我们可以明显地看到，这些允许教会组织使用优惠券的计划是合乎宪法的，而且法院在 2002 年也维持了这个决定。[178]不过，真正有意思的宪法问题是，政府施行的这些优惠券计划是否可以把教会机构从这些计划中排除出去。如果把教会组织从优惠券计划中排除出去，那么这就有可能会违反宪法——当然这违反的不是那些宗教条款，而是违反了言论自由条款。在法院看来，政府在实行这些计划时不能带有对意见性言论（speech based on its viewpoint）的歧视。政府没有义务去建造一个公共会堂，但是如果把它建造起来了，那么，就不能将该会堂只租用给共和党人和民主党人，而不租给改革党（Reform Party）。另一方面，它也可能根据言论内容来对一些言论进行歧视。政府可以把该会堂只出租用作娱乐，而不用于政治集会（尽管政府有可能对"娱乐"在概念上作一般性的广义解释）。

接着就可能出现问题了。如果政府试图将宗教排除在它积极制订的那些计划之外，那么，这是否属于在内容素材上（subject matter）的歧视呢？如果是这样，那要如何应对呢？或者说这属于在观点上（viewpoint）的歧视吗？如果不是的，那又是什么呢？有一个案件涉及的是一个大学校园计划，该计划给学生的出版物提供了财政上的资助。为了避免出现"不得确立国教"所带来的那些问题，大学拒绝给其中一份学生杂志提供资助，因为该杂志竭力去改变人们在宗教上的信仰，而在诸如种族和怀孕等问题的讨论中表达他们的基督教立场。联邦最高法院认为，这属于观点（不是内容素材方面的）上的一种排外情形。[179]当然，在一些宗教人士看来，将他们的宗教信念仅仅表征为观点（viewpoint），可能多少有点突兀。但他们可能就可以从最高法院那里得到他们所能得到的。而且，看起来也比较容易理解的是，一项优惠券计划如果要把宗教性组织从中排除出去，它可以根据它们的观点来达到这样的目的。

这些支持优惠券计划的判决，乃至在宗教性组织参与有益的社会服务时，那些支持给予这些宗教性组织财政资助的判决，它们都没有能够完全界定清楚新宪法秩序的内涵。要对新宪法秩序做个评断，这是法院自身力所不及的。在分治政府中，有很多重要的利益群体（包括那些公务人员协会），那么，对那些宗教性组织提供政府援助，这可能要在一个很小的范围里进行。[180]

我们都知道，"沃伦法院已经一去不复返了"[181]。但是，这并不意味着现代法院就不再去做沃伦法院曾做的事情。其实对之前的那些原则，现在的法院有的时候也有所践行，更为重要的是，它也取用那些一般来说具有原生性（generative）而且具有扩张性的重大判决。在废除修正案 2（Amendment 2）的同性恋权利案件中，它在原则上的创新看起来在自我意识方面就具有一定的局限性。[182]这如同一位政治学家所说的，"当代人的努力……也可能会传承一些原则上的过度情形，这些过度情形是由那些为时间所限的意识形态所导致的。"[183]在我看来，现代法院已继续在新宪法秩序的方向上向前迈进，但是它也削减了那些在法院看来属于过度的情形，虽然它并没有完全废弃以往的那些实践。

宪法上存疑的法律

当然，虽然在新政—大社会宪法秩序中，一些法律的合宪性不存在问题，但是现在最高法院还会继续去判定这些法律违反了宪法。这就意味着，我们正处于新宪法秩序中。原副检察长塞思·维克斯曼曾在联邦制案件中有过很多辩护，但在最近失手很多，他也注意到："现代联邦制原则的发展，离不开国会所制定的一系列法案，这些法案都是国会在特别强调联邦权力范式的时候制定的。"[184]这个观察实际上抓住了两点。如我们在第一章中所看到的，在新宪法秩序中，立法机关可以制定很少量的法律，而对这些法律，法院还可以认定它是违宪的。另外一点在这里也具有直接的相关性。对于国会所制定的接受了新政—大社会秩序中的宪法性前提的那些法律，已经被法院宣布为无效，但是除了暴力侵犯妇女法案和宗教自由保护法案中的那些民事补偿条款，就我的判断来看，这些都没有涉及大社会秩序图景（就其最大范围来说）中的那些关键点。当然，有一些很重要的法律在新宪法秩序中可能确实变得很脆弱。

我相信，我们可以找出四种这样的法律，对此，法院并不需要扩张性地适用已有的那些原则，就可以宣布其无效。根据洛佩兹案和莫里森案，国会可以运用商业条款来对地方的商业（commercial）活动或经济活动进行规制，因为这些活动对州际贸易产生了重大的聚合效应（aggregate effect）。当然，有些人可能会去推测法院对商业（commercial）的界定。比如，对于那些在公共资源方面有种族歧视的情形，被一些重要的联邦法律认定为违法。很明显，这些法律中所包括的餐厅和旅馆，也都属于商贸活动。但是，被规制的活动是归于一般的服务方面的条款（provision of services），还是归于歧视性法案呢？如果被规制的活动归于歧视性法案，那么这些法案在内容上到底具不具备商业性或者经济性呢？没有人会想过，法院会用洛佩兹案和莫里森案来废除大社会中的那些重要民权法案，这对法院来说，它在解释洛佩兹案和莫里森案时对"商业"（commercial）概念可以作出的多种界定，就会受到一定的限制。

濒危物种法案（Endangered Species Act）根据国会的权力来对州际贸易进行规制。[185]但是，不管法院如何使用商业（commercial）这一与反歧视法律相关联的术语，如果非要把"对一些濒危物种的规制情形"描绘成具有——洛佩兹案和莫里森案所明显要求的——商业性，这似乎存在一定的困难。一些濒危物种也跨越了州，这可能就足够了。该法案的支持者们有的时候也用生态旅游的经济收益来表明"濒危物种法案确实具有相关的商业性"。对一些濒危物种来说，这个观点可能是合理的，但是我所疑惑的是，任何人（不仅仅是那些敬业的环境学者）实际上在任何一个地方都可以看到印度德里花沙蝇（Delhi Sands Flower-Loving Fly），而这对濒危物种法案和商业条款的那些评论来说，是最有意思的一个要点。[186]用以支持濒危物种法案的有力论据可能是"生物多样性自身有其经济价值",因为即将灭绝的物种可能会产生一些真实的经济价值(尽管对此还不知道),那么,法院应该集中在"生物多样性"这个层面,而不是"印度德里花沙蝇"这个层面,由此来决定濒危物种法案是否有规制经济活动的情形。也许规制了,但是对于法院来说,它有机会看到的是那些具体情形,而不是一般性问题。当然,那些环境主义者批评法院把精力集中在"商业"上,因为在他们看来,"人类与环境的关系问题是我们所认为可以使用的东西,也是我们认为有商业价值的东西,相反,并不是说它们本身有所谓的内在价值(intrinsic worth)"。在一些情形中,濒危物种法案自身都已经濒危了。

另外一个瑕疵性法律是美国残疾人法案第二部分的内容。* 这部分内容要求州政府在他们的计划中要把那些残疾人也容纳进来。它在宪法上的依据是商业条款以及第十四条修正案第5款。但是我们从加勒特案可以知道,国会所发现的那些违宪记录——如果出现了国会在行使第5款权力时违反了第十四条修正案的情形——并不足以使这个"容纳性要求"(requirement of accommodation)可以成为一种救济方式。第二部分内容中所包含的很多州行为其实都可以被描述成具有商业性,这和该法案在第一部分中所包括的那些禁止雇佣歧视的情形一样。对那些有斜坡的人行道**进行维护,这确实可以被看作一种商业活动。尽管如此,对残疾人已经可以无障碍参与的选举活动或法院庭审等活动,这在法院看来可能并不具有商业性。如果这也有商业性,那么,对于第二部分的内容来说,其中的一些适用情形可能就会超出商业条款的范围,而且面对挑战也具有脆弱性,原因在于其并不能通过第5款的立法(section 5 legislation)予以正当化。[187]

对于第二部分来说,一个更重大的问题可能是反强制原则。法规要求州的行政官员去落实联邦政府规定的那些政策,而这正是反强制原则所谴责的。考虑到州政府有很多重要的功能——其中包括给公众

---

* 该法案的第二部分主要调整的是公共组织(public entities),包括州或地方政府及其所属机构或组织。——译者注

** 这里的斜坡即指连接人行道和街道的斜坡。——译者注

提供服务，也确实是这样。第二部分的内容规制了州政府的商业行为，但也规制了各州作为自治主权体的那些行为。

如果还有什么能拯救第二部分的话，那就是，美国残疾人法案其实对私人的商业性活动也施加了同样的义务。在那些反强制原则的案件中，一个重要的内容是"国会不能一般性地将州政府单独列为规制的对象"。这就是为何对于全国工资与工时法案适用于各州政府职员的情形，这些反强制方面的案件不会对此有所威胁，而且也可以理解，为何司机隐私保护法案（Driver's Privacy Protection Act）中所规定的"公开私人信息"并不违宪。但是，美国残疾人法案对私人业主在容纳性上所作的一般性要求，与第二部分所规定的那些义务相比，所涵盖的范围比后者要相对地窄，而且法院可能也发现了，在各州自治主权的范围内，第二部分内容不得对州进行规制以及有所强制。

第三，1982年选举权法案的第二章内容可能就不再符合宪法了。在1980年，最高法院在判决中指出，第十四条修正案禁止的是那些故意剥夺非裔美国人投票权的选举方案。[188]国会通过修改第二章的内容来清楚地表明，在某些环境下，那些会给非裔美国人带来完全不同影响的做法是违法的。这些做法自身倒并不违宪。所以，该法案的第二章内容可以作为一种救济性法律，不过条件是，议会有记录可以表明实际发生的违宪情形非常之多，从而这些超出"违宪情形"（constitutional violations）之外所采取的救济手段与实际发生的违宪做法是相符的且成比例。第二章的内容曾经被修改过，不过当时议会还不知道要去获取一些强有力的记录来表明"存在一些故意违宪情形（intentional constitutional violations），会产生完全不同的影响（disparate impact），而这些做法是不合法的"。在加勒特案中，议会尽力去收集一些记录，而从法院对该案的处理来看，眼下的法院要想完整地收集1982年作出的那些记录，这看起来是不可能的。而且，即使1982年的记录还是完整的，那么必须要回答的另外一个问题是：只有在可以适用广泛的补救性立法的时候，违宪情形才会实际发生吗？也就是说，假定1982年的选举中有非常多的"故意排除情形"（intentional exclusions），所以要全面禁止具有种族歧视的做法，而当时所存在的违宪情形与禁止的范围不可相提并论。到 2002 年时，有一个州认为，"现在故意排除情形已经不多了，不需要再采取与目前违宪情形不成比例的全面禁止措施。"一部法律在制定的时候是合宪的，但随着时间推移会不会就可能变成违宪了，其实这是一个非常有意思的理论问题。[189]如果挑战第二章的内容，那么，这个问题将会潜伏在后台。法院对那些记录所持的怀疑态度，会让它尽力去找出那些实际违宪的情形，这便足以会让第二章内容有宪法上的存疑。

到最后，"法院所采用的新原则会让那些法律有宪法上的存疑"，当然，在对此进行讨论之前，也许有必要先退一步来看。濒危物种法案和美国残疾人法案在宪法上具有一定的脆弱性，这表明了一个更为一般性的问题，那就是"对那些本该由州政府规制的利益，如果国会制定的法律会对此产生影响，那么它何时才可以这么做呢，法院对此在方法上该如何选择呢？"这些法律都是由美国人对自己作为美国人的认识发生了变化而引起的，也就是说，我们认为真正属于国家利益的那些事务发生了认识上的变化。对国家利益有了一些跳出商业以及传统平等观念框框的新认识，不过就此而言，法院所采取的方法也许会阻碍人们在这方面的新认识。

法院的判决认定，新泽西州规定童子军不得歧视同性恋的童子军团长（Scoutmaster），这种做法违反了宪法上所保护的表达性结社权（right of expressive association），当然，这其中有可能包括了很多层意思，尽管法院目前对这个判决似乎还不可能作出广义的解释。在法院看来，表达性结社权保护"任何涉及表达的结社，不管是公共的还是私人的"[190]。其次，法院必须"尊重社团对自己表达价值的判定"[191]。也就是说，社团认为自己传播的价值是什么就是什么；法院不得审查这些价值或者所表达出来的观点，不得对"他们是否属于'内部不一致'或存在问题"进行判断，只要是他们所真诚作出的即可。[192]再次，如果政府的要求"严重影响了人们去倡议他们不管是公共还是私人的观点"，那么，表达性结社权就被削弱了。[193]最后，正如法院必须尊重社团对自己观点的判断一样，法院也要尊重社团对自己表达权是否受到损害的判断。[194]尤其是，一些团体为表达性结社权所保护，那么由此也可以获得保护，从而"拒绝去接受自己不想接受的人"，因为这种接受"将会迫使该团体发送了一个信息……给这个世界"，而这个"信息"与该组织自身的信息是不一致的。[195]

表达性结社权的确切范围目前仍没有完全确定，因而，与我对那些瑕疵性法律所作的讨论相比，这里的讨论既宽泛，也很具体。如法院所指出的，这些主体"必须有某种表达形式，不管是公共性的还是私人性的"[196]。如果有一个由一些宗教人士所经营的商业组织，而这些宗教人士可能把商业的地点作为他们宗教信念的表达形式。[197]可以想象，如果对这些表达形式的维系进行指责，那么会对那些有宗教信仰的雇员构成伤害[198]，或者对于信奉其他宗教或者根本不信教的人来说，这些展示活动会对这些潜在的顾客造成歧视。那么，这些商家还可以获得保护并根据表达性结社权反对此类指责吗？

可以尝试着去思考的是，表达性结社权只适用于那些以表达为目的的组织，或者也许可以更广一点来说，适用于那些主要以表达为内容的组织。戴尔案表明了，这些主张受表达性结社权保护的主体，并不需要把他们完全限制在表达当中，或者更一般地来说，并不需要百分百地去传播价值。比如，童子军除了表达或者传播其价值外，他们也参加了很多活动，其中还包含一些商业活动。如法院所指出的，"结社并不是必须只以散布某个信息为目的"，这样才能获得表达性结社权的保护。[199]理查德·爱泼斯坦指出，近乎每个商业主体都有一种"公司文化"，而这种文化便是公司基本价值的一种表达。[200]爱泼斯坦同样也指出，"每一个组织在把它们呈现到它的员工和外部世界的时候，其实都会有一些表达性活动。"[201]通过上面的分析，戴尔案也许可以给所有的结社活动在宪法上提供相应的保护。

把表达性结社权扩展适用至一般的商业组织，而拥有并经营这些组织的人都带有很强的宗教或政治信念，那么，这可能就会出问题了。奥利烧烤店的老板可能在他提供的餐馆服务上对非裔美国人有政治或道德上的抵触[202]，而作为佐治亚州州长的莱斯特·马多克斯，当时在他的餐馆里通过给那些非裔美国人单独提供服务从而来强烈地反对与那些非裔美国人"结社"在一起,但这引起了公众的关注。[203]更广地来说,这种表达性结社权可能会威胁到了反歧视法案的实施,这在于那些带有很强意识观念且纯粹的商业老板,会通过这种权利来保护他们的商业组织。

法院在戴尔案中所使用的语言,即"必须有某种表达(expression)的形式",其实更倾向于对该权利进行广泛的适用。我们也可以说,歧视性行为是一种"表达",从而足可以通过表达性结社权来进行保护。[204]或者,我们也可以把那些禁止歧视法律所强制的结社情形类推为自由言论语境中的"强制表达"(coerced expression)。当然有可能,最好的做法可能就是在某个地方划出一个界限,从而表明"那些与商业活动相关的表达究竟可以到什么程度,以及由个人经营的组织对自己的个人观点究竟要表达到何种程度才算逾越了划定的界限"。也就是说,企业的商业范围越大、商业性越强,那么它通过表达性结社权来进行保护的可能性就会越小。[205]即便如此,如果认真严格地对待表达性结社权,那么,现有的反歧视法律如果要在传统核心范围之外进行适用,就会有一些压力。

如果一些大规模的企业提出"对表达性结社权的范围进行界定"这样的问题,那么,那些小规模的企业也可以极端地捅出另一个问题。在此有一个模型:私人房东把自己的房子出租出去,或者把自己不住的另一半公寓分租出去。房东有可能在宗教上反对"未婚同居",那么也不想把房屋出租给一对同居的租客。但是如果按照禁止歧视法案,便不得基于婚姻等因素而存有歧视行为,这样的话,就有可能真的会把一些所谓合理的"结社"强加给这些并不情愿的房东。然而,如赫伯特·韦克斯勒批评的,政府一直都是这样干得,就是把"结社"强加给不情愿的人。[206]房东的这个案件有可能与一般"强迫结社"的案件有所不同,其中有两个原因:首先,与通过反歧视法律来强迫结社的情形相比,在房东案中,其中的情境(setting)似乎要更加亲密,而且与房东对租客身份的认识也有更为紧密的联系。[207]房东也有可能会依据"亲密结社权"(right to intimate association)来认定这种特殊的"强迫结社"(forced association)是违宪的。其次,社会有可能更愿意接受的主张是——在相对小的范围内发生的"强迫结社"（forced association）会给外部世界发送一种信息，从而与反对者所期望发送的信息不一致。这样的话，"强迫结社"便有了一种特殊的表达性因素。而我的直觉是，房东虽然在外在形式上表现为租约允诺，但应该可以主张表达性结社权的保护。

第二个与表达性结社权相关而值得关注的问题是法院的一个结论。法院的结论是，当一部法律的规定要求那些受表达性结社权保护的组织"向外部世界发送信息"，但这些信息却与该组织自身的信念并不一致，如果产生了这样的效果，那么表达性结社权就被侵犯了。在戴尔案中，去实施州的那些反歧视法律，其中并不会要求童子军去发送一些文字信息。而且法院指出，"戴尔的表象"虽然传达了信息[208]，但是，是行动——而不是文字——传达了信息，而这些信息却削弱了童子军自身所有的信息。表达性结社权所保护的个人或组织可能会主张，遵守政府的那些指令，这同样会传送一些信息，比如，传达的信息是"这个人并不是特别反对那些禁止被歧视的人"。戴尔案认为，法院必须对原告自身所具有的那些信念持谦抑的态度，而在我看来，这还要包含对"原告所不想发送的信息是由哪些元素构成的"所持有的那些信念。

尚未开发的领域

最高法院如果想对宪法原则进行一种变革式的转型，那么必须开发一些新的领域。在此，我讨论了这些领域中的三个方面：国会附条件给各州拨款的权力；国会在自身的权力范围内通过制定法律来废除州的政策——这个权力可能被认为是一种消极强制（negative commandeering）*；以及遵循先例这个问题，也就是法院有义务去遵循

---

* 强制可分为消极强制（negative commandeering，即联邦不要州进行何种行为），和积极强制（affirmative commandeering，即联邦要求州应该为何种积极行为）。目前最高法院比较倾向于支持消极强制的联邦立法是合宪的，而积极强制的联邦立法往往无法通过联邦原则的审查。——译者注

第二章 新宪法秩序中的最高法院

那些为法官所反对的先例。

附条件支出（Conditional Spending）

对于反强制原则，法院在密苏里法官所判的一个案件中迈出了第一步，其中指出，如果国会所制定的法律有可能被通过解释而对州自治主权的很多重要方面进行规制，那么，立法时的立法目的就必须清楚。法院在处理附条件支出权的时候也是迈着这样的步伐，而坚持认为，国会应该清楚地表明它的目的，由此，如果各州要从联邦政府那里获取资金，就必须遵守联邦层面的那些标准。[209]通过这些重要的标准来对那些附条件支出计划进行管理，相对来说也是近来发生的事情。在1987年的判决中，有一些州还没有通过制定法律把饮酒年龄提高至21岁，而按照联邦法律的规定，对这些州在高速公路建设上的联邦资金支出就减少了5%，但在该案中，该联邦法律获得了法院的支持。[210]大法官伦奎斯特在为法院撰写的意见中指出，资金支出上可以附加一些条件，如果这些条件与支出项目中所体现的联邦利益具有相关性，而且如果这些条件不会根本性地影响到各州去选择是放弃还是接纳这种附条件，那么它们就是合乎宪法的。

奥康纳大法官在异议中指出，建设安全的高速公路所涉及的联邦利益与饮酒年龄这个条件之间并非没有足够的紧密联系。很多学者其实也准确地观察到，各州都非常依赖联邦政府的拨款，以至于我们在联邦与州的关系上无法进行动真格的转型，除非法院把它的附条件支出原则（conditional spending doctrine）修改了，这种修改有可能就是在奥康纳大法官建议的地方进行。[211]

但到目前为止，法院并不愿意对附条件支出原则进行相应的修改。在2001年，它也谢绝了可以对这个问题进行审查的一个机会，因为在当时有一个案件，其中按照联邦层面的要求，各州在接受联邦资金用来发展他们的计划时，必须给残疾人提供可以使用的设施，但对此，法院最后并没有对联邦的要求进行审查。[212]通过联邦制原则

83

来对附条件支出权进行限制,这有可能会特别地尴尬,因为附条件支出权是联邦政府用来参与决定那些重大教育政策的手段,因为如果各州要接受联邦政府的资金支出,那么必须按照联邦政府的要求对小学和中学阶段的孩子进行相应的测试。这些教育计划获得来自两党的强烈支持,而且法院也反复把这些重大教育政策(substantive education policies)作为例子,以此来表明"非无穷大原则"(non-infinity principle)* 为何是重要的。[213]

至少从目前来看,法院并不愿意涉足附条件支出这个问题,这也表明了,它在联邦制方面的判决有可能很少受到——关于联邦与各州之间如何分权的——那些一般性观点的牵引,而可能会更多地受那些司法特权(judicial prerogative)的牵引。简单地说,法院在商业条款方面的那些判决反而使得这些案件没能进入联邦法院,而这些附条件支出方面的法律也并没有给待决案件的数量带来直接的影响。[214]

先占(preemption)**

在大多数人看来,各州要做的最重要的事情是去制订那些规制性计划,比如这章前面所讨论的烟草广告禁令。除了前面已经讨论过的言论自由问题,法院运用另一个原则来禁止马萨诸塞州对烟草广告进行规制。国会在1965年通过了一项法律,然后在1969年又规定,烟草包装上必须带有——如今众所周知的——卫生局局长对吸烟有害所作的警示。该法律的一个条款指出,各州可以"根据吸烟或健康情况不施加任何要求……关于烟草广告或推销"。法院认为,这个条款先占了该州——禁止在广告牌上做烟草广告——的规定。

---

* "非无穷大原则"(non-infinity principle)的含义是,当国会试图以州际贸易条款为依据在非贸易和非州际方面行使权力时,其行使权力必须以该原则——不允许国会在每一件事情上都可以立法——为基础。——译者注

** 先占在不同的美国法语境中具有多重含义。就联邦先占而言,一般指以联邦的法律取代州的法律。——译者注

第二章 新宪法秩序中的最高法院

"禁止各州对烟草广告进行规制"与"要求地方治安官员必须进行布雷迪法案中的背景检查（background check）"相比，就国会对各州自治主权的干涉来说，我觉得大多数人不会认为前者的干涉程度更深。"先占"（preemption）直接阻碍各州选民从立法机关那里得到他们所想要的；而"强制"（commandeering）并没有那么直接的效果，因为它是把政治力量从那些为地方所偏好的计划那里转移到了联邦中央所要求的计划上。也就是说，先占可以被看作一种消极强制，对各州主权性权利（sovereign prerogatives）在行使上有所干涉。

如果积极强制（affirmative commandeering）是宪法所不允许的，那么，可能法院要重新思考它的"先占原则"。为了表明"先占"也有可能被当做"消极强制"的一种形式，在此，我必须对一些主张在原则上并从分析的角度进行展开，这比我之前的讨论都来得更为仔细。当然原因在于，我们正在进入一片尚未开发的领域，因为目前这还是一片沼泽地。

至少在形式上，法院已经开始重新去思考"先占原则"。大法官们反复重申，联邦法律如果要取代那些在传统上只能由各州来规制的州权，那么对此应该进行狭义的解释。现在有许多案件都与"反先占推定"有关，其中都推定不得对各州一般享有的治安权进行先占，而这点现在被法院称为"规范上的反先占推定"[215]。当然，在案件一个接一个发生之后，法院已经判决该推定取得了胜利。在实践中，先占原则已经不再——不只是修辞上——受法院新联邦制原则的影响。

对"各州可以做其选民所想要做的事情"来说，先占或者消极强制对各州在这方面的权能确实会产生很大的影响。[216]那么，如何将它区别于宪法上所不允许的"积极强制"呢？从法院的那些判决可以看到其中的一些可能。[217]如我们已经看到的，奥康纳大法官认为，当国会指令某个州的立法机关去制定一项法律，或指令某个州的行政机关去执行一项法律的时候，那么，其中的政治责任将会变得模糊。在法院看来，问题在于州的公民将会感受到法律层面的撞击，而且有可能会将他们所面临的问题归咎于那些最直接应对处理的官员，归咎于他们的立法议员和那些行政官员。比如，布雷迪法案要求那些州的法律执行官员对那些想购买手枪的人进行背景检查，而且除非通过了背景检查，否则任何手枪都不得转让给买者。而一个想买手枪的人，会由此面临转让过程的那些拖延，进而也会恼怒于那些地方治安官（sheriff），因为他们是造成拖延而最易确认的人，由此不会恼怒于国会，而国会其实才应该对造成的延迟负真正的责任。

由此，"政治责任的扩散"这个观点是明显站不住脚的。治安官（sheriff）可以贴出一个大幅标语（或者要求枪支的那些卖主贴出一个大幅标语）说，"对造成的拖延，不要责怪我；写信给你的参议员或国会议员去，因为这是他们的错，但不是我的错。"[218]但是再深入一步来看，这个观点也会有些力量。真正需要做的是去找出各州官员在哪些领域享有裁量权。对此，纽约州诉合众国（*New York v. United States*）案是一个比普林茨（*Printz*）案更好的例子。在纽约州案中，所涉及的法律要求，对于那些还没有对低度核废物找到其他相应处理措施的州，要求该州必须自己处理所有边界内所产生的废物；各州作为所有者，必须寻找存放这些废物的场所。在本州内选取某个地方来存放，这明显属于各州自由裁量范围之内的事情，而且当人们发现一个核废物场所与他们相比邻的时候，会问，"怎么这些废物成了我们的后院了，怎么不把它们放到州的其他地方呢？"对此，该州的立法机关不会说，"不要责怪我们，去责怪国会吧。"因为国会不会告诉各州在哪里存放废物，而只会让他们找一个地方存放。[219]

如果国会在州官员自身裁量范围的某个领域有所强制（commandeer），那么，其中的政治责任可能就会变模糊。[220]对消极强制而言，它可能不会产生同样的效果。其中有一个判决，我们会在第五章详细分析。在1962年，一个镇压型的军阀政体（military regime）在缅甸掌握了权力。[221]国际人权小组以及政府已经寻找了很多方法给这个军阀政体施压，以在缅甸能恢复民主制度。在1996年，马萨诸塞州制定了一项法律，其中禁止该州所属的代理机构从在缅甸经商的商人那里购买商品或服务。三个月之后，该州制定了此法，而国会也制定了一项法律，对缅甸施加了一些制裁措施，并且授权总统可以采取其

第二章 新宪法秩序中的最高法院

他制裁措施。最高法院认为,该联邦法律已经先占了(preempted)该州的法律。[222]

就"政治责任的扩散"这个观点来说,对于那些反对购买在缅甸经营并生产的产品的抗议者,马萨诸塞州该如何回应呢?那么官员可能会说,"我们别无选择,因为是国会让我们这么做的。"[223]但不幸的是,抗议者有两种机智的回答。第一,他们可能会说,该州并没有制订一个计划从而在某种程度上要求去购买这种商品,而不是购买其他的商品。从那些在缅甸经营的公司中购买商品,这在事实层面属于自由裁量权的问题,而与购买本身不相关,所相关的是将购买包含在其中的那个计划。第二,抗议者可能会指出,该州也可能会通过放弃其中"低标价"(low bid)这个过程,来回避购买问题。如果各州的购买代理商对中标有完全的裁量权,那么,在缅甸经营的那些公司与州签订合同(state contract)的机会可能会急剧降低。[224]对于"政治责任的扩散"这个观点并不适用于消极强制这一情形,如果要对此予以展示,那么将要区分下面两点,一是被积极强制所代替的那些裁量性过程,一是被消极强制所代替的那些裁量性过程。[225]

法院赞成反强制原则的第二个功能性观点在一定程度上是第一个观点的集中版。各州的立法者以及行政官员只能在有限的时间内去完成一些事情。他们的选民对政府官员的回应也有政策方面的偏好。当国会对这些官员有所强制的时候,国会会让他们在国会所想实施的那些计划上耗费精力,而不是在官员所代表的选民所想要施行的计划上费神。纽约州案同样是一个很好的例子。我们都可以想象到,在立法上对"核废物存放地点"的争议,其实是政治上的争议,而且也很耗时。不仅耗费纽约州立法议员的时间——比如可以用这些时间来推进这些计划从而改进州的教育制度,而且就地点争议所带来的紧张状态,国会会再加给州议会,这种紧张状态又有可能很难让这些立法议员在其他问题上妥协而达成一致。

这里的问题是,对于立法机关优先考虑的那些事项以及其对选民所需进行的回应,如果发生了变化,那么,消极强制在某种意义上明显比积极强制要来得更糟。积极强制给立法和行政又加了一个不受欢迎的因素。在立法机关优先考虑事项的清单上，每一个事项都会有所折扣，而且如果时间和政治资源都很有限的话，一些事项会完全从清单上消失掉。尽管我们会注意到，清单上滑落的一些事项有的时候只需给予次优先性（low-priority）考虑。相反，消极强制能够把选民所追求的那些政策从立法及行政规划中排除掉。（假设从所有政治考量的角度来说，该缅甸法律是马萨诸塞州立法机关当年制定的一部最重要的单行法律。）

也有可能，支持进行这种区分的一个最有力的观点是，"消极强制，即先占，在宪法历史上已经普遍，而且没有任何争议，而积极强制则非常少见，并且一旦出现，都具有争议性。"从历史角度得出这些论点，其关键在于依据了相关的历史素材。我们承认，从最广泛的意义上来说，先占权无疑具有历史性根源，但对于是否存在着一个更狭义的原则从而可以否定国会——在某些裁量领域进行消极先占——的权力，对此仍然处于思考之中。

宪法文本本身是没有相关内容的，而且宪法历史也会变得模糊。那么，这是否告诉了我们，对于宪法上的"免于先占"，会有更多的可能情形呢？对此，我认为，法院在联邦制案例中的一些功能性观点值得关注。那么，关于积极先占和消极先占，在州和联邦两个层面发生的政治过程有何不同呢？如果没有什么不同，那么各州可以在宪法上免受"积极强制"或许也应该延伸适用于"消极强制"的情形，即各州可以在宪法上免受"消极强制"。

对此，我应该从州和联邦这两个层面来考虑这个问题。从州的层面来说，如果州实际上已购买了这些商品，那么，积极强制和消极强制似乎难以区分。州可以对它的行为采取一些"障眼法"，从而达到区分的目的：并不是要有一种制度可以对最低投标（lowest bid）进行要求，而是要有一种完全裁量性的制度来签订合同。与此相类似，在积极强制的情形中，国会可以通过"附条件强制"来进行相应的转换，从而使问题变得模糊化：国会不会命令各州的行政官员去执行布雷迪法案，而是如果州的行政官员并没有执行那些联邦标准所要求的背景检查，那么就制定一部法律来禁止在州内进行任何手枪销售。这些例子表明了，就积极强制以及附条件或消极强制来说，州层面的那些决策过程所存在的问题是有所不同的。对于州政府来说，要求他们采纳低价中标（low bid）合同制度以及允许手枪的销售，这给他们的压力是非常大的，以至于我们都无法合理地期望这些州会对此加以抵制。他们将制定相应的低价中标制度，并且必须从那些在缅甸经营的低价投标人那里购买；他们将允许手枪的买卖，并且会让他们的治安官（sheriff）去执行"背景检查"。

对于积极以及附条件或消极强制，如果在州层面的那些政治过程是一样的，那么，其在联邦层面的具体过程又是如何呢？之前的讨论已经表明了，这里涉及的问题是"国会是否更愿意制定那些带有瑕疵的法律，从而可以对州的官员进行积极的强制，反而不愿意去制定那些对他们进行附条件或消极强制的法律"。至少从直觉上说，我们可能会认为，对于国会来说，附条件强制（conditional commandeering）至少和积极强制一样具有吸引力，不过，"先占"（preemption）可能更有吸引力。就"州政府在实践中有压力要有所屈从"来说，在国会看来，附条件强制和积极强制在效果上是一样的。但是，消极强制可能会更有吸引力。积极强制要求一些纳税人直接去付账；而国会通过把这些费用转嫁给那些州的纳税人，便可以逃脱责任。相反，在缅甸法律案或其他一些案件中，消极强制对纳税人来说不收取任何费用。其实，它反而还有可能给他们省了钱，因为与其他情形相比，该州必须接受一个更低价的投标。

罗德里克·希尔斯对此进行了非常仔细的论证，从而来支持这样一个结论，即"与附条件强制相比，国会确实更有可能采取积极强制"[226]。希尔斯的这个观点意味着，在一些情境中，联邦层面的那些政治过程是有所不同的，而这种不同取决于国会经过思考之后是使用积极强制，还是使用消极强制。当然，对于通过"禁止积极强制的理由"来禁止消极强制的那些原则，这个结论对它们也许会有所助益。[227]

希尔斯认为，当国会使用"附条件先占"时，各州在谈判磋商（bargaining）中处于更强势的位置，因为各州可以在现实中通过要挟来抵制参加那些附加了条件的活动。[228]国会如果想实现它在政策上的那些目标，它会对相关法律进行重构，从而使"附条件先占计划"（conditional preemption program）对各州更有吸引力。但是这样做的话，国会将不可避免地要在它最初所追求的目标任务上有所妥协。也就是说，附条件先占对国会来说是有代价的，有时候是美元的代价，但总有一些政策目标会流产。[229]相反，如果采取积极强制，那么，国会可以很容易地把它的计划毫无成本地纳入国会的政策目标，从而实施该计划。当然，这些政策目标在国会制订计划的时候其实已经有了。

希尔斯的观点也只是表明了，虽然对于附条件强制来说，各州可以进行要挟从而抵制参与那些附条件强制的活动，但相比而言，积极强制更有可能被采用。他还指出，各州会经常进行这样的要挟，且会远超过那些力挺联邦权力的狂热者所能想象到的。[230]不过，对于那些小规模群体来说，各州不能对其采取要挟措施，那么，附条件强制就此而言还是很有吸引力的。

而且，如果通过行使州的规制权从而可以实现国会的那些政策目标，那么希尔斯的主张就没有任何卖点了。有的时候，如果单独来看，"以要挟来进行先占"是不可取的，因为国会并没有能力和资本去使用联邦政府的资源来执行一项规制计划。[231]当然在现实中，国会也有可能无法对一个什么也做不了的政体——如上面所表明的，如果一个州根本就不允许枪支买卖，相关官员就不需要进行背景审查——进行要挟。[232]在现实中，州的官员可能感觉不到这些提案中有什么要挟之处，因为他们应该知道"将这些提案制定成法律，本来就是前景暗淡的"。但是，这也会存在一种可能性，那就是"如果在一个非规制政体（a regime of nonregulation）中，消极强制完全实现了国会的那些政策目标，那么在这种情形下，消极强制会比积极强制更有吸引力"[233]。缅甸法律案就是一个很好的例子：它并没有使用联邦层面的全国性资源，但是通过让马萨诸塞州去购买那些在缅甸注册经营的公司所售卖的商品，由此却实现了联邦层面的很多政策目标。[234]

第二章 新宪法秩序中的最高法院

希尔斯还有一个最终的观点，而这个观点对区分积极强制和消极强可能也是有用的。在执行联邦政策的时候，各州官员时常要相互合作。但希尔斯指出，州层面的这些政治家时常是联邦层面政治家的竞争者。他们有可能会为那些联邦政策的价值进行伸张，有的时候，把它当做一个跳板从而来发动运动以反对这些现职的国会议员。[235]积极强制使得国会可以去削弱那些州选官员的政治立场。通过对这些州选官员采取强制措施，在国会的指示下，州选官员也许不再会受制于这些——在名义上由各州所任命的、但实际上却在执行那些联邦计划的——官僚。这些国会议员然后可以动用他们个人的资源来对州的这些官僚们进行监督，"通过电话访谈……以及对个人选民进行生活环境调查"[236]。以"先占"为形式的消极强制并没有给国会议员提供这种机会。不过我相信，这个观点虽然有可能是正确的，但并不足以承受那种——试图结合积极强制和消极强制所带来的——压力。

既不是在联邦的下一级层面，也不是在联邦的层面，这样的话，由于政治过程的运转跨越了区域，因而国会使用消极强制——而不是积极强制——的可能性就更小了。如果因为要保护美国的联邦制结构，而有必要去禁止积极强制，那么，由此也同样要去禁止很多消极强制的情形了。[237]

要对"各州免于先占"的范围进行界定，有两种可能性可以立刻将它们自身展现出来。第一，我们也许可以去构建一个原则——如果各州作为市场主体进行行为，那么禁止国会去代替各州的政策选择。对于市场参与原则的一个根本直觉是，"各州为了该州公民的利益，可以对州内商业活动中的那些州外贸易（out-of-state commerce）予以区别，从而合理地支配那些从该州公民身上筹集而来的税款。"[238]公民是税收收入的根源，但消极强制会要求各州用不为公民所喜欢的方式来花销这些税收。就市场参与来说，那些可以为市场参与原则提供正当性的政策，也同样可以为宪法上的"免于先占"（immunity from preemption）提供正当性。

第二，不管是单独来说，还是结合第一点，宪法原则也有可能区分各州采取的行动是基于商业原因，还是基于其他原因，而且对于后一种情形来说，宪法原则也可以让各州在行动上"免于先占"。这里的主张是，联邦层面的那些行动"先占"了那些州的行动，由此可以确保我们有一个民族共同体（national community），但这也给公民在他们所属的州选择其所喜好的政策保留了一个重要领域。这个观点在宪法上的理论是，通过让商业交流（commercial intercourse）不为那些相对有限的州立法机关所约束，由此可以搭建一个民族共同体，当然对于那些非商业性活动，各州也有可能在政策上各行其是。

很明显，在缅甸法律案中，我的思路中其实已经构建了"各州免于先占"这一原则。在我看来，历史素材并没有迫使我们去接受"宪法上免于先占"这样的原则架构，或者其他诸如此类的架构。而我的主张是，对于从宪法历史中衍生出来的先占权在范围上进行重新构造，是给该原则的进一步发展开了口子。

值得注意的是，法院并不倾向去发展先占原则，而这在某种程度上可以把先占原则和反强制原则进行调和。在马萨诸塞州烟草广告案中，奥康纳大法官在一个随口的评论中悄然地面对了反强制原则。史蒂文斯大法官在异议中指出了一种具有"讽刺意味的"张力，这种张力产生于广告案判决和洛佩兹案之间。对于"不得在学校周边1 000英尺范围以内的广告牌上做烟草广告，由此使孩子们远离那些危险物品"之情形，前者要求各州停止再这么做。而后者则禁止国会对"学校附近持枪"这一情形施加相类似的、带有目的的禁令。[239] 奥康纳对此则正确地回应道，这些法律问题是有所不同的，而且不论在何种情形下，对于那些对州进行了"先占"的联邦法律，这些州都还没有挑战这些法律的合宪性。这样宪法上的挑战要依靠普林茨案以及反强制原则来进行，而不是洛佩兹案。当然也有可能，如果有人挑起了这个问题，那么法院应该予以面对，并发展出相应的禁令来对"消极强制"予以禁止，并与普林茨案相互协调。克罗斯比案并没有这么做。一个也许最能反映这一原则的案件，其表明了现代法院所秉持的联邦制原则是很有限的，或者说，只有在法院开始在那些先占案件中适用反强制原则的时候，联邦制原则才会发生真正的变化。

第二章 新宪法秩序中的最高法院

遵循先例

对于之前宪法秩序中很多重要的判决，最高法院都通过判决把它们推翻掉了，这给出的信号是"新政的宪法改革已经完成"。但值得注意的是，对于新政—大社会宪法秩序中的那些重要判决，目前的最高法院还没有对此做什么。那些联邦制判决认为，他们也只不过是通过"第一原理"（first principles）在对之前的那些判决进行解释而已。[240]宗教自由恢复法案（RFRA）方面的那些判决表明了，卡岑巴赫诉摩根案中的"语言"不能被解释为"国会有权立法从而将第十四条修正案第1款的权利进行扩充"，但是法院接着指出，"这并不是一个必需的解释……或者是一个最好的解释。"[241]米诺尔人部落案通过长篇大论来证明"被废弃的这个观点并没有真正代表——对此案进行审判的——那些大法官所想的那些观点"。在对自由行使原则（free exercise doctrine）进行修正的时候，对与法院的新规则（new rule）最有张力的那些案件的判决结果，法院很谨慎地予以维持了。

要想让宪法原则发生根本性的变化，这将要求法院推翻掉之前的那些判决，而如果这样做，那么就必须发展遵循先例的相关理论，由此可以找到可接受的具体理由来推翻之前的那些判决。而法院所运用的遵循先例理论，对于要产生根本性的变革（revolutionary enterprise）来说，这个理论其实是很难被派上用场的。

罗伊诉韦德案和米兰达诉亚利桑那州案，是最高法院在新政—大社会宪法秩序中的重点判决。然而，现代最高法院不再愿意去推翻罗伊案和米兰达案。其中的原因既包括司法至上这个有力的理论——根据该理论，法院在面对其他政治机构的反对时，必须坚守它自身的判决，同时也包括对——最高法院判决之——文化影响的认同。由于遵循先例，法院便削弱了它自身对宪法原则进行改变的能力：根据法院的理论，宪法原则是会发生大范围的改变的，但是只有在更大范围的政治结构（political institutions）已经在与此相类似的范围内发生了变化之后，这种情形才有可能发生。但在事实上，这并没有发生，对此我在第一章中已有论述。也就是说，法院所持的遵循先例理论是致力于维持——尽管这有点儿勉强——新政—大社会宪法秩序时期作出的那些重要判决。

我们首先来看一下罗伊诉韦德案。由于持续性的政治运动一直反对罗伊案，最终导致了共和党总统要对最高法院的大法官进行新的任命。总统可能会想，如果有机会的话，这些大法官会把罗伊案推翻掉。确实，罗伊案在1989年之后就已经显得奄奄一息了，而在当时，法院对密苏里州法律中的许多相关条款都予以维持，虽然这些条文看起来会使堕胎变得非常困难。[242]三年之后，法院再次面临推翻罗伊案这样的问题，但法院拒绝去这么做。在东南宾州计划生育诊所诉凯西案（*Planned Parenthood of Southeastern Pennsylvania v. Casey*）中，对于我的目的来说，被挑战法律的具体内容并非关键所在。[243]四位大法官本来是可以推翻罗伊案的，而且其中两位可以毫无保留地维持。最后的关键票落在了那些中间派大法官身上，他们分别是：桑德拉·戴·奥康纳、安东尼·肯尼迪和大卫·苏塔。但是，他们的意见并没有表明"罗伊案的判决是正确的"。相反，他们只是依据了遵循先例理论。

这个理论包含好几个因素。第一，对"选择堕胎"在宪法权利上的认可并非"不能实现"[244]。第二，罗伊案和凯西案之间发生的那些法律变化，并没有让罗伊案在原则上发生一种"时代性错误（anachronism）"[245]。第三，对于罗伊案中的那些"事实前提"（factual premises），虽然与判决结果"多少有点儿不相关联"，但并没有发生任何改变。[246]第四，这也是这里的重点所在，就是对那些信赖罗伊案的人来说，废除罗伊案将会"产生严重的不平等，或者对社会的……稳定产生严重的损害"[247]。在凯西案中，"依靠"（reliance）这个概念非常重要。也许，有些人就是因为信赖如果怀孕了还可以堕胎，所以才进行性交。我们可以推测，如果各州宣告堕胎是违法的，这将会自宣告的那一刻起使很多人的行为发生改变。这不再是联合意见（joint opinion）所强调的"依靠"这个概念。"依靠"并没有涉及

"性行为的具体情形"。不过，法院必须面对这样的事实，那就是经济和社会发展了 20 年，人们已经结成了亲密的关系，而且对他们自身的观点以及在社会中所处的位置作出了自己的选择，这"依靠"于"如果怀孕了，可以随时进行堕胎"。"由于妇女对生育可以进行控制，这促使女性可以平等地参与这个国家的经济和社会生活。"[248]也就是说，罗伊案已经融入了整个民族的文化之中，如果推翻它，将会打乱人们对堕胎的理解，而且也会扰乱妇女在社会中的地位。遵循先例拒绝作出这样的判决，因而，这就会与法院之外所盛行的那些理解并不相同。

在凯西案中，联合意见也依靠这种司法至上理论（judicial supremacy）。对于罗伊案，由于一直存在"持续且不断扩张的争论"，这使得联合意见的法官们对政治争议和遵循先例之间的关系进行了解释。[249]根据凯西案的意见，在公众看来，法院所做的这些判决具有正当性以及可以为公众所接受，其依赖于公众的一种认知，那就是"法院是按照原则来行事的，而没有屈从于那些政治压力"。"法院如果没有非常重大的理由，冒着危险去推翻之前的判决……这除了会带来一些严重的问题之外，还会颠覆法院的正当性。"[250]罗伊案所引起的这种政治争议，也是法院坚持之前那些判决的一个原因。在罗伊案中，法院已经"呼吁争议的各方通过接受宪法上的共同委任（common mandate）来结束他们之间的分歧"[251]，而且很重要的是，卷入争议中的那些人接受了法院的方案，然后势态不断向前发展。当然，在这种高度政治争议之中，法院的角色扮演本身也是有争议的。[252]尽管"法院根据司法至上理论可以尽其所能地进行扩张"，但也很容易理解"为何大法官们并不会这么做"。

法院再一次遇到遵循先例问题，会重申它对遵循先例的文化理论所作出的贡献。在米兰达案中，国会回应了 1968 年的犯罪控制法案（Crime Control Act）——该法案直接要求联邦法院将"主动坦白"（voluntary confession）列为证据，即使它是在米兰达警告还没有作出的时候就获得的。几十年来，政府的检察官并不要求法院将这种坦白作为证据，并相信该法律是违宪的。法院由此也没有机会对这个宪法问题作出相应的判决。查尔斯·迪克森对银行抢劫提出指控,这给他们提供了这种机会,因为上诉法院采取了一种积极的姿态:初审法院试图不让迪克森进行坦白,因为他还没有收到米兰达警告;但政府提出上诉,主张警察在这种环境中并没有义务作出这样的警告;上诉法院最后同意了迪克森的诉求,那就是虽然米兰达案要求作出这样的警告,但是基于联邦法律,这种坦白必须是可以被接受的。迪克森然后请求最高法院判决该法律违宪,而最高法院也作了这样的判决。[253]

伦奎斯特首席大法官为法院撰写的意见,对米兰达案和之后的那些案例法进行了审查,然后得出的结论是,"这些判决表明了,米兰达警告是宪法所要求的,尽管在一些意见中存在一些相反的情形"。根据米兰达案,该联邦法律是违宪的,然后剩下的问题是"法院是否应该推翻米兰达案"。首席大法官伦奎斯特用了两整段文字来解释"为何它不应该被推翻"。其中第一段说,"米兰达已经融入了常规性的警察实践当中,就此而言,该警告已经变成了我们民族文化的一部分。"[254]

用文化来约束法院去推翻先例,这种做法给法院——在向另一种宪法秩序转变的过程中——扮演一种主导性角色会带来了很大的限制。[255] 就某些方面来说,在宪法秩序中,文化会影响其他机构去做想做的事。遵循先例的文化理论会阻止法院去有所作为,除非其他政治机构废弃了——建立在原先文化理解之上的——那些政体原则(regime principles)。

新宪法时代的最高法院和国会

对于一个具有革命性的最高法院,它会把自身的意志强加给持有不同立场的国会。对于这种类型法院的前景,人们会持有一种怀疑的态度,不过其中的原因是结构性的。如果最高法院的法官们认为"政府的权力范围是狭小的(这与立法议员的那些观点相关)",而立法机关的议员们认为"更广泛地行使权力,既是非常好的公共政策,也是宪法所允许的"，那么此时，最高法院才可以积极地行使司法审查权。只有在这种情况下，立法者才会制定出那些在法官看来是违宪的法律。

一个立法机关致力于建设"小政府"，或者被党派分裂（partisan division）牵制了，那么如果法院也基于相类似的任务，立法机关所制定的法律就不会被法院废除掉，而且如果法院致力于扩展联邦的权力，那么也不会让法院有机会去通过判决对那些联邦权力扩张的情形进行确认。[256] 只有在法院看来，联邦权力应该有限，而在立法机关看来，联邦权力应该扩张，那么在法院碰到立法机关的时候，法院才会有机会发展出一幅明显不同的宪法图景。而且如我在第一章所说的，对于"国会将很快会回到新政—大社会的那种扩张状态"这个观点，其可能性看起来还非常小。

这并不意味着"法院将无所作为"。目前的国会和总统都还不可能让法院有机会去废除他们的那些立法。但是之前制定的那些法律，该如何处理呢？大法官们基本上可以做他们想做的事情。特别是，一些法律在当前环境下还无法被制定或者无法被废止，那么，法院可以把它们废除掉。其中一些法律在当代还无法获得重要的支持，但是如果分治政府中存在着权力上的分配，那么其中一些法律也有可能获得立法上的多数支持，虽然立法多数（legislative majority）对那些已被废除了的法律无法重新进行立法。[257]

概括来说：对于那些在当代具有时代支持的、重大的新法，联邦政府的那些政治部门不可能给法院很多机会去把它们废除掉。法院也有可能会把那些"感觉良好"（feel-good）的新法废除掉，但这恰恰是因为这些法律是为了形象工程，而并不是为了去实现公共政策上一些重要目标。当然，这些法律也不可能成为重要的法律。如我在第一章中所指出的，法院也可能会有机会去废除一些——由州立法机关所制定但可能考虑欠妥的——创新型立法。对于前几十年制定的、但缺少绝对多数支持进而需要就法院所反对的地方进行重新制定的这些法律，法院可以采取把这些法律予以废除的方式，从而走一条革命性的道路。也就是说，对于过去的那些旧法，法院有可能是革命性的，但对于制定的那些新法，法院有可能是被动的。[258]但是，法院废除这些过去的旧法，也会存在一些风险。之所以会产生这些风险，是因为以前的判决作为先例，会发生一定的作用，而且法官也可能会发现，他们——或他们的继任者——非常认真地用之前判决中的那些原则来把旧法废除掉，但由此也足以会使一些新法也被废除了。

为何法院是谦抑的

那些把法律废除掉的判决，大多数看起来都有一箩筐的事情能让法院关注。法院在纠偏行动的那些判决以及很多言论自由判决中，更中意于纯粹的形式平等，而且也会惯用自由行使条款（free exercise clause）。但即使是形式平等，也不能把法院所有的行为用一根线贯穿起来。

有一个主题确实贯穿于现代法院的那些判决之中。它并不重大，但也不是"宪法秩序需要转型"或"一些最初的原意理解又恢复了"等情形。这个主题是"对立法过程的怀疑"，其中如法院所看到的，政治家为了博得欢迎而忙于向选民卖弄技巧，且制定那些看起来在抽象意义上是"很好"（good）的法律，但其实这些法律并没有政策上的合理正当性，而且也像法院所看到的，一些新的利益团体标榜自己是服务于那些公共利益，从而将立法向前推进。[259]其中有两位学者指出，法院所喜好干的事情是"谩骂国会"[260]。对于"国会是否值得尊敬"这个问题又回到了我在第一章中所阐明的观点，那就是"现代各州立法机关更有可能去制定一些考虑不周、可以博得喝彩的法律，虽然其中也带有一些规制"。

在法院涉及宪法第十四条修正案第5款内容的那些判决中，到处都有对政治过程的怀疑，其中坚持认为，国会在收集以及采纳那些合理的事实证据（factual finding）上，要遵循一种准司法程序。有点儿意外的是，马萨诸塞州检察官在烟草广告案中以及在他所倾向的那些被击败的政治雄心上，其所遵循的那些程序存在着一些缺陷，而法院还恶意地指责了这些缺陷。最值得注意的是，其中最好的解释是"法院愿意去介入 2000 年的总统大选：对法院的行为予以最有力的支持意见认为，法院预先正确地阻止了那些——在大法官和他们的辩护人看来属于不当的——政治过程，要不然可能还要去处理这些问题"[261]。

法院的"强司法至上理论"（strong theory of judicial supremacy）当然会存在一些困境，其中也会对立法者、利益群体和政治持有广泛的怀疑，因为它可以向法院解释"为何它是一个恰当的理论，从而可以对政治家已经阐释过的问题再次进行判决"。法院的司法至上理论也回应了新政之前的那种观点——"法院能够划清宪法与政治之间的界限"。但不幸的是，一个法院如果克制自己不对每件事都予以插手，那么它就无法再对政治进行广泛的怀疑。比如，优惠券计划。一个法官广泛地怀疑政治，这有可能会使法官把这些计划都看成是那些卑鄙的利益群体玩弄政治（interest group politic）的结果，其中披着宗教外衣的那些纯营利机构（self-serving institutions）克服了——来自同样是纯营利的公共雇员工会（public employee union）的——那些障碍，或者——更糟糕的是——克服了那些有历史根源的分离主义（separationism）在原则上带来的障碍。也就是说，对政治进行广泛的怀疑，这已无法使法院从可接受的法律中分离出那些不可接受的部分，因为所有的法律都是被这些有疑义的政治过程炮制出来的。现在所需要的以及新政之前法院所做的，其中涉及的理论均是"宪法与政治的界限在哪里"这个问题。目前的最高法院对政治持有的广泛怀疑，并没有就此提出相类似的理论。

对政治进行广泛的怀疑，这些判决可以起到支持作用，从而可以约束那些在大法官看来属于"明显"过度的情形。[262]这些过度的情形很有可能就是那些游走于现有原则（existing doctrine）边缘的法律，也就是说，这些法律通过对现有原则进行直接的解读，从而获得理由上的正当性，但这多少都会有所创新。为了把这些法律废除掉，大法官们要用现有原则进行相应的修补，从而确保不给那些创新举措提供支持，而且也将不需要再对那些重大提案负责，不管这些提案是之前宪法秩序中的还是当前宪法秩序中的。简而言之，对政治进行广泛的怀疑，这意味着法院自身的能力将是一种被消磨的形象，而不是革命性（revolutionary）的形象。

在新政—大社会宪法秩序达到最高点的时候，最高法院在每个任期大概要听审 140 件案件。如今，它所听审的案件不到 100 件。[263]这种规模上的缩小，有很多缘由[264]，但是最后我要指出，"行政的缩减与新宪法秩序的那些特征是相一致的"，并以此作为结尾。[265]

注释

[1] 这些观点的出现与自由派最高法院的那些判决相联系，而且也与——面对保守派国会的——自由派总统相互联系。其实，这些观点都是非常类似的。

[2] 可参见第五章对这里所分析的类型展开的其他方面讨论。

[3] 或许，一些利益群体中精英也许能够克服我在这里所讨论的那些意识形态因素，从而使得国会去推翻法院的决定。但是从其中一位大法官的观点来看，这样的事件可能只是偶然性的，而且应该不会影响到大法官去做他/她所想做的事情。当然，大法官也可能会发现，国会对之前法院的判决所作的回应是违宪的，比如在下面将讨论的伯尼市诉弗洛里斯案（*City of Boerne v. Flores*）就有所反映。

[4] 这里其实调和了所谓的态度性（attitudinal）方法和策略性（strategic）方法，从而来具体分析最高法院的判决过程。前一种方法让这些大法官持有他们自身所喜欢的——他们观点中的——那些立场；而后一种方法则假设，这些大法官想去最大化地实现他们所喜欢的那些政策，但是也会考虑国会对法院的判决可能出现的负面反应，从而在策略上通过尽量不引发这些负面反应来予以回应。当政府处于分治状态而且具有意识形态的时候，一个有策略的大法官会像态度性方法所预设的那样去行事。对于"法院在多大程度上受制于政治会随着时间变化而有着明显不同"这个观点，有一个对此予以支持的正规模型，参见 Mario Bergara, Barak Richman, and Pablo Spiller, "Judicial Politics and the Econometrics of Preferences," available at http：//www.fgys.org/cedi/main_docedi.htm。

[5] 即使法院支持堕胎权并且热捧表达自由，这与某种自由主义也有一致之处。

[6] 对联邦权力的限制与对合同自由的保护，这两者的结合有时被称为"二

元联邦制"（dual federalism）。通过对联邦权力进行限制，从而保护那些经济主体免受联邦层面的规制，并且通过合同自由来保护他们免受各州的规制。

［7］*United States v. E. C. Knight Co.*，156 US 1，12（1895）。

［8］*Carter v. Carter Coal Co.*，298 US 238，303（1936）。

［9］*A. L. A. Schechter Poultry Corp. v. United States*，295 US 495，543（1935）。

［10］317 US 111（1942）。

［11］基本的观点可以参见 Herbert Wechsler，"The Political Safeguards of Federalism," in Wechsler, *Principles, Politics, and Fundamental Law*（first published in 1954）。详细的阐释，Choper，*Judicial Review and the National Political Process*. Kramer，"Putting the Politics Back into the Political Safeguards of Federalism"，其中对这个观点进行了更新而且做了更全面的分析。（我相信，我在文中所持的观点比那些很多文本中出现的一般性观点要更加精确。）

［12］*Garcia v. San Antonio Metropolitan Transit Auth.*，469 US 528（1985）。

［13］*United States v. Lopez*，514 US 549（1995）。

［14］Ibid.，at 552。

［15］Ibid.，at 558-59。

［16］Ibid.，at 564。

［17］Ibid.，at 565。

［18］Ibid.，at 567。

［19］Ibid.，at 568（Kennedy, J., concurring）。

［20］Ibid.，at 585-86（Thomas, J., concurring）。

［21］Ibid.，at 567。

［22］529 US 598（2000）. The provision is 42 U. S. C. § 13981（1994）。

［23］Ibid.，at 615。

［24］Ibid。

［25］Ibid。

［26］Resnik，"Categorical Federalism," at pp. 644-56，描述了联邦法律在很多领域对家庭的规制。

［27］与这些界线相关联的学术评论，参见 e. g.，Regan，"How to Think about the Federal Commerce Power,"at p. 557（把该法案作为一种"嬉戏"）；Merritt，"Commerce!" at pp. 693-94，703-4（描述了制定法的那些"瑕疵"特征，且认为这样的制定法不可能在"国家紧急"的意义上获得正当性）；Friedman,"Legislative Findings and Judicial Signals," at p. 766（描述了议会在制定法律上，要么"粗心"，要么"傲慢"）。

[28] Resnik,"Trial as Error, Jurisdiction as Injury," at p. 1005n. 322（citing Rehnquist's testimony）.

[29] Kopel and Reynolds,"Taking Federalism Seriously," at p. 69.

[30] *Lopez*, 514 US at 564.

[31] Ibid.，at 560.

[32] Ibid.，at 558.

[33] 28 U. S. C. § 922（q）as amended.

[34] *Morrison*, 529 US at 657. 布雷耶大法官继续问道，通过秉持"议会可以使用这样的管辖权挂钩"，那么又"能获得多少呢"？"复杂的商业条款规则作了一些很好的区分，也只能取得一些偶然性结果，很难推进联邦党人的那些重大利益"（第 659 页）。

[35] See *Lopez*, 514 US at 568（Kennedy, J., concurring）.（"建国者所知悉的那种经济制度在向单一的全国性市场转型的时期，司法机关竭力想办法去解释商业条款，这段历史其实在我们现在所处的时代仍然存在。而这也忠告法院在对'该条款并不足以支持去行使联邦权力'下决定之前，法院必须持极大的克制姿态。这段历史也会让我们思索今天的判决。"）*Planned Parenthood of Southeastern Pennsylvania v. Casey*, 505 US 833, 861-62（1992）（joint opinion of O'Connor, Kennedy, and Souter, JJ.）（approving the overruling of *Lochner*）.

[36] 501 US 452（1991）.

[37] Ibid.，at 459.

[38] Ibid.，at 460.

[39] 505 US 144（1992）.

[40] Ibid.，at 169.

[41] Ibid.，at 177.

[42] Ibid.，at 188.

[43] 521 US 898（1997）.

[44] Ibid.，at 905，922.

[45] Ibid.，at 938（Thomas, J., concurring）.

[46] *Lopez*, 514 US at 583（Kennedy, J., concurring）.（这里引用了 *New York v. United States* 案，将其作为一个涉及了礼仪的案件。）

[47] 对于这种观点的进一步阐释，参见 Cox,"Expressivism in Federalism"。

[48] 528 US 141 (2000).

[49] Ibid., at 151.

[50] Ibid., at 142.

[51] 在技术上,我想,可以花大价钱建立一个其他来源信息的数据库。

[52] *Garcia*, 469 US at 580 (Rehnquist, J., dissenting), 589 (O'Connor, J., dissenting).

[53] 如果各州违反了这些要求,那么对于具体救济方式在宪法上的限制,也有相关讨论。具体参见下文。

[54] See generally Hills, "The Political Economy of Cooperative Federalism."

[55] 384 US 641 (1966).

[56] *Lassiter v. Northampton County Board of Elections*, 360 US 45 (1959).

[57] *South Carolina v. Katzenbach*, 383 US 301 (1966).

[58] *Employment Division, Dept. of Human Resources of Oregon v. Smith*, 494 US 872 (1990).

[59] *City of Boerne v. Flores*, 521 US 507 (1997).

[60] Ibid., at 529.

[61] 关于我对这一点的讨论,参见 Tushnet, *Taking the Constitution away from the Courts*, at p. 6。

[62] *Massachusetts Board of Retirement v. Murgia*, 427 US 307 (1976).

[63] *Kimel v. Florida Bd. of Regents*, 528 US 62 (2000).

[64] Ibid., at 89.

[65] Ibid.

[66] 531 US 356 (2001).

[67] Ibid., at 378.

[68] Ibid., at 367.

[69] Ibid., at 367-68.

[70] 531 US 356, 370 (2001).

[71] Ibid., at 371n. 7.

[72] Ibid., at 370-71.

[73] Pub. L. 106-274, 114 Stat. 803 (2000).

[74] Post and Siegel, "Equal Protection by Law."

[75] 一个非常引人注意的例子是20世纪60年代发生的静坐案,其中,面

对宪法自身所秉持的原则——宪法只适用于"州官员已经有歧视行为"的情形，但对私人公司里那些抗议者所判的罪，法院则竭力将其推翻掉。虽然并没有解决"州行为"方面的问题，但法院在很多案件中推翻了那些有罪判决，其中最后一个判决所依据的一个条文来自最近在1964年刚制定的民权法案。*Hamm v. City of Rock Hill*, 379 US 306 (1964). 另外一个例证是那些政治部门与法院在消除人头税（poll tax）方面进行的相互沟通。国会把第二十四条修正案——禁止在联邦办公室的选举中使用人头税，于1962年提交给了各州，在1964年被修正。而对于州选举中所使用的人头税，1965年的投票权法案则要求总检察长对此提出合宪性上的挑战。42 U. S. C. § 1973 (h) (1994). 在一个待决案件中，他则以法官顾问（amicus curiae）的身份参与并提出挑战，由此使得法院在判决中废除了州选举中的人头税情形，理由是"这违反了平等保护条款"。*Harper v. Virginia State Board of Elections*, 383 US 663 (1966).

[76] *Miranda v. Arizona*, 384 US 436, 467 (1966). 对于邀请以及法院的反应，议会都有所回应，具体的讨论，参见 text accompanying notes 256-57 below. 在此期间，法院在刑事程序方面也多次邀请议会，其中很多讨论，参见 Klein, "Identifying and (Re) Formulating Prophylactic Rules, Safe Harbors, and Incidental Rights in Constitutional Criminal Procedure," at pp. 1054-57。

[77] 在加勒特案中，为了残疾原告的利益，前任总统布什递交了一份声明。而作为法官顾问，前总统乔治·H·W·布什所提交的报告则支持被告，*University of Alabama at Birmingham v. Garrett*, No. 99-1240, 1999 U. S. Briefs 1240 (August 11, 2000).

[78] Griffin, "Judicial Supremacy and Equal Protection in a Democracy of Rights."

[79] *Chisholm v. Georgia*, 2 US (2 Dall.) 419 (1793).

[80] 所要求的四分之三州，在一年之内批准了该修正案，但是该修正案直到1797年才正式发布。

[81] 对于这些案例的最好阐释，以及它们在政治和经济上的背景，参见 Orth, *The Judicial Power of the United States*。

[82] *Hans v. Louisiana*, 134 US 1 (1890).

[83] *Pennsylvania v. Union Gas Co.*, 491 US 1 (1989).

[84] 517 US 44 (1996).

[85] Ibid., at 72.

[86] 527 US 706 (1999).

[87] *Mitchum v. Foster*, 407 US 225, 238 (1972).

[88] *Fitzpatrick v. Bitzer*, 427 US 445 (1976).

[89] Alden, 527 US at 755.

[90] 209 US 123 (1908).

[91] 一些下级法院认为, 扬案方面的诉讼可以用来执行美国残疾人法案, 即使加勒特案认为, 各州根据该法案可以免于货币债务。See, e.g., *Gibson v. Arkansas Dept. of Correction*, 265 F3d 718 (8h Cir. 2001).

[92] *Pennhurst State School & Hospital v. Halderman*, 465 US 89 (1984).

[93] Ibid., at 105.

[94] *Idaho v. Coeur d'Alene Tribe of Idaho*, 521 US 261 (1997) (opinion of Kennedy, J., joined by Rehnquist, C.J.).

[95] 在米诺尔人部落案中, 其中的联邦法律授权使用那些用来对付州的强制令, 而且法院认为, 这一条文——尽管是违宪的——是要使扬案中的强制令不能针对州长来适用。

[96] 法院可能会认为, 由普遍适用的工资工时法所提供的那些救济措施, 是想不再依靠那些扬案诉讼来执行该法律。*Luder v. Endicott*, 253 F3d 1020 (7th Cir. 2001).（该案主张, 在一个依据"公平劳动标准法案"的诉讼中, 那些雇工并没有满足扬案中的原则。）这样的观点其实表明了, 可以使用扬案中的那些技术, 也没有禁止国会去澄清这么做, 从而可以执行那些工资与工时法案。

[97] 514 US 779 (1995).

[98] Ibid., at 803.

[99] *Saenz v. Roe*, 526 US 489 (1999).

[100] Rubin, "Puppy Federalism and the Blessings of America," at p. 38.

[101] 相关讨论, see Caminker, "Judicial Solicitude for State Dignity."

[102] *US Term Limits*, 514 US at 838 (Kennedy, J., concurring).

[103] 290 US 398 (1934).

[104] *United States Trust Co. v. New Jersey*, 431 US 1 (1977).

[105] *Allied Structural Steel Co. v. Spannaus*, 438 US 234 (1978).

[106] See, e.g., *Energy Reserves Group, Inc. v. Kansas Power and Light Co.*, 459 US 400 (1983); *General Motors Corp. v. Romein*, 503 US 181 (1992).

[107] *Lochner v. New York*, 198 US 45 (1905).

[108] *West Coast Hotel Co. v. Parrish*, 300 US 379 (1937).

[109] *Eastern Enterprises v. Apfel*, 524 US 498 (1998). 四位大法官的意

见认为,该案在没有补偿的情况下对财产进行征收是违宪的。在下面的征收条款部分,我有相关的讨论。

[110] *Loretto v. Teleprompter Manhattan CATV Corp.*,458 US 419 (1982).

[111] *Loretto v. Group W. Cable*,522 NYS2d 543,545-46 (App. Div. 1987) (discussing proceedings on remand).

[112] *Hodel v. Irving*,481 US 704 (1987);*Babbitt v. Youpee*,519 US 234 (1997).

[113] *Phillips v. Washington Legal Foundation*,524 US 156 (1998).

[114] *Yee v. City of Escondido*,503 US 519 (1992).租金控制条例规定,"对那些由于租金抬高而出现经济困境的承租人,对他们租金的增长每年不得超过百分之八",那么,这个规定是否违宪呢?对此,虽然斯卡利亚和奥康纳大法官持有异议,不过,早前的法院对这个问题并没有考虑。*Pennell v. City of San Jose*,485 US 1 (1988).

[115] *Eastern Enterprises v. Apfel*,524 US at 528-29.

[116] 法院废除了这个计划,但是肯尼迪大法官投票的依据在于:该计划被理解为是一种征税,它违反的是正当程序条款,而不是征收条款。

[117] *Nollan v. California Coastal Commission*,483 US 825 (1987).

[118] *Dolan v. City of Tigard*,512 US 374 (1994).

[119] Ibid.,at 395-96.

[120] *Pennsylvania Coal Co. v. Mahon*,260 US 393,415 (1922).

[121] *Lucas v. South Carolina Coastal Council*,505 US 1003,1029 (1992).

[122] *Palazzolo v. Rhode Island*,533 US 606 (2001).

[123] 438 US 104 (1978).

[124] Ibid.,at 124.

[125] Ibid.

[126] 533 US at 635-36.

[127] 须注意的是,法院也确立了一些重要的程序性障碍,来增加诉讼上的成本,而这些成本是那些挑战土地使用规制的当事人必须要承担的。

[128] *Dolan*,512 US at 396.

[129] 在此,要重点注意的是,在新政—大社会宪法秩序中,那些政治制度对其中政府所"想"做的事情也有一些限制。

第二章 新宪法秩序中的最高法院

［130］ *J. W. Hampton, Jr., and Co. v. United States*，276 US 394，409 (1928)。

［131］ *Panama Refining Co. v. Ryan*，293 US 388（1935）；*A. L. A. Schechter Poultry Corp. v. United States*，295 US 495 (1935)。

［132］ 一些案件，比如 *Immigration and Naturalization Service v. Chadha*，462 US 919 (1983)，其中认为立法否决是违宪的，也处理了与授权相关的一些问题，但是，该案并没有援引非授权原则。

［133］ *Industrial Union Dept., AFL-CIO v. American Petroleum Institute*，448 US 607 (1980)。

［134］ *Clinton v. City of New York*，524 US 417 (1998)。

［135］ The most substantial critique is Schoenbrod, *Power without Responsibility*.

［136］ *Whitman v. American Trucking Associations*，531 US 457 (2001)。

［137］ 托马斯大法官指出，他愿意去重新思考，在非授权案件中究竟应该采取什么标准，这表明了"明白性原则"这个标准已经"偏离了我们的立国者对权力分立原则所作的理解。"

［138］ Kagan, "Presidential Administration," at pp. 2364-70，其中讨论了"在哪些情境下，对于第一章中所讨论的总统行政中的那些技术，重新适用的非授权原则可能提供实际的支持。"

［139］ Sidak and Spulber, *Deregulatory Takings and the Regulatory Contract*.

［140］ 更多关于这个案件的讨论，参见下面第五章的内容。

［141］ Fleming, "Fidelity, Basic Liberties, and the Specter of *Lochner*," at p. 152.

［142］ 类似的讨论，参见 Tushnet, *Taking the Constitution away from the Courts*，at pp. 129-53。

［143］ *Green v. County School Board of New Kent County*，391 US 430，438 (1968)。

［144］ Ibid., at 442.

［145］ 至少政府有要求隔离的理由。

［146］ *Milliken v. Bradley*，418 US 717 (1974)。

［147］ See, e.g., *Freeman v. Pitts*，503 US 467 (1992)。（"在学校的每个环节都完全遵守之前"，可以通过逐步的过程，让下级法院"免除各个学区在司法上所受的监督。"）*Jenkins v. Missouri*，515 US 70 (1995)。（如果现实中的融

_151

合难以达到,那么,可以限制下级法院在改变计划上的权力。)

[148] See, e.g., *Eisenberg v. Montgomery County Public Schools*, 197 F3d 123 (4th Cir. 1999).

[149] 有时候,推定可以胜出。See e.g., *Hunt v. Cromartie*, 532 US 234 (2001).

[150] 从中可以知道,对于议会的权力,法院也许很自然地通过那些以联邦制为基础的法律来设置一些限制。当然,这些限制也会存在尴尬,因为"州的权利"会抵制对种族隔离的废除,但是,由于废除种族隔离方面的指令已经渐渐地退出,因而州权利的那些不光彩之处也慢慢地消失了。

[151] *Virginia State Board of Pharmacy v. Virginia Citizens Consumer Council, Inc.*, 425 US 748 (1976).

[152] Ibid., at 763.

[153] *Central Hudson Gas and Electric Corp. v. Public Service Commission*, 447 US 557 (1980).

[154] *Lorillard Tobacco Co. v. Reilly*, 533 US 525, 533 (2001). 检察长在竞选州长中已经被击败了。

[155] Ibid., at 562.

[156] Ibid.

[157] Ibid. (emphasis added).

[158] See, e.g., *Lorillard*, 533 US at 572. (托马斯,J.,部分赞同并在判决中发表了并存意见。)

[159] *Clark v. Community for Creative Non-Violence*, 468 US 288 (1984).

[160] 对于这些案件的大概情况,参见 Stone et al., *Constitutional Law*, at pp. 259-63。

[161] *International Society for Krishna Consciousness, Inc. v. Lee*, 505 US 672 (1992).

[162] 这些案件有一个很复杂的过程,但是最后发展的结果,见 *Hudgens v. NLRB*, 424 US 507 (1976)。

[163] 最近的一个例子,参见 *City of Ladue v. Gilleo*, 512 US 43 (1994)(与此同时,废止了该市对"可见杂物"的禁止性规定,该规定之前适用于——在房前草坪上打出反对波斯湾战争标语的——那些房主)。

[164] 两个重要的条件都是要尽力对那些在堕胎诊所外进行的反堕胎抗议进行压制,以及尽力对纯粹的"仇恨言论"(hate speech)进行压制。

[165] *Griffin v. Illinois*，351 US 12（1956）；*Douglas v. California*，372 US 353（1963）.

[166] 411 US 1（1973）.

[167] *Bowers v. Hardwick*，478 US 186（1986）.

[168] Ibid.，at 194，195（emphasis added）.

[169] *Romer v. Evans*，517 US 620（1996）.

[170] Ibid.，at 633.

[171] Ibid.，at 636（Scalia, J.，dissenting）.

[172] Ibid.，at 652（Scalia, J.，dissenting）.

[173] 有可能是新政—大社会中的法院是如何行事的，尤其是涉及种族问题的时候，其中，法院的行为都跟随着文化上发生的那些重大变迁，比如在军队和职业棒球中废除种族隔离的情形。

[174] *Sherbert v. Verner*，374 US 398（1963）；*Wisconsin v. Yoder*，406 US 205（1972）.

[175] 可以挑战政府的那些决定，理由在于，对于宗教活动和其他活动，政府的那些规制在事实上已经不能做到普遍的适用性或中立性。对宗教上的"自由行使"原则（free exercise doctrine）目前情形的分析，参见 Tushnet，"The Redundant Free Exercise Clause"。

[176] 近来最精彩的讨论，见 Jeffries and Ryan，"A Political History of the Establishment Clause"。

[177] *Lee v. Weisman*，505 US 577（1992）；*Santa Fe Independent School Dist. v. Doe*，530 US 290（2000）.

[178] *Zelman v. Simmons-Harris*，536 US —，122 SG 2460（2002）.

[179] *Rosenberger v. Rector and Visitors of University of Virginia*，515 US 819（1995）.

[180] 杰弗里斯和赖安指出，"在联邦层面，各种给私立学校提供学费上的税收抵免（tax-credits）或者优惠券的提案，并没有被制定成法律。"Jeffries and Ryan，"A Political History of the Establishment Clause," at p. 350. 在州和地方层面，这些计划目前仍然是小范围的。Ryan and Heise，"The Political Economy of School Choice，"分析了为何这些精选的计划（包括优惠券）会保持在一个小范围内。

[181] Sunstein，"What Judge Bork Should Have Said," at p. 205.

[182] 最高法院在布什诉戈尔案（*Bush v. Gore*，531 US 98（2000））中对平

等保护原则进行创新性的适用,这一事实让自由派宪法学者很不舒服。他们虽然不同意这些创新,但是只有在现代法院运用这些创新之处来阻碍对共和党有利的选举的时候,他们才怀疑这些创新之举。

[183] Lewis, The Context of Judicial Activism, at p. 104.

[184] Waxman, "Foreword: Does the Solicitor General Matter?" at p. 1120.

[185] 其他一些联邦提案——比如一些湿地方面的规制——保护了生物的多样性,这当然具有规制的正当性,而且对这些提案所作的分析采取了分析濒危物种法案的那些套路。

[186] Nagle, "The Commerce Clause Meets the Delhi Sands Flower-Loving Fly."

[187] 关于下级法院对这种效果所作的判决,参见 Reickenbacker v. Foster, 274 F3d 974(5th Cir. 2001);Thompson v. Colorado, 278 F3d 1020(10th Cir. 2001)。

[188] City of Mobile v. Bolden, 446 US 55(1980).

[189] 这个问题还有一点是,"由于第二章的存在,违宪的数量确实下降了",对于这种可能性问题应该如何去对待。

[190] Boy Scouts of America v. Dale, 530 US 640, 648(2000).

[191] Ibid., at 653.

[192] Ibid., at 651.

[193] Ibid., at 648.

[194] Ibid., at 653. 对这种效果所持的那些主张看起来并不能有效成立;但很明显,对于损害来说,"结社"(association)可以予以救济,这在最低限度上至少也是合理的,法院对此必须予以满足。

[195] Ibid., at 648, 653.

[196] Ibid., at 648(emphasis added).

[197] 有一个真实发生的例子,参见 Renner, "At Bess Eaton"(其中描述了咖啡连锁店店主作出的一个决定,即将基督信息放在店里的咖啡杯和炸面圈盒子上)。我所用的例子是,有很多人来经营一个公司,从而可以基于解释的目的,避免"一个人经营的公司"在法律上所存在的障碍,这样,这些个体的结社权就可能不受那些规制的约束,因为这些规制限制在商业区域展示宗教方面的信物上。我相信,个体业主享有表达性结社权,但是在对亲密情形(intimate one)的具体范围进行讨论之前,最好先对商业主体(commercial entities)的具体范围进行讨论。

[198] 比如，参见 Volokh, "What Speech Does 'Hostile Work Environment' Harassment Law Restrict?" at pp. 630-33。

[199] 530 US at 655.

[200] Epstein, "The Constitutional Perils of Moderation," at pp. 139-40.

[201] Ibid., at p. 140.

[202] See *Katzenbach v. McClung*, 379 US 294 (1964). （反对依据商业条款进行主张，即1964年民权法案不适用于奥利烧烤店。）

[203] See Ayres, "Alternative Grounds," at p. 72. （其中引用马多克斯的讣告来支持该主张，即"在1964年民权法案之后，当莱斯特·马多克斯把斧头的手柄分发给他的支持者，以此来防止黑人再在他所开的亚特兰大餐馆'皮克瑞克'里有所屈尊，由此，他也很快受到了全国的关注"。）

[204] 对于"这些表达受言论自由条款直接保护"的主张，也有一些类似的观点与其相关。措辞具有一定的弹性空间。参见 e.g., Volokh, "Comment, Freedom of Speech and Workplace Harassment"; Epstein, "Can a 'Dumb Ass Woman' Achieve Equality in the Work-place?" 我怀疑的是，用表达性结社权的观点来补充言论自由的观点，将不会在界线上有立场方面的改变。

[205] 关于商业和非商业之间界线的诸多讨论，参见 Farber, "Speaking in the First Person Plural," at pp. 1499-500; Carpenter, "Expressive Association and Anti-Discrimination Law After *Dale*," at p. 1563; Hills, *The Constitutional Rights of Private Governments*。所有的作者都认为，商业和非商业组织之间的界线并没有能够精确地对应"表达性结社权"所保护的那些利益。但是他们的结论都是，划出一条界线对于权利的保护来说可能会比其他方法更为有效，即使这将意味着有一些商业组织将会由于表达性结社权的抽象性（in the abstract）而无法得到保护。

[206] Wechsler, "Toward Neutral Principles of Constitutional Law."

[207] 联邦反歧视法律在管辖上的限制情形，在具体范围上只扩展适用于那些非亲密情形，但这看起来似乎正合我意，那就是社会中存在着亲密和非亲密两种不同情形。当然，这种管辖上的限制情形只是一般法律层面的，且我正在主张"宪法也应对某些类别的管辖限制进行规定"，至少那些反对强迫结社的主张如果要依据"表达"时——不管这种表达是宗教的还是政治的，即是如此。

[208] 530 US at 653.

[209] *Pennhurst State School & Hospital v. Halderman*, 451 US 1 (1981).

[210] *South Dakota v. Dole*, 483 US 203 (1987).

[211] See Baker,"Conditional Spending after *Lopez*."

[212] *Jim C. v. Arkansas Department of Education*, 235 F3d 1079 (8th Cir. 2000), *cert. denied*, 533 US 949 (2001).

[213] Smith,"*Pennhurst*, *Chevron*, and the Spending Power," at p.1190,其中阐释了法院如何可以从宾州案中发展出一个更有活力的原则,该原则通过把宾州案"作为一个能落实国会责任的结构性机制,并以联邦制的名义来对附条件支出进行限制,而并没有把宾州案只作为一种能确保各州注意——然后达到公平——的手段"。斯密斯认为,这种责任模式所要求的议会的废除标准不具有现实性,而且把宾州案中的规则从一种解释工具转变成了一种限制——"限制议会通过支出权来行使规制权"。当然,如果法院要使联邦制的内容有所改变,那么准确地来说,这种转变是必须要发生的。

[214] 法院将附条件支出所进行的那些重要干预都已写进了判决,这些判决都不允许个人单独来起诉要求落实这些条件。See, e.g., *Alexander v. Sandoval*, 532 US 275 (2001). (1964年民权法案的第六部分是一个附条件支出条款,而根据该部分的内容所采行的那些规制,个人无权申请执行。)这些州在法律上有义务去遵守议会所施加的那些条件,而这些义务并没有被这些判决所削减,尽管在实践中,这些州如果没有私人执法行为(private enforcement action)的威胁,那么它们能够很容易地不去遵守那些义务。

[215] 律商联讯数据库的搜索表明,"反先占推定"(presumption against preemption)术语首次出现在 *Metropolitan Life Ins. Co. v. Massachusetts*, 471 US 724, 741 (1985),接着在1992年的三个案件中被使用,*Cipollone v. Liggett Group, Inc.*, 505 US 504, 522 (1992); *Gade v. National Solid Wastes Management Ass' n*, 505 US 88, 118 (1992)(Souter, J., dissenting); and *Morales v. Trans World Airlines, Inc.*, 504 US 374, 421 (1992)(Stevens, J., dissenting).

[216] See Adler,"State Sovereignty and the Anti-Commandeering Cases," at pp. 168-69.

[217] 还有更多的讨论,其中对积极强制和消极强制的区分有一个形式主义的观点并对此进行了处理,参见 Tushnet,"Globalization and Federalism in a Post-*Printz* World"。

[218] See *Printz*, 521 US at 957-58n. 18 (Stevens, J., dissenting). (其中主张,"政治责任的扩散"这个观点"反映了全体选民在总体上缺乏自信"。)

[219] 在普林茨案中,也同样有一些裁量权行为涉及警察调查权的配置问

题。被一帮盗贼攻击的人如果听到附近的治安官说"我在这里已经安排了很多警车,但是我们很多官员都正在执行'背景检查',因为这是国会让我们必须做的",这些人是不可能由此而被安抚的。

[220] But see Hills, "The Political Economy of Cooperative Federalism," at p. 828. (其中注意到了,"任何联邦主义制度的内在复杂性……都有一种潜能可以让选民出现混淆,从而削弱其政治责任"。)

[221] 缅甸在相关时期的减缩版政治史,参见 Dhooge, "The Wrong Way to Mandalay," at pp. 390-92.

[222] *Crosby v. National Foreign Trade Council*, 530 US 363 (2000).

[223] 我认为值得注意的是,"政治责任的扩散"这个一般性观点对于消极强制和积极强制同样站得住脚。虽然这个观点并未被"行为应该在州官员有裁量权的时候作出"这种要求所修正。

[224] 当然,在这个事实之后,公司有可能会挑战这个裁量性判决,并主张,可以控制裁量行为的要素是"在缅甸确实有生意行为,而且国会命令了各州在裁量过程中排除这种因素"。与克罗斯比案中的挑战相比,这种挑战无疑更加难以应对。

[225] Cox, "Expressivism in Federalism," at pp. 1341-43. 其中表明了,通过积极强制所发出的信息可能比其他规制形式所发出的信息更加清晰(在考克斯的例子中,是通过给联邦拨款所施加的那些条件;在现在的例子中,是通过消极强制/先占)。

[226] Hills, "The Political Economy of Cooperative Federalism." 希尔斯主要关注附条件支出(conditional spending),而将其作为积极强制的一种替代选择,而且我在不同的语境中,对于附条件或消极强制,也采纳了他的观点。

[227] 但是看起来要指出的是,希尔斯的观点可以被用来解决消极强制这个问题,但吸纳了很多条件以至于其对于"积极强制是有问题的,而消极强制则没有问题"这样的提案也许无法起到辩护的作用。基于这个观点的复杂性,也许可以以形式主义为基础来为"合理而广泛禁止消极强制"这一点辩护。

[228] 希尔斯承认,无限制的附条件先占权(unlimited power of conditional preemption)可以完全替代禁止积极先占这个禁令(ban on affirmative preemption),而且其认为,附条件先占权由此必须通过"违宪性条件原则"(doctrine of unconstitutional conditions)来予以补充。Hills, "The Political Economy of Cooperative Federalism," at pp. 921-27. 如上文提及的,法院自身并没有表明它在发展这样的原则。("违宪性条件原则"(Doctrine of Unconstitutional Condi-

tions）是阻止各州去施加那些与目的无关的条件。如果政府对私人财产的规制和使用施加了条件并由此获得了公共收益，那么政府必须给所有者予以补偿，除非：（1）州的利益与该条件之间存在必要的联系；且（2）该条件的性质和范围与规制所防止的损害之间整体上合比例。——译者注）

［229］Hills, ibid., at pp. 871-91，其中认为，妥协中的那些成本不应该发生，因为最初的计划所施加的成本会高于所需要的限度：国会通过购买获得的"州合作"——其所付出的成本与"州合作"所带来的收益相等同，因此国会便可以制订那些在成本上具有正当理由的计划。

［230］See ibid., at pp. 862-63. See also Hills, "Federalism in Constitutional Context," at p. 184n. 12.（其中指出了这样的事实，即只有不到一半的州提交实施联邦职业安全和卫生法案的具体计划。）

［231］See Hills, "The Political Economy of Cooperative Federalism," at p. 868.（其中指出，国会对附条件先占权的行使"受制于国会自身有限的规制能力"。）

［232］希尔斯提出的"违宪性条件原则"（unconstitutional-conditions doctrine）可以揭示出这种倾向。希尔斯会"阻止对州或地方政策进行附条件先占，如果（1）非联邦政府必须要满足且被无条件施加的这个条件是违宪的，且（2）国会要挟对非联邦政策进行先占，仅仅是为了获得可以满足该条件的杠杆作用"（924页）。"仅仅"在这里看起来有很多内容：让国会施加这个条件，因为它考虑到拥有手枪的人并没有资格使用这些枪，而且它相信，州所实施的那些"背景检查"可以把那些没有资格使用手枪的情形排除掉。那么，施加这个条件"仅仅是为了获得杠杆作用吗？"另外，也可以很容易地去重写这部法律，从而不再施加这样的条件：州内没有任何枪支买卖，这并不能保证枪支就不会转移到那些没有资格的买方手中，但加上标准检测制度，从而就可以提供足够的保证，而这作为一个实践问题，只有通过州自身所运转或直接监督的那些制度才能够满足以上的保证。

［233］Cf. ibid., at p. 899.（区分了积极强制和先占，其立基于"不可以用联邦的钱来购买'先占'"。）希尔斯提出了另一种区分，就是"先占与那些'强制性立法'相比，前者对州和地方政治行为所产生的危害性一般要更小"（900页）。希尔斯认为，之所以如此，因为先占表达了国会的看法——那就是"那些被先占领域的非联邦利益是达不到预期效果的"，而积极强制则"可以让州和地方官员去规制一些联邦领域的事务，大概其中的原因在于这些官员更适合这些职责"。这个观点的所有方面倒是都打开了被先占和强制的"这些领域"（fields

之特征所在：既认为"很多领域的非联邦利益（nonfederal interest）都是达不到预期效果的"，也认为"州和地方官员可以很好地去表达一些宏大领域之下那些子领域（subfield）的利益"，这两者一般很难相互矛盾。

[234] 我有一种隐隐约约的感觉，那就是希尔斯忽视了一个分析纬度，因为他倾向于接受这样一种观点——作为一般性问题，非规制政体在规范层面比那些规制政体在规范上有更多的需求。这个规范性主张可能是真实的，但是这个观点之所以会产生一些被人们关注的问题，这是因为某些区域的人尽管是通过他们选举的代表来行事，但对某些规制政体有特别的偏好，也就是反对这种规范性主张。希尔斯在这个问题上所持观点遇到的难题表明了一点，就是他的主张——"联邦政府可以购买州层面的合作"——并没有考虑这样一种可能性，那就是"在联邦之下的某个区域与其他区域相比，人们可能会有各自不同的偏好，也可能会有不同于作为民族整体（in the aggregate）的人民所具有的那些偏好"。See，e. g.，ibid.，at pp. 872-73. 相反，希尔斯看上去认为，整个民族中的所有人都有相同的偏好，有时候这会使他们偏好于那些地方层面的行为，有的时候会使他们偏好于联邦层面的行为。See，e. g.，ibid.，at p. 873.（其中认为，"在管理非财政经费上，那些更小规模的政府在制度层面也许比那些更大规模的政府更能胜任"。）我认为值得注意的是，一些地方政府很有可能在目标上指向"那些成功的非政府组织所进行的政治动员"。（希尔斯指出，对"那些有组织的利益群体，且在意识形态上是反对者，地方和州政府对此可能会更加敏感"（887页），但是，他所进行的比较一方面是州和地方政府，另一方面是联邦政府，而不是在州和那些地方政府之间。）如果是这样的话，我应该可以预见到"不同州的人在偏好上具有多样性"。当然，对联邦制最为有力的辩护依靠于这样一个主张，那就是"这种多样性是不可避免的而且是需要的"。

[235] Hills，"Federalism in Constitutional Context，"at pp. 191-92.

[236] Ibid.，at p. 191.

[237] Hills，"The Political Economy of Cooperative Federalism，"at pp. 884-86，其中解释了，如果单个州有拒绝行使它的规制权的能力，那么这会产生"延伸"（hold out）或"逐底竞赛"（race to the bottom）方面的问题，那么由此任何州都不会再进行相应的规制，因为每个州都害怕它的规制行为会使得一些交易到了其他非规制的领域。这为"国会直接进行规制"提供了正当理由。对于我来说，这个观点表明了，"各州免于先占"的最好候选者要围绕市场参与原则展开：市场参与并不是规制，因而也并不会产生"延伸"此类问题。

[238] 如丹·T·柯伦指出的，这个原则允许各州的公民去"在他们耕种的

地方收获。" Coenen, "Untangling the Market-Participant Exception to the Dormant Commerce Clause," at p. 441. ("休眠商贸条款"也被称为"消极商贸条款",是指美国法院从宪法第一条的商业条款中推导出来的法律原则。商业条款明确授权议会有权对州内的商业进行规制。休眠商贸条款是说这种授权暗含一种消极的反面说法,那就是禁止各州通过立法而不恰当地给州内贸易施加负担或歧视。当然,对于这种限制,即使出现了与联邦法律相冲突的情形,也是一种自我执行或运用。——译者注)

[239] *Lorillard*, 533 US at 598n. 8 (Stevens, J., concurring in part, concurring in the judgment in part, and dissenting in part).

[240] *Lopez*, 514 US at 552.

[241] *Boerne*, 521 US at 527-28.

[242] *Webster v. Reproductive Health Services*, 492 U. S. 490 (1989).

[243] 505 US 833 (1992).

[244] Ibid., at 855. 所有的引述都来自奥康纳、肯尼迪和苏塔大法官的联合意见。

[245] Ibid.

[246] Ibid.

[247] Ibid.

[248] *Casey*, 505 US at 856.

[249] Ibid., at 861.

[250] Ibid., at 867.

[251] Ibid.

[252] 关于我的观点,参见 Tushnet, *Taking the Constitution away from the Courts*, at pp. 27-30。

[253] *Dickerson v. United States*, 530 US 428 (2000).

[254] Ibid., at 443. 关于对迪克森案件这方面内容的讨论,参见 Mezey, "Law as Culture," at pp. 55-57.

[255] 沃伦法院愿意推翻之前的那些判决,但是值得注意的是,它并没有采用遵循先例的文化理论。

[256] 新政—大社会宪法秩序表明了,持有扩张观点的法院不会把同样持扩张观点的国会所制定的法律废除掉。

[257] 而且大概来说,这些法院在参议院里所获得的支持率从50%到60%,在众议院中也刚刚超过50%,且与总统的观点相一致。对于目前法院中——那

些适用范围很广——的原则所可能带来的潜在影响，相关的讨论，参见 Rubenfeld，"The Anti-Antidiscrimination Agenda"。

［258］在此，"旧"的大概意思是说"该法律是在1992年或者也有可能是在1994年之前制定的"。在这个标准下，美国残疾人法案属于旧法，那些主要的联邦环境法律也是如此。

［259］比如，法院在第5款方面的那些判决，对"被提议的无罪保护法案（Innocence Protection Act）"的合宪性提出了很多问题。该法案要求，如果DNA证据从科学的角度有可能导致新的证据主张……即该囚犯并没有犯罪，那么，各州就须对那些被判决死刑的被告进行DNA检测。在有些情形下，如果拒绝对被控罪犯进行DNA检测，那么就是违反宪法的。当然这种情形非常有限，而且国会也有可能无法提出足够的证据来证明存在违宪情形，从而也没有充分的理由诉求于第5款的救济权（the remedial section 5 power）。然而，对于无罪保护法案这样的提案，大法官们也有可能会把它看作一种可以炫耀的地方，而且也是他们的判决所指向的。

［260］Colker and Brudney，"Dissing Congress."

［261］See，e. g.，Posner，*Breaking the Deadlock*。

［262］我在过去已经表明了，近来的法院最好被描述成是"执行了'乡间俱乐部共和党人'所有政治计划"的法院。Mark Tushnet，"The Burger Court in Historical Perspective：The Triumph of Country Club Republicanism," in Schwartz, ed., *The Burger Court*, at p.203. 政治科学家马克·格雷伯已经表明了，现代法院允许那些温和的共和党人去投票支持那些"感觉很好"的立法，与此同时，也确保共和党的联邦制原则会被尊重。现在我认为，对于从旧宪法秩序向新宪法秩序转型过程中的法院来说，这些特征有可能是准确的，但是，它们并不适合新宪法秩序下的法院，也不切合我在这里所描述的情形。

［263］See Biskupic and Witt，*The Supreme Court at Work*，at p.74；O'Brien，"The Rehnquist Court's Shrinking Plenary Docket."

［264］这些标准的要点包括：国会在1988年近乎把法院的强制管辖权废除了；拜伦·怀特大法官的退休，使得法院在解决各巡回法院相互冲突方面的案件，很难再有强有力的声音；更为保守的最高法院面对那些在意识形态上有所不同的下级法院，其程度有所减少了；现在几乎被广泛使用的"证书池"，（cert. pool），其中由一个法官助理来准备一个单独的备忘录，来把审查请求和处理建议写清楚，当然这容易出现反对进行审查的建议，因为法官助理建议拒绝进行审查，就很少会被发现犯了错，而大法官和其他法官助理在同意审查建议之后，

就可能会发现建议进行审查的法官助理犯了错。关于法院待决案件数量减少的大概情况，参见 O'Brien，"The Rehnquist Court's Shrinking Plenary Docket," at p. 58；Biskupic，"The Shrinking Docket"。

[265] 我对法院的输出产品所关注的范围很小。行政性架构（administrative structure）对这些联邦法院很支持，这种情形近来好像还在增长，具体内容，参见 Resnik，"Judicial Independence and Article III," at pp. 662-64。

第三章　新宪法秩序之外？

到这里，我已经阐释了新宪法秩序的那些特征。但是，如我在导论部分中对宪法秩序所界定的那样，这样的秩序具有相对合理的稳定性。我相信，我所做的那些准确阐释也表征了过去十年间的政治安排和司法判决。但是，为何我们就应该认为这些安排足以稳定，由此可称其为新宪法秩序呢？

这一章简要地对那些挑战我论点的那些观点展开分析。[1]第一部分提出了这样一种可能性，即我对新秩序已做的讨论其实仅仅呈现了当前这种长期存在的宪法抱负是低迷的，但并没被遏制。然后我讨论了统一政府是如何产生的，并且简要地讨论了那些持续效果。我还探讨了一种可能性，即最高法院自身可能会转变成一个——带领这个国家进入另一种秩序的——机构。接着，我分析了现有的制度安排如何变得不稳定，或者如何进入另一种更加稳定的新制度——该制度区别于我们在20世纪80和90年代所拥有的那种制度。在此，我也讨论了总统领导（presidential leadership）的可能性，最后在该章结尾，我探讨了那些会让总统领导下的宪法秩序更新的指导性宪法原则——其中包括在总统领导下，赋予最高法院在推进政体原则的过程中以突出的位置。

在最后,我并没有主张"我已确信我们目前的政体安排已经非常稳定而可以被称为一种新宪法秩序了"。在任何时候,美国人民都有能力通过集体行动让事情变得面目全非,这使得任何人都不敢妄下结论说"这种制度安排确实是稳定的了",当然除非进行历史性的回顾。我要表明的是,思考我们可能正处于新宪法秩序之中,以此来表明我们目前的处境,由此在一定程度上思考我们所处的时代——漫无目的的随意漂流期,或者所预期的真正转型还未到来的时期。

不同宪法秩序之间低迷的宪法抱负

历史学家罗伯特·达莱克对美国政治史的进程进行了概括,其写道:我们的政治发展"在传统上靠的是在那些停滞期为新的突飞猛进进行预备"[2]。停滞(stasis)一词能够描述我所说的"那些被消磨的宪法抱负",而且我所说的"新宪法秩序"可能也只是在宪法秩序中所发生的那些普通经验而已。然而,对政策可予以指导的那些宪法原则尽管有可能就是自新政以来宪法政体中的那些原则,但政治在制度结构上似乎已完全不同:利益群体的博弈是新政—大社会秩序时期的特点所在,但分治政府以及在意识形态上截然有别的政党派别则是目前秩序的特点所在。

我们可以再回到布鲁斯·阿克曼关于"宪法时刻"的论点,也就是一种宪法秩序在较短的时间里代替了另一种秩序。阿克曼的这个思想抓住了早期宪法转型过程中所发生的情形——随着1789年美国建国,然后是内战后的重建时期以及新政时期。一位政治学学者对学术上的共识进行了概括,即"美国发生的这些重要历史变化一般是由历史上的短暂时刻(moments)——要么是混乱,要么是快速改革——来进行标识的,接下来便是长期的渐进调整与整合"[3]。但是如我在第一章中所表明的,和我所说的新宪法秩序相关的这种"混乱"或"关键选举"时刻其实并不存在。因此,我们也许应该把当下的情形

第三章 新宪法秩序之外？

理解成还处于渐进调整时期。

对于种族政策方面的详细内容，菲利普·克林克纳（Philip Klinkner）和罗杰·史密斯（Rogers Smith）对看上去还处于这种时期的政策进行了简要的论述。[4] 克林克纳和史密斯认为，只有当三个条件同时存在，才有可能在消除种族歧视上取得进展："大规模的战争——这要求在很大的范围内对非裔美国人进行经济和军事上的动员以获取成功"；"美国敌人的属性已经使美国领导人可以为这些战争找到正当理由，而且通过强调国家的包容性、平等原则及民主传统，可以让这些参战人士英勇牺牲"；而且"国家已经在内部出现了很多政治抗议活动，并且给国家领导人施加了压力，从而可以找到正当的修辞"[5]。如果没有这些条件，国家仍然会重操那些"不平等规范"（inegalitarian norms）之旧业。如克林克纳和史密斯所指出的，在20世纪80和90年代所发生的种族政策，与他们在更大的范围内对美国历史所进行的解释是一致的。

不过，克林克纳和史密斯对公共政策中个别问题的关注，可能会让一些更广的类型（larger patterns）变得模糊。回到前面所说的，宪法秩序包括制度和原则两个层面。在原则层面，克林克纳和史密斯清晰地认识到这样一种可能性，即种族以外的公共政策，在强烈的自由主义风行过后，也许在特征上会表现为一种保守规范。他们对种族政策的特别关注其实约束了他们在制度层面来运用他们的分析，这主要是因为，他们所知道的这些精确条件，与公共政策向保守主义转变中的那些重要变向（redirection）并不具有相关性。

阿克曼通过把国家的宪法史划分为宪法时刻和长时期存在的日常政治，从而来描述另一种大类型。[6] 在阿克曼看来，在宪法时刻所处的时期，人民对构建社会秩序的那些根本原则充满了极大的政治热情。但是，这样的热情是会耗尽的，而且在任何时候，那些设计良好的宪法制度都不会要求其公民在生活中对上层政治一直予以关注。在依据原则不过也是偶尔发生的审议（deliberation）过后，如果人民已经把制度安排好了，那么便使他们可以减少对政治的关注，而且可以花更多的时间在生活上——如工作、家庭或其他，与此同时，制度也可以合理地运转。其实在宪法时刻,那些宪法原则在实施方面已经被推进了。而当政治关注度降低到一个更低程度的时候,那么便是日常政治时期了。

阿克曼把日常政治（至少在现代）描述成那些传统利益群体进行博弈（bargaining）的竞技场。这种博弈也是在宪法时刻所发展出的制度结构中进行的,而且这种制度结构是宪法时刻推进的结果,也是那个时刻所给定的原则。政治科学家罗伯特·达尔（Robert Dahl）在新政宪法秩序已经被牢牢巩固的时候精辟地写道："我们一般所说的民主'政治'只是一个乐子罢了。其只是一个表象,只反映了那些表面的冲突……对于政策方案上的争论近乎总是在可达成共识范围内那些可选项上的争论"[7]。从政治的视角来看,我在第一章和第二章中所阐释的那种宪法抱负被消磨的新宪法秩序实际上就是日常政治,其总是在特征上表现为那些被消磨的抱负,而这些被消磨的抱负与宪法时刻所反映出来的那些原则也有相关性。

不过,我并没有忽视这样一种可能性,那就是我错误地把新宪法秩序当成日常政治了。然而,把目前这些国家事务看成是新宪法秩序,这确实会让我们看到现有体制在原则和制度层面的一些特色,而那些可选择项也许会让我们忽略掉这些。

让我们首先来思考"在政治上回归至保守性规范"这个论点与阿克曼日常政治观之间的张力。[8]回到保守性规范,这意味着新政自由主义的那些重要成就将是政治争论的中心。在阿克曼看来,要是自新政（和大社会）以来没有出现新的宪法时刻,那么,政治上争论的应该还是新政时期那些治理原则（governing principles）的执行问题。在此,阿克曼的观点可能更为准确。共和党的保守派阵营也把这种政策内容作为确保环境质量、退休保障、甚至种族平等的一个更好的方法。对于让政府去追求新政—大社会秩序中的那些目标所取得的成就,执政的共和党人并没有予以否定。自由派的民主党人特别指出,保守派的立场只是一个烟雾弹,隐藏了共和党人的真正意图。但是,目前我们所拥有的正是这些保守派的共和党人,对于他们所提出的那些有争议的政策,他们将其当做对当前政体原则的一种实

第三章 新宪法秩序之外？

施。意识形态统一的共和党政府也可能会更为彻底地把这些原则否定掉。在阿克曼的蓝图里，这种否定将表明我们已进入一个新的宪法秩序。用他的方法来看，从现在开始，我们正是在经历着日常政治了。

对如今在公共政策辩论上仍有推动作用的那些原则，阿克曼所作的阐释与我关于新秩序中被消磨抱负的论点是相互一致的。在某种程度上，我们也许还无法在我和他的观点之间作出选择。但在制度层面，阿克曼的论点似乎怎么也有其不完全之处。

阿克曼所说的新政之后的日常政治，实际上就是利益群体的博弈。当然，诸多的公共政策都涉及那些游说利益群体以及其他诸如此类的群体。这就是我在第一章中所说的——新政所塑造政府的存留效应（residual effect），而这些利益群体已深嵌其中。但是，拿利益群体博弈来界定如今的日常政治，这容易造成误导性。利益群体是在尽他们的最大努力，但是在政党意识形态有别的分治政府中，公共政策的作出主要是通过意识形态上的妥协，而不是通过满足不同利益群体的竞争性需求来完成的。我发现自己也不能通过系统性的研究来找到这里的不同所在，故而需要读者去问一问自己对这种情形的感觉：我的感觉是，当代立法程序很少屈从于新政—大社会秩序所具有的那种一味灌输的狂乱（frenzy）特征，其中，立法者要对每一个利益群体都有所应对。[9]

被遏制的宪法抱负，这可能确实是两个宪法秩序替换之间的那些时期所具有的特征所在，这要么是因为已回归至保守性规范，或者我想更有可能，是因为阿克曼所强调的政治能量（political energy）已经耗尽了。这种被消磨遏制的宪法雄心也是新宪法秩序的特征所在。我把目前的政体看作新宪法秩序，不管这正确与否，其依据是我在第一章所阐明的观点，那就是我们今天在政治上的制度安排完全不同于新政—大社会秩序中的那种安排。在一定程度上，为了能够引起大家去考虑一种被忽略的可能性，我已尽力表明，我们的制度安排确实是新的而且特色鲜明。与其他地方一样，这里主要的依据是那些对论据进行考证之后所作的判断。

100

一个短暂的统一政府？

到目前为止，很多论点还是落脚在"分治政府成了新宪法秩序的特征"这一议题上。当然，统一政府（unified government）也还是有可能的。在我们选举总统和众议院的时候，协调上出现的困难便会产生分治政府，同样，三分之一参议院的选举，会使得统一政府具有现实可能性。这种政府也许只能维系两年——或者，就像参议员吉姆·杰福兹在2001年背叛共和党所表明的那样，但是，统一政府可能会作出一些政策提案，而一旦政府再出现分治，那么这些提案就很难再被推翻掉。

美国这些政党在内部是统一的，但在意识形态上却是分离的。就如第一章所指出的，分治政府可能产生于美国人民的某些偏好，或者产生于某一些选举结构。不管哪种情形，如果总统只以一根头发丝的宽度赢得了选举，而对参议院的控制只有一个或两个席位，且对众议院的控制只有六位，那么其对每个部门的控制可能都很"有限"。在这种情形下，一些偶发事件——比如受欢迎候选人的死亡，区域性丑闻的突然爆发，或者其他诸如此类的事件——便可能对党派控制政府的情形产生决定性的影响。如果每件事都能够准确地一起出现，那么形成一个高度意识形态化的政党，就可以控制住总统的任期、众议院和参议院——而且，通过总统任期和参议院，可以控制住最高法院。这样的统一政府也许不会太持久，这无疑是因为，它要诸多不相关联的因素都能够交汇在一起才行。但是，它确实会产生长时间的巨大影响。

阿克曼有不同的目标，但也认识到了其中的原因。[10]他把议会主权制度和权力分立制度进行了比较。他认为，议会主权制度下有可能会出现宏大政策上的摇摆，因为对于统一政府的控制会从一个政党转到了另一个政党，至少在政党（或政党联盟）高度意识形态化的时候是这样的。相反，他认为分权制度则有益于政策的逐渐变化，因为某

第三章 新宪法秩序之外？

一个政党（或政党联盟）必须在一系列选举中能控制所有的政府部门。就此而言，一般来说对分权制度也许没有问题，但是当该政治制度有分歧的时候，也许这就不正确了。根据我所阐释的条件，这可能是当下宪法秩序的特色所在，当一个政党对总统和议会的控制都很"有限"（narrow），那么用这种控制力来制订一个高度意识形态的计划，就有可能在政策上出现巨大的变化。那么，统一政府的情形也许很快就被分治政府替代了，甚至这在下一次选举之前就有可能发生。但是，就像分治政府很难进行大范围的立法（sweeping legislation）一样，如果要废除已经制定的法律，这也会存在困难。当下宪法秩序也许会产生一种棘轮效应（Ratchet-like effect）*：当政府处于分治状态时，如果没有两党的强力支持，很难有所作为；当政府处于（短暂的）统一状态时，执政党带有意识形态的那些计划，很多都可以大有作为；当政府再次处于分治状态时，那么又很难有所作为，由此便余留下了统一政府时期所取得的那些成就。[11]

在那些重大制度安排不改变的情形下，短暂的统一政府也许会推出一些新的治理原则。那么相应的，这也确实可能会挑起一场宪法危机。阿克曼很详细地分析了其中的原因。[12]假如短暂的统一政府对最高法院法官进行足够多的任命，这已足以使得法院对那些联合政府所激励的宪法原则都会深表同情。那么现在来让我们考虑这样一种可能性，那就是偶然出现的保守派（或自由派）统一政府也许并没有被分治政府所代替，而是被偶然会出现的自由派（或保守派）统一政府所代替，这样有可能会导致将前任政府已经制定的那些立法取消掉，并且根据完全不同于前任统一政府的意识形态来制定新的法律。最高法

---

* 所谓棘轮效应，又称制轮作用，是指人的消费习惯形成之后有不可逆性，即易于向上调整，而难于向下调整。尤其是在短期内消费是不可逆的，其习惯效应较大。这种习惯效应，使消费取决于相对收入，即相对于自己过去的高峰收入。棘轮效应是经济学家杜森贝里提出的。古典经济学家凯恩斯主张消费是可逆的，即绝对收入水平变动必然立即引起消费水平的变化。针对这一观点，杜森贝里认为这实际上是不可能的，因为消费决策不可能是一种理想的计划，它还取决于消费习惯。这种消费习惯受许多因素影响，如生理和社会需要、个人的经历、个人经历的后果等。特别是个人在收入最高期所达到的消费标准对消费习惯的形成有很重要的作用。——译者注

院也许会把这些带有新意识形态的立法看作与法院法官们所相信的那些宪法原则之间有冲突。但是，如果要废除政府立法计划中的重要内容，这确实是一件会挑起宪法危机的事情。

我相信，发生一连串这样的事情是非常不可能的，尽管并不排除有这种可能性。要满足以下两个条件：首先，起初的统一政府必须有机会任命足够多的最高法院法官，从而使得法院可以长时期地在意识形态上产生影响，而且其次，起初的统一政府必须被第二任政府所代替。尽管政府可以在意识形态上去联盟法院，有时候还可以在策略上对法官们的退休时间进行布局，但最高法院的提名本身近乎就像是一些偶然事件。而且，只有这些近乎是偶然性的事件交汇在一起，统一政府才有可能出现。这种偶然性非常低，且每一件事情也许都会带来一场宪法危机。

中间派大法官（median justice）？

我在阐释如何辨识抱负被遏制的新宪法秩序时，其中一个方面是对最高法院判决的案件进行分析，对此，一些人认为这些案件具有革命性，而我则认为它们是适度的，并且有一定的激励性。我的这些特征概括也许有两点会存在争议。首先，我对法院判决宁愿采取适度解读（modest reading）的方法，但是就像我反复重申的，对这些判决显然也可以很自由地采取那些更宽泛（more expansive）的解读方法。比如，商业条款方面的判决可以被后来的法院——甚至也可以被现在的法院——解读成，其对全国反歧视法律在很大范围内都提出了严重质疑，因为这些法律有可能被认为对商业活动中的非商业环节——歧视问题——进行了规制。这些判决处理了那些表意性结社和亲密性结社（expressive and intimate association）方面的问题*，这同样会威胁国家

---

* 在美国宪法中，结社自由（freedom of association）并没有出现在文本中，尽管第一条修正案保护的权利与其相似。但是，法院已经确认了两种为宪法所保护的结社类型：（1）亲密性结社（用来保护隐私权）和（2）表意性结社（作为第一条修正案言论自由的一个方面来予以保护）。——译者注

第三章 新宪法秩序之外？

和地方的反歧视法律。法院可能也注意到了，除非法院用附加的条件来限制国会给各州的拨款权力，联邦制的内在协调才会出现。再下来就是：对法院的判决可以作"窄"（narrow）的解读，这可以用来支持我关于被遏制宪法秩序的观点，但也可以对其进行"宽"（broad）的解读，这样确实可能带来一场具有变革性的转型。如阿克曼所建议的，也许最高法院通过仔细拣选它的目标，已经天才般地缓解了那些对法院意图抱持怀疑的情形，由此免于宣布那些重大立法无效，从而也"避免招致大规模的政治反应"[13]。但是，如果带有意识形态的分治政府已经提供了机会，中间派法官（median justice）为什么还仔细地去拣选那些目标呢？

这一点也表明了我的观点所存在的第二个挑战，即我所关注的是当下的法院，但是也许有人会说，它的角色其实像被一条线悬在空中的那样。一位或两位新任命法官也许可以把现在的中间派法官（median）转变到一种更具革命性的状态，虽然有中间派法官的情形也许和被遏制的宪法秩序是相吻合的。

我们无法立即驳斥这样一种观点，即法院也有可能会在有革命性的方向（revolutionary direction）上有所变化。要对这个观点进行评价，则要对新宪法秩序中的司法提名和任命过程进行分析。[14]这两个过程在很大程度上都受制于分治政府和对法院予以关注的利益团体这两者之间的互动，这就如政治科学家大卫·阿利斯泰尔·阿洛夫（David Alistair Yalof）和马克·西尔弗斯坦（Mark Silverstein）所论述的。[15]

一般而言，沃伦法院时代已使得司法任命中的政治因素变成了政治中的一个重要部分，因为政治领导人知道法院何以能对他们的那些政治计划进行扩展和加固。随着新政—大社会政治联盟的衰败，其中有一些人便努力试图通过他们在联邦法院中所取得的胜利来维护或扩展其成果。共和党人对新政—大社会政体所提出的政治挑战，是通过让司法任命（judicial appointment）成为一个重要议题来予以应对的。利益群体也已经把司法提名纳入他们的关注视野中，而且一些利益群体现在把这些提名看成是——游说和竞选筹款上——一种最主要

_171

的利益，并且"众议院和总统之间的隔阂越大，那么——为了反对提名而发起富有成效竞选运动的——潜在利益群体也就会越多"[16]。

如我们在第一章中所看到的，众议院内部的那些谦抑性规范（norms of deference）已经衰弱了，这使得一些参议员有机会把反对某项司法提名仅仅当成是一种个人事务。[17]自从新政—大社会时期以来，对总统在最高法院的选择上所持的谦抑，也消失殆尽了。分治政府在意识形态上的两极化意味着，与以前相比，更有可能出现"被提名法官对宪法所持的观点与参议院多数成员对同样问题所持的观点在根本上是不同的"。被提名法官的反对者有时候会揭露法官的一些个人败笔，从而为他们的反对辩护，有时候会揭露那些支持被提名法官的人，将其视为被提名法官观点的扭曲形态。但是，随着新宪法秩序已经成型，这种带有个人破坏特点的政治已经开始变化，而改变后的政治形态使得参议员可以明确且毫不羞涩地去考虑被提名法官所持的意识形态。[18]

如果是分治政府而且国会高度的政党化和两极化（polarized），那么在这样的新宪法秩序中，哪些法官可能会被提名至联邦法院呢？从最高法院通过史蒂芬·布雷耶（Stephen Breyer）来提名罗伯特·伯克（Robert Bork）的运作来看，其已经表明了答案。一个很高调的提名，在政治上可能会付出很大的代价，至少在总统和参议院由不同政党控制的时候是这样。[19]参议院中的反对党也许会把一项提名演变成一个政治问题，从而对总统及其政党带来破坏，即使参议院和总统同属一个政党。事实确是如此，就像西尔弗斯坦所指出的，其原因在于"目前的现实是，提名确认程序（confirmation process）要求对很多政治变量进行计算，这是非常复杂的，以至于即使是那些最有经验以及有民意基础的参议员也经常预测不到这些过程的具体进展和结果会如何"[20]。

从最近对一些法官的任命来看，我们看到其中好像有一条学习曲线图（a learning curve）。对于罗伯特·伯克的提名，可以说其是非常够格的，而且这种提名也有很强的意识形态特征，在很多问题上都是立场鲜明，但最终却失败了，而且让那些自由派利益群体知道"他

第三章 新宪法秩序之外？

们该如何把司法提名作为更一般的政治组织手段来加以使用"。对于克拉伦斯·托马斯（Clarence Thomas）的提名，也带有一定的意识形态，而且还有一些特别人群提出了上诉，但最后成功了，不过这种成功让提名他的总统付出了巨大的政治代价。[21]对于大卫·苏塔的提名，其实在他被提名的时候我们并不知道他所持的立场问题，但最后成功了，不过，苏塔作为一名大法官的行为表现让保守派知道：他们并不能信赖那些重复的誓言，即"一个被提名法官，如果在公众那里没有留下重要的记录，那么在被任命之后会变成保守派"。

对于不愿意承担风险的总统和参议员来说，他们明显更倾向于那些很平和的被提名法官："在整个国家里，那些来自法律和政治方面的精英力量，实际上对任何一项提名都会成为一种潜在有力的反对力量，由此，现在总统要被迫去寻找一些被提名法官，其中，他们所表现出来的特征要能预先阻止——或至少减少——这些反对情形。"[22]阿洛夫指出，计算机化方面的研究和数据库的发展已经使得那些利益群体可以更容易找到那些未来可能被提名法官的信息。[23]因为"声望会让反对者们动员起来更为便利"[24]，那么我们所说的"隐秘起来的被提名人"（stealth nominee）——其没有反对者可以攻击的重要公众记录，这种特征应该是新宪法秩序中被提名人要具备的。然而，苏塔大法官这个个案表明了，尽管隐秘起来的被提名人可能逃脱那些总统反对者所提出的重大挑战，但是，他们可能也并不足以可信——至少公开来讲是这样的——从而也无法满足总统支持者们的需要。甚至更糟的是，让我们来看看反对党对某个隐秘性被提名法官的反应：事实恰恰是，在苏塔之后，总统的支持者更要去容忍这样的被提名官，而这将证明给反对者看的是，总统的支持者们必须有足够的信息，从而使他们在仅有那么一点点公众材料时也可以确信。

那么，最好从哪里来拣选出被提名人呢？如阿洛夫所说的，"绘制出一个调适的过程"，其中任何争议性判决——通过"法官必须遵循最高法院的指令"这种说辞——可以用解释消除掉。[25]被提名至最高法院的现任法官——即便对总统也是如此——不用多说便可以表明"被提名法官自身的观点可能不同于最高法院的判决，而这些判决当

_173

然会迫使被提名法官以颇具争议的方式来断案"。相反，政治家和法学教授们则通过直面这些颇具争议的问题而获得了声望，而这也正是为何总统要回避此类提名。

提名一位现任法官，也许可以减少反对的声音。然而如果这样做，这样的提名也许无法代表总统选区中的一部分利益群体：反对者们无法确信"隐秘性被提名人就会反对他们"，但是支持者们也同样不能确定"被提名人就会赞成他们"。西尔弗斯坦对最可能性出现的结果进行了概括："有经验、有能力且没有争议的那些法学家，对联邦司法机关在政治制度中所扮演的角色持一种克制性的理解（restrained understanding），这可能是现代制度下最值得做的事。"[26]

由于最高法院的提名机会非常少，因而如果对新宪法秩序中的提名和任命程序进行一般性概括，那是危险的。提名一位很年长的意识形态拥护者，与提名一位非常年轻的人相比，提名前者的反对意见可能会更少些；在总统的观念中，相对微弱的反对声音也许就可以消除掉这样的不确知情形，即无法确知被提名法官是否会任职很长时间。通过对低级法院提名中的政治因素进行分析，也有一些其他的发现。参议员对于那些已远在主流之外的提名情形，会很有经验地通过"喊停"（holds）和"阻碍提案通过"（filibusters）等方式来阻止这些提名。[27] 埃莉诺·艾奇逊（Eleanor Acheson）为克林顿总统负责那些提名过程，而据报道称，其也承认"如果被提名人不能控制60名参议员的选票，那就根本不愿意将其提名到法官队伍里，这是防止出现'阻碍议案通过'（filibuster）情形所需要的数字"，尽管在历史上还很少发生在提名中就出现"阻碍议案通过"的情形。[28] 其他一些拖延手法——包括对被提名人进行听证，把全体参议院的考虑作为一个先决条件，或者采用一种慢条斯理（at a snail's pace）的节奏——现在都已经得到了很好的发展。

而且，与前不久的情形相比，新宪法秩序中的主流思想变得更加保守了。通过研究克林顿总统所任命的那些地区和上诉法院法官在刑事正义和民权问题上的立场，我们可以发现，与吉米·卡特总统所任命的那些法官相比，他们变得更加保守了，尽管——也不足为奇——

还没有里根和布什总统任命的那些法官保守。[29]这些数据证实了,克林顿总统是里根总统的继承者,而不是林登·约翰逊(Lyndon Johnson)的继承者。这也意味着,在新宪法秩序中,民主党总统所任命的大多数法官已经在一般裁判方法上——且在那些重大宪法原则上——有了制度化成效(effect of institutionalizing)。

有的时候,总统也许能估算到一个有争议的提名可能会带来的好处,比如可以迎合一个非常重要的选区[30],但是这些好处却会超过用以应对反对意见所要付出的成本,而且这些成本可能会让总统很少再有这样的提名。在一些情形下,一位共和党总统,不管是受共和党参议院的支持,还是甚至面对的是民主党参议院,他也许可以把那些很受关注的保守派提名到联邦法院里,甚至推到最高法院里。

对于"乔治·布什总统会提名一位适度保守的西班牙籍法官或者一位前任法官到最高法院"这个主张,在对其分析之后,我们可以发现其中所存在的困难和可能的情形。那些自由派利益群体从托马斯的提名中已经认识到,对那些会引发一些特殊人群强烈诉求的提名,他们要格外小心,但是他们也有可能无法聚合足够的反对力量来阻止这样的提名。[31]即便是一位西班牙籍被提名人,也无法让公众领会到他所主张的"限制堕胎权"立场。而且,总统的保守派支持者自身也看不惯这种隐秘性被提名人,而打出一种标语——"赶走苏塔"[32]。那么,总统必须选择一位在堕胎上没有明确立场的人选,从而可以让他的保守派支持者确信这位被提名者不是大卫·苏塔,而且与此同时,要避免引来强烈的反对意见,而这恰恰在于——在堕胎问题上——被提名人确实不是另一个大卫·苏塔。这算是一项精致的政治任务,即便是很小的差错,都有可能让这个选择在政治上付出巨大的代价。当然,如果在总统想再次当选(reelection)之前进行这样的提名,那么这些巨大的政治代价也有可能值得去付出。[33]

我所分析的这些假定提名情形,也涉及总统在其中所处的政治环境,但是,它的轮廓还是来自新宪法秩序所具备的那些一般特征。利益群体对最高法院的关注——还有分治政府,这使得很少有可能出现"新任的中间派大法官对革新——而不是遏制——宪法原则很感兴

_175

趣",当然并不是完全不可能,而只是说可能性很小。

总统领导的可能

政体转型通常都是在出现了严重危机的情形下发生的——如美国独立战争之后出现的治理危机,美国南方以蓄奴问题相逼而要退出联邦所带来的危机,以及大萧条所带来的危机。[34]作为对危机的一种回应,所发生的政体转型也具有另一个特征,即其中的政治领导通常都是由总统来运作。[35]特别是那些之所以被选出来就是要处理所面临危机的总统,他们要带领着这个国家拉开一个新的宪法秩序,从短期来看,他们有三个层面的成功,而从长远来看,他们还有第四个层面的成功。从修辞上来说,他们为这个国家描绘了一幅新的宪法图景,由此国家可以团结起来。从政治上来说,他们通过国会获得了可以实现这个图景的法律(laws)。从计划上来讲,他们所采行的法律被视为用来解决——或者至少可以大大地减轻——他们所面临的问题。更长远地来看,成功的政治领导一开始就会建构一个新的制度结构,当然在该结构中,政治上的争论每天都有。

政治科学家杰弗里·图利斯特别强调已为人所知的"图景"(the vision thing)这一概念的重要性,其实这个概念是在乔治·H·W·布什失败了、然后又再次当选之后才被启用的,这部分是因为他认识到了他缺少这种"图景"[36]。通过富兰克林·D·罗斯福和伍德鲁·威尔逊的例子,图利斯发现成功的总统在修饰上有很多特征。在图利斯看来,在修饰上取得成功的总统,都非常清晰地表达了那些"公共原则(public principles),以至于可以教化——并不是简单地引发——公众意见(public opinion)",而且"会对与原则(principle)相关的案件进行阐释,而并非那些具体的政策"[37]。另外,转型期的政治领导"发现问题的核心在于……要反映出多数人的意志,即便这些多数人并没有完全认识到是什么",并且"要在各派系相对峙以及群众反对声的背后理解到多数人的真实意见"[38]。我们可以用第一章

第三章 新宪法秩序之外？

的论点来看这些观点，那就是当代政治领导可以利用一些特定群体以及其他识别公众意见的方法，来完成施行他们所提出的政策。[39]由于政治技术（political technology）的发展，修辞式的领导技艺——与更早前相比——在今天也许更容易被使用。

但是，仅有修饰上的成功还不够。罗纳德·里根（Ronald Reagan）总统和纽特·金里奇（Newt Gingrich）议员的事例表明了，对于那些在公共领域具有魅力的图景，一些领导人确实想把它清晰地描绘出来，但也许最后并没有——如他们所希望的那样——让政治秩序得以转型。里根总统在任职期间所进行的转型并不彻底，其中的原因在于"修辞术必须同时伴有政治和计划上的成功"。如达莱克所指出的，那些最成功的总统会"把明确的目标和下面两者同时结合起来，一是对"在多大程度上去改变一个国家是可以被接受的"进行认真的评价，二是在策略上何时去包容那些准备在一些方面屈从的反对者"[40]。总统也必须要有屈从的准备，因为当他们试图带领这个国家进入新宪法秩序时，旧的宪法秩序还会保留着制度性权力，因此必须在一定程度上对此予以包容。那些新的宪法雄心所呈现的图景式主张（visionary statements）与当下现状（status quo）的实际包容情况（pragmatic accommodation）之间会存在一定的张力，只有那些卓有成就的政治领导对此才可以成功应对。如图利斯所言，"在现实中……同时具备激励性（inspirational）和明确性（specific），这是很困难的。"[41]

即使有政治修辞方面的领导力，也并非就可以获得政治上的成功。总统试图让国会所制定的政策必须是推进这个国家朝总统所确认的方向前行。一个比政体转型要小一些的例子，也许在这里能说明些问题。总统经常会用"战争"来作为修辞为他们的计划寻找正当性：如与毒品作战，与犯罪作战，与癌症作战。这些计划当然不具有转型性，而执行这些计划的政策多少起因于那些利益群体的博弈，这是新政—大社会秩序的特征所在，也是总统领导的特征所在。但是，问题在于，这些政策在减少毒品或消除癌症方面并没有取得明显的成功。[42]

_177

新宪法秩序

政治领导在政体转型中的最后关节，其发生过程是最难发现的。这就是很多新颖的制度得到了发展，它们都支持新的宪法秩序，比如在新政—大社会宪法秩序时期职业官僚制和利益群体权力的结合。不过在19世纪40年代早期，我们也许就已经能够觉察出这些制度性特征的影子，不过分析家们也许要有特别的预见能力，才能由此知道它们正是即将出现的宪法秩序之特征所在。[43]

这些认识对于2001年9月11日恐怖袭击所带来的可能性来说，有很明显的影响。乔治·W·布什总统在塑造一个新的宪法体制时可能会扮演哪种角色呢？他可以看下他的前辈亚伯拉罕·林肯（Abraham Lincoln）在1862年12月对国会所说的话：

> 过去的那些呆板教条并不能足以应对现今的急风暴雨。此刻可谓是困难重重，而我们必须从"此刻"起身出发。由于我们所面对的是新生事物，因而我们也必须重新思考，更新行动。我们必须要把自己释放出来，然后，我们再去拯救我们的祖国。[44]

布什总统就职的时候，正处于有着诸多不利的危机时期。与克林顿不同，对于他的当选，公众并没有意识到会引发一场危机，当然公众也期望他能够予以处理。不过确实存在一场危机，但是这种危机并不是经济上的滞后，其不会出现"里根革命"（Reagan Revolution）所取得的那些成功之处，而且在布什选举期间，这并不是公众所关注的焦点所在。当然，民主党人还是对他就职的方式存在担忧。也许最成问题的是，他竟变成共和党的总统候选人了，这恰恰是因为他并没有表达出其鲜明的意识形态，由此也因为他很可能就被视为共和党的候选人了，从而模糊了其在意识形态上与民主党人的差别，而民主党人自身也已成功地让人无法弄清他们对——被扼制的宪法秩序中的——新政体原则的反对意见是什么。

第一章讨论了斯蒂芬·史卡罗奈克（Stephen Skowronek）对总统领导所作的分析，其中区分了重建型总统（reconstructive presidents）和依附型总统（affiliated）。重建型总统最初会阐明一些宪法原则，而这些原则与它们所在宪法秩序中的原则相比，是不同的，然后开始对当下秩序进行解构，并着手构建一个新的秩序。依附型总统是去"扩展并巩固他们从前任那里所继承的传统"[45]。在这种架构下，罗纳德·里根属于重建型总统，乔治·W·布什则属于依附型总统。但是如同我已经主张的，里根革命解构了那种新政—大社会宪法秩序，但是并没有执行里根总统所阐释的那些很保守的替代性原则。我的观点是，最后是产生了一种宪法抱负被扼制的新宪法秩序，其不属于重建类型。在斯克劳尼克的理论框架里，布什总统依附于抱负被遏制的宪法秩序。而且在史卡罗奈克看来，依附型总统后来最好去做重建型总统的助手。对他而言，他们的政治困境在于要摆出姿态鲜明的政治立场，由此要宣传他们自身的政治领导力，但与此同时，也要遵守他们前任所留下的原则。

我对这个结论是满意的。但是，还有另外一种可能性，还没有被史卡罗奈克考虑进来：就是布什总统将会施行里根总统所构想的重建目标，但是并不能做到这一点。布什总统在一定程度上可能是一位依附型总统，因为他是罗纳德·里根和纽特·金里奇的继位者，且他的图景也体现了最初所提出的那些政体原则。他在一定程度上也可能是一位重建型总统，这在于他付出了很多去"巩固和拓展"已有的那些，那么，这实际上是对里根和金里奇所勾画图景的制度化。布什总统的任务是向公众重提里根和金里奇的那些原则，而公众在他们的最初映像里其实并没有完全接受这些原则。

根据布什总统的第一次国情咨文，自由专栏作家 E.J. 迪翁对布什总统可能在政策转变上的走向提出了建议。[46]在迪翁看来，保守派对自由市场的保护以及那些传统主义者对发展道德之条件的关注，在布什这里，两者被结合了起来，其所采取的方式是用公共权力去培育公民社会所需的机制，这帮助人们去理解他们在个人（personal）以及经济（economic）成功上的个人责任。减税以及现有规制在范围上的缩小，代表了第一个部分，而以信念为支撑的那些公共计划、教育上的改革（这包括但并不限于私人学校可以享有优惠券的情形），以及那些支持志愿者活动的政府计划等,这些代表了第二个部分。

我们也可以看见新的制度安排的一些光亮。布什政府选取了里根总统执政时期的一些话题,宣称他的兴趣在于建立一种在宪法上具有独立性的强总统制。其中,只是很有限地公开总统的记录,而且拒绝公开副总统与能源公司官员的交往情况。他最初针对恐怖活动而要审判那些非本国公民,由此提议的军事特别法庭,也许已经把普通法院完全排除在整个过程之外了。宪法上的分权通过政治上的角逐来进行建构[47],而且早期的提议也许并没有成功,或者发生了转变而让既存的制度并没有发生重大的改变。当然,就此而言,我们可以看到布什政府——为了一个新的宪法秩序而去发展一种新的制度安排——的兴趣所在。

这种危机也给重新表达以及转变那些保守性原则及制度提供了机会,其用一些政治伎俩来塑造公共诉求,通过这个过程再次把这些原则及制度放到"战争"修辞术(the rhetoric of war)*和既定的制度结构当中。写到这里,当然还为时过早,尚不能知晓布什总统的修辞是否会成功,无法知晓他在政治上是否能用足够的修辞来达到他的政治目标,无法知晓所制定的政策是否会成功,也无法知晓新宪法秩序所具有的显著制度特征是什么。

而且,如果布什总统在计划上取得了成功——其中包括成功制定并执行那些被认为是有效回应危机的相关政策,以及从修辞上来说,也包括成功表达了一个更宏大的意识形态,从而解释了为何那些新的政体原则是符合新情况的,那么这样的话,美国宪法秩序会转型成这样一种秩序,即在原则层面上致力于大幅减少政府在推动经济增长以及追求经济和社会正义方面所扮演的角色。

这如何才可能发生呢?我们可以把这种情景分两个部分来看。一个在计划和修饰上都取得成功的总统,其所扮演的角色——在2004年的美国选举里——可以作为能够统一意识形态的政党领袖,而且也

---

* 主要以"战争"这个概念来进行政治修辞,如针对毒品、癌症等国家建设方面的战争等。——译者注

第三章　新宪法秩序之外？

可以帮助他的政党稳固地操控国会。那么，这就有可能把新政—大社会的原则全盘否定掉，这一点可以于美国老年人退休金制度在根本上实行私有化上得到体现。这个情景的第二部分牵涉到最高法院。我已发表的观点是，在9·11事件之前所处的主导条件之下，布什总统在提名最高法院法官的时机选择上，面临着艰难的政治抉择。而在紧随9·11事件之后的条件之下，他的选择变得很简单：那就是选择那种没有争议的、平淡且隐秘的被提名法官。在那些可能很主导的条件之下，一旦他变成转型期的总统，那么他的选择同样会很简单，不过正好反过来：那就是去选择一个坚定的意识形态拥护者。最高法院然后可以通过清理先前宪法秩序所留下的那些立法上的法令全书，以此来支持新的统一政府。

与我开始研究这一问题时的那些情境相比，我现在所描述的这两种情境更具有现实性。但是，它们的现实性与已经现实存在的新宪法秩序相比，则稍微逊色些。我们可以看一下新政—大社会宪法秩序下的那些重要立法：社会保障、1964年民权法案，以及20世纪70年代的环境立法。我认为，去想象"让一个政党联合起来的保守派国会去废除制定法中所体现的民族任务（national commitments）"，这是完全不现实的事情。当然，其中会有一些边边角角的修补，而且联邦政府——包括法院——的执行力度，与那些最热心的环境主义者以及民权呼吁者的相比，要弱得多。当然，对于制定法所规定的"规范层面的任务"（normative commitment）到底是什么内容，这也有争论：清洁水必须清洁到何种程度？纠偏行动与平等保护原则是相一致，还是相冲突的？不过我相信，这些"规范层面的任务"——好的生存环境和平等的机会——以后将不会有任何疑问。简而言之，我们已经——而且很可能会继续——处于这种抱负已被扼制的宪法秩序当中。

对于新进了几位保守派大法官的最高法院来说，宣称一些制定法的主要内容违宪，这是几乎不可能发生的事情。与其他政治部门相比，法院的角色在某种程度上更在于朝着个人责任（personal responsibility）的方向去推动政策。第二章分析了这种可能性的第一步：法院也许认为，政府所推行的教育优惠券制度也许可以包含那些有宗教隶属性学校使用优惠券的情形。我可以想象法院会继续向前一步,然后主张这些制度必须包括这类学校,因为把它们排除在外将会构成——以它们所指令的内容为依据的——歧视,也违反了言论自由原则。而且,我可以想象第三步会更加明显,那就是法院认为"各州必须确立这些优惠券制度"。这种主张的大意是,父母在宪法上有权利把他们的孩子送进这些私立学校,不管该学校是否有宗教上的隶属性,而且有必要让这些优惠券制度能做到"父母可以真正地作出选择"。另外一种可能性是,法院也许会宣布一项社会福利制度违反了宪法,在于其并没有让个人有机会去知道他们的退休储蓄该如何投资——也就是说,作为宪法所保障的社会福利,其中一部分被私有化了。对此,这个论点可以从现代法院所适用的征收原则中得以发展。

这些只是一些可能性,但这无疑要花时间对很多先例进行研究,从而找到法院可以全面实施新宪法图景(constitutional vision)的定位所在。在某些方面,想象"法院会推翻新政—大社会宪法秩序中的那些判决",比想象"法院会向着完全崭新的方向前行"要容易得多。但是,如我所言,作为一个政治问题,让一个新的宪法秩序废除先前秩序中的那些根本内容,看起来可能性并不大。

结语

当我开始对这一课题进行研究的时候,我对新宪法秩序中的政体原则以及政治结构所作的评价,是相对自信的。但是政治生活从来都不会平静如水,而且目前的情形下所出现的新机遇使得宪法秩序有可能发生更大的转型,这不会亚于2001年之前发生的情形。如果非要我做一个选择,那么我仍然会说,新宪法秩序已经存在了,而且其政治结构的核心是一种分治政府,其中是两个意识形态对立但又内在相统一的政党进行分治,而且其中的治理原则可以说是新政—大社会宪法秩序中那些原则被遏制后的版本。但是,也有可能在某个角落这已是一个与众不同的宪法秩序,这种可能性比乔治·W·布什宣誓就职时的情形要大得多。对于那时的新秩序，一般可以将其称为"里根—金里奇—布什宪法政体"，其政治结构是以意识形态高度统一的政府为中心的，所遵循的原则是联邦政府不仅对经济增长以及实现经济和社会正义没有责任，而且实际上也没有权威去这样做，除非存在着一种环境——其中让个人和市场可以根据其自身标准来推动经济增长并实现这些正义。

注释

[1] 这章比其他章节要短，因为毕竟这章处理的是那些挑战本书观点的论点，也并不奇怪的是，与我自己的观点相比，我对这些挑战所能说的要少之又少。

[2] Dallek, *Hail to the Chief*, at p. 99.

[3] Keith E. Whittington, "The Political Foundations of Judicial Supremacy," in Barber and George, eds., *Constitutional Politics*, at p. 264.

[4] Klinkner and Smith, *Unsteady March*.

[5] Ibid., at pp. 3-4.

[6] 为了识别那些宪法时刻，克林克纳和史密斯的那些条件区别于阿克曼的标准，但是在一个更抽象的层面，它们都可以被理解成是宪法时刻和日常政治的一种特殊具体情形。

[7] Dahl, *A Preface to Democratic Theory*, at pp. 132-33.

[8] 我所强调的是，关于回归保守性规范的公式是我从克林克纳和史密斯的分析中概括出来的，当然和他们自身的论点有所不同。

[9] 这个隐喻会有变化。我已经使用了觅食性狂乱（*feeding frenzy*）；另一个隐喻是与1981年税法联系起来使用的，就是圣诞树立法（*Christmas-tree legislation*）。（我认为，用"圣诞树立法来自二十年前"这个普通例子并非没有意义。）

[10] Ackerman, "The New Separation of Powers."

[11] 这种分析应该注意到这样一种可能性才能说得通。这种可能性是，或然性的保守派（或自由派）统一政府可能并没有被分治政府所替代，而是被或然性的保守派（或自由派）政府所替代，这也可能会导致把前任政府已制定的那些立法取消了。

[12] Ackerman, "Off Balance," in Ackerman, ed., *Bush v. Gore*.

[13] Ibid.

[14] 之后的那些观点接受这个建议，那就是"法官……是通过政治过程……被雇佣和选择……其中特别强调政党关系和意识形态"。Peretti, *In Defense of a Political Court*, at p. 85. 佩雷蒂通过政治科学方面的文献资料来对此予以支持，第 85—93 页。

[15] 阿洛夫关注总统对被提名人的具体选择，Silverstein on confirmation. Yalof, *Pursuit of Justices*; Silverstein, *Judicious Choices*。

[16] Watson and Stookey, *Shaping America*, at p. 43. See also at p. 97. （对其中一些利益群体进行了分析。）

[17] See Denning, "Reforming the New Confirmation Process," at pp. 15-17.

[18] 参见马克·图施耐特、法院所属的委员会以及美国参议院的司法委员会所作的阐述，2001 年 9 月 4 日，网址为 http：//judiciary.senate.gov/oldsite/te090401so-tushnet.htm。基思·惠廷顿的邮件交流也帮我明白了这一点。Eisgruber, "Politics and Personalities in the Federal Appointments Process," 其中阐释并批评了自 2000 年以来那些提名战（nomination battles）中个人特性（personal character）所扮演的角色问题，第 185—188 页。

[19] 阿洛夫描述了能够给总统带来更多困难的过程。司法选择的过程已经变得越来越官僚化，而且重要的是，司法部和白宫之间出现了分歧。在一定程度上，每一个官僚机构一般都追求着各自不同的利益，而司法部的工作人员在某种程度上更关注意识形态和那些总统想放在法院身上的政策印记，而白宫的工作人员在某种程度上更关注提名确认过程中的政治纬度。Yalof, *Pursuit of Justices*, at pp. 12-13, 180-86。

[20] Silverstein, *Judicious Choices*, at p. 158.

[21] 比如一般来说，总统乔治·布什不得不签署民权法案，虽然这是他之前否决了的，这样做是为了减少他提名托马斯而给人们留下的那种印象——那就是布什反对民权。

[22] Silverstein, *Judicious Choices*, at p. 100.

[23] Yalof, *Pursuit of Justices*, at p. 17.

[24] Silverstein, *Judicious Choices*, at p. 163.

[25] Yalof, *Pursuit of Justices*, at p. 171.

[26] Silverstein, *Judicious Choices*, at p. 171.

[27] 对于近来所发生情况的详细分析，参见 Kline, "The Topsy-Turvy World of Judicial Confirmations"; Denning, "The 'Blue Slip'"。克兰作了一种高

第三章 新宪法秩序之外？

度政党化的解释，不过他对这些事件的解释看起来是正确的。

［28］Tinsley E. Yarbrough, "Clinton and the Courts," in Hernnson and Hill, eds., *The Clinton Presidency*, at p. 54.

［29］Stidham, Carp, and Sanger, "The Voting Behavior of President Clinton's Judicial Appointees."在支持刑事正义方面，对于地区法官来说，其投票率分别是：卡特38%，里根23%，布什29%，以及克林顿34%；对于上诉法院的法官来说，他们分别是：卡特40%，里根26%，布什22%，以及克林顿31%。在支持民事权利方面，对于地区法官来说，投票率分别是：卡特52%，里根33%，布什33%，以及克林顿39%；对于上诉法院的法官来说，他们分别是：卡特42%，里根32%，布什33%，以及克林顿41%。

［30］比如，西尔弗斯坦认为，乔治·布什总统"通过司法任命……来回报……右翼政党"。Silverstein, *Judicious Choices*, at p. 124.

［31］布什刚刚就任，关注法院的自由派利益群体便开始着手反对任何布什的提名任命：他们主张，那些保守派大法官——在他们眼里——让布什得以上位，但应该没有能力去卓有成效地选出他们自己的继任者。在布什宣誓就职一年以后，对这一观点的分析，参见 Mikva,"Supreme Patience."这个策略可能并没有成功，但是它表明了，那些民主派利益团体一般不会把最高法院的提名当做政治交易——在这种交易中，其中一个选区只要通过简单的身份政治（identity politics）就可以被"收买"。

［32］See Lewis, "The 2000 Campaign."

［33］当法院出现分歧，而且某个单独的任命有可能被认为会带来深远的长期影响时，那么这可能就非常准确了。当然，在这些条件下，反对提名的声音也有可能会很强烈。

［34］我相信，阿克曼对"把里根时代作为宪法转型时代的开启"所持的怀疑，其中一个原因在于他认识到，新的国家不会面临之前国家形态中的那些危机。

［35］下面我所关注的焦点集中在总统领导上，因为这是最有可能把我们带进新宪法秩序的。但是，就如我所举的许多例子表明的，政治领导（political leadership）有时候可以通过国会中出色的议员来驾驭。

［36］Tulis, *The Rhetorical Presidency*. See Dallek, *Hail to the Chief*, p. 1 (quoting Bush).

［37］Tulis, *The Rhetorical Presidency*, at pp. 106, 108.

［38］Ibid., at pp. 128, 129.

185

[39] See generally Jacobs and Shapiro, *Politicians Don't Pander*.

[40] Dallek, *Hail to the Chief*, at pp. 44-45.

[41] Tulis, *The Rhetorical Presidency*, at p. 136.

[42] 犯罪率在20世纪90年代确实出现了大幅度降低，而且其中一些可能归因于那些与犯罪和毒品"战争"相关的政策。但是，对于"认为幅度降低是由打击犯罪政策所导致的"这一点，我并不是很清楚，而且公众所认知的（public perception）正是在此所主张的问题。

[43] 有预知能力，而且回过头来看，也并非只是一种碰巧。

[44] Abraham Lincoln, "Second Annual Message to Congress," in Nicolay and Hay, *Complete Works*, vol. 8, at p. 131.

[45] Keith Whittington, "The Political Foundations of Judicial Supremacy," in Barber and George, eds., *Constitutional Politics*, at pp. 265-66.

[46] Dionne, "Conservatism Recast."

[47] See generally Whittington, *Constitutional Construction*.

第四章　新宪法秩序之法理

　　宪法秩序带出了一些裁判理论。这些理论解释和说明了最高法院在每个特定秩序中所起的作用。本章选取了几位学者，来看看他们对新宪法秩序的法理所作的分析，其中侧重分析了凯斯·孙斯坦（Cass Sunstein）教授所提出的"司法极简主义"（judicial minimalism）学说。本章首先对新政—大社会宪法秩序的一些法理内容进行了分析，其中包括大法官们对他们该如何进行角色扮演所持的争论，同时也更为详细地讨论了亚历山大·比克尔（Alexander Bickel）教授对法院角色扮演的独到见解。比克尔在《最小危险部门》（The Least Dangerous Branch）一书中对宪法裁判所进行的论述，是一种适合于新政—大社会宪法秩序的司法裁判理论。我通过解释分析比克尔的理论，进而转向当前秩序下的"宪法法理"（constitutional jurisprudence），在这方面，以凯斯·孙斯坦教授的讨论为代表。孙斯坦讨论了"司法极简主义"以及那些还未充分发展的类似相关学说（用很久以前的术语来说，这些学说把宪法当做一种平衡器）。这些关于宪法裁判的方法，来自比克尔的理论学说，当然也有所变化，从而在方法上反映了新宪法秩序。

最高法院的角色忧虑及其消解

在实施新政宪法体制的前些年，最高法院在如何正确扮演角色上还存在着分歧。至少在新政时期，一些宪法学者逐渐认识到这样一个事实，即先前的秩序所依托的是一种在理论上站不住脚的法律形式主义（legal formalism），并以此来为司法审查权的行使进行辩护。比如，一些支持新政的学者嘲讽欧文·罗伯茨（Owen Roberts）大法官在合众国诉巴特勒案（*United States v. Buttler*）中的呆板教条——那就是把法院的"唯一……责任"当成是"将所涉及的宪法条款与受到质疑挑战的制定法进行比较，然后决定后者和前者是否相一致"[1]。他们也反对乔治·萨瑟兰（George Sutherland）大法官所奉行的原旨主义立场，即："宪法条文……并不是在一个时期是这样，但在其他不同时期又是完全不同的另一样。"[2]

但是，如果排除法律形式主义和原旨主义，那么，司法审查的正当性就会存在问题。正如政治学家马丁·夏皮罗（Martin Shapiro）所指出的，新政时期的大法官们征服了原先的宪法体制，并且掌管了它所捍卫的那座堡垒。[3]他们随后所面临的抉择便出现了分歧：他们可以摧毁曾经阻碍他们的那些武器，或者利用这些武器来反对他们自己的敌人。如果到了他的宪法理论是连贯的程度，那么可以说，费利克斯·法兰克福特（Felix Frankfurter）大法官主张采取第一种情形。[4]在法兰克福特的理论要点中——其并没有彻底贯彻于实践之中，他提出了一种对民主多数（democratic majorities）决定予以尊重的司法谦抑理论（judicial deference）。[5]

哈伦·费斯克·斯通（Harlan Fiske Stone）大法官的"第四脚注"（footnote 4）为其他选择提供了理论上的依据。[6]根据第四脚注，法院有责任对公民的自由提供宪法上的明确保护，而且更为重要的是，要让民主政府的各种机制不被破坏，比如，应该保护诸如选举、言论自由，以及为那些在政治与社会中会受到歧视的"被隔绝的少数

第四章 新宪法秩序之法理

群体"（discrete and insular minorities）提供保护。"第四脚注"理论是法院首次努力将司法审查制度注入新政——以及后来的大社会——宪法秩序中。它在承认司法审查权的同时，也对其行使的情形进行限制。法院进行司法审查有很多好处，其中主要可以让新政宪法秩序中那些重要的政治选区有所受益。

尽管在新政—大社会宪法秩序时期，法院的角色还没有完全定型，且一直到1962年法兰克福特大法官卸任之后，然后再由沃伦法院对其地位加以巩固，这才得以完成。[7]到了60年代中期，"第四脚注"理论已显得不够用。此时，法院开始沿着该体制中的"计划自由主义"（programmatic liberalism）方向向前发展，并把它作为一种宪法上的要求。[8]平等保护条款是推动这一运动的主要工具。正如我们在第二章中所看到的，一些判例已经表明了，一些奉行激进主义福利的州对物品进行差别性分配是违宪的。[9]在新的宪法原则下，这些判例暗示了：以市场准则为基础对物品进行分配，也有可能是违宪的，除非你有很有力的理由能证明这种差别分配是正当的，当然，其中所指的物品——如果不从宪法意义上来看——都是基础性的物资。[10]其实，这个原则也许可以完成第二权利法案（Second Bill of Rights）所需的宪法根基，而且也许也有可能完成新政—大社会中"计划性自由主义"所需的宪法根基。

我在第二章中曾指出，最高法院从来没有完全采纳这个新原则，而且，1996年的福利改革立法也表明了，新宪法秩序摒弃了这种"计划自由主义"[11]。然而更有趣的是，在新宪法秩序时期，大法官们似乎在司法审查的正当性上不再有类似的焦虑，而这种焦虑是新政宪法秩序在早些年的重要特征之一，而且持续贯穿于沃伦法院时期，这也是学术界关注的焦点所在。大法官们现在已经可以宣布国会的立法无效，而不再对"民主立法机关的决定正在被取代"这种事实进行谨慎的深思或对此还有所困惑。

其中的原因有可能是，新宪法秩序已经确立了，此时法院与政治机构之间已经不再有那些激烈的对抗[12]，所以大法官们也无须再去对法院的角色定位进行思考。他们只需要继续扮演它在之前政治体制中所扮演的那种角色，只不过是他们面对的内容有所改变而已。不过，他们的那些雄心抱负看起来也被消磨了很多。

为法院角色的正当性辩护：一个还不算充分的理由

对新政—大社会秩序下最高法院的角色扮演问题，比克尔进行了理论上的概括。沃伦法院的那些捍卫者常常认为，比克尔犯了危险性的错误，而且对法院的"计划"（programmatic agenda）也没有理解透。[13]在某种程度上，比克尔是沃伦法院的批判者，因为在我看来，他知道法院的那些判决会使新政—大社会宪法秩序衰退瓦解。[14]而且，作为比克尔宪法理论的开拓之作——《最小危险部门》，是在他的导师费利克斯·法兰克福特（Felix Frankfurter）于1962年卸任以及查尔斯·惠特克（Charles Whittaker）退休之后、并且在沃伦法院的地位得到巩固之前写作的。[15]此外，该书最终是在林登·约翰逊（Lyndon Johnson）实施大社会计划之前完成的。他的大社会计划所认同的是：新政—大社会宪法秩序应该通过那些具体且自由的重大计划，对多元化的利益群体进行整合。尽管有了这些条件，《最小危险部门》中的那些基础性概念可以用来支持沃伦法院的"计划自由主义"，不过，这本书也有一些犹豫之处，也有一些内在的张力，这意味着"这本书也存在一些对此种计划可加以批评的地方"。

比克尔关于实体性（substantive）司法审查的适用场景、内容及范围的论点，来自他对法院的历史以及目前境况这两个纬度的反思。首先，他的理论要考虑新政时期的那些大法官，尤其是法兰克福特，并要理解法院在富兰克林·罗斯福总统对法院进行改组之前之所以出现危机的教训之所在。其次，他的理论还需吸收法院的那些重要成就，特别是在布朗诉教育委员会案之后，法院一直在坚持追求大法官们及他们的政治文化所理解的那种种族正义（racial justice）。这两个维度都反映了新政—大社会时期宪法体制的不同方面——期间都致力于利益主体的多元化和施行计划性自由主义，而如果不能兼顾这两

第四章 新宪法秩序之法理

者,则该理论不可能是该政体的法理所在。

法兰克福特虽然没有一直坚守抽象的司法克制理论(theory of judicial restraint),但通过对此加以阐释,回应了那些新政危机。这一理论对引起危机的事件都作了直接回应——其中的危机是,法院拒绝将影响经济权(economic power)分配的立法看作一般利益集团的政治产物。[16]当然,这与新政计划的那些要素已不相契合,这可以从法兰克福特对法院所阐释理论的不满看出来。在法院的理论中,某些宪法权利是享有优先地位的。[17]

法兰克福特面临的困难是,要在政治、多元化利益集团这一领域,以及法律——或许是计划自由主义这一领域——这三者之间划清界限,这一难题一直延及至比克尔。[18]即使法兰克福特消退到那些计划成果中,这种抽象的司法克制理论也难以就此划出一条界线。当时,比克尔作为法兰克福特的法官助理,在其指导下去准备一份备忘录来阐明与学区隔离(school segregation)有关的宪法第十四条修正案的立法目的,那么,比克尔对法兰克福特在司法克制理论上的左右摇摆是有切身感受的。[19]比克尔的结论是,那些制宪史根本无法回答法兰克福特所提出的所有问题。可以说,法兰克福特当时颇为自由(free)地认定"隔离就是违宪的",尽管这个判决很难与抽象的司法克制理论相一致,或者很难与原旨主义的进路(其中的历史追问是没有结论的)相吻合。然而,法兰克福特也没有其他的途径去表达他对新政时期那些计划性任务的支持,就此而言,他比沃伦法院所坚持的要少些。从某种程度上来说,法兰克福特的司法哲学吸纳了司法克制的一般立场,而到比克尔开始在《最小危险部门》中继续讨论这一理论的时候,该司法哲学就被比克尔取代了。

另一种方法是法律过程学派(Legal Process School)。它为新政—大社会宪法体制提供了更好的理论基础。法律过程理论的确立是为了确保"法律能维护稳定、秩序和社会正义"[20]。根据该理论,对于社会中的问题,要采取合理的方式进行处理,而处理结果要最大限度地符合各种机制的特征,那么,法律是要把不同内容的法律决定分配给各具特征的机制,从而获得稳定的社会秩序,由此在一定程度上,这

191

些判决也会推动社会正义。通过一定程度的事实调查，立法机关可以去处理一些新问题。但更为重要的是，立法机关可以根据立法议员所代表人民的偏好和价值观来施行政策。无疑，民主的价值之一是促进社会稳定，因为它能够确保"被代表的人也有份于整个治理过程"：即使他们在某些具体问题上并没有成功，但他们仍然有机会再次挑起这些问题，而且无论如何，他们在涉及其利益的其他问题上也有可能获胜。就此而言，对于新政中所努力追求的利益集团多元化，法律过程学派采取并为其提供的是一种司法审慎原理（juris-prudential rationale）。

法律过程学派所用的"原则"概念（notion of principle）试图为不断出现的实体性权利提供正当理由。对于法律过程学派的学者来说，法院的显著特征是其能够通过对那些原则性依据（principled bases）进行解释，从而达到他们的结论。凯西案（Casey）中法官的联署意见印证了这一观点。通过"原则"，法律过程学派的学者们可以在法院前面提出超越个案争议的理由，并且以此可以为其他案件中涉及同样利益的争议解决提供指导。在法律过程学派那里，法院有义务去考虑他们的行为会对未来争议所产生的影响，而立法机关对此不会这么做。否则，在一个稳定的社会中，法院对立法可以做的特别贡献就不存在了。[21]对于法院应该如何解释其中的原则，法律过程学派的学者们并没有赋予实质性的内容，但是被理解成是有一系列重要任务的"计划自由主义"，这与法院他们所秉持的"原则"概念明显是内在吻合的。

比克尔试图把法律过程学派的见解与早期沃伦法院的辩护理由融合在一起。比克尔在《最小危险部门》中收录的那篇关于消极美德（passive virtues）的文章中指出，有的时候，原则会破坏稳定性。在一个具体个案中，一个依据原则作出的判决有可能意味着"其他一些争议不得不采取一种社会目前尚未接受的方式来解决"[22]。在比克尔看来，奈姆诉奈姆案（Naim v. Naim）就是一个原则对稳定造成威胁而且法院可以避免过度依赖原则的重要案例。[23]弗吉尼亚州的一项法律规定，禁止不同种族间通婚，而奈姆案对该法律提出了挑战。该案于 1955 年诉至联邦最高法院,时间上仅在布朗诉教育委员会案之后。[24]不管布朗案中所使用的原则如何,以种族来在法律上进行区别对待,是否要被宣布无效,或者那些在法律上沿用了种族隶属关系的分类是否是违宪的,还是其他的情形,如果用同样的原则,都将把那些反对种族间通婚的法律宣布为无效。根据法兰克福特以及他在最高法院的同事法官所持的观点,比克尔认为:在奈姆案中适用"原则"——也就是法院用独特的方法来审判——会导致国内的不稳定。因此,法院不得不避开对这个案件的判决。

比克尔通过强调法院对案件的具体情形享有自由裁量权,以此来让他的整个观点有很强的说服力。他的创新之处正在于他精确地指出了这一点,因为移审令(certiorari)的批准是法院自由裁量的,而法院在对政治因素进行考量从而决定在具体个案中是拒绝还是接受审查请求时,也不会违反合法性原则(principles of legality)。奈姆案之所以如此引人注目,在于诉讼当事人把案件从弗吉尼亚州最高法院上诉到了联邦最高法院。作为一个技术问题,美国联邦最高法院必须对所有上诉案件的是非进行审判,也就是说,与决定"是否批准移审令"享有自由裁量权之情形相比,联邦最高法院作为法院在行使一般司法权方面并无自由裁量权。联邦最高法院试图游说弗吉尼亚州最高法院,让它再斟酌考虑其对于该州反异族通婚法(antimiscegenation law)的支持,但是在游说失败以后,联邦最高法院便驳回了上诉,理由在于它并没有通过合适的方法提出一个联邦层面的问题。正如赫伯特·韦克斯勒(Herbert Wechsler)所指出的,最高法院的判决"完全没有法律依据"[25]。从国会对"原则"的要求来看,这样的判决完全是一个不以"原则"为依据的判决。

比克尔对奈姆案(*Naim*)的支持表明了,他的解决方式主要是运用法律过程理论展开的,但在有些方面,他也很好地利用了该理论中的张力。比克尔直接关注联邦最高法院所适用的多样化的"可诉性要件"(justiciability doctrines),如成熟性要件(mootness),其要求有合理的联邦问题存在,还有其他一些要件,而这些要件可以让联邦最高法院在援引原则会导致不稳定的情形下选择回避对案件作出判决。然而，这些可诉性要件在法律过程理论中不存在概念层面的问题。作为要件，它们可以依据原则来进行适用，由此减少"以原则为依据的实体要件（substantial doctrines）可能产生不稳定"的可能性。[26]但是，比克尔走得还要远。从他在奈姆案中的立场来看，他也允许联邦最高法院为了避免在那些棘手领域进行判决，从而不依据"原则"来行事（un-principled）。

用法学教授杰拉尔德·冈瑟（Gerald Gunther）的话来说，比克尔坚持认为，如果把法院看作百分之百的，那么适用原则的情形只应该占百分之二十。[27]冈瑟的论述表明了，虽然法律过程理论的假设前提是：法院对"原则"的适用与立法机关有区别，但是，比克尔的方法与法律过程理论的这个假设有着很深的紧张关系。[28]从比克尔对法院角色的论述来看，大法官们在对他们所判的案件进行"选择"时，有政治上的敏感性，由此，法院在对他们所选的案件进行"判决"时，就会避开政治。那么，法院如何保持方法上的统一整合呢？当然最终，新政—大社会时期的法院并没有这样做，而是选择了在两个阶段都追求政治。

在比克尔分析的第一部分，政治判断（political judgment）扮演着重要的角色，这对法院也很有意义，因为这是新政—大社会体制时期所形成的。由于民主党长期支配着联邦政策的决策过程，因而这对法官遴选（judicial selection）会有两个方面的重要影响。总统会任命那些信奉"计划自由主义"的大法官，而且知道这种努力在任命程序中也不会有争议。另外，他们会提名那些在联邦层面有丰富政治经验或者可以满足一些重要利益集团需求的大法官，这在一定程度上是因为，新政危机已经让新政—大社会时期的民主党认识到：要作出合理的宪法判决，政治判断是有必要的。而且这在一定程度上也因为，法官任命也是"恩惠政治"（patronage）的一种形式，其与利益集团之间的讨价还价是相通的。总之，法官的提名和任命程序意味着，"在新政—大社会时期，法院组成人员的特点是：他们对法院在执行'计划自由主义'情形时所遇到的问题，有政治上的敏感性，而且他们对'计划自由主义'何时应该转嫁至立法机关，也

第四章 新宪法秩序之法理

有政治上的敏感性"。

我们来看看约翰·肯尼迪总统对联邦最高法院所作的任命。当时,在肯尼迪的总统竞选中,拜伦·怀特扮演了重要的角色,并在司法部担任决策和管理方面很高的职位。阿瑟·戈德堡曾是一个与劳工组织的领导有密切关系的劳工律师,在被任命的时候担任劳工部部长。在新政宪法秩序中,这些任命都是人们可以期待的,而且这些人物也与国家政治制度密切相关。但是即使是艾森豪威尔总统,他的任命在整体上也是与新政宪法秩序的政体特征相契合的。艾森豪威尔总统做了三个重大以及两个次要的任命。厄尔·沃伦之所以被任命为首席大法官,这是因为艾森豪威尔总统曾把联邦最高法院大法官的职位允诺给沃伦,以此作为对他在1952年共和党全国代表大会上给予的支持的回报。[29]沃伦是一个非常重要的全国政治人物,在1948年曾是共和党的副总统候选人、加利福尼亚州州长,而且他自己对总统职位也有很大的抱负。他是共和党激进派的领袖,而且接受新政计划的那些重要内容。威廉·J·布伦南在1956年这一选举年被任命为州最高法院法官,因为在艾森豪威尔看来,任命一位隶属于民主党的城市天主教徒,会增加他当选的希望。[30]约翰·马歇尔·哈伦在就任联邦最高法院之前,曾任职于第二巡回上诉法院,也曾是纽约出色的公司法务律师。[31]哈伦与司法部领导人赫伯特·布劳内尔和威廉·罗杰斯有着密切的关系。他们自身就是共和党中"东北部自由国际主义派"(northeastern liberal internationalist wing)的主要力量,他们既接受新政时期的国内计划,也对二战期间出现的国际主义抱有热情。波特·斯图尔特也是共和党中"乡村俱乐部"这一翼的成员。只有查尔斯·惠特克的任命不具有以上这些特点——以上特点都在于"联邦最高法院的提名只是新政体制的一个映射而已"。

最后,该命题的任务是,法官要有足够的政治敏感性,从而可以决定应该何时恰当地适用原则,以及何时他们须避免作出会削弱比克尔理论的判决。对比克尔而言,法官在决定是否要进行判决时,应该而且可以进行政治判断。但是,一旦他们决定进行判决,那么就要遵循"原则",用这些原则来推演并得出结论。法律过程理论对"依据原则作出判决的构成要素"进行了阐释，但并没有充分考虑到法律现实主义者在 19 世纪 30 和 40 年代的一些洞见。对于现实主义者而言，这些结论并非来自原则：在一个成熟的法律制度中，如果司法教义在空间上很普及，那么，一位法官在之前案件中所阐释的原则，在其他案件中可以基于教义的普遍性（doctrinal universe）而同样适用该原则，从而得出法官认为符合社会需求的结论。这种司法教义上的丰富性可以让法院来适用原则，但这在方法上并没有增强——反而可能是削弱了——法律过程理论所追求的稳定性。如果学者可以看见一般的利益群体政治，那么，适用原则的法官可能会坚持认为"应该推进那些重要的自由主义原则"。一些秉持法律过程理论的学者对沃伦法院的一些重要判决也进行了批评，认为它们并没有以原则为依据。但为沃伦法院进行辩护的那些学者则以一般的论证方式来予以回应，认为这些批评误解了沃伦法院所追求的那些原则。在"沃伦法院没有依据原则"这一虚张声势之下，用比克尔的话语来反对沃伦法院，其实有的时候反而是背反了比克尔自身，这些批评只是在一些边界问题上表达了道德层面的反对而已。[32]

但是，对于"从法律过程理论来看，裁判应该依据'原则'作出"这个要求，如果法官总能满足，那么就没有理由再去坚持严格区分政治裁判（即决定不去裁判）与社会价值方面的裁判（其表现在那些完全以原则为依据所作的判决中）。而且，作为一个司法心理学问题，要让那些具有政治敏感性的法官在处理案情时，在第一个阶段就放弃他们的政治敏感性，这是不可能的事情。

法兰克福特也提出了一个理论模型。在对布朗案进行思考的过程中，法兰克福特真正关注的并不是"原旨主义者是否会支持隔离违宪这个判决"，而是"法院应该如何有效地转变南方的种族关系问题"[33]。由于对这些问题的关注，使得法兰克福特要去思考——判决学区隔离（school segregation）无效——会带来的救济方面的问题。根据那些重要的判例法，瑟古德·马歇尔及他的同僚们认为，宪法权利是个体性的，而且就在当下，对他们来说，这就意味着"应该通过指令的方式让那些非裔美国人可以立即入读以前的白人学校"。法兰克福特知道,这些指令对于法院以及那些反隔离判决来说,无疑会带来灾难性的后果。最终,对于"应该'竭尽全力最快地'实现对种族隔离的废除"这个要义,法兰克福特进行了修正,而且他把救济问题与衡平法的历史传统联系了起来。也就是说,法兰克福特和他的同僚们对他们所追求的最好情形作了一个政治判断,而且在法律中找到了原则作为依据,以此可以为判决中所用的规则进行辩护。

虽然第一阶段的"政治判断"和第二阶段的"依原则判决"这两者之间存在着区分,但这种区分的维系并不抵制法律现实主义的观点(以沃伦法院大法官的政治性为背景)与沃伦法院的行为所发生的融合。通过法律现实主义对原则的理解,我们可以说,沃伦法院在实践中是百分之百地依据原则,同时又是零百分比地依据原则,这样的话,就可以颠覆冈瑟的批评。在决定"是否进行裁判"以及"具体如何裁判"上,法院都进行了政治判断,而且这两个阶段都是完全依据原则进行的。

对比克尔的作品提出评论的学者都一致认为,即便是比克尔自己,也逐渐认识到他最初的立场不可能维系下去。在迪安·安东尼·克龙曼看来,如果从整体上看比克尔的作品,我们会发现,比克尔赞成"法院在适用原则上必须审慎"这个观点。克龙曼对比克尔所使用的"审慎"概念进行了解释,而所谓审慎的判决涉及"审查和判决的权力,比如能够对人和场景进行评估,要对不同观点不同的可接受程度有个估量,而且对于'一般原则在完全复杂的或者特别个案中是如何适用的或者应该如何适用',要从正反两面来认识。大法官必须要有足够的耐心,而且对'时势情景'(temporizing accommodations)要有所预备,这样便可在结果上逐渐形成让人满意的安排"[34]。很明显,克龙曼把审慎作为一种践行美德,这不仅贯穿于"决定是否要判决"的过程,也贯穿于"该如何判决"的过程。克龙曼描述的这些品质很容易与那些在新政—大社会秩序中追求成功政治生涯的政治家联系在一起,这就把对"计划自由主义"的追求与利益团体多元主义所要求的"时势情景"连接了起来。

法律过程理论作为新政—大社会政体的一种宪法理论,本身并不充分。在某种程度上，它的困难来自它在理论上对社会稳定的根本关注。19世纪50年代和60年代的民权运动很有针对性地提出了这样一个问题：当社会秩序的根基是以那些"非正义"（injustice）条件为背景时，对于稳定来说，它所需要的是什么？约翰·哈特·伊利所建构的法律过程理论，用了很多笔墨来解决民权运动所关注的那些具体问题。[35]法律过程理论目前已接受那些来自民权方面的批评，因为它依靠的是——20世纪50和60年代在南方有效的——剥夺非裔美国公民权的这一情形。但是仍然有更多的关注是稳定问题，并且反对非正义的制度背景。那么问题在于，对于美国的制度背景究竟是"属于正义的情形，只是有一些例外"呢，还是"它仍然普遍是非正义的，然后只是偶尔有一些闪光点"呢？对此，仍然存在着分歧。法律过程理论的观点是，稳定自身给这些法律判决提供了正当理由，但也带有压力。法学教授简·维特认为，比克尔自己也开始不相信"有可能通过理性辩论来解决目前的宪法争议"，对此，可以从他对"民权运动也许会导致社会失序"的阐释中看出来。[36]

另外，法律过程理论所用的方法在某些方面与大社会中的"计划自由主义"并不协调一致。自由主义的一些重要内容不可能被法律过程理论吸纳。[37]最后，对于"根据法律过程理论，法院可以做到依原则裁判"这一观点，法律现实主义持有异议。根据法律现实主义，任何判决都无法预知它的未来，从而在某种程度上需要法律过程理论所说的"原则"。由此，法院与立法机关并没有明显的区别；在追求"计划自由主义"的过程中，这两个机构可以相互合作。

在比克尔关于宪法裁判的一般理论里，社会界和知识界的一些倾向产生了两个相互关联的过程。法院仍坚持依据原则进行裁判，且即使对政治问题持有敏感性，也可以在很大范围内适用原则，由此来影响很多政策。如罗伯特·伯特教授所指出的，沃伦法院提出了一个颇有抱负的计划，该计划接受了这样一个命题，那就是"当——且只有当——司法机关能够用足够概括且逻辑严谨的原则来最终解决社会争议的时候，它的行为才是妥当的"[38]。沃伦法院已经认识到"裁判必须依据原则"这一点，当然，把"计划自由主义"作为它的指导原则。这使法院受制于利益集团多元化的程度有所减低。当然,利益集团多元化是新政—大社会宪法秩序的一个特征,而且会在秩序内产生一种张力,甚至最终会促成它的毁灭。

第二,按照比克尔的方法,法院必须要有能力作出合理的政治判断,不管它是与这些判决有关联但避开了其中的可取之处,还是它直接与有可取之处的判决相关联。一旦出现一个新的宪法体制,这就有可能成为一种真实情形,因为对于法官来说,他们也有可能对依据原则的那些抱负(ambitions)进行选择,从而使其与制度中的余留相互契合。[39] 但是,如果发生多次政体转型,那么,这会给法院所秉持的原则带来压力。那些在旧政体中具有合理性的政治判断,在新政体中就有可能变得很愚蠢,因为一直把持职位的法官所秉持的政治原则会有与新政体中的原则不相协调的情形。其实,在第三章中,我对新秩序下的提名以及任命程序所作的讨论已经表明了,当今的法官具备这种政治上的敏锐性,可能性并不大。

新宪法秩序的法理截然区别于比克尔的理论,因为在新秩序中,决定宪法内容的法官与比克尔在理论中所指向的法官在处理问题的方法上是不同的。为此,我对支持新秩序法理的三位学者的学说作了探讨。

宪法审慎(constitutional seriousness):作为原则的替代

对于司法审查必须提供详尽的正当理由,大法官们所存在的焦虑已经有所缓解。现在他们不再把自己看作宪法学家,而看作在思想上要秉持审慎态度的裁判者。最高法院近来在"实体性正当法律程序"方面所作的判决,还有特别是大法官安东宁·斯卡利亚(Antonin Scalia)对法院诸多行为的反应,都极好地展现了如今最高法院的姿态。斯卡利亚大法官所关注的正是——新政—大社会宪法秩序中——有关最高法院角色争议的那些关键问题。尽管如此,他对"实体正当法律程序"的理念还深表怀疑,并试图提供一个分析框架来约束最高法院在"实体正当程序"方面的判决。通过非常持久的努力[40],斯卡利亚大法官认为,实体性正当程序方面的判决只能依靠"法律与那些广泛且相对具体的(concrete level)美国人民传统并不相符"这个判断。在协助自杀权案中,他觉得他所提出的理论至少有一个重要方面获得了多数支持,且在该案中,首席大法官威廉·伦奎斯特为最高法院所撰写的意见主张,实体性正当程序权只能依靠传统,并且最高法院在作出实体性正当程序方面的判决时,不能考虑那些现代观点。[41]正如斯卡利亚大法官所看见的,他的这种理论可以解决——实体性正当程序方面的判决所存在的——司法审查正当性问题。如果套用新政—大社会宪法秩序中所讨论的那些术语,那就是:司法审查是合理的,但要进行必要的限制。

但事实已证明,目前最高法院并没有遵照斯卡利亚大法官的方法去做。因为我相信,最高法院没有把司法审查的正当性问题摆在中心位置上。[42]斯卡利亚大法官所谓的"在最具体的层面来界定传统"这一提法,只获得了一张额外的赞成票而已。但在最高法院把实体性正当程序限定在"传统"上之后仅一年,多数大法官就转而接受了另一种构想。在此构想中,这些当代观点对实质性正当程序方面的判例产生了很大的影响。[43]

看到多数法官的退却,斯卡利亚大法官颇受困扰。[44]但是,大法官奥康纳、肯尼迪和苏特在东南宾州计划生育诊所诉凯西案(*Planned Parenthood of Southeastern Pennsylvania v. Casey*)中的联署意见更让他备受打击。[45]该联署意见援引了大法官哈兰(Harlan)在鲍诉厄尔曼案(*Poe v. Ullman 280*)中的并存意见。[46]在新政—大社会时期,法院把格瑞斯沃尔德诉康州案(*Griswold v. Connecticut*)作为重要的、具有计划性的核心案例,而鲍诉厄尔曼案是该案的先例判决。根据凯西案中的联署意见,"对实体性正当程序请求所作的判决,可能会要求最高法院对宪法进行解释,行使法院在传统上所行使的同样职权:推理判断"[47]。但是,推理判断的界限"并不像一个简单明确的原则那样容易被感觉到"[48],而它也没有授权法院可以——因为反对立法者的政策选择而——推翻该制定法。大法官们的结论是,推理判断支持"宪法禁止州立法机构通过法律给决定堕胎的妇女施加不适当的负担"这个主张。[49]

斯卡利亚大法官的反对意见带有讥讽的语气。在一定程度上,他通过联署意见中的一些摘录来作为他部分反对意见的标题。推理判断是他讨论的一个目标。只是他不知道的是,某些被视为"推理判断"的联署意见如何能够推导出一些基本的"价值判断"(value judgment),即在某些情况下,一名妇女终止妊娠的利益可以高于各州保护可能性生命(potential life)的利益,而胎儿自身的生命利益就更微弱了。[50]在斯卡利亚大法官看来,联署意见中的"推理判断"可以在实际上支持多数大法官所得出的任何结论,因为这种判断根本就是一种"虚空的过程"[51],也缺乏权力上的约束,但斯卡利亚大法官认为,无论授权最高法院用哪种方法来宣告法律无效,权力受到约束都是不可缺少的。

斯卡利亚大法官批评指出,推理判断作为宪法方法是虚空的,而且这种批评还可以进一步得到强化,那就是"联署意见在一个地方运用了理性判断,但在其他地方却又有针对性地拒绝适用"。那些持联署意见的大法官曾经两次对罗伊诉韦德案(*Roe v. Wade*)的"正确性"(correctness)这一根本问题表示了怀疑,但是又拒绝将其翻案。[52]联署意见中关于遵循先例的讨论,已经在上文第二章中有所讨论,但也值得重新思考。联署意见拒绝推翻罗伊诉韦德案,其中一个原因是考虑到最高法院的合法性(legitimacy),因为根据联署意见,合法性必须依赖于"真正依据原则作出"判决而且也是"这样被理解的"[53]。在一般的政治过程中,罗伊诉韦德案已经成了被猛烈抨击的对象。推翻它会被认为是"向社会及政治压力妥协",而这些压力是"不应该对最高法院——须依原则进行选择(principled choices)——产生影响的"[54]。在这些情形下,"迫于压力推翻该案……那么这将破坏最高法院的合法性基础,这已远不是某一个严重的问题"[55]。尽管联署意见对罗伊诉韦德案的正确性这一根本问题是支持的,但也有诸多的不情愿,不过综合来看,联署意见的一些内容是很明确的:尽管持联署意见的大法官们无法——或者至少不愿意——理性地接受"罗伊案的判决结果是正确的"这一点,但是他们坚持认为,人民接受这个结果,从而可以"通过接受那些根植于宪法的普遍要求,来结束……全国范围内的分歧。"[56]"推理判断"所发挥的角色——至少在这里——是非常复杂的。[57]

后来,斯卡利亚大法官参加审判的协助自杀(assisted suicide)案也有类似的困难。在该案中,法院坚持认为,只有对所涉及的利益进行"仔细描述(careful description)"之后,才可以决定"一部法律是否违反了实体性正当程序"[58]。斯卡利亚大法官和一些评论学者可能会认为,"仔细的描述"也就相当于"狭义界定(narrow definition)"这个概念[59],由此,法院接受用斯卡利亚大法官的方法来决定"应该在合适的抽象层面来界定那些相互冲突的利益"。但这看起来似乎也明显有问题。通过适用"仔细描述"这个检测标准,对那些禁止协助自杀的法律提出挑战并要求予以审查的大量请求,最高法院都驳回了。但是,有五位大法官(其中有的认同这个检测标准)似乎赞同——在某些情况下,某些州会(或者就大法官苏特的案件来说,可能在未来的某个时候)在禁止协助自杀方面出现违宪的情形。[60]如果对所涉及的利益进行"仔细描述"可以得出下面两个结论,即"将禁止协助自杀规定为违法的法律无疑是合宪的",同时"它们有的时候也会出现违宪的情形",那么,正如在斯卡利亚大法官看来,"推理判断"方法是虚空的,同样,"仔细描述"检测标准其实也是虚空的。

对检测标准或准则的空虚性和约束力予以关注,其实这也说明了对司法的角色扮演存有忧虑。可能这种关注是新政—大社会宪法秩序的一个特征,但这并不是新宪法秩序的特征。这些关涉"仔细描述"和"推理判断"的原则方法可能在某些方面会更适合于新秩序。我们可以看看它们的修辞力:在推理判断和无理判断之间,或在仔细描述和粗心描述之间,对此,有谁会选择后者呢?这些原则方法显然说明了,对所处理的事宜要审慎有加,即使没有明确的规则或方法来约束审判行为或者程序上的结果,也应该审慎有加。

也许我们暂时可以说,先前秩序下关注的是"司法审查需要经过授权而且其在行使的时候要秉持合理程度的审慎",那么现在,这已经被新宪法秩序取代了。[61]法官们试图表明,他们如同那些在技术上有胜任能力的律师,可以精于细小的事务。这种审慎怎么可能有问题呢?审慎性对维护法院的立场可以作为一种策略来使用,因为它期待着新宪法秩序得到巩固整合。但或许还远不止这些。

如果可以把斯卡利亚大法官作为一种衬托来描述新秩序下司法制度的特征,那么也许也可以把他作为一种衬托来让人们理解"审慎"的重要性。他以口才著称,而且被公认为是最高法院里文笔最好的。[62]简而言之,他是一位有趣味且娱乐的大法官,而这种趣味娱乐性的确也是新宪法体制所具有的一个特征,正如我们在第一章中所看到的,媒体向公众所展示的国家政治生活与美国人民的日常生活之间是相互脱节的,这已经使得国家政治变为了人们的一种娱乐消遣而已。最高法院也许就是新政体中的一个娱乐机构而已。[63]但是我们娱乐消遣的途径是丰富多样的。斯卡利亚大法官可能是司法系统内的福克斯网络频道(Fox Network),而最高法院的其他人可能是全国公共广播网(National Public Radio)频道,进行着一种完全审慎的自我展示。其实,审慎本身也是娱乐的一种方式。

对于审慎性,也许还有更深刻的地方。例如,菲利普·鲍比特(Philip Bobbitt)教授曾指出,在我们宪法对话的方式上,有很多种选择方案,其中司法审查被看作决定性的选择,而它的行使可以获得正当性,因为它使我们的公共官员可以进行道德选择。[64]在这个观点中,审慎性已经在被正当化了的司法审查实践中有所体现。弗兰克·米歇尔曼(Frank Michelman)教授已经表明,法院可能会试图在一些争议性结论上达成一致意见,但对此不是借助于任何实质标准,而是通过回望过去,用弗里德(Fried)教授所说的"法律的人为理性"(artificial reason of the law)来加以完成。[65]法官通过向人们展示他们像律师那般审慎老练,这样也许可以获得支持。

比克尔曾经对最高法院对一些判决所持有的热情提出了批评,因为这完全只是依靠"对边界问题的道德认同"(moral approval)。[66]从他的新政—大社会秩序理论来看,这是不充分的。或许,我们今天在新宪法秩序中所寻求的是"对大法官有道德认同",这有两层意义,首先我们试图在道德上认同这些大法官,其次我们也希望获得大法官在道德上认同我们。然而,他们的支持者可以用"审慎性"一词来描述大法官,而我认为,罗素·贝克(Russell Baker)新造了"审慎"(Seriosity)* 一词来对华丽的语词进行压缩,这要比前者来得更为准确。[67]

科学之隐喻

法学教授威廉·埃斯克里奇(William Eskridge)和菲利普·弗利基(Philip Frickey)曾经用"法乃是衡平"(law as equilibrium)这一短语来形容他们对当代最高法院法理的理解。[68]这个短语表明,科学(science)可以帮助我们理解法院由于宪法而被扼制的那种角色。他们的文章发表在《哈佛法律评论》杂志的一个系列中,其中很多宪法学者大谈特谈宪法及其理论中的那些前沿知识,也讨论了法律过程理论[69],但是在法律现实主义那里,更多的是通过"衡平"这个隐喻来暗指(社会)科学,并且明确地将"政治算计"(political calculation)纳入司法行为当中。通过隐喻的方式而且以公共选择理论的形式,可以把法理与科学结合起来,那么,就算埃斯克里奇-弗利基所分析的政治维度可以削弱它的科学性,这种结合也是一种很有吸引力的方式,可以充分利用文化与学术上的一些动向。

埃斯克里奇和弗利基把"衡平"界定为"不同力量和机构间衡平的状态"[70]。法律作为一种衡平,摇摆于两种情形。其中很显著的一种情形是,法院作为一个机构可以独立地发挥衡平作用。在此,他们把法院描述成一个操盘手,即"通过预期其他机构会如何行事,由此来校准自己的行为"[71]。法院会试图在战略上进行考量,从而来满足他们的一些偏好。[72]另一个相对来说不那么显著的情形是,法院会反

---

* Seriosity 比 Seriousness 要更精简。——译者注

第四章 新宪法秩序之法理

观在其他地方出现的那些力量。对此，两位教授认为，法院要做的是那种明显处于国家层面的衡平。[73]他们用科学的语言表明：法律作为一种衡平，既是"必要的"，也是"充分的"，由此才可以理解和解释法院的行为。[74]

不过，他们的理论在隐喻的层面有其科学性。首先，埃斯克里奇和弗利基根本没有解决强势角色和弱势角色这两者间的张力。有的时候，法院作为一个独立主体，会寻找其自身的偏好，同时也会考量其他决策者可能作出的回应，但在有些时候，法院也会回应其他地方存在的权力博弈。正如我在第三章中所讨论的，在一个分治政府时期，有时候根本看不清为何一些大法官要关心"国会可以把带有法官偏好的判决推翻掉"这类事情。一些政治家认为，大法官可能会担心出现攻击（attacks）法院的情形，即使这些攻击是不成功的，但这些攻击会对法院造成破坏，而让他们以后在宪法判决上有所退缩。[75]不过，意识形态存在分裂的政府就把这幅图景改变了。那些争议性判决成了一种零和博弈：如果法院要对每个"敌人"进行判决，那么，它要在意识形态上获得另一方的支持。我们所知道的布什诉戈尔案（*Bush v. Gore*）就很有启发性，尽管不很完全。调查的证据显示，法院作为一个权力机构，与大多数自由派学者的观点不同，它最终把总统当选判给了乔治·W·布什，但这并没有使其在声誉上受到多严重的损害，至少短期看是这样的。后来发生的事情就更有意思了：法院也没有在网络（net）中受到任何攻击，因为民主党所失去的和共和党所得到的相互抵消了。[76]

另外，埃斯克里奇和弗利基实际上并没有提及法院所说的那些偏好。相反，他们指出：就个案的判决结果来看，带有偏好的法院最后会作出那样的判决。[77]这样的分析逻辑近乎是循环式的：我们知道法官所持的价值观，因为我们可以看到他们所投的是哪一票，而我们又可以用这些价值来解释为何他们在"法律作为衡平"的模式下会进行这样的投票。

如果用科学的方法来证实"法律作为衡平"这个模型，那是异常困难的事情。[78]为此，我们在对案件进行分析时，也要将法官判决之前所秉持的那些偏好考虑进来。一些政治学家试图对这个模型进行发展，其使用了可以看出大法官偏好的两个地方：提名总统所在的政党，以及在提名当时那些对法官意识形态进行分析的报刊评论。[79]这些方法当然可以找到一些关键点，但是，由于他们过于粗泛因而无法在具体个案中对法官的偏好进行比较精细的理解，甚而在诸多迥然不同的案件上也是如此。[80]政治学家霍华德·吉尔曼指出，"实际上，每一个学习过法律并对法院有认识的人都知道，要想理解司法判决，那么就应该将法官的价值、意识形态或世界观等因素考虑进来，与此同时，大多数法律学者也认同，'自由派'或'保守派'所使用的语言是一个很管用的捷径，可以用此来概括法官的世界观，而行为主义者倾向于把这当做唯一合适的标签，而且有的时候，对于在某些人看来比还原论者（reductionlist）* 还过头的那些特征，他们也会予以采纳。"[81]

用一些粗泛的方法来分析这些偏好，之所以会存在困难，其中一个原因是：案件呈现出来的是问题的各个复杂面向。如在第二章所讨论的，法院在宪法第十一条修正案方面的判决引发了遵循先例方面的问题、联邦主义方面的问题，以及——对超时工人进行补偿的——不同方法所具有的经济和社会价值等方面的问题。如果要想从原先的方法中找到一种合适的方法，可以在这么复杂的问题中识别出——哪怕只是一个——法官的偏好，那么估计这是不可能做到的事情。[82]

最后，法院没有自己的偏好；但是法官有。[83] "作为衡平的法律"这一科学模型需要考虑这样一个问题，那就是，"个人偏好是如何积聚成为'法院'偏好的"。只有手头上有了这样的实证材料，我们才能够真正弄清楚法院行为中所含的那些策略因素。

事实上，埃斯克里奇和弗利基用科学的语言给那些从法院视角（court-watching）进行的标准分析作了包装——但政治学家对科学有他们自己独特的理解，那就是将其贬斥为只是一种趣闻逸事而已。埃

---

* 还原论（Reductionism）作为一种哲学观点，一般主张把高级运动形式还原为低级运动形式。——译者注

斯克里奇和弗利基会把某个判决归因于"法院一般的反规制，奉行自由派作风"[84]，且认为，在与此相关联的情形中，"现在的法院把自由市场的价格也给稳定了"[85]。老实说，没有哪个模型或理论可以推出以上这些说法。不过，使用这些科学语言本身还是很重要的。它把新秩序的法理与——为当今学术界所高度赞扬的——那些实践连接起来了。[86]

衡平对于稳定来说还有另一层含义。埃斯克里奇和弗利基指出，"在任何时候，大多数法律问题都是处于稳定的衡平状态（a state of stable equilibrium）。"[87] "科技、社会和经济上的改变"可能会让衡平状态受到运动的影响，而那些法律机关——包括法院——"接着可以改变公共政策，从而可以使政策更加符合他们自己的偏好"[88]。这就产生了另一个新的衡平状态。在埃斯克里奇和弗利基看来，"法律作为——三个相互作用的权力机构之间的———种平衡器，比某一个机构所炮制出来的某一静态法律要重要得多"[89]。他们说道，法院可以通过"吸纳考虑每个交战方的主要需求，来扮演一种斡旋的角色"[90]。

稳定中所含的利益在这里很明显，因为这种利益与他们在文章中所使用的科学语言之间形成了一种张力。在埃斯克里奇和弗利基认识到法院的动态角色的时候，这种张力更加明显。他们指出，法院"可以通过动摇那些今天为人所嫌弃的共识，从而获得明天的衡平状态"[91]。确实也是如此，但条件是法院的偏好必须朝着这个方向。我们都知道，法院也可以通过动摇今天的衡平状态，从而获得那些明天会被人唾弃的共识，当然，条件是科技、社会和经济等因素让大法官有空间去这么做。

很明显，埃斯克里奇和弗利基都非常努力地去践行他们所谓的改革主义（reformism）。但是，他们的改革主义根本不是根基于他们所提出的理论。就此而言，他们有些像法律过程理论的那些主张。[92]其中有两个因素和法律过程理论有关联性，而在宪法被消磨遏制的世界里，这两个因素都很重要。第一个是用科学的语言来暗度陈仓，从而获得规范上的支持。第二个是稳定中所包含的利益（an interest in stability)——其对现状（status quo）用比喻的方式来进行辩护。借助法律过程理论，其会触及深层的政治问题。但是它还是有别于法律过程理论，且援引了比克尔所用的法律现实主义，以此诉求于政治，甚而更接近其真实面（surface）——这里的政治在某种意义上也即是法官的偏好。与新政—大社会法理中的法律过程理论相比，新宪法秩序的法理在政治上更加开放。由此，新政体中的法理其实整合了旧政体中的很多内容。然而，在让政治更接近真实面的过程中，可惜的是，其并没有考虑到那些——有可能在新宪法秩序中履行职能而——有可能成为大法官的人所具有的能力，至少对有些人是这样——这些人认为"大法官不该仅仅追求那些合理的计划目标，而应该更多"。

作为新秩序法理的极简主义

我认为，在新宪法秩序下，大法官们可能还没有达到——比克尔法理中对他们所要求的——那种政治技能（political adeptness）。但是，他们可能有非常足够的能力来应对现有的宪法体制了。原因在于，目前体制中的那些计划性任务其实在本质上是非常适中的，这正如我们在第一章中所看到的。但是，这并不意味着，一些特定的政治派系在政治蓝图方面就没有抱负，其实在事实上，所有的派系可能都有带着抱负的政治蓝图。尽管如此，如果要维系有效的分治政府，那么这将意味着该政体所推出的原则在整体上是不温不火的。而随着"计划自由主义"的退场，法律过程理论会对稳定（stability）予以关注，重新让其获得重要地位。在目前的宪法体制下，对法官需要作出的判决而言，其实所需要的是恪守谨慎法则，而不去迈出勇敢而大胆的一步。

凯斯·孙斯坦所提出的"宪法法理"很切合目前的宪法秩序。如果比克尔的宪法法理适合于新政—大社会政体，那么，孙斯坦的理论则适用于目前的制度。正如一位评论家所说的："很少会出现哪部宪法理论作品，竟可以如此精确地表达出……某个特殊时期的最高法院所具有的品性。"[93]孙斯坦阐述了一种叫"极简主义"（minimalism）的观点，认为这种模型对现代社会中的很多情形都适用。虽然在现代社会，人们反对那些关于政府角色扮演的基本前提，但是却有可能赞成这些具体的结果。孙斯坦的分析源自比克尔的理论，这也正如他自己所承认的，但是他对比克尔的理论做了一些加工：比克尔认为法院先要决定对哪些案件进行判决，并在这个过程中进行政治判断，然后再在价值考量的基础上依据原则作出判决，而孙斯坦则要求法院在两个阶段都要进行政治判断。[94]

孙斯坦从两个维度对判决的类型进行了区分。首先，他认为，法官的判决意见可能是"深"的（deep），也可能是"浅"的（shallow）。那些"深"的意见会用了一些理论知识来支撑它的结果。[95]相反，那些"浅"的意见不会用那些基本原理来支撑它们的结果。对此，他们会选择性地引用一些原则或观点，而这些原则或观点对很多分析方法来说都很普遍，其中并没有对他们所引用的分析方法予以论证，也不会就"如何对原则进行选择"进行考证，而只是在事实层面就这么囫囵吞枣地做了，反正这些原则在社会中是广泛地为人接受的。[96]

孙斯坦提出的第二个维度是区分了"宽"的和"窄"的意见。这种区分也是人们很熟悉的："宽"的意见在范围上可以涵盖大量的立法行为，而不仅限于所判决的个案，然而，"窄"的意见则仅限于个案的解决，但对于其他案件来说并没有证据方面的影响，因为在其他案件中，所涉及的事实可能在实质上或者细节方面都是不同的。[97]

孙斯坦所倡导的极简主义，追寻那种"窄"的、"浅"的意见，至少于整体上处于分治的社会中，在处理宪法争议时，应该是这样的。[98]之所以支持极简主义，也许因为要维系当前宪法体制下的分治政府，因为各个政治部门之间的分离也许会更为广泛地反映出社会中与此相类似的分离情形。按照孙斯坦的观点，与"极繁主义者"（maximalist）——"宽"且"深"——的意见相比，极简主义所秉持的法官意见更有可能成功地推进法院在宪法秩序中所认同的目标。"深"的意见将只能面向有限的群体，即那些对法官所用的"深"的原则在整体上可以理解分享的群体；相反，极简主义者秉持判决意见的"浅"层性（shallowness），这意味着，他们面向的是很多原则，其中每个原则都可以被社会中的某些群体接受，而且整体上而言，他们也都广泛地为人接受。另外，极简主义者秉持判决意见的"窄"性，这可以减少公众会反对它的风险。一个"宽"的意见也许会把那些反对者调动起来，因为它对很多法律在宪法上持有怀疑的态度，但每项法律都会有它的支持者。但"窄"的意见只会恼怒社会中一小撮人，也就是这些在法院前面但所面对的法律将对其产生不利影响的这些人。[99]

孙斯坦也认为，与极繁主义者相比，极简主义式的意见可以更有效地在一些宪法问题上推进民主沟通和民主审议。[100]极繁主义式的法官意见则会呈现出很多选择，从而在整体上反而会把它们排除在公众沟通（public dialogue）的范围之外。人们也许会认为，对于法院引用的这些"深"的原则，也有可能会引发一些公众辩论，尤其是把"原则"问题戏剧性地带进公众所关注的领域，而不是稀里糊涂地把它搪塞掉。但是，至少短期来看，这种争论是没有收获的，因为这些辩论对最后的判决结果不会产生影响，即使公众最终得出的结论是"法院引用了一个错的但'深'的原则"，也不会产生影响。

对孙斯坦来说，极简主义式的法官意见会在两个方面促成争论。首先，他们会提出与很多法律相关的宪法问题，但是不会就此认定它们违宪。这些试图把极简主义意见的结果延伸适用至其他法律的法官，将会使用该意见的观点，由此来证明这些法律是违宪的，而那些反对人士将会用其他不同的原则来为这些法律进行辩护。其次，极简主义意见的这种折中主义（eclecticism）会给公众带来很多宪法论点。这便可以容纳那些非原旨主义者，那些反对经济分析方法的人士，还有那些赞成通过多种道德方法进行宪法解释从而加入到争论中的人士。通过这种方式，极简主义会在宪法讨论中把一般公众都邀请参与进来。

毫无疑问，孙斯坦已经发现了最近发生的很多案件都有一个重要特征。那极简主义与新宪法体制有何关联呢？首先，极简主义与比克尔所使用的"消极美德"在术语上没啥不同,它是法院在对案情进行判决的过程中所使用的一种技术,可以由此回应其需要,而且在法律现实主义对法律过程理论提出挑战之后,可以让法院对重大案件进行裁判。其次,孙斯坦并没有把极简主义说成是一种适合于任何场合的方法。他认为,如果法官确实接触到了政治处境,而且发现存在某种程度的社会分歧,并相信"他们接受的一些规范性主张不应该被忽略",那么在这个时候,极简主义才是运用的恰当时机。如果在其他情形下,极繁主义则是合适的。[101] 然而,在孙斯坦给法院所开的药方中,到处都有政治判断:大法官们要去思考"他们所考虑的问题在何种程度上已经达成了社会共识",对此在何种程度上仍然还存在着民主争论,以及诸如此类的问题。透过法律现实主义,可以看出比克尔分析中的相关问题,而上面的问题也与这些问题相对应。那么,极简主义式和极繁主义式的法官意见会出现孙斯坦所说的那些收益效果吗?而且,在新宪法体制中,这些大法官有这样的背景和政治智慧,从而可以进行——孙斯坦所说的他们应该进行的——政治算计吗?

  首先,我们来看看极简主义式判决在推进民主审议过程中所做的贡献。那些"浅"的法官意见用了很多原则来支持它的判决结果,而这些"浅"的意见类似于立法者在制定法律的具体过程中所作出的那些妥协与让步。在某种程度上,孙斯坦对法院的分析已经弱化了法院与立法者之间的明确区分,当然,他还是坚持认为法院应该进行政治分析,从而来决定他们的法官意见是否应该属于"浅的"或者"深的"、"窄的"或者"宽的"等情形。其实,孙斯坦也坚持认为立法机关是那些"原则"的争论场所,由此更加模糊了彼此的区别。[102] 这便立刻出现了这样的问题:为什么应该由法院来废除立法呢?甚至在极简主义式意见看来,也会这么问。[103]

  孙斯坦的回答是,这种无效宣告可以迫使立法机关去思考他们一直忽略的那些问题,从而推进民主。[104] 不过这里的困难在于,对于法官意见是属于极简主义还是极繁主义,这与民主推进压根不搭界,因为极简主义和极繁主义并不是这些意见本身的内在特征。[105] 而是说,它们是这些法官意见回往过去所得出的特征。[106] 孙斯坦指出,

211

"对具体案件作出判决的法院只有很有限的权力让后来的法院遵照其判决意见……坚持奉行极繁主义的法院可能要把它的意见用广义的公告方式表达出来,但是,这些公告接下来有可能会呈现为一种'格言'之类的,而且可能会被以后的法院所废弃……法院可能作出一种有自我意识的极简主义式意见,不过,之后的法院有可能把这个案件当做一个广泛的原则,从而可以涵盖很多其他的案件。"[107]孙斯坦认为,法院形成判决意见的方法只是对争议的解决提供了一种结构,而之后还有可能会对这些判决意见的特征恰当与否产生争议,对此,我认为孙斯坦的观点是对的。

孙斯坦总结道,"也许和遵循先例理论的适用一样,公众在对司法意见的接纳上也许会有作用。"[108]或者可以说,不管该意见是尽可能的极简主义,还是尽可能的极繁主义,"那些公职人员可能会拿这些意见来解决很多问题……尽管法院对此只努力在一个很狭小的范围内进行……",而且,那些公职人员也有可能把一些意见看作"窄的"或者是明显有区别的,尽管法院可能是在"宽"上做努力。[109]但是,如果是这样的话,就很难看到"对意见采取极简主义"可以达到推进民主的效果,倒不如说是毁坏了民主,或者说很难看到极繁主义有毁坏民主之效,毋宁还有推进民主之效。如果要让每一件事情都做到大家接受这些意见,对此大法官们也难以控制,因为这并不是他们可以控制的内在特质(intrinsic character),而是往往受制于外在的政治等因素。

有少数一些例子也许可以派上用场。[110]孙斯坦把罗默诉埃文斯案(Romer v. Evans)看作一个极简主义案例。[111]其中,法院认定科罗拉多州宪法的某条修正案违反了宪法,因为它禁止任何政府部门制定任何相关法规来保护男女同性恋免受歧视。但是,法院并没有阐释透彻"为何该修正案是违宪的"。作为一个极简主义式的判决意见,罗默案通过展示一系列的观点——当然都不是结论性的——来反对在反同性恋方面进行立法,从而开启了民主对话的空间。而立法的支持者对民主对话所做的贡献明显要淡得多,但是也有可能,拒绝用一些宽泛的语词来谴责反同性恋立法,这也许是为了支持他们的主张,即

"公共罪孽（public evils）与同性恋是相互联系的"。但是，罗默案也可能会阻碍民主对话，因为它在修辞上与那些反对同性恋立法的支持者站在一边，而且倡导种族隔离[112]，且所采取的方式是把案件所涉及的、具体的反同性恋提议——或者有可能包括所有的反同性恋提案——归因于"对某个阶层人士的仇恨"[113]。由此可以想象，在这样的环境下，罗默案的这些因素将会阻碍——反同性恋立法的——支持者对民主对话作出应有的贡献。[114]

我们再来看看支持立法的一个极简主义判决。如孙斯坦所说的，这个判决明显是民主所允许的。[115]极简主义或极繁主义判决有可能把同样的立法都废止了。孙斯坦用协助自杀这个案例来说明为何有的时候并不需要极繁主义。[116]这些案件涉及的第一个问题是，它们是否应该用极简—极繁主义（minimalism-maximalism）的联结体（continuum）来代替。迈克尔·麦康奈尔教授把它们看作一种很宽泛的主张——"联邦宪法不该在该领域对州立法进行控制"[117]。如果这样的话，那它们就是一个为民主所允许的极繁主义例子。

但是，协助自杀方面的判决也许并不是极繁主义的。孙斯坦指出，五位大法官看起来都已经表明了，在一些情形下，这些控制是确实存在的，尽管他们还没有把其中的究竟弄个明白。[118]这种不清楚状态也许可以促进民主对话。不过立法者必须考虑到，如果他们未能成功立法，法院将会再次把涉及的问题挑出来，而且对于"立法者经过考虑一直赞同对协助自杀进行限制"的情形，法院通过运用司法方法，可以把这些限制情形废止了。民主审议把目前的限制情形又提出来予以确认，不过这也许要让法院以后再不要去碰这些问题了。

但是很明显，极简主义式判决把"限制协助自杀是违宪的"情形限缩在一个很小的范围里，这会带来同样的效果。[119]更有意思的是，这是一个"窄"但"深"的无效宣判。在那些有限情形中，这种无效判决会把那些与协助自杀权（right to assistance in suicide）相关的原则看作根本性的。考虑到法院所引用的原则或其他原则都不是根本性的，那么，这也会打开话题来讨论"除了上面的情形，为何这种权利就是或者不是'非根本性的'（nonfundamental）"。

_213

但是，在法院适用一个"深"的原则的时候，不管它有多么的"窄"，都会产生一些问题。当其他原则可能发挥作用的时候，那么，对所适用"原则"的范围和内容的讨论可以在法院内部发生，也可以在外部发生。从法律过程理论对"原则"的界定来看，它们必须在法院内部进行。在这些讨论过程中，一开始"窄"的意见后来就可能变成"宽"的了，因为法院会考虑所适用原则所包含的内容。比如，孙斯坦认为，罗伊案如果作为"一起强奸案"来判，有可能会更"窄"[120]。那么，对于认为"堕胎在这些案件中可以不予禁止"的那些判决，哪些理论（或者其他理论的哪些因素）可以给予支持呢？对"在保护无辜胎儿（innocent fetus）的生命可能上，是否可以来否定州的利益"这个问题，会受到激进主义者那些错误行为的影响，或者这些错误行为也会对那些被强暴而深受其害的妇女在自我抉择上（这和妇女想主动终止妊娠的其他情形形成了对比）产生影响，而对于以上这些，那些赞成堕胎的学者并没有明显觉察到。[121]可能对我来说，法院在罗伊案中所考虑的"本案涉及强暴"，这可能都要依赖于一些判断——如"妇女在利益自我抉择（women's interest in autonomy）方面的相对权重"以及"各州在保护胎儿的生命可能方面的利益"的判断。但更精确地来说，这正是法院在罗伊案中所考量的。在因强暴而怀孕的情形下，对于"允许堕胎"这个情形，在立法过程没有"原则"约束（在法律过程理论的意义上）的情形下，这可能是一个可以接受的解决方案，但是，这在受"原则"约束的司法那里，就有可能难以被维系下去。

进一步来说，一个"宽的"但"浅的"无效判决也可以推进民主对话。这样的判决所得出的结论是，如果不能明确地拿出一个单独的原则来解释其中的缘由，一上来就禁止协助自杀，这是不允许的。对此，立法者相信协助自杀应该在一些情形下被禁止，而他们更多地关注这种情形究竟是哪些，或者对于目前已存在但还处于地下状态的那些协助自杀活动，可以制定出一些程序来进行规制。[122]这些回应可能就比较容易与最初作出的那些"宽的"但"浅的"无效判决相互一致了。[123]

最后，极繁主义式意见是什么情形呢，是既"宽"又"深"吗？对此，孙斯坦讨论了斯科特案（Dred Scott v. Sandford）[124]和布朗案（Brown v. Board of Education）。[125]他也以极繁主义的角色讨论了罗伊案[126]。[127]孙斯坦把斯科特案看作一场灾难。他认为，与罗伊案相关，"法院短时间内迅速地解决了太多太多的问题"，而且"如果法院在程序上更谨慎些、更谦抑些、更互动些，那么通过民主过程来处理堕胎问题可能会更好些"[128]。他认为，布朗案可以被看作一个极繁主义式判决，不过并没有把它作为一个可以效仿的例子[129]，而且它应该用"极繁主义程度相对低的术语"来加以理解。[130]这样的话，那些极繁主义式无效判决看起来也并不会带有太多的极繁主义。

通过这些例子，我的建议是，极繁主义式无效判决在某种意义上会推动民主进程。那些极繁主义式法官意见时常会把问题的道德要核（moral heart）提出来。它们可以促进公众之间的广泛沟通，这既包括法院想公开的那些具体问题，也包括法院判决所依赖的那些"深"的理论。这可能与极简主义式意见相反，因为极简主义讨论的焦点——这种讨论可能在律师中间——是法院所运用的那些技术层面的精确区别（technical distinction）。有可能正是斯科特案促使了内战的爆发，但它是通过让共和党以及它的竞选活动不断强大，从而限制奴隶制的蔓延，并以此让内战爆发的。要想通过制定法律来大范围地限制堕胎，这在罗伊案那里已经不再可能，但是我也坦诚，对于我来说，对于"在堕胎和隐私权方面进行公共辩论的质量是否比罗伊案之前的情形更加好了"，对此我并不清楚。[131]当然，如果法院将之前所作出的那些判决废除了或者予以严格地限制，那么，极繁主义式无效判决所带来的那些讨论，也许会影响法院的人员组成，以及影响法院最终的宪法解释。这似乎就是我所知道的罗伊案和凯西案（Casey）。

当然，极简主义式意见给在民主过程中找到解决方案留下了很大的空间，但是它们自身也会存在一些问题。它们也许会鼓励一种不负责任的情形，当一个大法官的结论是"案件中被创制的法律无关紧要"，之所以如此，是因为如果再次涉及相关问题，极简主义者的判决总可以被区别出来。正如我们将看到的,这也是布什诉戈尔案(*Bush v. Gore*)作为极简主义式判决有可能存在的一个问题。

另外,极简主义式意见也有可能被融入某些政治环境当中,这样的话,它会产生与极繁主义完全相同的效果。加拿大在堕胎法律方面的实践便很有启发性。加拿大最高法院推翻了一项有罪判决,因为该判决在堕胎执行方面违反了国家的禁令,之所以如此,是因为该禁令同时伴随有一些例外,但这些例外在现实世界中是根本不可行的。[132] 在法院看来,如果他们提供的都是一些虚无缥缈的辩护理由,那么刑法根本无法被执行。这看起来给重新制定堕胎方面的实体法律留下了空间。但是政治领域的情形是,在摩根泰勒案(*Morgentaler*)之后就没有任何立法,从而使得加拿大没有任何刑事法律来处理具体的堕胎问题。[133] 如孙斯坦所指出的,"在极简主义和其他举措之间进行选择,这在一定程度上要取决于实用主义方面的考量,且在一定程度上也取决于对不同制度机构在能力方面所作的判断。"[134] 实证政治理论表明了,在分治政府的制度情境中,一个极简主义式的无效判决可能会产生极繁主义般的效果:立法机关也将无法达成一致来替代那些被宣布无效的法律,由此让法院的行为对象处于不受任何规制的状态,这就如同法院采纳极繁主义的立场会发生的那样。[135]

当然,极简主义也有可能产生不了推动民主的效果,或者在这个方面的效果很弱。早前那些支持法律过程理论的学者会提出第二个反对理由,认为我们选择的大法官候选人可能并没有能力进行——孙斯坦所要求的——那些政治考量(political assessments)。[136] 在此,我们可以注意到好几点这方面的考虑。

就民主过程而言,其已经预备好了接受一个正确的判决结果(或者这些复杂的机构在实践中是如何运转的),对这些,我们如何能够自信地相信大法官可以就此作出正确的判决呢?自信他们的能力可以做到这点,那么这可能在某种程度上要取决于他们在进入"司法之前"(pre-judicial)的丰富经验。很明显,沃伦法院的大法官——与我们今天的大法官相比——更多地涉及了联邦政治。[137] 即便他们在进行政治考量的时候,或许也会犯一些错误。比如,一些大法官在对布朗案（Brown v. Board of Education）思考的过程中，在解释他们立场的时候，其明显涉足了"政治算计"[138]。这些考虑使得大法官在布朗Ⅱ案（Brown II）中采取了一种渐进主义式的救济方式，对此，一些人认为这是加重了——而不是减轻了——抵制情形（resistance）。[139]

有的时候，孙斯坦认为，法院可以合理地作出极繁主义式判决，而法院的法官（他们不是分开的）也非常自信能正确地作出"宽"且"深"的判决。[140]然而，看起来也有可能的是，那些作出"宽"且"深"的判决的法官，他们自身对自己的行为也很自信。举例来说，法院在第十一条修正案方面的那些判决就反映了这种自信，而且，一些反对者拒绝接受"多数决就是正确的"这一论点，对此，多数法官还表达了一些愤怒。[141]或许，只有绝对多数的法官（supermajority）达成一致同意时，此时作出"宽"且"深"的判决才是合适的。比如，在伯尼市案（City of Boerne v. Flores）中，法官认为，对于法院先前对宗教自由权的范围界定，国会则努力去超越了这些界定，那么这种情形便是违宪的，而且没有哪位大法官反对法院就国会权力所作的分析。[142]但也有可能，这样的一致同意恰恰反映了多元性（diversity）的缺乏（就其中的问题而言），而多元性才可以为极繁主义式意见提供正当性——比如在伯尼市案中，法院解释宪法权利内容上是否应该具有绝对至上性。所有大法官在积极回答这个问题上，都有自我的利益考虑（self-interest），这就使得很难再就"极繁主义应予以特别的尊敬"这一论点抱有自信了。[143]

而且有的时候，孙斯坦的分析反映了他自身的政治判断也有一定的争议性，其中并没有清晰认识到这种判断在他的具体分析中所该扮演的角色。他对纠偏行动所作的那些评论是一个最好的例子。孙斯坦合理地使用了布朗案（Brown v. Board of Education）中的极繁主义式意见，以此来表明，在一系列极简主义式意见之后，如果法院已经积累了足够的经验从而可以对它们所作出的极繁主义式判决足以自信，那么，极繁主义此时便可能是妥当的。[144]但他认为，法院应该在纠偏行动方面继续保持极简主义角色。[145]法院在隔离和纠偏行动方面的经验差别是细微的，但是，如果极繁主义对前者是恰当的，那么其对后者也有可能是恰当的。法院已经判决了四起研究生和职业教育方面的隔离案件,其中都考虑到了布朗案[146],当中并没有就初中、高中和大学本科教育的情形作出判决。法院也已经判决了六起公职雇佣与合同方面的纠偏行动案件,其中都考虑了阿达兰德建筑公司诉佩纳案(Adarand Constructors, Inc. v. Pena)。[147] 在这方面所积累的经验似乎和布朗案一样,都很丰富。而且,法院可以对职业和研究生教育方面的经验和布朗案中的初中及高中教育方面的经验进行适当的抽象概括,同样,就纠偏行动来说,也许可以对雇佣和合同方面的经验和教育方面的经验进行适当的抽象概括。

最后,在面对不一致意见的时候,会有更多根本的与稳定性(stability)相关的法律过程理论问题。罗伯特·伯特(Robert Burt)认为,比克尔在"原则"审判上的利益嵌在一幅社会秩序图景之中,其中"暴力冲突看起来是唯一可能发生的结果,除非有一些权力机构——在某个地方并以某种方式——来最终结束这种冲突"[148]。极简主义者并不解决这些事情,反而给那些互相竞争的当事人留有空间,由此只会对那些持久性问题采取一种临时解决的方法,而不会断然给出一个最终的结论。但是在孙斯坦看来,对于"何时可以恰当地运用极简主义"以及"何时不得采取极简主义"这些问题,法院在决定时必须进行政治判断。这些政治判断也可以反映出法院对社会分歧程度及深度的认识评价情况。

当然,这些评价自身有时候也会有一定的争议性,其中的原因在于"一些问题也许只是在抽象层面,并由此来描述那些社会实践"。堕胎争议就是一个例子:对于赞成自由选择的人士所提出的个人隐私方面的抽象性原则,很少有可能会出现分歧,但是很明显,在堕胎的具体细节上,对该原则应该如何进行描述则存在很大的分歧。就存在的分歧来说,孙斯坦的分析是要让法院对相关的社会实践进行解释,而且解释的是那些已经被呈现出来的社会实践。但为了这么做,他们必须对那些在描述上具有争议性的问题持有某种立场。如果他们能够这么做,或许他们就能够把那些潜在的重要问题解决掉,而这正是孙斯坦的极简主义试图要避免的情形。或者也有可能,法院根本无法作出那种既能满足需要又很精准的政治决定。

极简主义与司法权：布什诉戈尔案的法理

在 2000 年的总统选举案中，最高法院的很多行为都给极简主义的诸多问题提供了很好的例证。在布什诉棕榈滩县拉票委员会案（*Bush v. Palm Beach County Canvassing Board*）中，最高法院要求佛罗里达州最高法院对选举抗议方面的法律所作的解释进行重新考虑。这表明了，最高法院已经无法确定该州最高法院在解释法律时会在多大程度上考虑联邦法律和宪法条款。[149]孙斯坦把法官一致同意的判决褒称为"完全恰当的极简主义"，且是"一次有意义的、乃至法治上的胜利"，因为这种"一致同意"对于偏离政治激情会有很长时间的影响。[150]在选举诉讼迅速增多的背景下，最高法院进行干预，其在名义上会宣称在当事人之间保持中立，但实际上是支持了当时布什州长的主张。孙斯坦在一篇专栏评论中指出，共和党人把最高法院的行动当做对佛罗里达州最高法院的一种批评，由此，一般来说，最高法院的判决"会无意中对那些给州法院和司法独立带来的过度破坏情形有推波助澜的作用"[151]。再者，极简主义式判决的政治影响也取决于它们所处的环境。布什案表明了，极简主义式判决在政治上的影响可能比孙斯坦一般概括的情形还要大些。

在布什诉戈尔案中，最高法院对谁来担任总统所做的判决，同样是极简主义的。最高法院认为，佛罗里达州最高法院对重新计票所采取的程序违反了平等保护条款。但是，最高法院又试图对该判例的范围进行限定，而在判决中提到了"在单独一个州的司法权之下，在州的范围内重新计票"这种特殊情形，而且明确主张，"由于选举过程中的平等保护问题一般涉及很多复杂情形，因而我们的考虑只限于当前的这些情形。"[152]孙斯坦把该判决称为"次极简主义"（subminimal）的，这是由于这些判决具有一定的"窄"度（narrowness），而且它们也缺乏重要的先例作为支持。[153]在孙斯坦看来，"次极简主义"式判例是不妥当的，因为它们并不符合法治政体中那些最基本的要求。正如他所说，最高法院在布什诉戈尔案中尽量去缩减它的判决内容，"这看起来很特别而且没有原则——这是极简主义的常见危险情形"[154]。但值得一提的是，可被接受的极简主义和不可被接受的次极简主义之间的关系，有些类似于比克尔在著作中所说的"判决的两个阶段"。在第一个阶段，法官被授权进行政治上的思考，但对法官在第二阶段该何时进行政治思考，比克尔就没有什么理由了。同样，法官可能会发现，当他们希望作出一个"次极简主义"判决时，他们也可以轻松地运用孙斯坦所给的理由作出一个极简主义判决。更为甚者，这些极简主义式判决也具有——它们所适用原则所具有的——相应"窄"度（narrowness），而且，法官试图找到一个"窄"的原则来对极简主义判决进行证成，那么这也许就不用再去找一个过窄（too narrow）的原则，不过这在无意识间会作出一个不是人们所想要的"次极简主义"判决。

此外，按照极简主义者的想法，布什诉戈尔案对于致使该案的唯一真实的现实争议，确实给了一个结论性结论，那就是："虽然平等保护问题依旧，但并不涉及总统任职这个问题"[155]。法律评论家之间所达成的共识似乎是"法院会采取行动来避免让——在它看来是——佛罗里达州在事务上出现混乱，或者让有可能不法的情形一直持续下去"。那些州事务方面的判决仍然存在着争议，而要在整体上做到政治判断的准确性，这并不取决于布什诉戈尔案的内容，而是取决于布什政府是成功了、还是失败的：一个成功的总统任职将会维护最高法院的判决，一个失败的总统任职将会表明最高法院是错误的。可见，极简主义价值与一些政治判断方面的问题是紧密相关的。

因此，极简主义有可能并不具备孙斯坦所归纳的那些特点。[156]但顾名思义，极简主义可以说采取了"原则缩减"（doctrinal downsizing）的形式。"大"（big）的法院会发布"大"的——极繁主义者的——法官意见，但是，最高法院作为相对较小的政府的一个部分，应该发布"较小"的（smaller）属于极简主义的法官意见。但同时，正如在20世纪50和60年代，对"宪法裁判应该采取何种合理形式"

进行争论所表明的,极简主义增强了司法权。然后,认为应该进行平衡的支持者认为,法院应考虑到案件的每一个相关细节,并仔细对那些想获得保护的具体利益进行审理,从而最终对这些利益进行平衡。[157]以布莱克和道格拉斯大法官为首的批评意见则认为,这种特殊的利益平衡会使法官的权力过大,这在一定程度上是因为"平衡"这个比喻会把宪法裁判中一些必要的因素遮蔽掉,但在一定程度上,这也是因为"由于特殊的平衡产生了判决结果,而为这些结果进行辩护的法官意见其实对其他立法者来说就不再有什么指导意义"[158]。

正如孙斯坦所说的[159],极简主义同样面临着批评。最到位的批评可能来自大法官瑟古德·马歇尔的一位法官助理,他在一个案件记录里解释了为什么很难去判断下级法院是否遵循了最高法院——在威甘特诉杰克逊教育委员会案(*Wygant v. Jackson Board of Education*)[160]中作出的——纠偏行动方面的判决:现在大法官鲍威尔已经退休,没人知道该意见具体指的是什么。[161]也就是说,要明白极简主义式法官意见具体是什么意思,那么必须去究根溯源。在一个把极简主义作为普遍性规则的世界里,任何人都不会自信地说"该法律是合宪的",除非最后诉求于联邦最高法院。那么,就涉及的每一部法律来说,极简主义式意见使得最高法院成了关注的焦点,而对于一个试图在公共生活中减少风采的法院来说,它不会去追求上面的角色。[162]极简主义判决意见可以最大限度地增强最高法院的权力,因为极简主义意见对其他案件一般不会有明显的影响。

这也并非出于偶然。如果比克尔要求法院在百分之百的时间里做到百分之二十地遵循原则,那就有点夸大其辞了。孙斯坦是希望法院在原则的适用程度和场合上——这取决于法官对政治环境的审慎判断——可以做到在百分之七十五的时间里百分之五地遵循原则。[163]对于法律过程理论的支持者来说,原则(principle)也会表现为一些言语形式(verbal formulation),从而可以用这些言语形式来对案件的判决结果进行证成,这也可以暗示"其他可以合理预期的案件应该如何解决"。在这个意义上,那些极简主义判决意见并没有依循原则,这在一定程度上是因为这些意见是自觉地变"窄"的,而且在一定程度上也是因为——这些意见可以折中地运用很多更"深"的理论来证明,"虽然观点各异,但人们也有可能对所处理的案件在结果上是趋同的"。

那么有可能,就政体来说,我们应该考虑最近法官意见在范围上的缩小是否有不同的缘由。如果从计划的角度来看,最高法院用极简主义的方式作出无效判决,这实际上削减了联邦政府的权力范围。身处新宪法秩序中的最高法院很有可能会满怀信心地去发展一些原则(doctrines)——但他们不一定是极简主义者——从而通过这些原则来让联邦权力有一个新的轮廓。[164] 然而,这并不是当前法院已经亲力亲为的。相反,与新宪法体制中的其他政府机构一样,法院也只是迈出了一小步。如果法院还不完全确定下一次宪法变革的方向,那么,极简主义也许可以成为法院判决的方法。不过,在一个雄心已经被消磨的宪法体制中,"极简主义"这个词倒是可以准确地描述法院所采行的那些做法。[165]

注释

[1] 297 US 1, 62 (1936).

[2] *Home Building and Loan Association v. Blaisdell*, 290 US 398, 448-49 (1934).(萨瑟兰大法官,持异议。)

[3] Martin Shapiro, "Fathers and Sons: The Court, the Commentators, and the Search for Values," in Blasi, ed., *The Burger Court*, at p. 220.

[4] 这种资格是有必要的,因为法兰克福特大法官有非常强烈的愿望去实施宪法第四条修正案和禁止确立国教条款(establishment clause)。参见 e.g., *Johnson v. United States*, 333 US 10 (1948)(由罗伯特·杰克逊法官撰写、且法兰克福特大法官持多数意见的判决 [5-4] 认为,当警察在公寓门外闻到了鸦片味道,但在没有授权令的情形下就搜查公寓,这种情形是违宪的); *Zorach v. Clauson*, 343 US 306, 320-23 (1952)(法兰克福特大法官,持异议)(他认为,允许学生不去学校而去参加教会办的那些课程班,这个项目计划是违宪的),虽然他摇摆不定,但在"法院干预反对美国种族隔离制度"上,他一般都持支持的态度。参见 e.g., *Terry v. Adams*, 345 US 461, 470 (1953)(法兰克福特的观点); Tushnet, *Making Civil Rights Law*, at pp. 192-95 (描述了法兰

克福特大法官在布朗诉教育委员会案中的作用）。

[5] See, *Minersville School Dist. v. Gobitis*, 310 US 586（1940）; *Dennis v. United States*, 341 US 494, 517（1951）.（法兰克福特在维持判决中持赞成意见。）

[6] *United States v. Carolene Products Co.*, 304 US 144, 152-53n. 4（1938）.

[7] See Horwitz, *The Warren Court and the Pursuit of Justice*, at p. 84.（提到了"阿瑟·戈德堡的任命对巩固沃伦法院的重要性"。）

[8] 反映了这种巩固效果的案件有：*Griswold v. Connecticut*, 381 US 479（1965），在该案中，法院中没有人试图来捍卫"第四脚注"; *Shapiro v. Thompson*, 394 US 618（1969），在该案中，开始在短时间内把法定的社会福利条款转变成宪法上的内容；以及 *Goldberg v. Kelly*, 397 US 254（1970），该案延展了这一进程。人们同样可以对与第四脚注相关的案件进行重新解释，尽管这样一来也要对第四脚注本身进行重新解释。

[9] *Griffin v. Illinois*, 351 US 12（1956）.（有一项要求规定：只有当被告自费提供报告单时，才被允许在刑事案件中提起上诉。法官在该案中裁定该要求是违宪的。）*Douglas v. California*, 372 US 353（1963）.（判决指出，在上诉时，拒绝为贫穷的被告指派律师，这属于违宪情形，除非该上诉法院认为辩护律师能够提供帮助。）

[10] 这个原则的适用也许只限定于州所提供的那些产品。这个限定有两点看起来是恰当的。首先，新政—大社会的法理使得州在行为上有一定的压力，这体现在很多案件中，其中包括 *Shelley v. Kraemer*, 334 US 1（1948）（其中在司法判决中让州去执行有种族性且带有限制条件的财产契约），以及 *Burton v. Wilmington Parking Auth.*, 365 US 715（1961）（认定存在州行为——其中州从租赁安排中获得了利益，而房东存在着种族上的歧视嫌疑）。将平等保护原则限定适用于州提供的那些产品上，这种情形有可能还没有达到上面的限制程度。其次，政府有可能会认为：通过扩大计划的范围从而把之前排除的情形包括进来，或者通过对计划进行限制从而把之前包括的产品排除掉，由此只给某一个群体——而不是其他的群体——提供产品，那么，这种情形是违宪的。与新政—大社会的理路相一致，法院会与体制中的其他机构相互合作，那么新的平等保护原则实际上会被用来支持目前在社会福利权保护范围上的扩张。

[11] Personal Responsibility and Work Opportunity Reconciliation Act of 199, Pub. L. 104-193, 11 Stat. 2015（1996）. 正如一位专家所说的，"在不远的将来，福利绝不会再次变成联邦层面的授权。从罗斯福总统时代发展到约翰逊

总统时代，新政已经有所逆转。" Dilys M. Hill, "Domestic Policy," in Hernnson and Hill, eds., *The Clinton Presidency*, at p. 117.

[12] 对于这个解释，那么随着新政体的到来，法院近期已经作出了一些判决来宣布立法无效。同样值得注意的是，法院的这些判决并没有产生那些——在新政危机时所发生的——政治性反弹（political reaction）之类的情形。

[13] See, e. g., Wright, "Professor Bickel, the Scholarly Tradition, and the Supreme Court," at p. 777.（把比克尔描述成一个"学术官僚"。）

[14] 有一个建议，那就是"在对选举进行联盟的时期，最高法院可以挑起党派间的冲突"。See John B. Gates, "The Supreme Court and Partisan Change: Contravening, Provoking, and Diffusing Partisan Conflict," in Gillman and Clayton, eds., *The Supreme Court in American Politics*, at pp. 102-4.

[15] 对这三个时期的沃伦法院进行了讨论，其中只有最后一个时期的沃伦法院遵循了计划自由主义，参见 Powe, *The Warren Court and American Politics*。

[16] See Burt, "Alex Bickel's Law School and Ours," at p. 1860.（其中指出，至20世纪50年代，合理的目标……在劳动资本存在竞争的场景中，对于这些治理机构，可以让那些利益存在冲突的政党相互包容。）

[17] See *Kovacs v. Cooper*, 336 US 77, 90-95 (1949).（法兰克福特，持赞同意见。）（对"第一条宪法修正案在宪法裁判中具有优先地位"这个观点提出了批评。）

[18] 对于新政时期进行的法院重组，其中的抉择如何型塑了我们对法律与政治之间区别的理解，相关讨论，参见 Friedman, "The History of the Countermajoritarian Difficulty, Part Four: Law's Politics."弗里德曼研究的下一个部分对这种困境进行了阐释，当然，这在这一章也有讨论，而且在20世纪50年代，这是自由主义人士所面对的。Friedman, "The History of The Countermajoritarian Difficulty, Part Five" (unpublished manuscript in the author's possession).

[19] 相关讨论，参见 Tushnet, *Making Civil Rights Law*, at pp. 203-4。

[20] 接下来讨论的是法律过程理论以及它的概念结构的简要情况。我忽略了其中很多的细节部分，尤其是关于法律过程理论对宪法裁判进行分析后所得出的结论，我并没有讨论。我也没有讨论"法律过程理论可以在何种程度上用来反对那些由苏联及其同盟所提出的主张"，即"美国的法律过程及其同盟并不能充分地实现社会正义"。

[21] 如果说法院具有立法者所没有的义务，那么，这并非简单地意味着立法者不会根据法律过程理论来依据原则推动政策的发展。其要点在于，立法者

可以这么做,但并不需要这么做,但法院必须这么做。

[22] 由于对"支持社会稳定的制度安排"进行了具体化,因而法律过程理论的方法也开始被理解。在对美国社会的那些实际条件进行援引的过程中,比克尔也许可以通过一些很重要的方式将他的方法进行修改。但是,也可以比较,Hart and Sacks, *The Legal Process*, at p. 113("这些材料所秉持的立场目前是传统的呢,还是一般都可以被接受的呢?再比如,共和党全国代表大会的主席代表有可能赞成他们吗?那民主党全国代表大会的主席呢?……那苏联俄国政治局的代表呢?")。

[23] 350 US 891 (1955), after remand, 350 US 985 (1956), discussed in Bickel, *The Least Dangerous Branch*, at p. 174.

[24] Fallon, Meltzer, and Shapiro, *Hart and Wechsler's The Federal Courts and the Federal System*, at pp. 653-55, 提供了一个很简便的关于奈姆案及其法理背景的概要情况。

[25] Wechsler, *Principle*, *Politics and Fundamental Law*, at p. 47, 最初的发表题目是"Toward Neutral Principles of Constitutional Law."

[26] 当然,用原则的方法来适用可诉性原则,这可能会让法院不愿意对一些案件作出判决——如果这些案件中所用的原则不会产生一些不稳定因素。

[27] Gunther, "The Subtle Vices of the 'Passive Virtues'", at p. 3.

[28] 另外,比克尔的分析与法律过程理论存在着紧张关系,因为法律过程理论认为法院没有能力去胜任政治判断。

[29] 关于沃伦的任命,参见 Powe, *The Warren Court and American Politics*, at p. 24。

[30] 关于布伦南的任命,参见 ibid., at pp. 89-90。

[31] 关于哈伦的任命,参见 ibid., at pp. 48-49。

[32] 对于这一现象,最好的例子可能是,Kurland, "Foreword: 'Equal in Origin and Equal in Title to the Legislative and Executive Branches of the Government'"。

[33] 相关讨论,参见 Tushnet, *Making Civil Rights Law*, at pp. 192-93, 228-29。

[34] Kronman, "Alexander Bickel's Philosophy of Prudence," at p. 1589.

[35] 伊利指出,立法机关并不需要总能被人民满意,进而法律过程理论会把一些错误归咎于这样的立法机关。比如,立法机关不会回应那些没有被代表的人民的利益、偏好或价值。一个不完全或残缺的民主不可能是稳定的,因此

也不可能满足法律过程理论的根本要求。伊利认为，法院通过适用宪法，可以保证立法机关平等地代表着社会中的每一个人，从而促进稳定性。Ely, *Democracy and Distrust*.

[36] Vetter, "Postwar Legal Scholarship on Judicial Decision Making," at p. 420.

[37] 伊利对罗伊诉韦德案（*Roe v. Wade*）的批评夸大了这种困难。Ely, "The Wages of Crying Wolf." 对于伊利来说，罗伊案——在他的理解来看——并不是简单的宪法问题，其中有两个相关原因：它在法律过程的意义上，并没有依据原则，而且它没有发现——可以让司法介入获得正当性的——民主代议（democratic representation）所存在的问题。

[38] Burt, "Alex Bickel's Law School and Ours," at pp. 1864, 1859.

[39] 至少，如果在新政—大社会宪法体制中的情形是正确的，那么，根据这些政体原则，所需要的法官是"那些可以把政治判断和对原则的忠守结合起来的法官"。

[40] *Michael H. v. Gerald D.*, 491 US 110, 127-28n. 6 (1989). （斯卡利亚的意见。）

[41] *Washington v. Glucksberg*, 521 US 702, 722 (1998). （"法院对实体—正当—程序法理的发展……已变成了一种过程，由此，宪法第十四条修正案所具体保护的那些'自由'情形，以前并不清楚，或者说也无法完全弄清楚，但现在至少已经被弄清楚了，这主要是通过一些具体案例来完成的，其中涉及了我们法律传统中所深深根植的那些基本权利。这种方法往往可以控制那些主观性因素，而在正当程序方面的司法审查中，这些主观性因素是不可缺少的。"）

[42] 或许是斯卡利亚大法官的学术背景，使他比较敏感于学术界对正当性问题的关注。我在本章里是想把最高法院的角色扮演进行理论化，而不是跟随它的那些实际行为表现。对"要能证明新政—大社会中最高法院所作判决的正当性"这一点，比克尔和其他一些学者仍存在着担忧；但最高法院的大法官们却很少有这方面的担忧。

[43] *County of Sacramento v. Lewis*, 523 US 833, 848n. 8 (1998). （"如果以正当程序来挑战一个行政行为，那么，起诉资格是'该政府官员所实施的行为是否具有破坏性、具有愤怒性，以至于可以说是震撼了现代人的良心'。通过保护自由的历史，也许可以得出这种判决，但是这个判决必定会反映出其中对传统行政行为的理解，对当代实践的理解，以及对适用于它们的那些归责标准的理解。"）

第四章 新宪法秩序之法理

[44] See *County of Sacramento v. Lewis*,523 US at 860(斯卡利亚持异议)("一些愤世嫉俗的人会认为,法院在法理上的变化归因于法院组成人员的变化,而今天的观点却对那些愤世嫉俗的人撒了谎。事实已证明,法院在法理上的变化没有其他原因,只是因为时间在流逝(时间并不多),还有一句古老的格言也可用于此,那就是'那是以前,这是现在'。在 *Washington v. Glucksberg* 案中,法院只剩下最后一个任期,但并没有运用实体性正当程序的分析方法,不过,该方法为……今天的法院所用。")(省略了引文和分段)。

[45] 505 US 833 (1992)。

[46] Ibid.,at 848-50。

[47] Ibid.,at 849。

[48] Ibid。

[49] *Casey*,505 US at 874。

[50] Ibid.,at 982。(斯卡利亚持异议。)

[51] Ibid.,at 983。(斯卡利亚持异议。)

[52] Ibid.,at 853(奥康纳、肯尼迪和苏特的意见)("通过重申罗伊案的核心内容,我们有可能作的任何保留可能都没有那些——与遵循先例相关联的——个人自由重要。")(增加了强调),第 869 页("在目前情形下,一个判决如果推翻了罗伊案的那些核心内容,对于以前如果存在的错误,那么可以把这些错误解决掉,但代价是会给法院的正当性带来既深远又不必要的损害,而且也会给国家的法治建设带来同样的危害。")(增加了强调)。

[53] Ibid.,at 865,866。

[54] Ibid.,at 865。

[55] Ibid.,at 867。

[56] Ibid。

[57] 他们所赞同的"推理判断"是:罗伊案给相关的利益提供了一种辩护,尽管这不一定是正确的。然后,他们为遵循先例进行了理性的辩护,而只有在最初判决可能出错的时候,遵循先例这个原则才会发挥作用。

[58] *Glucksberg*,521 US at 721。

[59] 参见 e.g.,McConnell,"The Right to Die and the Jurisprudence of Tradition,"at p. 683("在解决这类道德和哲学方面的分歧时(不是其中的立场是否符合我们自己的观点),如果没有可靠的依据,那么法院应该着眼于经验,并以通说(stable consensus)作为决策的客观依据。如果这种做法在很多地方被采纳,并维系了相当长的一段时间,那么,这就可以有力地证明,这种做法可

以促进共同的善，而且是与人民的精神和道德相吻合的。"）（增加了强调）；Duncan,"They Call Me 'Eight Eyes'," at p. 248（"根据 *Glucksberg* 案，那些对'结婚必须是两性之间进行'提出挑战的当事人，他们需要证明，对所谓的自由利益进行'仔细描述'并以其为依据进行的客观历史考证，都是支持他们说法的。换言之，他们要证明的是，我们的社会已经不再囿于传统男女之间的那种婚姻概念，而且这已经在全国范围内形成了新的共识，且这种共识对于支持同性恋婚姻具有同等的效力。"）（增加了强调）。

[60] See Sunstein, *One Case at a Time*, at p. ix（"在这五个法官中，多数都只说'没有自杀、协助自杀或其他类似的一般权利'，而这留下了这样一种可能性，那就是在特殊情况下，人们毕竟有可能会享有让医生来协助自杀的权利"）；第 12 页（一个由五位大法官组成的多数"已拒绝了伦奎斯特意见中的所有方法"）。奥康纳法官附和了法院的意见，但是她写了一个单独的并存意见，表明了她的观点，那就是："一个精神上有能力但正在经历巨大痛苦的人，他[有可能]对控制他或她接近死亡的情形有宪法上的认知利益"。*Washington v. Glucksberg*, 521 US at 736.（奥康纳持并存意见。）金斯伯格大法官在判决意见中主要是附和了奥康纳大法官所阐释的那些理由（789），从而暗示她赞同奥康纳大法官所说的资格问题。布雷耶大法官在判决中发表了并存意见，"除了赞成法院之外"，也赞成奥康纳的意见（789n.），而且引述奥康纳大法官的说法，即"一个精神上有能力的人正在经历巨大的痛苦，他有宪法上的认知利益，可以控制他或她接近死亡的情形"。史蒂文斯大法官在判决中持并存意见，并发表了他的观点，即"允许个人……去对'生命的质量'作出判断"……让他们在选择他们生命的最后关头，对个人利益有合理的认识（746—47）（史蒂文斯在判决中持并存意见）。大法官苏特认为，这种自由利益可能会有一个更加宽泛的范围，但他相信，立法机关"在这个时候"会更有能力来胜任处理这个问题，而不要总是去判定"答辩人的要求不应该被承认"（第 789 页）（苏特在判决中持并存意见）。McConnell,"The Right to Die and the Jurisprudence of Tradition," at 673-81, 认为，不应该通过对各位法官的意见进行分析，从而得出关于解释方法的那些有力结论。

[61] 我并不是要去主张，沃伦法院所作的判决在表达上欠缺这种审慎性。对于厄尔·沃伦或威廉·道格拉斯的代表性意见以及大卫·苏特或安东尼·肯尼迪的代表性意见，两者显然存在着风格上的差异。"审慎"这个词和我可以想到的词相比，很容易抓住这种风格上的差异。

[62] See, e.g., Paulsen and Johnson, "Scalia's Sermonette," at p. 863

第四章　新宪法秩序之法理

("斯卡利亚善于运用巧妙的措辞、引人入胜的妙语，并煽动性地表达他的法律观点")；McAllister, "An Eagle Soaring," at p. 309（斯卡利亚"用风趣和特色阐明了他的原则，对此，很少有出其右者"）。这些作者都佩服斯卡利亚大法官的判决及其风格，而且他们前面的那些判决会影响到后面。不过我的感觉是，即使自由派也认为大法官斯卡利亚是一个散文好手。

[63] Cf. Price, "Party of Nine". （把最高法院的那些口头观点描述为"美国最好的表演秀"，并把个别大法官标签为"巴特·辛普森"、"科斯莫·克莱默"、"胡灵"、"丽莎·辛普森"和"鲍勃·纽哈特"。）

[64] 我对博比特的《宪法解释》做了解释。See Tushnet, "Justification in Constitutional Interpretation."

[65] Michelman, *Some Notes on Republicanism and Judicial Review*（暗指了 Fried, "The Artificial Reason of the Law"）。

[66] Bickel, *The Least Dangerous Branch*, at p. 23.

[67] 使用这个术语常常归于贝克，Baker, "Hun Lacks Seriosity,"但是，贝克早在《治愈》一书中就使用它了。从 Nexis 数据库的搜索来看，第一次使用的是吉尔伯特，Gilbert, "Look What's Happening in Chicago".

[68] Eskridge and Frickey, "The Supreme Court, 1993 Term—Foreword: Law as Equilibrium."

[69] Ibid., at p. 28.（阐释了法律过程理论的一种"复兴"情形。）

[70] Ibid.

[71] Eskridge and Frickey, "The Supreme Court, 1993 Term—Foreword: Law as Equilibrium," at p. 29.（对这些术语的每一个分支进行阐释。）

[72] Ibid.

[73] Ibid.

[74] Eskridge and Frickey, "The Supreme Court, 1993 Term—Foreword: Law as Equilibrium," at p. 42.（认为他们的理论既"有必要"，也是"充分的"），29（描述了作为理论选择基础的那些理解和解释。）

[75] Epstein, Knight, and Martin, "The Supreme Court as a *Strategic* National Policymaker," at p. 600.

[76] Kritzer, "The Impact of *Bush v. Gore* on Public Perceptions and Knowledge of the Supreme Court."

[77] See, e.g., Eskridge and Frickey, "The Supreme Court, 1993 Term—Fore-word: Law as Equilibrium," at pp. 37-38.（对 *Planned Parenthood of South-*

eastern Pennsylvania v. Casey 案有一个特别的说明，而得出的结论是"这些中间派法官的理性理解是，如果被国会多数和公众反对，那么这种角色不会被认为有合法性"。）

[78] 政治学家努力去证明"大法官的偏好可以最好地解释他们的行为"，当然，对此有一些批评，参见 Gillman, "What's Law Got to Do with It?"

[79] Segal and Cover, "Ideological Values and the Votes of U. S. Supreme Court Justices"; Nagel, "Political Party Affiliation and Judges' Decisions."

[80] 政治中心的位置随着时间的推移会发生变化，因而在任命的时候那些属于"中间派"的法官，在履责期间很有可能就变成了"自由派"或"保守派"。尽管他们内心最深处的观点并没有改变，大法官雨果·布莱克被任命时是一个新政自由派，但在后期职业生涯中却是一个奉行严格解释主义的半保守派（semi-conservative）。更近些，约翰·保罗大法官在被任命的时候是温和中间派，但在后来履责的时候却是自由派。

[81] Gillman, "What's Law Got to Do With It?" at p. 470n. 7. 我应该说明的是，吉尔曼正在阐释的是那些在政治学家中明显有着热烈争议的话题，但这些对于一个外行来说，就如同一场权力角逐上的战争，就像实力比拼战那样。

[82] For an indication of the difficulty, see Krehbiel, *Pivotal Politics*, at pp. 15-16.（阐释了"在多面向机制中对理论进行检讨所存在的困难"）。

[83] 被广泛引用的关于公共选择理论的一项研究，它的标题就展现了这个问题：Shepsle, "Congress Is a 'They,' Not an 'It'."

[84] Eskridge and Frickey, "The Supreme Court, 1993 Term—Foreword: Law as Equilibrium," at p. 70.

[85] Ibid., at p. 75.

[86] 埃斯克里奇和弗利基所提出的公共选择理论是一种中间路线、并有着改革主义的影子而且是非正式的，由此也从享有盛誉的法经济学上获得了一些好处。

[87] Eskridge and Frickey, "The Supreme Court, 1993 Term—Foreword: Law as Equilibrium," at p. 29.

[88] Ibid.

[89] Eskridge and Frickey, "The Supreme Court, 1993 Term—Foreword: Law as Equilibrium," at p. 35. 我认为可以去问一问，在埃斯克里奇和弗利基所使用的那些概念中，是否在一些非集权（nontotalitarian）国家，法律在那里并不作为各个国家机构之间的制衡器。如果不存在这样的法律，那么就很难去理

解他们是在哪种意义上使用"优位"这个词语的。

　　[90] Ibid., at p. 88.

　　[91] Ibid., at p. 77.

　　[92] 也存在着对法律过程理论的批评，认为该理论与一些人所鼓吹的新政改革主义的某些内容是不一致的，但是，这低估了"法律过程理论的支持者其实在某种程度上也是改革主义者"。see Horwitz, *The Transformation of American Law*, 1870-1960, at pp. 257-58, 264-68; Peller, "*Neutral Principles* in the 1950s."

　　[93] Rosen, "The Age of Mixed Results."

　　[94] See Sunstein, *One Case at a Time*, at pp. 267-68n. 5.（然而，比克尔相信"如果可以假定，司法上应该会出现最有'原则'且内容丰富的意见"。而孙斯坦认为，"这些意见应该是一种自觉的状态，既'窄'且'浅'，至少有的时候是这样的"。)

　　[95] See ibid., at pp. 11-14. 比如，"深"的意见有可能只依赖立国者的意图，这明显是因为法官只有依靠立国者们的意图才可以推翻当代的那些立法判断（legislative judgments），或者也可以采取经济分析的方法，这明显是因为这是最好的可以达到有效分配资源并作出社会贡献的方法。或者，它可能会援用某种系统的道德理论——像功利主义或者其他一些关于正义的自由理论，不过，这明显是因为宪法是一个追求正义的文件。

　　[96] Ibid., at p. 13.（指的是"那些具体的判决是由那些没有抱负的推理所支撑的……其中，人们可以异中求同"。)

　　[97] 孙斯坦关于"窄"的定义，See ibid., at p. 10。

　　[98] "如果法院正在处理的是一个非常复杂的宪法问题，而人们对这个问题都感同身受，但基于道德或其他理由在全国范围内的意见并不一致，那么，在这个时候，极简主义的方法经常——并不总是而是经常——可以起到很大的作用。" Ibid., at p. 5 (emphasis omitted).

　　[99] "极简主义会起作用，首先这是因为法院有可能在解决这些问题上出现错误，其次是因为法院有可能会出现严重的错误，即使他们给的答案是正确的。那么，对于其他人深表认同的那些道德责任，法院如果认为这对于案件判决的作出没有必要，那么可以对此予以拒绝从而努力减少开支。" Ibid.

　　[100] 值得注意的是，法院对这些目标进行确认，或者更具体地来说，对一个真正民主对话之构成要素进行确认，差不多都要依赖于民主理论中那些"深"的判决。比如，在孙斯坦的理论中，那些直接回应选民的判决，与那些只是间接回应选民的判决相比，前者要与那些民主前提有更高的一致性。参见

_231

e. g., ibid., at pp. 38（"法院可能会把模糊的法律推翻掉，这恰恰是因为他们确信行政机关的官员——而不是选民选出的代表——将要决定了法律的具体内容"）；41（"'非授权原则'和'因模糊而无效原则'是要让立法机构而不是行政机关去制定法律"），130（指出"那些纠偏行动计划的推广……已经在继续向前发展，其中并没有对原则和政策中的那些潜在问题给予持久的关注"，但是，值得注意的是"许多这样的计划在那些有政治责任的机构所作的——决定中……都有它们的根源"）。参见 also Rosen, "The Age of Mixed Results," at p. 49（认为，孙斯坦依赖审议民主理念有一定的风险，"那就是会使他自身那些对人民有利的政策被取代掉。而这正是极简主义所要回避的情形"）。可参见 Sunstein, *One Case at a Time*, at pp. 271-72n. 9（指出，"有很多种不同的关于民主的概念"）。

[101] See Gelman, "The Hedgehog, the Fox, and the Minimalist," at p. 2319.（发现"这个关键问题变成其中的一种情境"，而且认为，孙斯坦在确认"对极简和极繁主义都很恰当的情境"上，并没有提供有用的指导。）

[102] 参见 e. g., Sunstein, *One Case at a Time*, at p. 267n. 5（"在我的主张里……可以发现热衷追求审议民主的那些立足点，而且坚持认为其中最重要的机构是立法机关，而不是司法机关；司法机关只扮演一种催化和补充的角色罢了"）；162（"最初的理解是，对宪法的含义进行审议，这也是总统和立法机关功能的一部分"）。Peters, "Assessing the New Judicial Minimalism," 其中认为，虽然目标是要削弱立法机关对法院所享有的民主优先性，但是，法院至少也和立法机关一样具有一定的代议性。如果孙斯坦的观点提出了司法审查的正当性问题，那么，彼得斯的观点则会令人感到很奇怪，因为他提出了立法决定（legislative decision-making）的正当性问题。

[103] 比如，"在不远的将来，情形明显有所不同的时候"，孙斯坦会偏好极简主义。Sunstein, *One Case at a Time*, at p. 48. 如果其中可能发生变化的某种情形只具有"相对的……价值"，那么，在这种情形下，通过废除一项法律所能得到的东西并不清晰；被废除的法律就会变成一种抛弃物。

[104] Ibid., at p. 5.（"极简主义的一些形式可以推动民主的发展，这不只是说他们给这些问题留下了民主审议的空间，而且更在于他们可以促成'说明理由'制度（reason-giving），并且确保一些重要的决定是由民主制度下负责任的主体作出的。"）极简主义式判决支持了这些立法，并裁定它们不违反宪法，这有可能会产生类似的效果，其中立法者对法院的理解是"如果稍有不同的案件再摆到法院面前的时候，该法律还没有任何改变，那么它们有可能会把该法

律废除掉。"

[105] 关于这个观点更为详尽的阐释，可参见 Tushnet, "How to Deny a Constitutional Right." See also Rosen, "The Age of Mixed Results," at p. 44. （"一项判决的特性是否属于'窄'或'浅'，或'深'或'宽'，这看起来完全是旁观者眼中的事情。"）

[106] 孙斯坦通过遵循先例这个主题解决了这个问题。Sunstein, *One Case at a Time*, at pp. 19-23. 我相信，更好的标签是判决理由（ratio decidendi）。最精确地分析了这个问题的是 Deutsch, "Precedent and Adjudication"。See also Primus, "Canon, Anti-Canon, and Judicial Dissent," at pp. 263（"这些观点……被溯及既往地解释了"）；283（其中指出"司法意见的含义在某种程度上是由后来的解释决定的"）。

[107] Sunstein, *One Case at a Time*, at p. 21. 斯卡利亚大法官发现了一些极繁主义方面的论点，他们的内容与第一条修正案的结构有关，这其实提供了一个很好的例子："这样的阐释必须在一定的语境中展开，但是从字面上来看，这并不完全正确。" *R. A. V. v. St. Paul*, 505 US 377, 383 (1992).

[108] Sunstein, *One Case at a Time*, at p. 22.

[109] Ibid.

[110] 有人批评说，"在不同纬度下的极简主义与极繁主义的结合体上面，我把这个例子的位置摆错了。"对此，我几乎只是依赖孙斯坦对这些例子所作的分类，来避免这些批评。

[111] Sunstein, *One Case at a Time*, at pp. 131-57. See especially p. 64. （罗默案 [*Romer*] "也可能是政治家的一种行为表现"。）

[112] *Romer v. Evans*, 517 US 620, 623 (1996)（在开场语句中引用了 *Plessy v. Ferguson*, 163 US 537 [1896]）。

[113] *Romer*, 517 US at 634.

[114] 这些界线方面的建议在法院判决罗默案之前就已成文了，但其实在更早的时候，这些建议就在诉讼中被引用了，参见 Nagel, "Name-Calling and the Clear Error Rule"。

[115] Sunstein, *One Case at a Time*, at p. 26.

[116] Ibid., at p. 76. （把这些判决描述成"恰当的极简主义"式判决，并认为"法院有权利不在很宽的范围内作出判决"。）

[117] McConnell, "The Right to Die and the Jurisprudence of Tradition."

[118] Sunstein, *One Case at a Time*, at pp. 77, 83.

[119] 那些协助自杀方面的案件本身也有这个过程。Cf. ibid., at pp. 99-101.（建议但拒绝了这个过程。）法院可以像第九巡回上诉法院那样，对于那些规定了在所有情形下都不得协助自杀的法律，判决它们违反宪法，因为这些法律涉足了宪法所禁止的情形，那就是宪法赋予了人民可以协助的权利。

[120] Ibid., at p. 37.

[121] 参见 e.g., Congregation for the Doctrine of the Faith, "Declaration on Procured Abortion," no. 14 (November 18, 1974) ("在一些案件中……通过拒绝堕胎，可能会侵害一些重要的价值……这有的时候看起来也许会有优先性……也许这很重要——在不同的社会类型中，这可以归咎于对道义或非道义因素的考虑，归咎于对社会地位丧失的考虑，或其他诸如此类。我们只是主张，这些理由都没有能够客观地赋予可以处置另一个人生命的权利"); "Abortion and the Right to Live: A Joint Statement of Catholic Archbishops of Great Britain," no. 21 (January 24, 1980, Catholic Truth Society) ("对于刚刚孕育的孩子，不能让他们去承受由于男人强暴了女人而导致对他们的死刑惩罚")。（对于这些参考文献，我要感谢凯文·奎因［Kevin Quinn, S. J.］。）

[122] See Sunstein, *One Case at a Time*, at p. 82.（其中指出，对于那些并非广为人知的实践，它们的存在其实是与协助自杀相互联系的。）

[123] 对于法院最初废除死刑的那些判决，人们可以把它们看作这种情形，*Furman v. Georgia*, 408 US 238 (1972)，而且，它的后果是这个过程的一种反映。在孙斯坦的定义中，弗曼案其实并不属于"宽"的类型，尽管对于我来说，这个判决废除了所有的死刑，应该被称为是"宽"的了。当然，这个判决是"浅"的，其中每个法官都有自己的判决意见，且没有明显超越那些结论中的底线。这些立法机关通过制定新的死刑方面的法律来进行回应，即他们无疑相信"这些法律可以满足法院的需要"。*Gregg v. Georgia*, 428 US 153 (1976).

[124] 60 US (19 How.) 393 (1857).

[125] 347 US 483 (1954).

[126] 410 US 113 (1973).

[127] See Sunstein, *One Case at a Time*, at p. 37, but see p. 17.（该图表把罗伊案放在了极繁主义式判决的类型之外。）

[128] Ibid., at pp. 54, 37.

[129] Ibid., at p. 158.（指出"关于布朗案的激烈争论"。）

[130] 孙斯坦辩护认为，布朗案也许并非不是极繁主义的，因为它对救济方面的问题进行了保留。Ibid., at p. 38. See also Burt, *The Constitution in*

第四章 新宪法秩序之法理

Conflict, at pp. 275-85.（对"布朗案与随后对救济问题所作判决之间的相互关系"进行了类似的分析，*Brown v. Board of Education*, 349 US 294 [1955]。）

[131] 当然，如果公众所得出的结论不同于法院根据极繁主义式判决所得出的结论，那么，公众的民主审议就不会立即产生效果。See Sunstein, *One Case at a Time*, at p. 30.（其中指出了与斯科特案与罗伊案相关联的地方。）但是，如果立法行为遇到障碍，那么意味着这些审议很少会立即奏效。而真正的问题在于，作出一个极简主义式判决之后进行立法所花费的时间与作出一个极繁主义式判决之后对此所花费的时间相比，这两者的不同究竟有多大。在此，我所能报告的只是我的理解，那就是"这种区别并不像极简和极繁这两个术语看上去那样大"。

[132] *Morgentaler v. The Queen*, [1988] S. C. R. 30.

[133] 对于立法后果的简要讨论，参见 Morton, Pro-Choice vs. Pro-Life。

[134] Sunstein, *One Case at a Time*, at p. 56（emphasis added）. See generally Komesar, *Imperfect Alternatives*.

[135] 尽管这个故事并不完全，但这可以作为一种方式去描述当代法院在纠偏行动方面的那些判决所带来的后果。

[136] 孙斯坦确认了在裁判中要秉持"谨慎"的价值。Sunstein, *One Case at a Time*, at p. 161. Cf. ibid., at pp. 254-55.（促使法官更多地作出"事实性诉讼要点"（fact-filled briefs），从而来描述其他同样可以适用的那些法律规则的效果。）

[137] See Tushnet, "Constitutional Interpretation, Character, and Experience," at pp. 757, 759-60.（阐释了那些大法官的背景；且自1992年以来，这种一般图景没有发生任何改变。）

[138] 参见 Tushnet, *Making Civil Rights Law*, at pp. 192-93（阐释了法兰克福特的政治关注），210（指出了汤姆·克拉克[Tom Clark]在政治考虑上的参照），219（阐释了布莱克和道格拉斯在反对布朗案上的那些观点），229-30（引用了布莱克的观点，即"布朗案将是当时南方自由主义的一种终结"）。

[139] See, e.g., Black, "The Unfinished Business of the Warren Court," at p. 22.

[140] See, e.g., Sunstein, *One Case at a Time*, at p. 57.（"值得去尝试一种'宽'且'深'的解决之道……当法官对这种解决方法的优点有足够自信的时候"。）

[141] 参见 e.g., *Alden v. Maine*, 527 US 706, 758 (1999)（"反对者明显试图去批评一个他所反对的结论，而会将我们的推理归于自然法。但是，我们试图只去寻找那些立国者和那些修改宪法的先辈在他们创设这个联邦制度的

时候所意图完成的基业是什么")；*College Savings Bank v. Florida Prepaid Postsecondary Ed. Expense Bd.*，527 US 666，688（1999）（认为，反对意见"重申了……——在其他裁判意见中提出的但现在还流行的——关于第十一条修正案被修正的地方；这些裁判意见在某种程度上只是具体的重复，而这已经掠夺了我们'北方的森林'"）。

[142] 521 US 507 (1997).

[143] 孙斯坦的建议还可以带来另一个类似的考虑，那就是极繁主义"对那些最紧迫的案件来说是合适的，而在这些案件中，一直都要对政治道德（与宪法相关的）进行潜在的判断"。Sunstein, *One Case at a Time*, at p. 38. 对何谓"紧急"和"紧迫"所达成的一致，除了反映那些判决之外，也有可能会反映出其他一些情况，比如在一些有着自我利益的群体中所达成的一些政治共识。

[144] Ibid., at p. 38. See also pp. 168-70.（阐释了法院在性别歧视方面的判决"在很多情境下都存在反对情形"，而且，由此为性别歧视危害作出"深"的判决提供了正当性。）在这方面，孙斯坦的论点更像普通法裁判的过程。See, e.g., Holmes, *His Book Notices and Uncollected Letters and Papers*, at pp. 63, 90.（"这是普通法的价值，即首先判决案件，然后决定原则"。）一般的讨论，参见 Strauss, "Common Law Constitutional Interpretation".

[145] Sunstein, *One Case at a Time*, at p. 118. See also pp. 117-18.（其中表明了，法院在纠偏行动案件中所采取的极简主义有可能发挥一种有价值的催化功能。）

[146] *Gaines ex rel. Missouri v. Canada*, 305 US 337 (1938); *Sipuel v. Oklahoma State Regents*, 332 US 631 (1948); *McLaurin v. Oklahoma State Regents*, 339 US 637 (1950); *Sweatt v. Painter*, 339 US 629 (1950).（*Fisher v. Hurst*, 333 US 147 [1948]，是斯普尔案 [*Sipuel* case] 的重现，并没有新的问题。）

[147] 515 US 200 (1995). See Stone et al., *Constitutional Law*, at pp. 553-57.（阐释了这个案件。）Cf. Sunstein, *One Case at a Time*, at p. 124.（其中指出，法院"已经判决了大量的案件，但是都采取了极简主义方法"。）

[148] Burt, "Alex Bickel's Law School and Ours," at p. 1869.

[149] 531 US 70 (2000).

[150] Sunstein, "The Broad Virtue in a Modest Ruling." 孙斯坦在《没有法律的秩序》中重申了对该判决的赞扬, in Sunstein and Epstein, eds., *The Vote*。

[151] Flaherty, Letter to the Editor.

[152] *Bush v. Gore*, 531 US 98, 109 (2000). 就如孙斯坦所认识到的，该

判决同样说明了这个事实,那就是"极简主义并不是判决的内在特征"。See "Order without Law."法院阐述了平等保护原则,对此,如果后面的法院有选择余地,他们同样可以广泛地适用这个原则。该判决中明显的极简主义方法也是后面的法院这样做的一种保证。

[153] Sunstein, "Order without Law."

[154] Ibid. (emphasis added).

[155] Lund, "The Unbearable Rightness of *Bush v. Gore*,"其中认为,最高法院的判决撤销了佛罗里达州最高法院的判决,并让这个案件日后有余地可以与最高法院的判决相一致,不过这在事实上并没有排除佛罗里达州最高法院日后可以继续采取相关行动。他认为,佛罗里达州最高法院可能会推翻这些——解释了佛罗里达州法律的——判决,虽然美国最高法院曾依据了这些佛罗里达州的法律。在"哪些发回重审的行为是与最高法院的判决相一致的"这个问题上,几乎没有相关的法律可以作为依据,但是如果说"最高法院依据的那些已被推翻的判决与它的判决是完全一致的",那么,我会感到很惊讶。

[156] 出于这个原因,我觉得,孙斯坦对"在哪些情形下,法院应该偏好极简主义或者偏好极繁主义"所进行的具体阐释并不能让人信服。因为它们并不是司法意见的内在特征,那么,相关分析就不能集中在司法能力或者法院所面对问题的性质上面,而要集中在政府官员对法院判决的反应上面。对这些反应会产生影响的多种可能性,孙斯坦阐释得很少。

[157] See, e. g., Mendelson, "On the Meaning of the First Amendment." Cf. Sunstein, *One Case at a Time*, at p. 53. (其中提到了那些"窄"的判决,而这些判决在具体个案中涉及很多因素。)

[158] See, e. g., Frantz, "The First Amendment in the Balance."

[159] Sunstein, *One Case at a Time*, at p. 48. ("法院对自己的判决成本进行经济考虑,可能会在这个过程中给其他人'输出'了它的判决成本,而这些其他人包括在后面判决中的——须给法律赋予内容的——诉讼当事人和法官。")

[160] 476 US 267 (1986).

[161] Carol Steiker, bench memorandum for Thurgood Marshall, no. 87-998, Thurgood Marshall Papers, Library of Congress, box 429, file 4, cited in Tushnet, *Making Constitutional Law*, at p. 137. 孙斯坦对鲍威尔大法官在 *Regents of the University of California v. Bakke*, 438 US 165 (1978) 案中所做的纠偏行动判决所具有的"窄"度(narrowness)进行了评论。See Sunstein, *One Case at a Time*, at p. 131.

[162] Cf. Sunstein, *One Case at a Time*, at p. 22（其中阐释了"作为司法美德的'宽'"，因为"这创造了一个可依靠的背景，从而可以被公民和立法者所用"）；Rosen, "The Age of Mixed Results," at p. 46（其中指出了，在那些——对以种族来划分学区的做法提出合宪挑战的——案件中，奥康纳大法官所采用的极简主义方法具有增强权力的效果）。

[163] See Devins, "The Democracy-Forcing Constitution," at p. 1193n. 84. （"比克尔被批评的是，他要在百分之百的时间里百分之二十地遵循原则"，而"孙斯坦看起来是在百分之百的时间里不坚持任何原则，即零百分比"。）

[164] 我们可以为法院提供一个更具战略性的意见。我认为，我们有很多理由去相信，一个新的宪法秩序已经出现，但这些理由当然不是结论性的。有人可能会认为，新的秩序正在痛苦地孕育之中，可能还没有完全出现。在这种情境下，如果用今天的规则来引导新宪法秩序中的联邦政府，可能是轻率之举，因为这个规则有可能在事实上与所发生的并不一致。这是理解孙斯坦关于极简主义者论点的一种方式：当政治社会在一些问题上出现尖锐的分歧时，极简主义者的观点在策略层面是法院所需的。如果解决这个问题明显会使失势的一方对法院发起严厉的批评，而且法院可能会用一种与社会终止使用的解决措施不相一致的方法来解决这个问题。极简主义者允许法院去支持一个更加有限的政府，但不会让法院在新秩序还未巩固而旧秩序还在继续的情形下去执行那些严格的规则。

[165] 有人建议，孙斯坦的分析从另一种意义上应该被理解成策略。See, e. g., Miller, "Book Says Bolder Isn't Better in Rulings by the Supreme Court". （引用教授迈克尔·卡拉曼的话："作为一个客观的中立者，所有我们这些自由派在并未拥有司法权的情况下，都主张司法权的有限性，这是值得怀疑的"。）根据这种观点，面对相对保守的法院，孙斯坦被视为政治上的自由派。在自由主义导向下，他最期望的是那些极简主义式判决，像罗姆案。从他的政治立场上来看，最糟糕的是那些极繁主义式的保守判决。偏好于极简主义判决的这种推定，并没有从他和他的盟友——可以从法院得到的——那里拿走什么，而且可能会剥夺掉他们在这些判决上的支持者。这种解释以并不吸引人的方式把虚伪归咎于孙斯坦，并且不可能归咎于部分保守派大法官的无能，即无能看穿马基雅维利的谋略。

第五章　全球化和新宪法秩序

尽管没有人会真正知道全球化的确切内涵，但是，几乎所有人都知道它对国内宪法秩序会产生重要的影响。[1]国际政治经济学家苏珊·斯特兰奇曾经在著作中发表了一个比较重要的观点，那就是"国家权威已经被肢解，并四分五裂了。在某种程度上，这看起来甚至已无处可去，并只能消失了"[2]。部分国家主权向上转移，到了一些国际组织那里，比如世界贸易组织；而它向下，则是把更多的国家权力下放给了一些地区（regions）；当那些跨国公司（transnational corporations）通过把这种新布局（relocation）当做一种胁迫来限制各个国家的规制能力时，国家的权威便已荡然无存。[3]

全球化对宪政体制的影响是相当复杂的。资本流动（capital mobility）意味着单个国家对生产和就业的规制能力会大幅降低，特别是，当他们的计税基数（tax base）受到资本流动的间接威胁时，那么会——在很大的范围内——让国家在社会福利计划上的实施能力大幅降低。[4]然而，正如都市学家萨斯基亚·沙森所指出的，即使这些跨国组织在地方层面有它的"化身"——意味着单个国家仍有一定的监管权，但正如萨森所强调的（如我们将在结论中看到的），为了能够持续地进行规制，"就需要在现有的制度框架内进行有力的改革"[5]。

一些政治科学家已经提出的一些模型表明了，全球化让"权力分散"（decentralization）的成本更低——我在第二章中描述了联邦制的复兴。正如有人提出的，它的基本理念是"国际经济的一体化……使得那些偏小的州（smaller states）可以在经济上更加具有独立性，（因为）国家间的贸易可以更为容易地替代国内的贸易"[6]。这里所讨论的焦点是那些有独立地位的国家以及它们退出全球化的威胁所在。不过，一般观点认为，那些比国家还要小的管理机构（governing unit）可以发挥更大的作用，而且即使国家的权力消失了，也是如此。[7]尽管如此，有人可能会说，美国的各个州可能会对那些越来越不重要的事务有更多的支配权。

社会学家曼纽尔·卡斯特就政治的分散（decentralization）提出了另一种观点。卡斯特认为，基于欧洲的经验，现在已逐渐不再以国界认定个人身份（personal identity），而是更多地以区域性组织（或者如我们将看到的那些跨国组织）来作为认定个人身份的依据。但是，当"区域和国家层面的少数群体在身份上能较为容易地在地方与区域层面得到表达时……那么，联邦政府会更加注重对全球化在战略上所带来的那些挑战进行治理"。他们通过"低层级治理来对日常生活进行管理，从而与社会联系起来，对此，通过'向下分权'（decentralization）的方式来确立它的合法性"[8]。从欧盟的角度来看，它强调身份认同（identities）方面的问题，不过这在美国并没有得到很好的发展，但其中所包含的一般观点适用于美国：全球化让联邦或国家层面的规制权减少了，但同时却有可能在州和地方层面增加了政府在其他方面的权力。

这一切都表明了，"全球化"一词已成了一个没什么内容的时髦话语，也成了呼吁进行大规模宪政转型的一种工具。在我看来，很有可能会发生这种转型，但是，全球化将如何让一个国家的宪法得以转型，这在不同的国家有着很大的差别。然而，问题在于其中肯定会发生一些事情。在克林顿执政期间担任助理国务卿的法学教授哈罗德·

第五章 全球化和新宪法秩序

科尔对将国际法律规范并入国内法体系的过程进行了阐释。[9]如果用他的话语体系，那么我所阐释的是国际层面的政策因素是如何进入国内法的。在政策制定过程中，必须要把这些政策因素都考虑进来，并使之与国内的宪法能够融为一体。[10]

本章首先介绍了新政—大社会时期是如何对待这些国际事务方面的规范的，并在贸易法和人权法领域选取了一些案例，以此来说明全球化是如何要求国际规范与国内宪法融为一体。然后分析了几个案例——其中一些人可能会认为，这种一体化融合可能需要对新政—大社会所采取的那些方法进行改良。同时，这些案例会让我们去考虑国会缔约权的范围——这种缔约权会影响到联邦和各州之间的权力分配。这些联邦制方面的问题会有很多种表现方式，其中包括本书第二章中所提到的先占权（preemption）和强占权（commandeering）问题。

我的关注相对来说并不空泛——主要关注联邦制和全球化方面的问题，这样的话，即使目前我们根本看不出全球化会有什么影响，但我可以克制自己去猜测"全球化会带来什么"。我一贯认为，之所以全球化对宪法原则（constitutional doctrine）的影响甚微，原因在于：在新宪法秩序中，大规模的发展一般也只在小范围内有影响。通过分析可以表明，对于调整那些宪法原则并让它们适应于新宪法秩序，这并不需要我们去做很多，之所以如此，并不是因为人们想象不到"积极实施那些与全球化相关的规范"将会带来的严重后果，而是因为这些积极举措（aggressive action）在新宪法秩序中是根本不可能发生的。[11]

北美自由贸易协定（NAFTA）与缅甸法律

对"如何将那些外交事务融入新政—大社会宪法秩序中"这个命题所采取的传统智慧，大家可以很容易地知道。自第二次世界大战以来，美国在国际事务中一直发挥了重要的作用，且在冷战期间，也充当了反共势力联盟的领袖。两党也达成了共识,来支持这种角色,由此,两大政党所具有的传统的孤立主义因素已经不复存在了。这项共识是:在发展国际政策的过程中,美国所扮演的新角色要有最大限度的灵活性。[12]因此,在外交事务方面,国家权力部门必须召开全体会议进行决定。[13]正如马丁·弗莱厄蒂所言:"新政、第二次世界大战和'苏联的出现',使得人们不再相信形式主义者(formalist)在19世纪所秉持的那些信念,相应地,就三权分立来说,这促进了以行政权为中心的政治体制,并鼓励了那些作为一个联邦制问题的民族主义者还有一般的国际主义者。"[14]那些形式主义原则会在类型上将其中一些问题排除在外事权以外,而且这些形式主义原则会被利益衡量方法(balancing test)所取代,由此会使政府具有相应的灵活性。[15]

随着苏联的解体,"那些狭隘的原则(parochial doctrines)又开始出现。在国内,'各州享有权利'已经不再是隔离主义者的口号,而又再次成了宪法原则"[16]。国际危机所带来的威胁开始减弱,使得民族化的压力(nationalizing pressure)也消除了一些。[17]在外交上达成的共识也已烟消云散:"政治止于水边"这一观念(指美国的两党斗争只在国内发生,一旦越过大西洋和太平洋就没了)也已成为一种往事。所以,就如法学教授杰克·戈德史密斯用马萨诸塞州的缅甸法律案(这在第二章中有所阐释)所表明的,至少目前会给国内宪法带来很多难题的国际事务问题——无论从哪个角度来看——都没有冷战时期的那些国际事务问题来得重要。[18]他用这个例子,其实也表征了现代宪法秩序的另一个特征,即"在国际事务问题上所达成的共识在衰减"。一些人主张国际人权在国际事务中至关重要,且这些人在民主党内部有很强的政治力量,但是他们在共和党内很微弱。同样,一些美国外交政策涉及了人们普遍关注的人权问题,而各个政党对"该如何在外交政策中扮演角色"在制度层面却意见不一。[19]

国际层面的立法过程在两个重要方面都发生了改变。[20]在新政—大社会宪法秩序时期,通过国家之间签订的双边和多边协议,国际法得到了发展,而这些协议在规定上为缔约国设置了很多义务。近来,很多多边条约已经开始设立一些有独立资格的立法性机构:根据协议规定，这些机构开始自己制定新的法律。此外，在国际协议谈判以及对这些新的独立性国际机构进行游说的过程中，非政府组织在影响公共舆论和国家立场上也发挥了越来越重要的作用。法学教授保罗·史蒂芬认为，国际法在新宪法秩序中"有三个反民主的倾向"，它强化了总统，但削弱了国会；它"提高了那些大利益集团在规则制定方面的能力，从而可以让这些利益集团自身获得利益，但并没有提升一般的公共福利"；以及"它会支持这些国际机构的官僚化权力"[21]。

北美自由贸易协定（NAFTA）是一个能反映一体化问题的好例子。北美自由贸易协定要求美国、墨西哥和加拿大要遵守那些自由贸易原则。那如果发生纠纷了，会怎么样呢？在曾经发生的一个有趣案例中，密西西比州陪审团要求加拿大所辖的洛温集团（Loewen Group）向当地殡仪馆的所有权人支付5亿元赔偿金。因为陪审团得出的结论是：洛温集团有诈骗行为，其目的是让殡仪馆破产关闭。[22]最后，洛温集团向殡仪馆的经销商支付了1.75亿美元从而达成了和解。不过，洛温集团把问题诉求于北美自由贸易协定。洛温集团认为，根据北美自由贸易协定，美国政府须对它在美国投资所遭受的不公平没收给予赔偿。根据北美自由贸易协定，该争议将提交给仲裁小组。该仲裁小组成员由双方各选一名，然后双方共同选定第三名仲裁员。[23]该仲裁小组有权认定州法院是否违反了美国在北美自由贸易协定中所作出的那些承诺。

这个争端解决机制引出了很多美国宪法中的有趣问题。这些仲裁员可以对美国缔结的协议作出唯一的权威解释，并且根据宪法的规定，该协议或条约是"这个国家的最高法律"。通常来说，能够对包括条约在内的美国法律提供权威解释的唯一主体是联邦法院法官。但是，根据美国宪法规定，联邦法官是由总统提名并经参议院确认的，并享有终身制。但是，美国国内在宪法上享有地位的所有机构，都不能任命北美自由贸易协定中的仲裁员（任命其中的两位），而且仲裁员的任期只有一届。[24]

第二章中所讨论的缅甸法律案表明了跨国非政府组织在当代国际法中所发挥的作用[25]，以及在新宪法秩序中，这些组织的行为是如何产生"将国际规范融合到国内宪法秩序"方面问题的。[26]缅甸法律产生于那些反对缅甸专制政权的跨国性地方运动。政治学家已经指出，这些跨国非政府组织对各国政府的国际政策进行监督，而在这些国家中，非政府组织成员都扮演着重要的政治角色，它们或者服务于国内利益，或者作为受压迫群体而存在。[27]尽管这些跨国非政府组织与传统的利益群体有所不同，但通常来说，后者在所追求的立法中有着直接的物质利益关系（material interests）[28]，而这些跨国非政府组织通常只去主张一些道德利益（moral interests）。[29]

国内宪法大多对利益群体在政治中所发挥的作用作了回应。正如斯蒂芬所建议的，要想将新的国际法融入新宪法秩序中，就需要对那些——作为利益群体的——非政府国际组织所发挥的作用进行全面的思考。从最一般的层次来说，新政—大社会宪法秩序是通过把外交事务放在首要位置，来让外交事务可以与其他条款相互协调。[30]一般来说，外交方面的政策可以反映出美国所持的那种狭义上的国家利益。但有的时候，这些政策也要吸收一些国际规范。尽管新政—大社会宪法秩序把这些国际规范放在首要位置，但新宪法秩序有可能在大体上会将这些国际规范与其他法律渊源一视同仁。[31]由此，一体化问题会变得更加复杂，接下来的案例讨论也可以表明这点。

布雷德案、索林案和缅甸法律案

安杰拉·布雷德（Angel Breard）是巴拉圭的公民，曾经因谋杀罪被控告到弗吉尼亚州法院，并被判处死刑。[32]根据维也纳领事关系公约的规定，外国公民在他国被关押的，必须被迅速告知享有与其大使馆进行联系的权利。但是布雷德并没有被如此告知。在被定罪之后，布雷德向联邦法院提起上诉，申请人身保护令，并提出弗吉尼亚法院没有遵守维也纳公约的相关要求，因此，他有权免于指控。此外，巴拉圭向联邦地区法院和最高法院提出针对多位弗吉尼亚州官员的诉讼，试图获得反对执行的强制令（injunction）。最后，巴拉圭向联合国国际法院（International Court of Justice）提起针对美国的诉讼，而该法院又立即发出命令指示美国"采取一切措施以确保安杰拉·弗兰西斯科·布雷德不被执行，直到最终判决"[33]。

所有的诉讼都失败了。布雷德提出的人身保护令诉讼被驳回，因为他没有根据维也纳公约以适当的方式向州法院提起诉讼。就用人身保护令案中的那些术语来说，其诉求在程序上就挫败了。巴拉圭的诉讼之所以会失败，是因为外国作为国家并不是一个法律上的"人"（person），而只有法律上的"人"才可以在相关联邦法律之下对州官员的违宪情形提起诉讼，因为公约并没有明确规定一种可以让国家脱离罪责的"私人诉权"（right of action），也有可能因为第十一条修正案禁止对各州政府官员提起诉讼。为了应对国际法院发出的那些临时性措施，美国国务卿写信要求弗吉尼亚州州长推迟对布雷德的执行。美国司法部在它的声明中也向最高法院表明了立场，那就是"根据美国宪法，这种要求是唯一可采取的处理措施"[34]。美国最高法院在援引该信的内容之后，得出的结论是："如果州长希望等到国际法院的最后判决，那这是他的特权。但是，在我们的案例法中，不允许我们去为他作选择。"[35]在布雷德诉讼结束之后，美国政府向巴拉圭政府道歉，并向全国所有的警察局发布了有关维也纳公约的相关要求。[36]

在美国法院处理完布雷德诉讼之后，德国在国际法院向美国提出索赔诉求。其类型与布雷德案相同：沃尔特·拉·格兰德是一个德国人，在遭到逮捕后，并未被告知维也纳公约中的相关权利，而被判处了死刑。在执行死刑前，德国向国际法院提起诉讼。[37]和以前一样，这样并不能停止执行。到国际法院采取行动的时候，美国也承认它有违反公约的地方，并也向德国政府发出了正式的道歉信。美国主张，它的道歉以及它所执行的"广而细的计划"——由此让法律执行官知道他们的义务，这些都符合公约的要求。国际法院对此持不同意见。[38]在这个问题上，只有一名法官持反对意见，他认为联邦法院在人身保护令案件中所运用的那些程序瑕疵规则违背了公约，因为它并不完全符合公约的目的。美国必须制定相关的规则，从而"把那些违反公约权利的情形考虑进来,由此对定罪量刑重新进行复查和审议"。

弗吉尼亚州还牵涉了我所关注的另一起案件。珍·索林和他的女朋友一起密谋杀害了她的父母。之后,索林逃往欧洲。针对引渡索林的要求,欧洲人权法院裁定弗吉尼亚州实施死刑的方式是"残忍的,不人道的,[或]有辱人格的",这违反了欧洲人权公约[39],而结果是,英国政府既没有遵守引渡协议,也没有遵行欧洲公约。美国政府之后向英国政府表示,索林不会在弗吉尼亚州被判以死刑。[40]然后,索林被顺利引渡,接着被起诉,不过这就不会再面临死刑危险了。[41]

最后,在缅甸法律案中,一个重要的原则性特征是其中涉及了对——与缅甸从事贸易往来的——商业活动进行规制的两部法律:一个是州法律,它使那些在缅甸经商的商人很难与州政府签订合同;第二个是联邦法律,它授权总统可以对缅甸采取制裁措施,而且可以和其他国家商议,进而提出共同的经济制裁计划来反对缅甸的政权。

布雷德和索林案引出了"国际人权规范与美国联邦制一体化"的问题。特别是,对第二章中所讨论的新宪法秩序中的联邦制原则,这些案例反映了其中的两个维度:一方面是关于国会权力在具体范围(subject-matter)上的界限;另一方面是如果没有宪法上的授权,国会实施政策时在方法运用上的限制。

布雷德案和索林案都表明了,对于各州去起诉一般的犯罪来说,条约所规定的国家义务可能会带来一些负面效果,并对法院在解释国会权力范围的界限时偶尔会涉及的利益产生负面影响。此外,维也纳公约对各州警察也施加了一种义务,即要求他们必须遵守联邦政府所发出的指令,而这与"反强占原则"(anti-commandeering principle)有着明显的紧张关系。最后,缅甸法律案也引发了"联邦法律优先于州法律"方面的问题。那么,新宪法秩序中的法律该如何应对这些挑战呢?

布雷德案和缔约权的内容限制

布雷德诉讼是一个很仓促的案件,而且在程序上是以极其尴尬的方式进入最高法院的。此外,布雷德认为,弗吉尼亚州没有遵守维也纳公约从而要让他可以免于罪责,对此,可能存在一些瑕疵。然而,比布雷德那些个人诉求更有意思的是那些针对国际法院的临时措施所采取的应对情形。国际法院下令美国政府必须"采取一切可以采取的措施"。美国联邦政府到底可以采取什么措施呢?尤其是,单单因为州政府没有能够遵守公约,美国政府就可以指示弗吉尼亚州政府放弃它的控诉吗?为了集中讨论,我们假设国会为了执行公约而颁布了一项法律,其中有两个基本要素:第一,国会向各州所有的警察发出指令,要求他们在实施逮捕时要向所有被逮捕人询问他们是否是外国人,然后立即告知他们在维也纳公约中所享有的那些权利。第二,国会规定,如果没有被告知这些信息,那么对那些有权拥有这些信息的当事人,就不得提起诉讼,而且如果没有告知这些信息,对他们所施加的罪责也是无效的。那么,这样的法律合乎宪法吗?同样,人们也许会问,"联邦政府向外国政府表明该国的州政府将不再适用他们自身的普通刑事程序——其中包括对死刑的选择,那么,联邦政府的这种权力是从哪里来的?"

如果把国会在权力内容上的限制(subject-matter limitations)放到国际关系的语境中,很有可能会出现很多困难。那些适合于国际关系的权力内容必须吸纳考虑两个因素,即:国际事务中的民族利益和联邦制。最高法院所秉持的联邦制原则只是提供了一些线索,由此我们可以知道"这种吸纳可能会是什么样子"。这些线索表明了,这种吸纳可能会对早期共和时期(early republic)的那些民族行为(national action)产生疑惑。将"反强占原则"适用于国际事务方面,会产生类似的效果。法院指出,美国国会最近已试图指示各州官员去执行联邦层面的政策,由此来支持"反强占原则"。不过对联邦政府在国际事务方面的权力而言,这个观点似乎并无用武之地。最后,法院在解释反强占原则上留有了很多"安全舱口"(escape hatches),其中一些明显可以适用于布雷德和索林诉讼。

在国会对国际事务享有处理权的背景下,发展其限制理论是非常困难的,同样,适用"反强占原则"也会遇到很多困难。其中一个问题是，最高法院在联邦制方面的那些判决已经考虑了国会在权力行使上的"创新举措"。例如，法院用的事实是：国会直到最近才开始强制州的行政官员来支持反强占原则。[42]美国政府曾根据一些当下的谅解协议（understandings）将一些条约的内容制定成法律规则（否则也不可能有这些法律规则），不过，这些都是建国初年的事情。[43]而且，宪法也明确授权国会可以对"那些违反国家法律的罪行进行界定及惩罚"[44]，当然，其中一些情形可能是各州一般刑事法所调整的内容。大卫·戈洛夫教授指出，对于州法律禁止外国人拥有不动产的规定，早期的条约可以凌驾于这些州法律，这可能是当前法院所处理的"土地使用规制"（land use regulation）情形，尽管在当时，国会除了享有缔约权，没有人会认为国会还有权力去制定不动产方面的规则，并将其在各州予以适用。[45]A·马克·韦斯伯德教授对最高法院所支持的那些条约进行了阐释：这些条约推翻了那些——对外国人的土地继承进行规制的——州法律，且在他看来，"对这些内容进行规制……即使在今天，也很难通过宪法第1条所规定的国会权力来进行"[46]。

限制缔约权原则又会怎么样呢？[47]人们也许认为，就像以贸易条款为前提的规制必须真实地指向商业活动，那么，以缔约权或外交权为前提的规制必须真实而合理地指向国际协定（international agreement）。[48]然而，这个观点存在的问题是：人们很难知道到底哪些内容与国际协议的内容不相符。

这种困难会有两种形式。首先，在一个全球化的世界中，越来越难划清国内事务和国际事务之间的界限，且这种难度远胜于商业和非商业活动之间的界限划分。[49]正如戈德史密斯教授所说的那样，由于国内事务和外交事务的区分在弱化，因而对"美国外交利益"进行判断所存在的困难也在不断加剧。事实上，并没有一个明确的方法可以把"美国的外交利益"放到具体的情境中，也没有哪种方法可以最好地吸纳这种利益。宪法将这些任务主要交给了那些——具有专业知识和结构且能很好胜任的——政治部门。[50]

其次，可能更为重要的是，对国际协议中的问题进行决定，这并不是美国单方面可以决定的问题；它要与其他国家以双边或多边的形式来谈判进行，而其他国家并不必然就会考虑美国国内的那些安排。因此，比如，美国的谈判代表可能会提出一些议案，而这些议案在美国宪法的语境中可能只是那些——在缔约权范围内可以处理且没有争议的——事项，比如国际贸易或对美国起诉的逃犯进行引渡。而其他国家的谈判代表可能将此只作为一种偶然情形，从而会提出其他方面的问题。例如，他们可能会主张，只要美国政府同意不对——在联邦和州法院中——被控诉的少年犯进行执行，那么，他们就同意引渡那些被指控犯了联邦洗钱罪的犯罪嫌疑人。[51]在美国，条约的制定者——总统和参议院——可能会同意这个提案，因为他们会认为这个交易（trade-off）值得。单独来看，禁止对少年犯予以执行，这可能并不属于国际协定可以妥当解决的问题，但是，引渡问题显然属于可以解决的问题。[52]然而，难以让人理解的是：当美国谈判代表试图去实现的正是所有人都承认且恰当的外交政策目标时，为什么还要束缚住他们的双手呢？

　　上述例子表明了其他方法在权力内容限制上所遇到的困难：挖出一片"飞地"*，只有各州才可以对其进行规制。当然，人们也可以去创造一些场景，让条约的制定者能够将本来属于各州规制的问题通过交易的方式予以解决，进而实现那些已被接受的民族目标。例如，在贸易谈判过程中，贸易合作伙伴的一方当事人说："好吧，我们承认并允许您在我们国家销售那些——在美国通过生物技术生产出来的——食品，尽管我们的人民对此会感到非常的不情愿。不过，为了消除他们的焦虑，作为一种交换，那么你不得在美国的任何地方对少年犯进行执行。"正如韦斯伯德教授所说的，"美国之所以与其他国家进行谈判，这是因为它希望能从条约的另一方或其他当事人那里得到某些好处，而并不是因为它想把条约作为国内监管的一种机制"。但是，条约在国内必定会产生一些不可避免的影响。[53]不过，可以基于利益需要来创建一种架构，从而防止联邦政府用侵犯各州特权的方式

---

　　* 一般指某国或某市境内隶属外国或外市，具有不同宗教、文化或民族背景的领土。——译者注

来追求那些联邦层面的目标，不过，即使参与谈判的其他当事人迫使联邦政府这么做，也不可能把这种利益驱使归咎于那些立国者，或者归咎于那些建构联邦政府的合理方式。[54]

前面的观点也对法院所明确关注的地方作了回应。法院所关注的是：如果国会不考虑自己哪怕是行善事权力的来源，那么，宪法原则就不得授权国会去实施那些即使在议员看来是英明的政策。法院之所以会存有担忧，因为它知道美国国会可以为所欲为、随心所欲。而在有条约的情境下，这会进一步消除美国国会或条约制定者直接作出单方面行动的可能性：联邦层面的立法者不能为所欲为，而只能去做其他国家要求他们去做的那些事情，从而可以与其他国家达成协议，进而也让其他国家做一些对美国民族利益有利的事情。也就是说，这种交易给国会的单方面行动设了一些限制，而对这些限制，法院寻求的是那些纯粹属于国内的宪法原则。

柯蒂斯·布拉德利教授提出了最终版的权力内容限制理论。根据他的建议，国会在国际事务方面的权力——特别是签订条约的权力——并非是独立于国家权力而存在的。[55]也就是说，没有哪部法律可以摆脱联邦制所带来的那些挑战，除非它的辩护者能够在缔约权（treaty power）之外找到其他种类的国会权力，由此足以授权制定法律。布拉德利教授的建议让人想起了早期关于"开销条款（spending clause）是否可以作为国家权力的单独依据"这一争议，或关于"国会是否可以划拨款项去实现那些——只有其他被列举权力（enumerated power）才可确定的——目标"这一争议。最高法院把后面的这个主张驳回了[56]，这样就避免了"通过解释有可能会让开销条款变得累赘冗余"这个问题。"累赘冗余"方面的一些问题其实与布拉德利教授的建议有一定的关联性，因为它不会授权联邦政府在国内做它本来就不能做的事情。[57]

但布拉德利教授指出，他的建议并不会让缔约权变得完全多余，因为它可以授权联邦政府去签订协议，而这种协议在国际层面对它具有约束力，也就是说，也会设定相应的义务，而如果违反的话，将会受到相应的国际制裁。然而值得注意的是，布拉德利教授的建议意味着，美国并不能简单地去遵守国际协定中的那些条款，虽然这些协定是美国宪法允许签订的。毫不夸张地说，根据他的建议，国家在订立协议的那一刻就已经违反了它的国际义务。那么，为何要设计出如此形态的宪政体制呢？这也让人难以理解。

对于一些要求——如"处理国际事务必须符合国际协定"或者"缔约权并非独立于国家权力而存在"，也许可以防止所谓"假条约"（sham treaties）的出现。这些条约也是由美国作为签约方签订的，但只是为了完成他们通过其他权力无法完成的事项。[58]人们一定可以想象到，美国政府官员会对他们的外交伙伴说，"喂，你能帮我们一个忙吗？我们想做一些事情，包括'对土地使用进行规制'，还有'废除对青少年判处死刑'，但对这些，最高法院都不让我们自己去做。不过，如果你们在协议上签字，就可以让我们有义务这么做，那么根据我国的宪法，一切都是顺理成章的事情了。"对此，或许有理由对宪法原则进行解释，以防止这种极小可能情形的发生。[59]不过，这些原则有一种扩张倾向进而会超越了它们的基准。这些原则扩展蔓延所带来的风险可能比美国制定假条约带来的风险还要大，那么在这些案件中，最好不要去创设一个——在功能上仅仅为了防止假条约的——原则。[60]

总而言之，对于国会在国际领域的权力，很难建构出一个合理的权力内容限制理论。不过在新宪法秩序中，废除青少年死刑的那些国际协定应当予以支持。[61]但是，正如我在本章后面所提到的，在新宪法秩序中，美国不可能去签订这些协议。

"反强占原则"（Anti-Commandeering Principle）和国际事务

迄今为止，有一个明显的反对观点。可以想象下，谈判方不是要求美国政府去制定一部——为联邦制所不允许的——法律，而是制定一部——违反第一条修正案的——法律。[62]新政—大社会秩序接受这

_251

样的命题，即"外交事务权受宪法所保护的自由权的限制"[63]。那么，如果美国不考虑它的联邦制便可以一味地实现那些外交政策目标，那么，为何它不能以同样的原因不考虑人权法案呢？

对此，有一个比较简单的答案，那就是新政—大社会宪法秩序明确区分了两个概念，一个是宪法所列举的个人自由，另一个是奥利弗·温德尔·霍姆斯大法官所说的第十条修正案的"无形辐射"（invisible radiation）。[64]不过，另一个可能的答案是，缔约权确实受联邦制因素的限制，且逐渐在缔约权的实质范围内有概念意义上的独立性。[65]那么，这个问题由此便成了"找一个合适的联邦制原则，让该原则限制的不仅仅是缔约权，也限制宪法所有列举的权力"。目前，符合该原则的唯一候选项就是"反强占原则"（doctrine of anti-commandeering）。

索林案中提出的反强占问题，似乎已被人们忽视了。美国国务卿就"弗吉尼亚州会怎么做"这个问题向英国作了陈述。那么，美国国务卿从哪里可以获得权力来作出一个——对弗吉尼亚州有拘束力的——承诺呢？对此，对于那些国际律师来说，答案是"特定行为原则"（doctrine of speciality）。这种"特定行为原则"*允许对引渡之后再进行起诉的权力施加限制。大多报道的特定行为方面的案件似乎都涉及——在引渡之后——对美国政府起诉权力的限制问题，但是各州法院会假定——他们必须根据美国政府的那些陈述来执行这些限制。[66]似乎也可以假定——这个原则可以适用于引渡之后的处罚限制上，或至少适用于那些要求不得再判处死刑的陈述。此外，联邦法律规定："在任何时候，如果外国政府将犯罪嫌疑人移交给了美国政府机构，那么，为了让被指控的罪行可以在美国境内审判，总统将有权采取一切必要的措施……以保证[被告]的安全，防止非法暴力（lawless violence）的发生。"[67]虽然这种情形已清楚地表明了，这是基于防止群众暴动方面的考虑，但"非法暴力"这个术语也许可以被合理地解

---

* 在国际法等领域，特定行为原则一般是引渡中的一项特别要求，就是接收的国家不能起诉正在被引渡的人，这在一定程度上可以保护被引渡人的罪行。——译者注

第五章 全球化和新宪法秩序

释为"州政府拒绝遵守这种特定行为原则"。此外，在美国对特定行为原则作出陈述之后，引渡某个人有可能被视为一项"执行协议"（executive agreement）——该执行协议符合那些重要的引渡条约，而且作为一项执行协议，它将禁止各州作出有违该协议的事。[68]

前面所依据的那些假定都与新政—大社会宪法秩序相协调。然而在新宪法秩序之下，是否已经发生了一些改变呢？新秩序以其深厚的历史根源对强占情形予以容忍，也许这足可以解释为何索林案中的那些陈述对弗吉尼亚州有法律拘束力。[69]该解释也有可能是：该特定行为原则可以作为刑事起诉的辩护意见，因而，即使所作的那些陈述是关于"行政官员将做什么"方面的内容，但也可以在州法院予以适用。在最高法院看来，反强占原则并没有禁止联邦政府给各州法官施加义务。[70]也许弗吉尼亚州州长指示法院在索林案中判处死刑，这并没有违反法律，但是弗吉尼亚州法院必须适用特定行为原则来降低索林案中的执行（execution）风险。

根据维也纳公约的要求，警察应当将公约中规定的权利告知外国人，这是依据条约来进行强占的一个最直接例子。[71]其他条约可能会要求官员以"作为"（act）——而不是"不作为"——的方式来遵守国际人权规范。[72]同样，这些条约可能规定：对于侵犯人权的情形应当提供有效的救济。对此，要落实这些救济措施，可能要进行相应的立法。[73]那么，上述可能情形会带来宪法问题吗？

法院在反强占方面的判决也指出了一个有限适用的例外情形，而这个例外情形可能对维也纳公约的一些问题具有适用性，尽管不一定适用于其他公约。根据奥康纳大法官——而不是法院——的阐释，这个例外将允许国会去要求州官员收集信息，并把这些信息汇报给联邦官员。[74]当然，这些判决并没有对这个例外提供一个正当理由。[75]最高法院指出，它没有资格去决定"国会的要求是否已经太多了"这个问题[76]，所以不会出现"信息收集没有给州官员施加实际的负担"这种情形。法院从功能的角度对反强占原则进行辩护的最突出理由是："强占混淆了政治责任，会使公民——就他们所反对的行为——不知道是去抱怨那些地方官员（local officials）呢，还是去抱怨他们

_253

在国会中的那些代表（representatives）。"正如我们在第二章中已经看到的，一些评论家已经对这个观点的说服力提出了质疑[77]，但是这也许可以解释"为什么美国国会可以要求各州官员去收集信息"。法院也许会相信，少数公民对各州官员努力去获取国会所要求的那些信息，可能会有所埋怨，或者法院也可能会相信，国会已经让各州官员按照国会要求的形式来收集信息，而他们为了自身的目的已经获得了这些信息。我对这些事实性命题（factual propositions）有我的一些疑虑，不过，诸如此类的命题一定会加固那些从功能角度对反强占原则的例外情形所做的解释（functional explanation）。

也许类同于信息收集，国会也可以对通知（notification）进行要求。[78]从某种意义上来说，通知反过来其实也是信息收集。警察不再从当事人那里索取信息，而是向其提供信息。然而，法院由此就可能出现功用方面的考虑。按要求提供信息可能会非常麻烦，尤其是当警察必须去找那些身在远方的领事官员时。[79]很显然，接收信息的当事人一般不会去抱怨。但对那些受害者以及他们的家庭呢？当法院通过解释美国宪法来对"通知"进行要求时，是否应该通知犯罪嫌疑人享有米兰达规则下的那些权利（Miranda rights）*，这也是存在争议的，因为——在批评者看来——这会阻碍政府去有效执行刑事方面的法律。那么，条约对"通知"的要求是否也有可能出现这样的争议呢？在对——由于未能通知而——出现的问题进行阐释的时候，一位评论家指出，行政官员将面临着"一个困难的抉择……——是否还要遵守——大部分选民不知或不理解的——国际义务，或者是否还要去坚持他们州自身的那些刑事正义"[80]。公众可能会把这种矛盾追溯到通知发出的当时。这种观点是从还存有争议的"政治责任的消散"这个论点推演而来的，其与法院所判的那些案件相比，在说服力上要弱很多。[81]

或许，如果对通知这个要求（notification requirement）进行概

---

* 主要指犯罪嫌疑人在被逮捕的时候，警方必须向其宣读以下声明：你有权保持沉默，你所说的一切可在法庭上用作对你不利的供词；你有权找律师，审问时可有律师在场；你如果没钱请律师，任何审问开始前为你指定一位律师。——译者注

第五章　全球化和新宪法秩序

念上的界定，可能会出现不同的情形。如前所述，对国会试图强占各州立法和行政官员的情形，法院将适用"反强占原则"，但是法院却允许国会对各州的司法官员（judicial officers）进行强占。这个原则由此也影响了州层面的分权原则。现代分权原则一般有两大观点。[82]一种观点认为，三个部门是截然分立的。根据这个观点，这种通知要求明显是对各州行政官员所施加的行为，那么也要符合反强占原则。但是从另一种观点来看，三个部门的权力界限是模糊的，这主要基于功能方面的原因。这个观点可以支持这样一个主张，那就是"可以在司法机关的边缘地带（somewhere on the edges）来处理这种通知要求，因为'通知'与法院所审理的刑事诉讼案件是紧密相连的"[83]。

也许历史再次证明了，强占可以依据缔约权获取一定程度的合理性。在 A·马克·韦斯伯德（A. Mark Weisburd）教授看来，"早期的一些条约包含了'对地方行政官员在行为上进行要求'的情形"[84]。法院在反强占方面的判决可能在含义上会被解读成：如果强占缺少一个合理的历史纬度，那么就是不被允许的，这样就留下了一种可能性，那就是"已经长期确立的各种形式的强占——诸如领事的通知（consular notification）——就是宪法所允许的"。

法院又找到了一个更加宽泛的解决方式来处理反强占原则。[85]其中的分析比较简单，不过也带有迷惑性。我们假使美国国会的行为可以先占于（preempt）州的行为，而指令州政府不得在某个具体问题上有所作为。那么，在法院看来，只要各州制定的是国会想要的法律，或者只要行政官员所做的是国会希望他们做的事情，那么，国会就可以把相关的权力归还给州政府。

卡洛斯·巴斯克斯教授通过援引"附条件先占原则"（preemption doctrine）来维护维也纳公约中的那些要求。[86]在他看来，该公约对州官员所说的是，"当然，你不需要去逮捕那些外国公民，但是如果你这么做了，你就必须根据公约的要求通知他们所享有的那些权利。"[87]巴斯克斯教授的观点完全符合法院关于该原则的说法，但是这可能会在效果上弱化了反强占规则。正如巴斯克斯教授所指出的，一些法律由于强占（commandeering）了州的官员而被法院废止了，

_255

新宪法秩序

但是可以把它们重新改写——甚至重新解释——成为"附条件先占于州法律"这种情形。[88]当然,如果对原则进行广义解释,便可以通过"附条件先占"(conditional preemption)的方式来进行强占(commandeering),这样会使"反强占原则"在实际中只沦为一种形式而已。

也就是说,强占权可以通过"附条件先占"(conditional preemption)这种方法来行使,那么,这几乎可以宽泛到把任何可以想象到的国际协议都涵盖进来,从而可以切实地要求各州必须遵守相应的国际人权规范。我们可以再来看看对未成年犯判处死刑的情形。回到我前面所主张的,那就是"几乎不可能创设出一个原则把一些权力内容拿掉,从而达成国际协定"。如果这个观点是正确的话,那么任何"权力内容上的限制"(subject-matter limitations)都无法禁止"联邦政府通过签订条约来对普通的犯罪进行规制"这种情形。那样,根据条约的规定,国会可以出台一项法律,在其中规定"对各州犯了死罪的少年犯判处死刑,必须是他们犯有联邦层面的罪行,而且对此只能通过死刑之外的方式来惩罚"。国会通过"先占权"(the power to preempt),便可以行使"附条件先占权",从而授权各州政府可以起诉这些少年犯,但必须满足的条件是:这些少年犯不会被判处死刑。[89]

也许,可以通过转移法院对"政治责任的消散"的关注,从而找回"反强占原则"背后的那种直觉(intuition)。正如韦斯伯德教授所指出的,早期的那些条约"无意使州政府的结构发生根本性的改变"。[90]如上所述,国会只服务自己的那些目的以及通过牺牲州来扩大自己权力的那些冲动,至少在条约的框架下还能受到一些约束,因为与其签署条约的其他国家可能并没有兴趣去扩大该国议会的权力。那么在这种背景下,一个比反强占原则还要有限的规则(rule)有可能会让人去信赖:缔约者不会去达成一些让州政府会发生根本改变的协议。

缅甸法律和先占原则(Preemption Doctrine)

先占法律(preemption law)引发了联邦政府和州政府在权力范

围划分上的一些问题。一部先占于州法的联邦法律，就会把各州通过州立法机关——最终是通过州选民——所追求实现的那些目标顶替了。[91]先占权被解释得越广泛，州的权力范围就会越小。同样，如果联邦法律越宽泛地被解释为有先占权，那么各州所享有的权力范围就会越窄。因此，先占法应该与那些涉及联邦和各州权力划分方面的法律相互统一，也就是说，应该与联邦制的宪法相统一，这样整个国家才能在联邦权力和州权力上拥有一部内在统一的法律。

我们已经看到了，新的宪法秩序已经在某些方面把联邦规制权的范围缩小了。人们有可能会期待先占法律也齐头并进。最高法院在联邦权力范围上所作出的那些判决，对国会替代各州在政策追求方面的决定上带来了一些限制。先占法律则是关于国会有权取代州政策决定的法律。由于法院限制国会去替代州在一些领域所作出的决策，因而其他领域的情形可能也是如此。而且，法院可能确实就这么做了，至少在国内政策方面是这样。[92]

先占法律可以从三个层次来理解。首先，从最高和最一般的层次上来看，我们有很多与先占相关的原则；接下来的层次是，我们有具体的检测标准来判断联邦法律何时取代了州法律；最后，从最低层次来看，我们可以把这些检测标准适用于那些具体的法律。最一般层面的理解可以最好地展现全球化、联邦权力和各州法律之间的相互关系。

我认为，在一端是最大化的联邦权力而另一端是最大化的州权力这个连续范围内，可以很好地描述出先占法律的多种可能性。就当前的这些目的来说，足以知晓以下五点：宪法上的先占；支持先占的推定（presumption）；中立的法律解释；反对先占的推定；以及宪法上的先占豁免。正如我们将看到的，在克罗斯比看来，缅甸法律案的判决在某种程度上只是解决了这样一个命题，即"马萨诸塞州法律可以免于联邦法律的先占，这是基于联邦制的考虑"。该观点很自然是进行"中立的法律解释"的一种表现，但它也保留了其他三种可能性。[93]

当宪法赋予国会在某些方面可以在规则制定上享有排他权时，宪法便先占了那些州法律。[94]宪法中的先占可能被认为是罕见的，因为它会带来让人麻烦的风险：根据某些政策方面的观点，一些内容可能是要进行规制的，但是国会可能压根就不进行任何规制，这倒不是因为它有意识地抵制这些政策观点，而是因为国会把有限的时间和政治精力都用在处理其他问题上了。如果国会的权力是专属排他的，但国会对此却无所作为，那么该权力所调整的领域便会处于规制缺乏的状态，尽管可能确实有必要在这个领域进行相应的规制。

然而，宪法中的先占情形可能比大家当初想的还要常见。在历史上，有一种观点认为国会在州际贸易的规制上享有专属排他权，这在最高法院曾获得了广泛的支持。大法官威廉·约翰逊在吉本森诉奥格登案中发表的单独意见也特别赞同这个主张[95]，还有首席大法官约翰·马歇尔为法院撰写的意见也承认该观点很"有力"（great force）。[96]但是，吉本森法院并没有采纳约翰逊大法官的观点，因为它对州际贸易规制权的范围采用了一种更为宽泛的界定方式。[97]采用这种定义，风险会很高，以至于更多本来应该规制的领域最后却没有予以规制。[98]

我们也许从宪法中可以找到的一种先占情形是在外交事务方面，而且法院对茨撒尼格诉米勒案（*Zschernig v. Miller*）所作出的争议性判决，近乎就是这么做的。[99]其中，法院废除了俄勒冈州的一项法律——该法律规定，如果外国人所居住的国家可能会没收他所继承的财产，那么禁止非本地的外国居民继承俄勒冈州居民的财产。法院发现，像俄勒冈州这样的法律"反映了在'冷战'上的一些态度，其中追求的是让外国政权有'民主因子'（democracy quotient），而这与马克思主义理论是相对的"[100]。道格拉斯大法官在为法院撰写一致意见时指出[101]，该法律是该州对外交事务的一种入侵，因为宪法本来是把该领域委托给了总统和国会。[102]他也这么判了，尽管在司法部的陈述中，俄勒冈州的这部法律在适用上并没有"过度地干涉美国的外交事务"[103]。不过在法院看来，"如果看俄勒冈州的这些判决，那些在外交政策方面所持的态度——不管是冻结或是融解了'冷战'，还是其他类似的情形——看起来都是很真实的一面。当然，问题面向的是联邦政府，而不是地方的遗嘱检验法院（local probate court）"[104]。

斯图尔特大法官对上述观点表示赞同,且更加明确地指出:俄勒冈州法律让该州去管辖属于联邦政府的领域,是尝试了一次不被允许的航行。[105]茨撒尼格案中的先占问题也是由宪法本身而引发的。[106]

如果法院采用"先占推定"法则(presumption in favor of pre-emption),那么在某种程度上,州权力被替代的情形可能会更少些。对此,外交事务仍是极好的例子。这些州已想方设法对这些跨国公司进行征税,而采取的方式是将它们的一些非美国业务(non-United States business)放在该州的计税基数(tax base)里。毫不奇怪,这些公司对此极力反对,并经常试图让它们的所属国来给美国施压以减轻税负。这些州的税收政策在外交事务上遇到的难题也许可以支持"先占推定"法则。正如布莱克门大法官在日本线缆有限公司诉洛杉矶县案中所提到的,"在国际关系以及对外交往和贸易方面,美国人民通过一个拥有统一而充分的联邦权力的政府来行事"[107]。

在巴克莱国际银行诉特许权税收委员会案(Barclays Bank PLC v. Franchise Tax Board)中,"先占推定"法则被认为是应该获得支持的,不过,法院已有效地将此拒绝了。[108]巴克莱银行牵涉到——关于适用加州公司税——这一极具争议的问题。[109]负责外交事务的行政官员已反复表达了对国家税收制度的关注。[110]但是法院认为,国会在宪法上有权力规制州际贸易问题,而且也知晓那些由加利福尼亚州税收制度所产生的外交事务问题,但是,国会并没有制定任何法律对加利福尼亚州适用该税收制度进行限制。

巴克莱银行在对外事务方面采用了一般的先占标准。它还发展成了一项运动,而且还有所超越,其中不再采用茨撒尼格判例中的鲜明立场,因为像日本电线公司这样的案例,其强调国家要作为一个整体统一口径,那么这似乎已经表明,在影响外交事务的问题上,可以采用"先占推定"法则。[111]与卡斯特尔所持的更宽泛的观点一样,法学教授彼得·斯皮罗也认为,对这些问题可以采用"先占推定"法则,不过其中的理据已经被全球化削弱了很多。[112]"一个口径"(one voice)这个理据依赖于这样一个观点,即"除非整个国家都站在联邦政府的立场上,否则联邦政府的立场会有所妥协,而且它的外交也会出现不必要的复杂情形"。但是根据斯皮罗的观点，全球化也让美国之外的其他国家更有能力去区分美国在国家（the United States）和地方（sub-national unites）这两个层面所从事的行为，而且只会把后者作为报复的对象。[113]斯皮罗认为，美国作为一个主体也许还是要用一种声音说话，但他也指出，其他的声音也不需要向这种声音让步妥协。

沿着这个脉络，那么会有这样一种观点，即"先占只是一般的法律解释问题，而不存在对'联邦法律是推翻还是维护了州权力'进行推定的问题"[114]。盖尔诉美国本田汽车有限公司案（Geier v. American Honda Motor Co.）可以阐明这个观点。[115]其中涉及的问题是，美国联邦层面的安全标准是否可以先占州的侵权法。这个案件涉及的是一辆汽车与树相撞的事件。原告起诉了汽车的制造商，并认为，"汽车没装安全气囊，是设计上的疏忽。"相关联邦法律曾经授权由交通部来发布相关的安全标准。而该部门的标准要求1987年之前的部分——而非所有的——汽车必须安装安全气囊，但该标准并没有要求原告的汽车应安装安全气囊。

联邦法律中有两个涉及先占的条款。如果在同样的适用情形下，州的标准不同于联邦层面所制定的标准，那么其中的一个联邦法律条款明确地规定可以先占于州的安全标准。汽车制造商认为，州的侵权法已确立的那些行为标准由此便被先占了。但法院认为，基于该法律的第二个条款规定，其实没必要去解决此诉求。因为该条款规定，遵行联邦标准并不"免除"任何人在侵权法上所应负的责任。实际上，这个保留条款已经把那个单列的先占条款消解了。

但法院认为，这也留下了一些问题，因为他们由此可能不需要任何法律条款就能解决先占问题："把这两个条款的内容放在一起来读，可以反映出一个中立的政策——既不是一个好的，也不是一个坏的具体政策，其是为了适用一般存在冲突情形的先占原则"[116]。由此，法院认为应该适用一般的先占原则，即"联邦法律先占于与其有冲突的州法律"。史蒂文斯大法官给四位持异议的法官所写的意见是，制造商在证明存在先占情形上应该承担"具体的责任"[117]。但是法院驳回了该主张,而布雷耶大法官对此则反问道:"为什么……在涉及违反联邦目标的情形时,国会就不能适用它想适用的一般先占原则呢?"[118]让一个州去执行一个——实际上与联邦法律相冲突的——规则,"这会剥夺那些联邦法律执行者去实现法律目标的能力"[119]。

在盖尔案中,法院用法律解释中的一般原则来拒绝反对者的主张,即"应该采用反对先占的推定法则"[120]。其实,即使承认反对先占的推定法则,也有可能会达到同样的结果。有的时候,一些事情会把这种推定抵消了,这在一定程度上并不是要给出一个理由来得出"联邦法律先占于州法律"这样的结论,而是在一定程度上把这种推定抵消掉,由此让法院可以适用法律解释中的一般原则来裁判。[121]

法院对美国诉洛克案(United States v. Locke)所作的判决实际上是一个非常好的例子。[122]该案涉及了一部——对油轮的设计和运营进行规制的——州法律,其中法院裁定该法律被联邦法律先占了。在航行管制中,法院强调的是普遍的民族利益。不过,航行管制所带来的国际影响表明了,国家在这个领域让国会统一口径,这是非常重要的。[123]通过对这些最重要先例进行分析,法院所得出的结论是,"当州政府去规制那些在历史上属于联邦政府登场的领域时,'没有先占'这种假设是不会发生的。"[124]当然,也不应该人为地去创造"推定"的情形,因为法院可以对联邦法律的先占效果进行解释,由此来处理相关的问题。[125]

洛克案比盖尔案在现代先占法律上更有代表性,至少从某种意义上来说,它暗示了"反对先占推定"法则的可用之处,尽管在传统上主要由联邦法律规制的领域中,这种推定可以被统一的联邦政策所抵消。如我们在第二章中所看到的,现在发生的这些案件所适用的是"反对先占在规范上的推定"。其中的形式也多种多样。有一种情形是:自1947年以来,我们所假定的是,"除非国会有明白且确定的目的,否则,各州基于历史所拥有的治安权(police powers)不得被联邦法案所取代"[126]。

克罗斯比认为,这种"规范层面的推定"也许并不适用于外交事务领域。但是，克罗斯比谨慎地将一般"反对先占推定"的可能性"留在了日后"，而且发现即使假定"有些反对先占的推定是恰当"的，但马萨诸塞州的缅甸法律还是被先占了。[127]洛克案表明了在特征描述上所存在的困难，也许还要付出努力去区分所涉及的内容，从而判断出究竟是否要适用支持或反对先占的推定法则。洛克案本身也呈现了两种利益之间的冲突所在，其中一种利益是为了保护地方环境，其可以被概括为一种治安权方面的利益，而另一种利益是为了确保跨国贸易的有效运转，其可以被概括为"国家必须用一种声音说话"这个问题。对于"各州政府历来占有的领域"[128]和"那些——自共和国建立以来就是而且现今仍然是——属于联邦利益的领域"，这两者之间有着明显的区别，而法院试图通过这种区别来避免困难。[129]但是，区别上的困难是显而易见的。首先，法院在大量的领域中所进行的对比还是显而易见的：州政府对哪些领域进行了立法，但其并没有包括所有的情形。还有，国会在哪个领域进行了立法，但其是断断续续的。事实上，比我更熟悉运输、油轮以及环境的人士无疑可以更好地解释清"为什么法院——即使就洛克案所涉及的问题——所进行的对比是显而易见的"。也就是说，法院的区分很可能是依赖那些——州和联邦在某领域的规制上——带有争议性的历史性特征。

其次，从全国城市联盟诉尤塞里案（*National League of Cities v. Usery*）所确定的原则来看，法院还没有识别出那些属于各州自身应该重点关注的领域，而这些领域区别于那些在历史上由州政府规制的领域。[130]对于哪些领域是各州历史上所规制的，而哪里领域又是他们可以合理介入的，对此，法院已经知道不可能找到一套固定的方式来对这些领域进行区分，由此，法院也放弃了这种努力。洛克案对此所作的区分，似乎也有可能是屈服于类似的压力。

最后的困难是一个更为普通的问题，即特征界定问题（characterization）。判断一些事务是国内事务还是外交事务，这并非通过书本形式可以书写出来；它只不过是律师基于特定目的而选择的一种特征界定罢了。也许航运属于外交事务的一部分；也许从跨国公司那里采购货物也是外交事务的一部分。但话又说回来，环境问题也有可能是国内事务的一部分；而就重建时期那些修正案的遗产来看，尊重人权也有可能是国内事务的一部分。[131]

克罗斯比近乎在所有外交事务领域都给先占留下了适用的可能性。[132]虽然法院的意见并没有提到以宪法为依据的先占或者支持先占的推定，但是该案件的结果与法官意见是相一致的。法官意见所明确适用的是那些常见的法律解释原则；而且法官意见也表明了，即使它适用反对先占的推定，法院还是会得出同样的结论。被克罗斯比排除掉的唯一一种可能情形是"以宪法为依据对缅甸法律所涉及的内容进行先占豁免"[133]。法院提到了这种可能性，并指出先前的法官意见已经驳斥了这样一种观点，即"州政府在立法计划中回避了先占问题，因为它所行使的是州政府的开销权（spending power），而不是规制权（regulatory power）"[134]。虽然法院没有这样说，但法院实际上认为，对于国会对州法律所享有的先占权，不存在"市场参与"上的例外情形（"market participant" exception），这就如同经由司法实践发展出来的规则——各州不得歧视州外贸易——也不存在"市场参与"上的例外情形一样。[135]

上面讲的三个关于先占的案例，我认为，能够代表现在法院的一些做法，其中法院都积极地对州的规制权在边界上进行限制。正如大法官史蒂文斯在盖尔案中的异议所指出的，先占案例都是"联邦制"方面的案例。[136]但是，当法院直接去解决这些联邦制问题时，其实它已经限制了联邦权力的边界，从而可以让各州自由地追求他们的政策。不过，法院在联邦制方面的判决与先占方面的案例看起来也存在着一些张力。大体来看，法院在涉及联邦权的案件中对联邦制进行关注，而在一些先占案件中却忽略了州的权力，但这两者之间其实并没有直接的冲突。[137]先占案件中所有涉及的法律都是关于国会在州际和对外贸易方面的权力。如果法院以后发展出——如第二章所讨论的——"消极强占"（negative commandeering），那么，这种紧张关系也许就可以得到解决了。或者，也许与"新宪法秩序已不再雄心勃勃"这个观念相一致，法院有可能会继续在先占案件中援引那些常见的法律解释原则，而不是从根本上对先占原则进行重构。

新宪法秩序

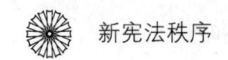

国际协定在新宪法秩序中的政治特征

　　现在关于联邦制和国际人权的诸多讨论都有一种假定：对于那些要求联邦政府采取行动以介入州事务的协定，都会假定美国已经签署了这些协定，当然也不管联邦政府的介入是通过对州政府所规制领域直接进行接管的方式，还是通过对州官员进行强占的方式。由此，比如作者会问道，美国宪法是否可以禁止联邦政府来缔结国际协定，从而可以禁止对那些犯了罪的未成年犯施以死刑。这种通过假定而采取的行动在新宪法秩序中可能很有误导性，因为这些协定近乎就不可能被采纳。

　　首先从很明显的地方来看：在过去几十年间，缔约方一直都很不愿意对缔约权的扩张使用予以确认。他们通常会把他们在"联邦制"上的谅解协议加入到那些处理人权的国际协议中，而且有时候明确拒绝适用一些条约规定。[138]这种谅解协议依附在参议院对《公民权利和政治权利国际公约》的批文当中，其中指出："美国知道应该由联邦政府来执行该公约，即在一定程度上是由它对公约所涵盖的事项行使立法和司法上的管辖权，否则的话，就该由州和地方政府来执行；就州政府和地方政府对这些问题进行管辖的程度而言，联邦政府可以采取适当的与联邦制相符的措施，直到州或地方政府的主管机关可以采取适当的措施来履行公约。"[139]布雷德案诉讼已经表明了，美国所说的"适当措施"有可能包括对联邦制下的国内宪法予以尊重，正如拉·格兰德案判决所表明的，那些国际翻译人士可能对此有不同意见。总之，"附上对联邦制的谅解协议"这种做法在新宪法秩序中很有可能会被强化。

　　对于"联邦制"的那些限制内容在政治上的起源，还是相当清楚的。联邦政府过去几十年运转的最根本特征是：分治政府以及民主党与共和党之间的日益敌对分离。加入这些国际协定，已经成为民主党中人权和国际主义分子优先考虑的事情。[140]他们也从共和党中剩下的国际主义分子那里获得了支持。但是,共和党人比民主党人还要怀疑那些国际机构。条约的签订必须获得参议院三分之二的同意,那么,如果没有参议院中两大政党的大力支持,这个要求是无法达到的,但参议院中的政党已经变得越来越派别化,而且两党在外交事务方面的分歧也在不断加深。联邦制的那些谅解协议(federalism understandings)也是民主党人要付出的一种代价,从而可以从共和党人那里获得足够的票数,进而让这些协议获得通过。[141]然而,民主党人也许会认为,美国作为世界上的主导力量,对别人提出的"美国有可能不符合一些国际标准"之类的建议,不必去理会。[142]但在新宪法秩序中,由于党派间的尖锐分裂,如果美国想缔结那些会给联邦制带来严重问题的条约和国际协定,这近乎是不可能的事情。[143]

也许很少再会出现有问题的新协议。那么,已有的这些协议又如何呢?在新政—大社会宪法秩序时期,所订立的一些协议可能会带来一些问题。这些问题在签订条约的时候并没有被认真对待,但是在将它们放到新宪法秩序中的时候,就要认真对待了。有可能会存在两种情形。首先,也许可以对已有的协议进行扩张解释。不过,最高法院在布雷德诉讼案中所采取的措施表明,法院作出这种解释的可能性不大。有一种观点认为,应该对维也纳公约进行解释,从而可以在公约中找到对巴拉圭和布雷德进行救济的根据。如果对这个主张加以怀疑,便可以否定上面关于扩张解释的观点。同样,今天国会也不可能把这些已有的协议作为立法的依据。[144]其次,已有的协议有可能并不模糊。[145]例如,维也纳公约确实是要求各州的警察须采取一些具体的行动;法院在公约中所发现的模糊之处与救济问题有关,而不是关于其中的义务。然而正如我们所看到的,那些能够带来严重联邦制问题且并不模糊的协议,已经形成了一个强大的谱系。法院只有对宪法原则进行革命性的变革,才能执行联邦制的那些限制内容。但是它也没必要这么做。我相信,这些可以毫不含糊地带来联邦制问题的协定,在数量上还是相当少的;在新宪法秩序中,如果对法院在联邦制方面的那些重要考量不会带来威胁,那么,这些作为例外情形的案件可以予以保留。[146]

那么在新宪法秩序中，最高法院要通过发展一些宪法原则来处理国际事务方面的规制权，并以联邦制的名义来限制联邦权力，这种可能性并不大。要谦逊，而非革命，这才是当下的秩序所在。

注释

[1] 一般的分析，参见 Thomas, "Constitutional Change and International Government"。

[2] Strange, "The Defective State," at p. 56. 一个不同但同样令人回味的隐喻，参见 Rhodes, "The Hollowing Out of the State"。

[3] 其他类似思路的观察，参见 Sassen, *Globalization and Its Discontents*, at p. 92: 全球化涉及"主权的解构"……将主权的多种要素重新分配给了那些超国家的、非政府的或私营机构。See also Ruggie, "At Home Abroad, Abroad at Home," at p. 508.（指"对生产、交易、就业方面的重要决定进行'去民族化'[denationalization] 的控制"。）更完整的说明，参见 Dreeg, "Economic Globalization and the Shifting Boundaries of German Federalism," at p. 28（"全球化削弱了所有政府部门的政策自治权及相关权能。之所以自治权被削弱，这是因为投资资金日益增加的流动性把各国政府可以有效使用的政策性策略的范围缩小了。相关权能之所以被削弱，这是因为在开放和竞争的市场中，很多传统的经济政策举措已经不再发挥效用了"）。关于全球化一词使用情形的详尽介绍，参见 Scholte, Globalization。

[4] 这些国际影响对这些问题在国内产生一定的效果，具体分析，参见 Luard, The Globalization of Politics（主要关注环境规制、移民和社会福利计划）。See also Ruggie, "At Home Abroad, Abroad at Home," at p. 508（指"对生产、交易和就业方面的重大决策进行'去民族化'的控制；以及政府要完成——与战后自由主义所连接的——社会契约中的部分国内角色，所面临的困难不断增加"）；Gill, "Globalisation, Market Civilisation, and Disciplinary Neoliberalism," at p. 413（"在效果上，新宪政主义授予公司资本享有公民及其代表所享有的那些特权，同时限制——数百年来为争取代表权而进行斗争的——民主化进程。因此，新宪政论的核心是通过原则来约束那些公共机构，一方面是为了防止联邦政府干涉公民的财产权利，同时也让一些特殊政治区域中的流动资本持有人可以在资本进出方面自由选择"）；Schneiderman, "Investment Rules and the New Constitutionalism."

〔5〕Sassen, *Globalization and Its Discontents*, at p.195. See also Cerny, "Globalization and the Changing Logic of Collective Action," at p.619（指出，在一些较为发达的州，它们会提供基础设施、教育制度、劳动技能培训和有质量的生活设施，这通常归类为用固定资本来吸引流动资本以及那些高度复杂的自由资本。那么，在这些州，"它们在文化基础上的衰退"会变得相对慢很多。）

〔6〕Hiscox, "Supranationalism and Decentralization in the Global Economy."

〔7〕See Whittington, "Dismantling the Modern States?" at p.516（"全球化和后工业化已经通过减少民族国家的自治领域来弱化集权的价值。"）

〔8〕Castells, *The Power of Identity*, at pp.66-67, 272. See also Rawlings, "The New Model Wales," at p.469.（认为，放权（devolution）"在问题中涉及了那些'英国'思想的含义"，并"增加了对更加一体化社会的当代意识——在全球化社会中，人们可以有多种身份"。）卡斯特尔继续说："一旦权力被下放，那么地方和区域政府将会对他们的人民拥有主动权，而且面对全球化体系，也可以进行一些发展策略，最终可以与他们所属的州进行竞争"（第272页）。第二章以及本章后面所讨论的缅甸法律案可以作为这个现象的一个很好的例子。

〔9〕Koh, "Bringing International Law Home," at p.642.（描述了——在其他方面——这些国际规范在政治和法律方面的国内化情形。）

〔10〕对一体化问题的相关讨论，参见 Didier Maus, "The Influence of Contemporary International Law on the Exercise of Constituent Power," in Jyränki, ed., National Constitutions in the Era of Integration, at p.45。

〔11〕准确地说，全球化是一个很大的话题，我只是对少数全球化与宪法相互作用的案例进行了讨论。例如，我并没有讨论移民法和外国人方面的问题，而由于全球化，这些问题的表现形式都已焕然一新。

〔12〕对宪法原则的转变方式进行了讨论，其中强调了这一转变过程的长期性，而且这与新政本身并没有直接的联系，参见 White, *The Constitution and the New Deal*, at pp.33-93。

〔13〕在一定程度上回应了参议员布里克关于修改宪法的那些提案，而对"这种全权（plenary power）要受宪法中个人权利条款的限制"这个命题，最后也达成了共识并予以接受。See *Reid v. Covert*, 354 US 1 (1957). 关于布里克那些提案的讨论，参见 Tananbaum, *The Bricker Amendment Controversy*。

〔14〕Flaherty, "History Right?" at pp.2095-96. 对于行政机关对外交事务的支配权可能发生的转变，我并没有涉及。只是间接地强调了，分治政府可以对总统在外交政策方面可能有的那些权力主张有所限制。有很多文章讨论了国

会于新宪法秩序中在外交政策方面的作用，see Symposium, "Congress and Foreign Policy after the Cold War."

[15] See Goldsmith, "The New Formalism in United States Foreign Relations Law," at p. 1409. （其中认为，"法院在传统上使用规则式（rule-like）的方法来处理司法中的外交关系原则，这看起来并不能令人满意，因为在冷战期间发生的那些'包容不足'或'过度包容'的错误，其在成本上是无法令人接受的"。）

[16] Flaherty, "History Right?" at p. 2096.

[17] 参见 Bradley, "A New American Foreign Affairs Law?" at p. 1106 （"冷战时代的结束也可能是影响外交例外主义（exceptionalism）发生变化的一个因素，因为联邦政府在国际事务中用一个声音来说话的需求降低了，而且在那些例外主义判决中，许多……显然都是冷战时期的产物"）；Spiro, "Foreign Relations Federalism," at pp. 1241-46 （描述了历史上的冷战背景，而外交事务原则［foreign affairs doctrine］就是在当时形成的）。

[18] Goldsmith, "The New Formalism in United States Foreign Relations Law," at p. 1412.

[19] 例如，2000年民主党的联邦政纲，访问网址是 http://www.democrats.org，其中要求"国会应当通过《消除对妇女一切形式的歧视公约》，并主张"我们将继续争取人权、法治和政治自由"。2000年共和党的政纲，可在 http://www.rnc.org 上找到，其中批评了克林顿政府的人道主义干预，而且提到古巴、车臣和伊朗的人权问题。

[20] 对这些发展及其对一体化问题所产生的影响，相关论述，参见 Ku, "The Delegation of Federal Power to International Organizations"。

[21] Stephan, "International Governance and American Democracy," at p. 238.

[22] 关于此案在早期阶段的相关介绍，参见 Glaberson, "NAFTA Invoked to Challenge Court Award"。到2001年中期，对美国最初所提交的一些反对意见，仲裁庭小组已经进行了处理。

[23] 根据北美自由贸易协定的规定，仲裁程序是不公开的。

[24] 关于北美自由贸易协定争端解决机制是否合宪，有两种截然相反的观点，参见 Metropoulos, "Constitutional Dimensions of the North American Free Trade Agreement"（认为，北美自由贸易协定的争端解决违反第3条规定），以及 Senior, "Comment: The Constitutionality of NAFTA's Dispute Resolution Process"（认为，争端解决程序是合宪的）。See also Weisburd, "International Courts and American Courts," at pp. 892-900. （讨论了第3条方面的问题，而这

些问题的产生可能源于"有相关条约授权可以对美国法院的判决进行国际审查"这一点。)

[25] 跨国非政府人权组织方面的主要研究当属凯克和斯金克,且他们都已是超越国界的积极分子。

[26] 带着怀疑的态度对跨国非政府组织在国内政策中的作用进行了有力的分析,参见 Anderson,"The Limits of Pragmatism in American Foreign Policy"。

[27] See, e. g., Peter M. Haas, "Social Constructivism and the Evolution of Multilateral Environmental Governance," in Prakash and Hart, eds., *Globalization and Governance*, at p. 103.

[28] 当然,它们也包括一些道德利益,而且几乎总是以公众利益为理由来施压他们的政策。然而,物质利益仍然是很常见的,从而已成为传统利益群体游说的一个结构性特征。

[29] 当然,这并不是主张:这些跨国非政府组织没有任何物质利益,或者至少没有受到那些物质利益团体的资助(工会对国际人权所主张的工作条件予以支持,就是一个明显的例子),但是物质利益的作用比其在传统利益群体中的要小得多。

[30] 我认为,批评家们将其称为"外交例外主义"是过于轻蔑的。See, e. g., Bradley, "A New American Foreign Affairs Law?" at p. 1104. 彼得·斯皮罗向我指出,新政一大社会宪法秩序把外交事务放在首要位置(如果不存在例外情形的话),这是基于政策而非宪法上的考虑。

[31] Goldsmith, "The New Formalism in United States Foreign Relations Law," at p. 1399, 使用"非明确化"(underspecification)这一术语来指涉这些问题。如果一个规范自身在国内法体系中不能得到相应规范的指引,那么其要和现存的法律体系融为一体,就会产生这些问题。戈德史密斯继续说:"即使这些联邦法律是不明确的,(也就是,当有必要进行一体化的时候)……那么,这种争论和其他类似的争论也都差不多,而其他争论也是由国内判例(布雷德案、索林案和缅甸法律案)中那些不明确的联邦法律所导致的。"

[32] *Breard v. Greene*, 523 US 371 (1998). Weisburd, "International Courts and American Courts," at p. 879nn. 7-8, 为那些关于布雷德诉讼的重要学术评论提供了诸多引文。

[33] Breard, 523 US at 374.

[34] 政府简洁明了地指出:"我们的联邦制度对'联邦政府干涉各州刑事司法制度'的情形设置了一些限制。美国根据宪法所采取的那些措施,在一些

案件中可能只是去说服。" Brief for the United States as Amicus Curiae, *Breard v. Greene*, 523 US 371 (1998), at 51. 对美国政府所持立场的批判性讨论，参见 Vagts, "Taking Treaties Less Seriously"。

[35] Breard, 523 US at 378.

[36] 对于前者，参见 Brief for the United States as Amicus Curiae, *Breard v. Greene*, 523 US 371 (1998), at 10, 12; 对于后者，参见 U. S. Department of State, Pub. No. 10, 518, Consular Notification and Access (1998), excerpted in Contemporary Practice of the United States。

[37] 德国也获准可以在美国最高法院向亚利桑那州提起诉讼，但是该诉求被美国最高法院驳回了。*Federal Republic of Germany v. United States*, 526 US 111 (1999)。

[38] 这个判决可以在 http：//www.icj-cij.org/icjwww/idocket/igus/igus-frame.htm 网页上查到。

[39] *Soering v. United Kingdom*, 11 EurCt. HR (ser. A), pp. 439, 478, P111 (1989)。

[40] 关于美国政府陈述的具体情形，参见 Djajic, "The Effect of International Court of Justice Decisions on Municipal Courts in the United States," at pp. 79-80。

[41] 长期拘留待执行死囚犯的行为，被认为违反了美国宪法第八条修正案关于"禁止使用残酷和不寻常惩罚方式"的规定，并要求对此进行审查，但这经常被美国最高法院驳回。最近发生的案件，参见 *Knight v. Florida*, 528 US 990 (1999)，其中托马斯和布莱尔大法官各自发表了单独的意见。

[42] Printz, 521 US at 918.

[43] Golove, "Treaty-Making and the Nation," at pp. 1149-1210. （介绍了在共和国早期和南北战争期间已订立的那些条约，以及同时期在政治和学术方面的评论。）

[44] U. S. Constitution, art. 1, § 8, cl. 10.

[45] Golove, "Treaty-Making and the Nation," at pp. 1157-88. （介绍了美国和英国签订的杰伊条约中所存在的那些争论，其中包括一条规定——"允许英籍人士在美国各州拥有自己的不动产"，从而把普通法上的规则——"允许没收外国人所拥有的不动产"——替代了。）我发现，联邦法院遵守了各州在斯威夫特诉泰森案（*Swift v. Tyson*）时期在不动产方面的普通法。See, e. g., *Jackson v. Chew*, 25 US (12 Wheat.) 153 (1827).

〔46〕Weisburd,"International Courts and American Courts," at p. 900. （讨论了 *Chirac v. Chirac*, 15 US〔2 Wheat.〕259〔1817〕, 和 *Hauenstein v. Lynham*, 100 US 483〔1879〕。)

〔47〕这表明了，就外交事务内容的那些争论来说，"联邦制的限制"在字面上并不合适。根据 *United States v. Curtiss-Wright Export Corp.*, 299 US 304 (1936)，这些作者认为，州政府在外交事务方面从来没有权力，所以也不可能从宪法授权的联邦政府那里"保留"出外交事务方面的权力。See, e. g., Thornberry,"Comment：Federalism vs. Foreign Affairs,"at p. 139; Healy,"Note：Is *Missouri v. Holland* Still Good Law?"at pp. 1748-50. 通过法院在 *U. S. Term Limits v. Thornton*, 514 US 779 (1995) 中的相关观点，这个论点可以用以辅助。但是，其中一位评论员指出，"对这种立场有一种反对意见……是让缔约权完全不受限制。"Healy, "Note：Is *Missouri v. Holland* Still Good Law?"at p. 1750. 如果接受了，这将终止我在这里所提出的质疑。此外，在原则已朝向其他方向的时代，采用该立场是对联邦权力的一种激进的声张。

〔48〕See Henkin, *Foreign Affairs and the Constitution*, at pp. 140-41. （对支持这一限制的案例进行了介绍。）

〔49〕See Bradley, "A New American Foreign Affairs Law?"at pp. 451-52. ("今天，几乎任何问题都可以被贴上'国际的'这个标签。") 布拉德利继续说："即使国际和国内事务在理论上存在着实际的差别，但是，美国法院好像感觉不到它与其他相关政治部门在这个问题上的抗衡。例如，对于法院究竟用什么标准来划清界限，其实并不明确。"（第 453 页）

〔50〕Goldsmith, "The New Formalism in United States Foreign Relations Law,"at p. 1416.

〔51〕联邦政府显然有权把联邦诉讼中的少年犯死刑惩罚制度废除掉，并且也这么做了。18 U. S. C. § 3591 (a). 不可能出现的情形是，一方谈判代表坚持认为应该在州的诉讼中把少年犯的死刑制度废除掉，但是如果联邦谈判代表必须放弃对少年犯的执行，那么他们可能更愿意作出让步。由此，我们可以发展出一个原则，即"条约中的规定必须公平地对待州政府和联邦政府"。尽管我仍然怀疑是否有可能发展出一项标准来决定"一项规定何时可以公平地得以履行"，而且我更怀疑是否有必要用这样的原则来防备那些在我看来可能性很小的情形。

〔52〕马里·马苏达在谈话中提到，人们可以捍卫这样一种立场，即"即使没有明确的交易，缔约权也不存在权力内容上的限制"。美国是一个遵纪守法、

尊重国际人权规范的国家，由此，美方缔约者可以合理地采用这种立场，从而可以在很多谈判中强化他们的交易立场。从这个观点来看，即使是一个单独的条约——如禁止对未成年犯处以死刑，它也有可能允许去行使缔约权，因为上述条约的制定可以增强美国在对其他受国际关注而没有争议的问题进行谈判中所持的立场。

[53] Weisburd, "International Courts and American Courts," at p. 921.

[54] 同样，外交事务的双边或多边性质有别于纯粹属于国内政策制定中的那些谈判——后者只有国会和总统可以决定采取什么政策。在条约的情形中，美方决策者首先要决定哪些是国家的优先政策，但是他们又必须回应其他国家提出的与美国相反的那些提议。

[55] Bradley, "A New American Foreign Affairs Law?" at p. 456.

[56] *United States v. Butler*, 297 US 1 (1936).

[57] 当然，制定条约的程序和制定法律有所不同。

[58] 对于"缔约权存在权力内容上的限制"这一观点，格拉芙教授进行了批评，并认为假条约不能在违背联邦主义反对论的前提下在国内予以强制执行。See Golove, "Treaty-Making and the Nation," at p. 1287. ("不能只因为总统和参议院都赞同就把条约的宗旨作为在国内施行的标准。") See also Henkin, *Foreign Affairs and the Constitution*, at p. 143. ("一项条约必须是各方真诚达成的协议，而不是一种'假结婚'，也不是美国的单方面行动而让外国政府只能一味地接受。")

[59] 一个更为现实的可能性是，条约的一些内容虽然已经超越了联邦政府的权力范围，但其在国内产生的影响却深受美国谈判代表的强烈支持。这样，这些谈判者可能会对其他谈判方作出较大的让步。那么，如果美国的谈判代表在交换中获得了"足够多"的实惠，对此进行回应的原则就会让美国的谈判代表不得不赞成这些条款，而且显而易见，这对法院来说在管理上肯定不会有吸引力。

[60] 我注意到了"假条约"方面还有一个困难。为什么其他的谈判代表要帮助美国的缔约者呢？他们有可能会把美国的要约看作一次可以从美国获得一些实惠的契机。如果涉及的事项属于国际协议方面的内容——比如贸易优惠，那么，我们要再订立一个协议，其中部分是在联邦权力的范围之内，但一部分（假设的话）超出了联邦权力的范围。正如在上面所论述的，这种混合式协定一般可以通过宪法审查之门。为了保持完整性，我注意到，如果哪个原则要谴责这种带有国际因素的混合式协议是"假"的，那么这种原则的可能性对于条约

的真实目的来说只是一种表象而已。而且，各个缔约者之间有可能订立这样的协定，且法院也有可能知道这些，不过这些可能性都非常小，所以，沿着这些路径来发展"原则"（doctrine）似乎是不可取，也是不明智的。

［61］"应该"在这里既具有预测性，也具有规范性。

［62］例如，一部法律会让美国接受"仇恨言论（hate speech）是非法的"这种国际共识（在某种程度上，这种有关仇恨言论的法律有可能会违反美国宪法第一条修正案）。

［63］See Henkin, *Foreign Affairs and the Constitution*, at pp. 254-66.（介绍了外交事务方面的权力在自由上的界线。）

［64］*Missouri v. Holland*, 252 US 416, 434 (1920).

［65］有一种说法是，"权力内容限制"内容包括对每一种被列举权力的内在界线进行确认，并对每一种具体权力的界线也进行了确认，当然，个人权利的界线对所有被列举权力来说具有外部性，而且它们可以超越这些权力。

［66］See, e.g., *State v. Pang*, 132 Wn2d 852, 940 P2d 1293 (1997).（对"特定行为原则"（doctrine of speciality）进行了适当的解释，而且假定了它的可适用性。）

［67］8 U.S.C. § 3192.

［68］*United States v. Belmont*, 301 US 324 (1937); *United States v. Pink*, 315 US 203 (1942). 卡洛斯·巴斯克斯向我表达了这个论点。

［69］反强占原则的例外可能无法适用，但是，因为传统主义者的观点在很大程度上依赖于那些——关于特定行为原则范围的——假定，而且这些假定在过去的体制中很少被讨论。

［70］*New York v. United States*, 505 US 144, 1778-79 (1992).（区分于*Testa v. Katt*, 330 US 386 [1947]。）

［71］Vázquez, "Breard, Printz, and the Treaty Power," at p. 1318（论述了惯例对强占的要求）; Healy, "Note: Is *Missouri v. Holland* Still Good Law?" at p. 1746（也是的）。

［72］对被禁止的积极强占与消极强占进行区分的难处，相关讨论参见上述第二章。Vázquez, "Breard, Printz, and the Treaty Power," at pp. 1347-48, 1350, 用了*Asakura v. Seattle*, 265 US 332 (1923), 其中维持了条约的一项规定。该规定要求全市须对日本国民的牌照申请予以考虑，从而也说明了这样一个命题，那就是"众所周知，要在积极与消极义务之间划清界线是非常困难的"。

[73] 在最高法院看来，如果条约只要求州法院在已有州法所设定的一般救济框架内来增加补救措施，那么反强占原则与此没有牵连关系。See *New York v. United States*，505 US 144，1778-79（1992）。（区别于 *Testa v. Katt*，330 US 386 [1947]，其理由在于"至高条款"（supremacy clause）*——特别针对州法官——允许它们被"强占"从而让联邦的法律得以执行。）

[74] *Printz*，521 US at 936.（奥康纳法官持并存意见。）（认为"对于国会是否根据贸易条款把部长报告中的那些要求施加给了州和地方政府，法院就此应该避免进行裁判而认定其无效"，而且提到了一部联邦法律，其中要求必须向司法部报告那些丢失的儿童。）

[75] 法院的分析显然是形式主义的，其意思是说，法院在这种语境下对其原则的大部分内容并没有从功能的角度提供正当理由。对于形式主义原则来说，信息汇编的例外情形可能是形式主义的一个例外，不过很少有人对此有所展开。

[76] *Printz*，521 US at 932-33.

[77] See, e. g., Caminker, "State Sovereignty and Subordinacy," at p. 1068-74; Jackson, "Federalism and the Uses and Limits of Law," at pp. 2200-05; Hills, "The Political Economy of Cooperative Federalism," at pp. 824-31.

[78] 当然，对形式主义原则而言，通知的例外情形可以成为形式主义的另一种例外情形。

[79] See Thornberry, "Comment: Federalism vs. Foreign Affairs," at pp. 134-35.（论述了通知有可能会带来的负担。）

[80] Ibid., at pp. 126-27. 索恩伯里指出，州长当然将采行后者，同时引用了当时州长乔治·W·布什的话："一般来说，我会支持得克萨斯州的法律，而不会考虑涉案人员的国籍"。

[81] 我并不想主张"这种观点在最初的语境中是中肯的或者很有说服力"，而只是想表明"它在目前的语境下同样很有说服力"。

[82] 经典的讨论，可参见 Strauss, "Formal and Functional Approaches to Separation of Powers Questions".

[83] Thornberry, "Comment: Federalism vs. Foreign Affairs," at p. 142,

---

＊至高条款（Supremacy Clause）是在美国宪法第六条第二款中的条款。此条款明确表示了宪法、联邦法律及美国对外条约为"全国之最高法律"（"the supreme law of the land"）。此条款确立它们为美国法律体系的最高层次法律，强制各州法官要捍卫它们，即使它们抵触了州宪法及州法律。——译者注

表明了，在布雷德案的情景中，通过要求必须在初审［司法］程序中对"被告是否是外国公民"作出决定，并要求必须在此时告知外国公民所应享有的权利，这样就可以规避反强占原则。See also Vázquez, "Breard, Printz, and the Treaty Power," at p. 1326n. 30.（持相同观点。）

[84] Weisburd, "International Courts and American Courts," at p. 903. 韦斯伯德教授举的最好例子是：1788年订立的一项公约意在执行1778年制定的一项条约，而该公约要求一方当事人里面"有资格的官员"去逮捕那些来自其他国家商船的逃亡人员。正如韦斯伯德教授所指出的，人们可能会误认为相关的"有资格的官员"就是联邦政府里的那些官员。但在1788年，其实并没有这样的官员；而且尽管当时美国宪法已经制定完成，但联邦政府还尚未成立。韦斯伯德教授承认有这样一种可能，那就是：在联邦政府成立之后，1788年施加在州官员身上的那些义务可能会转移到联邦官员那里。但是他认为，这样做"将需要在许多好的港口城市建立一支联邦警察部队"（第903页，第142个注释），而对于该项要求，他准确地指出不能将此归因于那些立国者。

[85] Deeken, "Note: A New Miranda for Foreign Nationals?" at p. 1030, 其中认为，一个州如果没有根据维也纳公约告知外国人所享有的那些权利，可以说这就违背了公约的那些宗旨。如果是这样的话，该公约在某些方面是可以先占的，但具体是什么，还并不完全清楚：是州的起诉方面吗？按照州的规定，是要去免除警察对其违法行为所要承担的那些货币责任吗？迪肯认为，对于由于未能遵守公约所要求的告知义务而获取的证据，公约本身并没有建立一套规则来排除这些证据。（第1036页至1038页）

[86] Vázquez, "Breard, Printz, and the Treaty Power."

[87] 对州官员可以逮捕或起诉外国公民的权力，联邦政府有权予以否定，不过该权力来自它在外交事务方面的权力。其他国家可能会相信美国联邦政府，而不是相信地方政府，并且有可能在谈判中会坚持认为，只有美国联邦政府可以对该国的公民提起诉讼，即便所犯的是一般罪行，也该如此。这种可能性就足以证明，美国联邦政府有权让联邦法律先占于各州刑法，从而适用于外国公民。

[88] Vázquez, "Breard, Printz, and the Treaty Power," at pp. 1327-28. （建议对布雷迪法案予以改写进而可以使用"附条件先占"。）See also Carter, "Note, Commandeering under the Treaty Power," at p. 618.（认为"如果是在国会权力的范围内来完成这些议案，那么就会为陷害州权利的情形提供机会"。）

[89] 这个例子有点不恰当，因为禁止州政府去处决少年犯，这准确地说并

不是作为一项要求（a requirement）的积极强占，即没有要求"控诉少年犯的州政府把少年犯关押在监狱中，应当按照联邦法律所规定的年限进行"。

[90] Weisburd, "International Courts and American Courts," at p. 918. （增加了强调。）See also Henkin, *Foreign Affairs and the Constitution*, at p. 148. （描述了与此类似的约束。）

[91] 作为州选民，他们有资格。当然，作为国家的选民，还是这些人参与了联邦法律的发展过程。

[92] 参见上文第二章，讨论了先占。

[93] 先占在宪法上的豁免情形会与法院在联邦制方面的那些判决存在一定的紧张关系，正如我在第二章里所阐释的。

[94] 就当前的目的而言，对于国会可否通过把权力授予州政府来行使它的排他性权力，其实这种讨论并不重要。

[95] *Gibbons v. Ogden*, 22 US（9 Wheat.）1，227（1824）（约翰逊法官持并存意见）："因此，各主权州在商贸上的权力就等同于它可以随意对它进行限制和约束。对自由可以进行限制的权力，必然暗示着一种对于哪些不该受到限制予以决定的权力，由此，这项权力必须具有排他性；它只可以保留在君主统治之中；因此，权力授予必须是完全的，不会给各州在该权力上有行事的空间。"

[96] Ibid.，at 209.

[97] 这种权力阐述了一种规则，而"通过这种规则，商业活动可以得到治理"（同上，第196页），且商业在这里是指"所有的机构进行的商业性交往活动"。（第189—190页）

[98] 宪法中先占观念在休眠贸易条款（dormant commerce clause）这个幌子之下，仍然是宪法学中一个重要的部分。当某些州政府的规制给州际贸易带来妨碍的时候，那么，休眠贸易条款就会被援用，但是，国会并没有禁止这种干涉情形。（同样，就当前的目的而言，对于法院判断"州法律何时违反了宪法而干涉了州际贸易"的复杂标准，并没有必要去讨论。）在这些休眠贸易条款案件中，只是授予国会一项它不会行使的权力，不过就州有权去制定它的立法者认为是最好的法律而言，这种授予就会把州的这种权力替代了。

与一般联邦制方面的判决一样，现代最高法院在一定程度上已经缩小了休眠贸易条款的边界。通常来说，这种理论具有两个部分：一个是禁止州政府制定对州之外的商业行为存有歧视的法律，另一个是禁止州政府制定那些会给州际贸易带来让人无法接受的负重的法律。对于第一种情形，有的州通过划清地理界限来有效区分地方和州际贸易，而现代最高法院通过对这种州规制持高度

第五章 全球化和新宪法秩序

怀疑的姿态,而在州的权力上设置了严格的限制。

有很多这样的例子,也许最近一个最引人注目的例子是 *C and A Carbone, Inc. v. Clarkstown*,511 US 383 (1994),其中判定,流量管制条例违反了美国宪法。该条例规定,本镇内产生的所有固体废物都必须在指定的垃圾转运站进行处理。在该规制中,地理术语的使用形式非常关键,因为对那些对州内和州际贸易会带来根本性的不同影响——甚至地理界线都没有划清——的法律,现代最高法院看起来很不愿意去宣告它们无效。这里最引人注目的例子就是 *Exxon Corp. v. Governor of Maryland*,437 US 117 (1978),其中支持了一个在表面上具有中立性的州规制,虽然该规制实际上对大量在州外所调控的经济活动(比如汽油生产和销售的一体化)以及很少受地方政府调控的经济活动产生了不利的影响。法院没有援引休眠贸易条款中的第二个款项——"负担过重的"——来让至少已有十年的州规制归于无效。*Kassel v. Consolidated Freightways Corp.*,450 US 662 (1981),这是 Chemerinsky,Constitutional Law,at p. 326. 相关部分最新引用的案例。Tribe,American Constitutional Law,at pp. 1053,1070-73,其中指出了卡塞尔案例中一些多元化的意见和卡塞尔的先例中的多数意见,*Raymond Motor Transportation v. Rice*,434 US 429 (1978),其中表明了,上述案例中所依据的法律是有问题的,因为它们包含了一些在评论家看来具有歧视性的条款。

被却伯(Tribe)引用的最近案例——由于"负担过重"而使法律无效——是 *Edgar v. MITE Corp.*,457 US 624 (1982) (ibid.,at p.1099)。对于处于歧视性法律和非歧视性法律边界上的那些法律,法院可以直接用它们来规制那些在其他州发生的商业活动。See,e.g.,*Healy v. The Beer Institute*,491 US 324 (1989). 奥康纳大法官依据休眠贸易条款中"负担过重"这一点,支持了卡蓬案(Carbone)中的并存意见。See 511 U.S. at 405-7. (奥康纳大法官在判决中持并存意见。)(并不常用"过度负担"原则来使法律无效,这对于我来说,表明了我们在把 *Pike v. Bruce Church,Inc.*,397 US 137 (1970) 案描述成一个"模范"案例时,应当非常谨慎。Tribe,American Constitutional Law,at p. 1082. 派克案(*Pike*)是一个管治标准,当然,法院很少用这个判例来让那些州的规制无效。)

[99] 389 US 429 (1968). 对于茨撒尼格案(*Zschernig*)的批评,参见 Henkin,*Foreign Affairs and the Constitution*,at pp. 163-65;Bilder,"The Role of States and Cities in Foreign Relations," at p. 830;Goldsmith,"Federal Courts, Foreign Affairs, and Federalism."

［100］Zschernig，389 US at 435.

［101］大法官哈伦在结果中持并存意见。

［102］389 US at 432.

［103］Ibid.，at 434.（引述了司法部归档的法官顾问概要。）

［104］Ibid.，at 437.

［105］Ibid.，at 442.（斯图尔特法官，持并存意见。）

［106］正如大法官哈伦在并存意见中所指出的，法院并没有依据条约的那些规定，而这些条约有可能会被解释从而把州法律替代了（ibid.，at 445-51）。值得注意的是，克罗斯比案中的意见只是在阐释下级法院的裁定上引用了茨撒尼格案。*Crosby v. National Foreign Trade Council*，530 US 363，371（2000）.

［107］441 US 434，448（1979）.（引用了 *Board of Trustees of Univ. of Ill. v. United States*，289 US 48，59［1933］.）See also *Hines v. Davidowitz*，312 US 52，68（1941）.（介绍了"国际关系"作为"我们政府工作的一个方面，且我们的政府从一开始就普遍承认一定要有很广泛的联邦权力"。）

［108］512 US 298（1994）.

［109］基于英国政府和欧盟成员国的利益考虑，该法律受到了很多攻击，且也是由美国商会组织提起的。法院引述了国务卿给加利福尼亚州州长的一封信函，其中主张"美国国务院实际从世界上所有发达国家那里收到了'外交照会'（diplomatic note），而这些照会抱怨在世界上每一个发达国家，它们的州政府在全球范围内都使用单一的税收方法"。（ibid.，at 324n. 22）.

［110］副检察长曾指出："对于各州的税收体制是否会削弱联邦政府在统一口径上的能力，行政部门官员的那些陈述对这个问题其实并没有给出有力的回答，但是，法院认为没有必要去接受或拒绝这个观点，因为它认为，就国会对加州制度的默许来说，那些行政陈述并不足以'授权司法上的干预'。"（ibid.，at 330n. 32）.

［111］See Spiro，"Foreign Relations Federalism，"at p.1239n. 74（将柏克莱银行判决描述成"原则上的分水岭"），第 1264 页到 1265 页。（其中主张，布雷德案"至少含蓄地将在茨撒尼格案中对各州死刑所施加的限制给拒绝了"。）如果所涉及的内容是外交事务领域的——但并非全部，那么，它仍然有可能存在宪法上的先占或者先占推定。有一种可能性——与克罗斯比案的结果相一致——是州政府可能不会让外国政府所享有的商业待遇比其他政府所享有的待遇还要差，这就要求各州必须将"最惠国待遇"让所有的外国主体都可以享有，且一视同仁。也有可能，这个原则的范围将取决于对统一民族利益的权衡，而

不是州政府基于地方决策可能主张的那些利益。

[112] Ibid., at pp. 1261-70. （阐释了"有针对性的报复"。） Cf. Dinh, "Reassessing the Law of Preemption," at p. 2106. （其中表明了，先占原则将随着"国会在立法上反对情形"的变化而有所变化。）

[113] 但是可以参见，Denning and McCall, "The Constitutionality of State and Local 'Sanctions' against Foreign Countries," at pp. 330-31 （其中描述了瑞士政府对提出的那些地方政府制裁措施进行了报复；在提出制裁措施的州，或者在还没有提出制裁措施的那些州，这种报复都会对它们的商品产生影响）。我要指出的是，斯皮罗只是认为，针对性报复的存在可能性会减少对"先占推定"在适用上的需求。丹宁和麦考尔实际上已经有力地证明了，宪法本身先占于缅甸法律，这与那些与先占原则的可能情形已不怎么沾边的主张没什么关系。

[114] Cf. Dinh, "Reassessing the Law of Preemption," at p. 2087 （"与主流看法以及还没有探讨的最高法院格言中的那些假设前提相反，联邦制的宪法结构并不承认一种一般性的推定来反对联邦法律可先占于州法律"），第2092页（"作为一个宪法结构问题，不应该在制度上有这样的一般推定，来反对或赞成先占"），第2097页（先占方面的分析其实是"普通的法律解释"问题）。

[115] 529 US 861 (2000).

[116] Ibid., at 870-71.

[117] Ibid., at 898. （史蒂文斯法官，持异议。）

[118] Ibid., at 871.

[119] Ibid., at 872.

[120] 从异议来看，被告应该承担特别的责任。

[121] 在盖尔案中，两个法律条款的抵消效果已经反映了法律情境中的那种基本直觉。

[122] 529 US 89 (2000).

[123] 法院承认，用一个声音说话，这在制定联邦政策的过程中可能会受到州政府参与的影响（ibid., at 117）（"各州——还有环保团体和地方港口当局——都将参与这个过程"）。

[124] Ibid., at 108.

[125] Ibid.

[126] *Rice v. Santa Fe Elevator Corp.*, 331 US 218, 230 (1947), 在 Locke, 530 US at 108 中有引用并作了区别。最突出的地方是，其中规定了"反对对州治安权规制进行先占推定"，*Cipollone v. Liggett Group, Inc.*, 505 US

_279

504，518 (1992)。

[127] Crosby, 530 US at 374n. 8. 这个结论的得出是"基于以下［法院的］分析"。但这种分析并没有提及"反对先占推定"，也没有讨论那些可能推翻推定情形的相关联邦和州法律到底是哪些，因为法院只是明确使用了法律解释中的那些规范性原则来决定先占方面的问题。

[128] Locke, 530 US at 108.（引用了赖斯案。）

[129] Ibid., at 99.

[130] 426 US 833 (1976).

[131] 不足为奇的是，所涉领域的特征与历史上各州及联邦在该领域的规制特征之间，有可能存在着一种互动。

[132] 正如彼得·斯皮罗所指出的，"克罗斯比案是……一个时间连接点，且该判决给下面的情形在日后留下了灵活的空间：重新对那些可适用于外交关系的'差别联邦制规则'（differential federalism rules）进行确定，或者去开辟一条消除差别的道路。"Spiro，"Contextual Determinism and Foreign Relations Federalism," at p. 368. 早期对克罗斯比案的学术评论反映了传统主义者与修正主义者在外交事务方面的分歧，其中传统主义者认为克罗斯比案以一种温和的方式反映了联邦具有主导性（national primacy）这一特征，而修正主义者则认为克罗斯比案在联邦具有主导性这个问题上是模糊的，前者的例子，参见 Vázquez, "W(h)ither Zschernig?"；后者的例子，参见 Goldsmith, "Statutory Foreign Affairs Preemption"; Yoo, "Foreign Affairs Federalism and the Separation of Powers"。

[133] 我给这个判决加了一个兜底条款，从而留下了一种可能——那就是州政府有可能在宪法上享有先占豁免，但这并不适用于缅甸法律的情形。（一种可能是：例如，美国国会不要求马萨诸塞州去抵制在缅甸生产的商品。根据这个规则，马萨诸塞州可以拒绝购买在缅甸生产的商品——即使这与国会的政策相抵触，但是，这不影响他们自己在缅甸从事的贸易活动。）

[134] Crosby, 530 US at 373n. 7.（引用了 *Wisconsin Dept. of Industry v. Gould, Inc.*, 475 US 282, 287 [1986].）法院还指出，美国马萨诸塞州"已经承认——因为这是必须的"：国会可以对缅甸法律行使先占权（同上），且这只是对"国会实际上已行使了该权力"这个主张提出了质疑。

[135] See Gould, 475 US at 289.（其中主张，"'市场参与'原则反映了贸易条款中的一些特别情形，这不是关于'州权力可以在国会权力的领域行使的必要限度'这个一般性概念问题"。）

[136] See, e.g., Geier, 530 US at 887.（大法官史蒂文斯，持反对意见。）

("这是一个关于联邦制的案例",引用 *Coleman v. Thompson*,501 US 722,726 [1991]。)

[137] 有人可能认为,最近被解释的"反对先占推定"(presumption against preemption)与法院所关注的联邦规制权有关。但是大法官们自身似乎并不这么认为。史蒂文斯大法官是联邦制案件中的一贯反对者,也是法院"反规制推定"(presumption against regulation)的首要倡导者。托马斯大法官则是最积极主张对联邦权力进行限制的人士,see, e. g., *United States v. Lopez*,514 US 549, 584-85 [1995](托马斯大法官在判决中持并存意见)(建议有必要对法院处理国会权力的整个原则重新进行思考),大法官史蒂文斯在盖尔案(*Geier*)中持异议,但是他的那些联邦制同僚们——如联邦首席大法官伦奎斯特、奥康纳和肯尼迪大法官——都加入了多数决意见。该多数意见由布雷耶大法官撰写,而他对法院的那些联邦制判决主要持批评意见。See, e. g., Lopez,514 US at 615. (布雷耶大法官,持异议。)这是一个保守派法院,会对为自由派所支持立法相关的联邦权力进行限制,且会在各州制订那些反商业规制计划的时候,对州的权力进行限制。不过,也很难将这些情形整合在一起。

[138] 关于联邦制的构建实践与具体保留,最新的讨论和辩护,参见 Bradley and Goldsmith, "Treaties, Human Rights, and Conditional Consent"。从技术层面而不是政治层面来说,那些联邦制方面的谅解协议(understandings)也许避免不了国会去制定带有宪法问题的法律。他们可能不具备司法上的可执行性。更为重要的是,他们特别指出,联邦政府将会实施该条约,并且只有在传统联邦权力的范围内,才把该声明附加在该条约上。这不会阻碍政府去捍卫那些以条约为基础的立法,理由在于它并没有超越传统联邦立法权的范围。尽管如此,由于参议院坚持要求把联邦制方面的谅解协议附于条约中,因而对于那些会带来联邦制问题且以条约为依据的立法,不可能获得批准通过。

[139] 138 Cong. Rec. S4781-01 (daily ed., April 2, 1992), available at http://www1.umn.edu/humanrts/usdocs/civilres.html.

[140] 例如,卡特政府曾经向参议院提出五项国际人权协定:《公民权利和政治权利国际公约》(1978年提交,1992年获批),《经济、社会、文化权利国际公约》(1978年提交),《消除一切形式种族歧视公约》(1978年提交,1994年获批),《美国人权公约》(1978年提交),《消除对妇女一切形式的歧视公约》(1980年提交)。里根政府提交了两项:《防止及惩治灭绝种族罪公约》和《禁止酷刑和其他残忍、不人道或有辱人格的待遇或处罚公约》。布什政府也提交了两项:里根政府最初提交的《禁止酷刑公约》,以及卡特政府最初提交的《公民权

利和政治权利国际公约》。克林顿政府也提交了两项：《消除一切形式种族歧视公约》（1994年获批）和《消除对妇女一切形式的歧视公约》。

[141] 与普通立法有关联性的同样动力机制出现了，其中要求必须获得国会两院的支持，而不是获得参议院三分之二多数票的支持。

[142] 例如，另外一种常见的保留情形明确放弃了制定法律的义务。该义务为国际条约所要求，而不是宪法本身所要求的。《消除一切形式种族歧视公约》中是这样规定的：

> 这是宪法和美国法律建立了的广泛地反歧视方面的保护，且延伸到了那些非政府行为的重要领域。保护个人隐私和自由，可以让政府不再干预私人行为，不过，这也被认为是塑造一个自由和民主社会应有的基本价值观。美国的理解是，对根据公约并参照公约第1条中"公共生活"领域可以保护的那些权利进行确认，这反映了传统上属于政府规制领域的公共行为与不属该领域的私人行为之间有一定的区别。然而在某种程度上，该公约要求对私人行为进行更为广泛的规制，但美国不接受——根据第2条第（1）款，第2条第（1）款第（c）和（d）项，第3条和第5条关于私人行为的规定——在制定法律或采取其他措施上的那些义务，除非该义务是宪法和美国法律所强制要求的。

[143] 条约的支持者可能会通过让某些州政府同意并接受条约中的那些要求，从而使这些条约得以进一步发展，也通过让缔约当事人接受这种赞同来推动条约的发展——这种赞同就是"没有必要在美国所有的地方都适用条约中的那些要求"。（我很感谢约翰·杰克逊向我指明了这种可能性。）

[144] 杰拉尔德·纽曼认为，《公民权利和政治权利国际公约》可能是国会在立法上可以制定《宗教自由恢复法案》的权力来源。Neuman, "The Global Dimension of RFRA.", 对于最高法院让法规无效这种情形，国会的回应所依据的是贸易权和开销权。Religious Land Use and Institutionalized Persons Act, Pub. L. No. 106-274, 114 Stat. 803 (2000).

[145] 作为一个局外人，就"特定行为原则"在各州起诉中的适用以及就适用死刑的那些陈述来说，我对索林案（*Soering*）中"特定行为原则"在解释上的模糊性感到震惊。如果在解释上存在模糊的话，那么，那些能带来严重联邦制问题但并不模糊的条款，肯定也是极其罕见的。

[146] 卡洛斯·巴斯克斯已经指出了，许多现有的条约都有一些让人期待

的条款，虽然这些规定如果没有配套的立法就难以得到执行，但是，这些条约可以用来证明立法的正当性，否则就不在列举权力的范围之列了。Vázquez，"Breard，Printz，and the Treaty Power，" at p. 1339n. 75. 他还指出，在 *Missouri v. Holland*，252 US 416（1920）案中，条约可以用来支持制定法——假使美国提议了一些合适的立法，但这并不是说它就要制定这些法律。他认为，通过否定"国会有权根据这种恳求性规范（precatory provisions）来进行立法"，可能会使 *Missouri v. Holland* 案受到一些限制。不过我在想，这是否会使联邦政府在"提议立法"上的义务和"制定法律"上的义务有很大不同；为什么缔约方会接受前者（即联邦政府有提议立法的义务），而不认为后者也有必要呢（即联邦政府有制定法律的义务）？

结语　新宪法秩序中的规制

一个推行福利改革和减税计划的政府，怎能说它的宪法雄心已被消磨了呢？到目前为止，我把"新政—大社会"的情形描述成"对带有行动纲领的自由主义（programmatic liberalism）有诸多重大的贡献，要不然，这种自由主义也不会有那些具体内容"。法学教授理查德·斯图尔特对第一任布什政府的司法部所推出的那些环境项目进行了考察，并对新政期间的两个提案予以阐释："在宏观经济层面，联邦政府应该对综合生产力以及经济的健康发展负责……并且有一种基本的责任，那就是通过社会保险和援助等多种方式给个人和家庭提供保护，从而防止出现工业化市场经济会带来的经济风险。"[1]

福利改革和减税在根本上并没有否认为之付出的那些努力。而只是说，这两项措施都可以让我们看到，在新政—大社会时期，追求那些计划目标在策略上的失败之处。福利改革和减税会给个人带来一些激励，从而在没有规制上的强制要求时，对于政府想让他们做的事情，他们都可以去做。像教育或社会服务方面的那些优惠券计划，更多的也是通过一些新的策略来继承了早期计划所取得的成果。政治科学家约翰·科尔曼指出："对于联邦政府在20世纪30和40年代发起

结语　新宪法秩序中的规制

并有责任担当的那些重要领域,到20世纪90年代,共和党人并没有从中撤离出来。他们对这些领域进行了重组和改造,并且引进了一些新方法,但是并没有在根本上限缩联邦政府在经济、社会和文化上应承担的责任。"[2]在联邦制中复苏的那些利益使得福利国家的职能逐渐下移到下级政府,但也不至于完全消失掉。就如三位政治科学家所指出的,"共和党倡导私有化,希望将公共职能(public functions)转移到各州和地方政府,这样有可能会导致福利国家职能的绝对减少,但是,这种转移在一定程度上是因为:并不存在一个可以把福利国家完全抹掉的选区。"[3]一位国际动态方面的观察家也在一般意义上指出:"自由化、去规制化以及私有化在整体上并没有减少国家的干预角色,而只是将官僚机构从'去商品化'(decommodifying)向市场化(marketizing)转化。"[4]

这本书的诸多内容集中讨论的都是最高法院,那么现在要回到最初讨论的内容,即新宪法秩序中各个政治机构的运转。对此,有两个缘由。首先,我想强调的是,宪法秩序远远不仅限于最高法院这一个机构,并以此来收尾。其次,我希望能找到福利国家的规制模型,而这有可能是新秩序的特征所在。我们通过对"各个机构对新政及大社会期间所遗留下来的计划成果的继续执行和落实情况"进行简要审视,能够发现新宪法秩序的一些显著特征。首先,对于环境、消费者保护以及相类似方面的规制举措,需要注意的一个出发点是:在新宪法秩序中,完全的去规制化(complete deregulation)在现实中并不是政治层面可以预测到的结果。虽然一些坚定的保守主义者会继续倡导完全的去规制化,但是,持续执政的政府在这些领域所维系的政治力量,可足以阻止人们去废除消费品安全委员会(the Consumer Product Safety Commission)或环境保护局(the Environmental Protection Agency)这样的机构。[5]

不管规制问题在何时出现,如今,有两个近乎达成共识的政策:公开和"输出基准"(output measures)。[6]信息当然可成为一种商品,比如一个工厂在空气或当地水源中的排放信息,或者那些与玩具相关的风险信息。一个政体如果一味地推行"去规制化",那么就会把公开方面的问题留给市场，即通过市场来获取信息，这就如同把产品的设计留给市场来处理一样。目前达成的共识是，强制公开（mandated disclosures）有其吸引之处，其立论的依据是"信息的获取在市场中失灵了"这个论点。这种论点与之前所接纳的论点——"生产环节在市场中失灵了"——很相似。这种类似情形表明了，在强制公开上，近乎可以达成一致意见，这其实更多依靠的是那些政治原则——这些政治原则界定了新宪法秩序中宪法雄心被消磨的范围，因此，在很大程度上，这并非依靠市场失灵方面的经济原则。

这些输出基准同样接受先前政体中那些行动纲领所取得的成果。在新政—大社会宪法秩序之下，最典型的规制方法是"命令和控制"（command and control）。国会可以直接——或者通过行政机关——使用商业领域的规制方法，比如使用减少空气污染的那些技术标准、婴儿床石板的宽度标准以及其他诸如此类的标准。但这些命令和控制方法逐渐地失去了可信度。之所以如此，这在一定程度上是它把规制方法与那些在失败的社会主义经济（socialist economy）中所使用的命令和控制方法联系在了一起，虽然这也许并不失为一种聪明的修辞术。命令与控制型规制方法在政治上之所以会失败，另一个也许更为重要的原因是：它在应用中结合了干涉（intrusiveness）及独断（arbitrariness）的手法。命令和控制型规制对商业领域的相关事宜都会进行具体详细的规定。但是有的时候，这些规定并不适合于某些商业活动。比如一些商业主体在追求政府所期望的目标时，如果他们通过自身的方法——而不是政府所设定的方法——可以减少空气污染，那么，在命令和控制型规制之下，这些商业主体反而会碰到政府的规制要求，如要求他们必须做成某件事，由此，他们便会抱怨这些根本没有必要的政府规制。而且，政府也无法对每一项商业活动都进行监督，并对它们是否符合命令和控制型规制上的那些要求进行判断。因为，监督主体在数量上总是很有限的。命令和控制型规制在执行中也会带来一些让人意想不到的效果：某个商业主体受罚了，但是，有同样行为的另一个商业主体却并没有因此受罚。

那么，"输出基准"是可以替代命令和控制型规制的举措，并且

结语　新宪法秩序中的规制

于此也达成了一致意见。这些基准包括政府所说的，"这是这一年我们想要你们做的，即把 Z 污染物排放量减少 15%，把产品使用中的受害消费者数量减少 50%，以及其他诸如此类的要求。我们所关注的是最后完成的结果。我们并不关心你们如何去实现这些目标。"在此，有必要强调输出基准的两个特征。首先，也是最明显的特征，就是政府只关心结果。也就是说，在输出基准的使用上基本已达成了一致意见，这也反映了政府一直以来在监督经济行为上的努力，而且这与在信息公开上所达成的共识相类似，也在根本上反对可能出现的那种最强烈的"去规制化"（deregulatory）。其次，政府对输出程度在要求上也有明确具体的规定。当然，政治在规制过程中并没有变得无影无踪，但是，政府的关注点已经发生了变化——从"判断对哪些要采取命令和控制型方法"转变为"找到输出在程度上的那些要求"。

从新政—大社会政体向当前政体的转变过程来看，这当然是一个向"右"的过程。其中出现的一个结果是：对于新宪法秩序中的规制政策，保守派一般不将其上升为理论。保守派已经看到，制度会朝着他们的方向发展，而且希望这可以一直持续下去，即要让新的规制政体变成一个高度去规制化以及私有化的政体。当然，很多政治上的理由都可以让他们坚持进一步地发展去规制化和私有化。对保守派而言，对去规制化进行理论提炼，其中最有效的方式可能就是运用——与欧洲社会民主党相联系的——"第三条道路"（Third Way）理论。[7]但是，第三条道路思想产生于欧洲独特的政治、经济和社会环境，这截然区别于美国的情形，因此，对美国新宪法秩序中的规制来说，那些第三条道路方面的理论家所提出的规划建议并无多大帮助。

克林顿政府实施的一些零零散散的动议倒带有第三条道路的味道，但是，它们并没有被纳入某一个"原则系统"当中——理论家们把这种"原则系统"解释成新宪法秩序中政体原则的一个组成部分。[8]环保局实施了一些项目规划，这些规划可以作为命令和控制型规制的一种替代。[9]有一些则属于"协商规制"（negotiated regulation）——其中环保局与各方利益团体的代表（或权益方）坐下来，共同探讨每个人在生活中所遇到的那些命令和控制型规制。也许最典型的就是 XL 项目（Project XL）——该项目邀请很多公司提交能够达到环境保护目标的计划书。如果环保局在咨询其他权益人之后批准了这些计划书，那么，这些公司将不再被要求去遵守规制上的各种要求。[10]

在工作场所的安全性方面，克林顿政府推出了一个类似的规划，其被称为"缅因州 200 计划"[11]。在缅因州，有二百个安全记录最差的公司。他们面临着一个选择：要么承受常规检查所带来的严厉执法，要么与职业安全健康管理局（the Occupational Safety and Health Administration）的专家合作，而开发出行之有效的安全方案。如果他们选择合作，那么就会被放到例行检查名录的最后面。当然，工人有的时候也亲自参与咨询过程，以此来帮助职业安全健康管理局和他们的雇主找出其中的问题所在，并提出可能的解决方案。

查尔斯·萨贝尔和他的同事对"清洁切萨皮克市海湾"这个长期计划作了阐释。[12]环保局和几位州长签署了协议，由此成立了一个单独的执行委员会来实施这些计划，以期最终恢复海湾的生态系统。在该计划实施数年之后，他们又协商达成了另一项协议，其中拟订了一些具体的监督计划。下一步，便是修改这些计划，从而把那些以海湾支流为目标对象的具体计划也包括进来。起初，这近乎完全是由政府官员推进的一个计划项目，但是，随着它的不断发展，公众参与逐渐增多。在公共教育领域之外，这些计划项目的参与者开始把公众也放在监督者之列，由他们来监督海湾的污物排放情况，且最后也把他们列为小组的成员，这样可以充分利用他们所掌握的关于一些支流的地方性知识（local knowledge），进而设计出针对每个支流的执行方案。

萨贝尔与那些来自法学、社会学以及政治科学的学者进行合作研究后，已经认识到这些计划动议其实是一种独特的规制形式，因而被他称为"民主经验主义"（democratic experimentalism）。当然，民主经验主义有诸多特征。[13]对于在新政—大社会政体中占据主导性的宏观经济问题，民主经验主义并不去关注，而是去处理一些实际层面的问题，而且总会给那些普通民众及外行留下参与进来的空间，并利用他们所掌握的地方性知识来出谋划策。但与此同时，联邦政府并非完

结语　新宪法秩序中的规制

全接受那些来自地方的解决方案，因为如果这样的话，它可能就变成一个纯粹的联邦制安排了。相反，联邦中央政府的各个相关部门——像环保局和职业安全健康管理局等——会对地方上的这些解决方案进行审查，并从中努力找出在其他地方同样可以成功适用的方案。也就是说，它把这些在地方的决策过程当做一种经验，可以由其产出结果，从而转化并运用到其他地区。民主经验主义的倡导者利用在私人领域所积累的相关经验，将此描述为以下几个阶段：确定基准［benchmarking］（识别出那些可以在其他地方适用的程序，而这些程序比目前所用的以及该机构可以达致的程序都要好）；同步调适［concurrent engineering］（随着经验的积累，不断地对目标和手段进行调整）；以及进行监督从而发现并纠正其中的错误。[14]这些也适用于政府，对此，他们写道：

> 这种模型要求有一种可以把地方与地方或者地方与联邦连接起来的信息系统……从而可以让这些行动主体去检视他们最初对这些问题以及可行性方案的理解情况。这些原则可以让这些行为主体从其他主体的成功和失败之处学到很多，与此同时，可以减少由于各自分头寻找解决方案而具有的那种脆弱性。[15]

民主经验主义和新宪法秩序的政体原则之间有着很多亲缘关系，这是显而易见的。当然，这些经验是在更小的范围内予以实施，这也很好地契合了新秩序下那些被遏制的宪法雄心。它强调地方层面的决策，这很好地契合了新秩序下的联邦利益——这种联邦制"被理解成各州与联邦政府之间的经验性合作"[16]，因为它重点强调的是把知识授予普通人民，而减弱专家的声音。从我的个人目的来看，也许最为重要的是，萨贝尔和他的同事都强调：当在要做的事情上达成一致意见的时候，民主经验主义者的那些动议也就该提出了，但是，由于政治力量的不同排序，也可能会让政治制度无法产生那种与每一个人的愿望都相符的结果。[17]

民主经验主义作为新宪法秩序的一种规制理论,应该谨慎待之。当然,接下来面对的就是在大力推进实施民主经验主义的过程中所出现的一系列困难了。

如同那些倡导者已认识到的,我们在民主经验主义上的经验还不足,而且很多结果还未得到检验。[18]一些最有意思的计划项目还只处在描述或提议阶段,而且由于一些偶然性因素,它们也还未得到实施。[19]民主经验主义应该是一个不断重复的过程,即联邦政府部门向地方学习,然后再鼓励地方机构去吸取那些已经取得的宝贵经验,这只是为了可以学到更多,也可以改进一些建议,等等——当然,这些主要还是文字层面的。尽管这种重复性过程几乎还没有发生过,不过:我们知道这种过程在预想中的大概情形,然而,我们并不知道联邦与地方机构之间的反反复复在实践中是否会发生,或者到底是否能产生效果。

与民主经验主义主张者的期望相比,地方性审议(deliberation)中的参与度可能会更低。这些审议可以在地方进行,但是它们不可能面面俱到;决定"让谁来参加"的那些原则(这些原则只需决定会议的时间和地点)会影响到实际参与的程度。[20]而且,任何凸显审议之重要性的制度,都存在"审议会被表达能力强的人所占据"的风险。当然,参与者也有可能会把其他类型的权力带到审议过程当中。[21]这些审议也有可能出现中断,或者给民主经验主义的践行带来很多破坏,当然,这些审议也可能经由参与者的同意(通常对此并不明确说明),最后却一致达成了一些显然错误的意见,而由此剧终,进而最后的结局是放弃了一些可行的方案,并将这些可行方案当做不合理或者不现实的。[22]

联邦层面的决策者也有可能会过早停止一些实验,而错误地认为他们已经获取了足够的信息,从而可以在全国范围内推广施行某一方案了。其中一个例子可能就是全国的教育改革。一些州开始使用"输出基准",即通过标准化考试来检查学生的表现情况,从而由此来评价每个学校的实施情况。国会和总统都认为应该采取这种"输出基准"[23],但在实际中,很有可能会选择了一些在设计上很糟糕的基准,而且把它们当做全国性标准来贯彻实施。1996年的福利改革法案可以作为另一个例子来说明这种过早停止实验的情形:除了受政府援助的受益人削减了以外,国会还设定了严格的时间限制,而且指令:到2002年,要达到"受援助家庭当中,其中要有一半家庭有一位每周至少工作30小时的成年人"[24]。

这些社会实验也会有特殊的危险,即大家所知晓的"霍索恩效应"(Hawthorne effect)。* 当劳资关系方面的专家认为"通过改善西部发电厂的照明条件可以提高生产力",此时,这种效应就会出现。生产力也确实会得到了提高。[25]但是,进一步研究之后发现,生产力的提高并不是因为照明条件的改善而导致的,因为不管在实验中如何改变照明条件,生产力都会提高,而是因为工人们知道他们所参与的是一项实验。[26]由此,一旦常规化,民主经验主义所提出的那些创新举措就有可能沦为现代官僚制度运转下的一般方式而已。[27]

对于民主经验主义者所提出的计划,他们所处的政治和法律环境也会给这些计划带来一些问题。[28]如果这些计划是自由主义的,那么,对于保守派所喜好的"更加扩张不予以规制的情形"以及"去规制化"(deregulation),这些计划倒可以作为一种替代。基于某些原因,保守主义者可能会阻止计划的实施。美国商业总会(U. S. Chamber of Commerce)就成功起诉并阻止了"缅因州200计划"在全国范围内的扩散。[29]不过也有一种风险,那就是经验主义者的一些计划也会遇到失败,乃至会被保守主义者所偏爱。这个风险并非一桩小事。如果任命一位赞成"不予规制"的领导来做机构的管理者,那么,这会使计划从一种经验主义路径转向纯粹而虔诚的"不予规制"状态,至少一段时间是这样的。环境主义者对XL项目是非常怀疑的。比如,一位批评者写道,XL项目的标准"会导致出现这样一些项目,虽然它们可以节省掉税务执行上的费用,但却危害了环境,或者会导致出现另外一些项目,虽然它们可以让环境受益,但并不能把那些重大成本节省出来,或者会导致出现其他的一些项目——它们对

---

* 一般指由于受到额外的关注而引起努力或绩效上升的情况。——译者注

税务执行方面的费用和环境所产生的效果都是未知的，而且也不可预测"。而且，"XL项目成了一个所有人都可以参与的规制计划，而那些公司在他们的最初提案中提出了很多例外要求，由此也让他们所承担的责任变得更少。因为，只要他们可以达到环境改善方面的一些目标，就可以了"[30]。其他公司也都很乐意接受这些提案[31]，但是，在新宪法秩序中，由于存在一些如同带有坚硬外壳的"利益群体"，因而民主经验主义者的这些提案一直都有压力。

从更为一般的意义来说，民主经验主义的倡导者所主张的是，如果在一些问题的解决上，虽然还未找到可行的解决方法，但已经达成了广泛的共识，那么，民主经验主义的那些计划就可以开工实施了。但是，如果要对问题的具体内容也进行精准的定义，那么，这会给实验内容在表现形式上带来限制。地方性审议是在现有法律框架下进行的，而当一项有着民主基础的实验计划开始实施的时候，法律架构也不会发生全局性变化，那么，这种架构就可能对一些计划在选择上带来限制，由此也可能会把一些有潜在价值的创新举措断送了。

这些困难既有法律层面的，也有实践层面的。分治政府意味着：要让一项立法授权可以在很大范围内采取创新举措——包括对经验主义者的计划进行授权，那么，这是不可能的事情。反过来，这倒使得经验主义成了总统行政的一部分内容，但是，如同我们在第一章中所看到的，这种情形也可能会面临挑战，那就是会被认为其是在法律边界之外运行的。比如在商业总会的诉讼案件中，法院认为，克林顿政府不能扩张该计划，除非它满足了那些颇为周折的程序性要求，从而让这些规制性计划发生了根本的改变，而且需要指出的是，这些程序在骨子里主要还是通过命令和控制方法设计出来的。萨贝尔和他的同事在对切萨皮克市海湾项目计划抱有热情的同时，也发现其中有一些至关重要的因素，而这些因素存在着"让人疑惑的法律谱系以及法律地位等问题"[32]。有一个被广泛引用的关于XL计划的评论，其中表明了，民主经验主义者的那些计划可能会面临更为宽泛的问题，即"如果它不违反法律，那么它就不会是XL了"[33]。由于过早结束（premature closure）是有可能的，所以这会让那些被规制的商业主体伸张"他们正在被逼着做一些不可能的事情"[34]。

上述是为了表明，在新宪法秩序中，民主经验主义仍然是政府行为在理论上的最好备选项。对于那些"有民主基础的行政制度"，它们对此会作出进一步的努力，不过，共和党人即使有巨大的动力去实现"去规制化"，也很难有所作为。经验主义作为政府的一种实践理论，它的发展也许会要求法院在推进合法性界限（limits of legality）方面，要愿意和议会和总统互相合作。[35]

在新宪法秩序中，法院拿的是一张副卡。很低的选民数、那些动员选民参与计划的政党机构在数目上的减少、具有个性化的候选人、一些利益团体的介入效果、分治政府、国会中政党意识形态的两极化，所有以上这些在新宪法秩序变化中所出现的特征，看起来好像都前景暗淡，反而，在政策上一直持续地停滞不前（policy stasis），似乎还有一些好的前景，当然除非遇到一些预想不到的危机。[36]但是，最高法院可能会有所不同，这主要是因为其中的几位大法官可以持续性地产生影响。[37]而且，新政时期的法院与其他政治机构之间所发生的对抗情形，好像也不会再出现了，因为不管法院怎么做，分治政府都将与法院有力地结盟，而且更为重要的是，对于产生危机的因素，分治政府将只会给法院留下那么一丁点儿的空间。

注释

[1] Stewart, "Evaluating the New Deal," at p. 240.

[2] Coleman, "Clinton and the Party System in Historical Perspective." See also Feigenbaum, Henig, and Hamnett, *Shrinking the State*, at p. 118. （要指出的是，保守派对私有化的支持"也伴随着其向公众的再次担保，那就是，他们对于政府组织的规模大小和结构所进行的攻击并不会抵制那些与自由主义和福利国家紧密相连的宏大目标"。）

[3] Feigenbaum, Henig, and Hamnett, *Shrinking the State*, at p. 146.

[4] Cerny, "Paradoxes of the Competition State," at p. 266.

[5] See Feigenbaum, Henig, and Hamnett, *Shrinking the State*, at pp. 138-39. （描述了里根和第一任布什政府的那些私有化议案是如何产生强烈反弹的——这种反弹限制了之后议案的被执行程度。）

[6] See, e. g. , Pildes and Sunstein, "Reinventing the Regulatory State."

[7] For an overview, see Giddens, *The Third Way*.

[8] 我所讨论的这些计划可以被理解为政府机关"再造政府"议案或者与此相关议案的一个组成部分。Thompson and Riccucci, "Reinventing Government," at pp. 235-37, 列举了再造议案的那些原则，而把我所讨论的那些计划放在了议案之外，其中有："政府部门内部的去规制化"，"让政府行政机关更加有目标或者有底线"，"分散权力以及对一线工人的授权"，以及"竞争和消费者服务"。

[9] 对于其中一些计划的阐释，参见 Spence, "The Shadow of the Rational Polluter," at pp. 954-58。

[10] 关于 XL 计划项目的分析，参见 Dorf and Sabel, "The Constitution of Democratic Experimentalism," at pp. 382-87。

[11] 在克林顿政府全国执行检查报告中，有关于这个计划的阐释，"新职业安全与健康管理局：再造工作安全和卫生条件"（1995 年 5 月），网址 http://www.osha-slc.gov/html/Reinventing/index.html。

[12] Sabel, Fung, and Karkkainen, "Beyond Backyard Environmentalism."

[13] 对于民主经验主义的简要概括（标签为"经过授权的审议民主"），参见 Fung and Wright, "Deepening Democracy"。

[14] Dorf and Sabel, "The Constitution of Democratic Experimentalism," at p. 287.

[15] Ibid. , at pp. 287-88.

[16] Ibid. , at 434.

[17] Sabel, "How Experimentalism Can Be Democratic and Constitutional."

[18] 参见诸如, Dorf and Sabel, "The Constitution of Democratic Experimentalism," at p. 326（描述了社会服务条款的改革情况，并发现"这些改革过新而不允许对它们的效果进行全面的评价，或者甚至还无法断言，组成和合作而成的这些方法就可以在监督和最佳宣传方面有效果上的促进作用"）。

[19] 比如，在抵制污染计划生效之前，对与污染无关但因经济原因而关闭的工厂在污染排放上进行规划时，其中会涉及社区参与（community participation）。see Reich, "Public Administration and Public Deliberation," at pp. 1632-35.

[20] 对于这些问题的相关讨论，参见 Young, "Activist Challenges to Deliberative Democracy"。如杨所指出的，许多此类问题都可以通过仔细的规划而得以解决。See also Dorf and Sabel, "The Constitution of Democratic Expcrimental-

ism,"at pp. 405-8.（论点类似。）但是需要知道"仔细规划优于粗心规划"的那些政治条件。经验主义方法的支持者们并没有很好地探讨这些条件。

［21］See Fung and Wright,"Deepening Democracy,"at pp. 33-34.

［22］比如，毒品法庭处理那些沉溺于违法药物的人，也许在方式上是成功的，但是他们不会考虑"那些判定药物使用为非法的法律目前在范围大小上是否是所需要的"。See Dorf and Sabel,"Drug Treatment Courts and Emergent Experimentalist Government,"at pp. 869-73.（讨论了非犯罪化（decriminalizing）*问题，并且解释了为何法院可以用更好的方法——与非犯罪化方法相比——去解决与沉溺上瘾相关的问题。）

［23］Dorf and Sabel,"The Constitution of Democratic Experimentalism,"at p. 434.（通过使用"2000年立法目标"来展示联邦法律如何能够推进联邦主义的那些目标，而这些联邦主义的目标被看作州政府与联邦政府在经验层面的合作。）

［24］See ibid., at pp. 435-38.（批评了与这些界线相关的福利改革法案。）

［25］具体阐释，参见 Ross and Nisbett, *The Person and the Situation*, at pp. 210-12。

［26］另外一点——对民主经验主义则更为契合——是"当人们知道他们被观察或者评价是为了满足观察者的期望时，他们就会改变他们的行为"。

［27］See Fung and Wright,"Deepening Democracy,"at p. 37.（提到了这些参与过程在常规化上的可能性。）

［28］See ibid., at pp. 34-36.（描述了这些问题，以及与"择地诉讼"（forum shopping）** 和寻租相关的风险。）

［29］*Chamber of Commerce v. Department of Labor*, 174 F3d 206 (D. C. Cir. 1999).

［30］Steinzor,"Reinventing Environmental Regulation,"at pp. 131, 138-39.

［31］See, e.g., Spence,"The Shadow of the Rational Polluter,"at pp. 975-77.

［32］Sabel, Fung, and Karkkainen,"Beyond Backyard Environmentalism,"at p. 6.

---

* 所谓"非犯罪化"，是指立法者认为法律原来规定的犯罪没有继续存在的必要，从而把该行为从法律规定中撤销，使行为合法化或行政违法化。——译者注

** 择地诉讼，或挑选法院（forum shopping），是指一方当事人试图在他认为能够获得最有利的判决或裁决的法院提起诉讼的行为。

[33] Quoted in Spence,"The Shadow of the Rational Polluter," at p. 958n. 184,其中也发现,这一观点"已经在很多地方繁衍了"。

[34] See Dorf and Sabel,"The Constitution of Democratic Experimentalism," at p. 359. (阐释了"阻止适用那些对客车进行消极管制的规则这一法律行动,其理由在于,我把它当做一种'过早停止试验'的情形"。)

[35] 值得注意的是,多尔夫和萨贝尔也明确提及了米兰达诉亚利桑那州案 (*Miranda v. Arizona*) 以及立法与司法间的合作,从而来支持民主经验主义(同上,第403,459页)。

[36] Steven E. Schier,"American Politics After Clinton," in Scheir, ed., *The Postmodern Presidency*, at p. 260.

[37] 2001年参议院中政党控制的转向表明,在合适的条件下,少数人可以在其他机构中产生巨大的影响。但是这些条件都是非同寻常的,而最高法院——作为一个机构——则具备"少数人"这样的永久特征。

参考文献

Abramowitz, Alan I. "It's Monica, Stupid: Voting Behavior in the 1998 Midterm Election." 26 *Legislative Studies Quarterly* 211 (2001).

Ackerman, Bruce, ed. *Bush v. Gore: The Question of Legitimacy.* (New Haven: Yale University Press, 2002.

———. "Discovering the Constitution." 93 *Yale Law Journal* 1013 (1984).

———. "A Generation of Betrayal?" 65 *Fordham Law Review* 1519 (1997).

———. "The New Separation of Powers." 113 *Harvard Law Review* 633 (2000).

———. "Revolution on a Human Scale." 108 *Yale Law Journal* 2279 (1999).

———. *We the People: Foundations.* Cambridge, MA: Harvard University Press, 1991.

———. *We the People: Transformations.* Cambridge, MA: Harvard University Press, 1998.

Adler, Matthew D. "State Sovereignty and the Anti-Commandeering Cases." 574 *Annals* 158 (2001).

Aldrich, John H. "Political Parties in a Critical Era." 27 *American Politics Quarterly* 9 (1999).

Aldrich, John H., and David W. Rohde. "The Republican Revolution and the House Appropriations Committee." 62 *Journal of Politics* 1 (2000).

———. "The Transition to Republican Rule in the House: Implications for Theories of Congressional Politics." 112 *Political Science Quarterly* 541 (1997–98).

Amenta, Edwin. *Bold Relief: Institutional Politics and the Origins of Modern Social Policy.* Princeton: Princeton University Press, 1998.

Anderson, Kenneth. "The Limits of Pragmatism in American Foreign Policy: Unsolicited Advice to the Bush Administration on Relations with International Nongovernmental Organizations." 2 *Chicago Journal of International Law* 371 (2001).

Ansolabehere, Stephen, and James M. Snyder, Jr. "Soft Money, Hard Money, Strong Parties." 100 *Columbia Law Review* 598 (2000).

Ansolabehere, Stephen, and Shanto Iyengar. *Going Negative: How Attack Ads Shrink and Polarize the Electorate.* New York: Free Press, 1995.

Ayres, Ian. "Alternative Grounds: Epstein's Discrimination Analysis in Other Market Settings." 31 *San Diego Law Review* 67 (1994).

Baker, Lynn A. "Conditional Spending after *Lopez.*" 95 *Columbia Law Review* 1911 (1995).

Baker, Russell. "Hun Lacks Seriosity." *New York Times*, February 4, 1997, p. A23.

———. "Taking the Cure." *New York Times*, November 7, 1995, p. A23.

Balkin, Jack M. "*Bush v. Gore* and the Boundary between Law and Politics." 110 *Yale Law Journal* 1407 (2001).

———. "How Mass Media Simulate Political Transparency." 3 *Cultural Values* 393 (1999).
Balkin, Jack M., and Sanford Levinson. "Understanding the Constitutional Revolution." 87 *Virginia Law Review* 1045 (2001).
Barber, Sotirios, and Robert P. George, eds. *Constitutional Politics: Essays on Constitution Making, Maintenance, and Change*. Princeton: Princeton University Press, 2001.
Berke, Richard L. "Following Baby-Size Issues into Voters' Hearts." *New York Times*, March 21, 1999, p. E1.
Berkman, Harvey. "After the Hype, Tort Reform Moves Slowly." *National Law Journal*, June 14, 1999, p. A1.
BeVier, Lillian R. "The Communications Assistance for Law Enforcement Act of 1994: A Surprising Sequel to the Break Up of AT & T." 51 *Stanford Law Review* 1049 (1999).
Bickel, Alexander M. *The Least Dangerous Branch: The Supreme Court at the Bar of Politics*. Indianapolis: Bobbs-Merrill, 1962.
Bilder, Richard. "The Role of States and Cities in Foreign Relations." 83 *American Journal of International Law* 821 (1989).
Binder, Sarah A. "The Dynamics of Legislative Gridlock, 1947–96." 93 *American Political Science Review* 519 (1999).
Binder, Sarah A., and Steven S. Smith. *Politics or Principle?: Filibustering in the United States Senate*. Washington: Brookings Institution, 1997.
Biskupic, Joan. "The Shrinking Docket; Attorneys Try to Make an Issue Out of the Dramatic Decline in High Court Rulings." *Washington Post*, March 18, 1996.
Biskupic, Joan, and Elder Witt. *The Supreme Court at Work*. 2d ed. Washington, DC: Congressional Quarterly, 1997.
Black, Charles. "The Unfinished Business of the Warren Court." 46 *Washington Law Review* 3 (1970).
Blasi, Vince, ed. *The Burger Court: The Counter-Revolution That Wasn't*. New Haven: Yale University Press, 1983.
Bobbitt, Philip. *Constitutional Interpretation*. Oxford: Basil Blackwell, 1991.
———. *The Shield of Achilles: The Long War and the Market State*. New York: Knopf, 2002.
Boeckelman, Keith. "The American States in the Postindustrial Economy." 27 *State & Local Government Review* 182 (1995).
Born, Richard. "Policy-Balancing Models and the Split-Ticket Voter, 1972–1996." 28 *American Politics Quarterly* 131 (2000).
Bositis, David A., ed. *Redistricting and Minority Representation: Learning from the Past, Preparing for the Future*. Washington, DC: Joint Center for Political and Economic Studies, 1998.
Bradley, Curtis A. "A New American Foreign Affairs Law?" 70 *University of Colorado Law Review* 1089 (1999).
Bradley, Curtis A., and Jack L. Goldsmith. "Treaties, Human Rights, and Conditional Consent." 149 *University of Pennsylvania Law Review* 399 (2000).
Brady, David W., John F. Cogan, and Morris P. Fiorina, eds. *Continuity and Change in House Elections*. Stanford: Stanford University Press, 2000.

Briffault, Richard. "The Political Parties and Campaign Finance Reform." 100 *Columbia Law Review* 620 (2000).

Burden, Barry C., and David C. Kimball. "A New Approach to the Study of Ticket Splitting." 92 *American Political Science Review* 533 (1998).

Burnham, Walter Dean. *Critical Elections and the Mainsprings of American Politics.* New York: Norton, 1970.

Burt, Robert A. "Alex Bickel's Law School and Ours." 104 *Yale Law Journal* 1853 (1995).

———. *The Constitution in Conflict.* Cambridge, MA: Harvard University Press, 1992.

Calmes, Jackie. "House Divided: Why Congress Hews to the Party Lines on Impeachment." *Wall Street Journal*, December 16, 1998, p. A1.

Cameron, Charles M. *Veto Bargaining: Presidents and the Politics of Negative Power.* New York: Cambridge University Press, 2000.

Caminker, Evan H. "Judicial Solicitude for State Dignity." 574 *Annals* 81 (2001).

———. "State Sovereignty and Subordinacy: May Congress Commandeer State Officers to Implement Federal Law?" 95 *Columbia Law Review* 1001 (1995).

Cantril, Albert H., and Susan Davis Cantril. *Reading Mixed Signals: Ambivalence in American Public Opinion about Government.* Baltimore: Johns Hopkins University Press, 1999.

Carey, John M., Richard G. Niemi, and Lynda W. Powell. *Term Limits in the State Legislatures.* Ann Arbor: University of Michigan Press, 2000.

Carpenter, Dale. "Expressive Association and Anti-Discrimination Law after *Dale*: A Tripartite Approach." 85 *Minnesota Law Review* 1515 (2001).

Carter, Janet R. "Note: Commandeering under the Treaty Power." 76 *New York University Law Review* 598 (2001).

Castells, Manuel. *The Power of Identity.* Malden, MA: Blackwell, 1997.

Catholic Truth Society. "Abortion and the Right to Live: A Joint Statement of Catholic Archbishops of Great Britain." No. 21, January 24, 1980.

Cerny, Philip G. "Globalization and the Changing Logic of Collective Action." 49 *International Organization* 595 (1995).

———. "Paradoxes of the Competition State: The Dynamics of Political Globalization." 32 *Government & Opposition* 251 (1997).

Chemerinsky, Erwin. *Constitutional Law: Principles and Policies.* New York: Aspen Law & Business, 1997.

Choper, Jesse. *Judicial Review and the National Political Process.* Chicago: University of Chicago Press, 1980.

Clarke, Susan E., and Gary L. Gaile. *The Work of Cities.* Minneapolis: University of Minnesota Press, 1998.

Clinton, William J. "State of the Union 1996." 62 *Vital Speeches Of The Day* 258 (Feb. 15, 1996).

Coenen, Dan T. "Untangling the Market-Participant Exception to the Dormant Commerce Clause." 88 *Michigan Law Review* 395 (1989).

Cohen, Richard E. "A Congress Divided." *National Journal*, February 5, 2000.

Coleman, John J. "Clinton and the Party System in Historical Perspective." Paper presented at the 2000 Annual Meeting of the American Political Science Association, August 30–September 3, 2000.

Colker, Ruth, and James J. Brudney. "Dissing Congress." 100 *Michigan Law Review* 80 (2001).
Congregation for the Doctrine of the Faith. "Declaration on Procured Abortion." No. 14, November 18, 1974.
Contemporary Practice of the United States. 92 *American Journal of International Law* 243 (1998).
Cook, Timothy B. *Governing the News: The News Media as a Political Institution.* Chicago: University of Chicago Press, 1998.
Covington, Cary R., and Andrew Bargan. "The Effect of Divided Government on the Ideological Content of Bills Enacted by the House of Representatives." Paper presented at the Annual Meeting of the American Political Science Association, August 30–September 2, 2001.
Cox, Adam. "Expressivism in Federalism: A New Defense of the Anti-Commandeering Rule?" 33 *Loyola Los Angeles Law Review* 1309 (2000).
Cox, Gary, and Mathew D. McCubbins. "Toward a Theory of Legislative Rules Changes: Assessing Schickler and Rich's Evidence." 41 *American Journal of Politics* 1376 (1997).
Dahl, Robert A. *A Preface to Democratic Theory.* Chicago: University of Chicago Press, 1956.
Dallek, Robert. *Hail to the Chief: The Making and Unmaking of American Presidents.* New York: Hyperion, 1996.
Deeken, James A. "Note: A New *Miranda* for Foreign Nationals? The Impact of Federalism on International Treaties That Place Affirmative Obligations on State Governments in the Wake of *Printz v. United States.*" 31 *Vanderbilt Journal of Transnational Law* 997 (1998).
Denning, Brannon P. "The 'Blue Slip': Enforcing the Norms of the Judicial Confirmation Process." 10 *William & Mary Bill of Rights Journal* 75 (2001).
———. "Reforming the New Confirmation Process: Replacing 'Despise and Dissent' with 'Advice and Consent.'" 53 *Administrative Law Review* 1 (2001).
Denning, Brannon P., and Jack H. McCall, Jr. "The Constitutionality of State and Local 'Sanctions' against Foreign Countries: Affairs of State, States' Affairs, or a Sorry State of Affairs?" 26 *Hastings Constitutional Law Quarterly* 307 (1999).
Deutsch, Jan G. "Precedent and Adjudication." 83 *Yale Law Journal* 1553 (1974).
Devins, Neil. "The Democracy-Forcing Constitution." 97 *Michigan Law Review* 1171 (1999).
Dewar, Helen, and Juliet Eilperin, "GOP Fears Agenda Drift as 2000 Elections Near." *Washington Post*, May 24, 1999, p. A3.
Dhooge, Lucien J. "The Wrong Way to Mandalay: The Massachusetts Selective Purchasing Act and the Constitution." 37 *American Business Law Journal* 387 (2000).
Dinh, Viet. "Reassessing the Law of Preemption." 88 *Georgetown Law Journal* 2085 (2000).
Dionne, E. J., Jr. "Conservatism Recast," *Washington Post*, January 27, 2002, p. B1.
Djajic, Sanja. "The Effect of International Court of Justice Decisions on Munici-

pal Courts in the United States: *Breard v. Greene.*" 23 *Hastings International & Comparative Law Review* 27 (1999).

Dorf, Michael C., and Charles E. Sabel. "The Constitution of Democratic Experimentalism." 98 *Columbia Law Review* 267 (1998).

———. "Drug Treatment Courts and Emergent Experimentalist Government." 53 *Vanderbilt Law Review* 831 (2000).

Doron, Gideon, and Michael Harris. *Term Limits.* Lanham, MD: Lexington Books, 2000.

Dreeg, Richard. "Economic Globalization and the Shifting Boundaries of German Federalism." 26 *Publius* 27 (1996).

Duncan, Richard F. "'They Call Me "Eight Eyes': *Hardwick*'s Respectability, *Romer*'s Narrowness, and Same-Sex Marriage." 32 *Creighton Law Review* 241 (1998).

Eisgruber, Christopher L. "Politics and Personalities in the Federal Appointments Process." 10 *William & Mary Bill of Rights Journal* 176 (2001).

Ely, John Hart. *Democracy and Distrust.* Cambridge, MA: Harvard University Press, 1980.

———. "The Wages of Crying Wolf: A Comment on *Roe v. Wade.*" 82 *Yale Law Journal* 920 (1973).

Epstein, David, and Sharyn O'Halloran. *Delegating Powers: A Transaction Cost Politics Approach to Policy Making under Separate Powers.* New York: Cambridge University Press, 1999.

———. "The Nondelegation Doctrine and the Separation of Powers: A Political Science Approach." 20 *Cardozo Law Review* 947 (1999).

Epstein, Deborah. "Can a 'Dumb Ass Woman' Achieve Equality in the Workplace?: Running the Gauntlet of Hostile Environment Harassing Speech." 84 *Georgetown Law Journal* 399 (1996).

Epstein, Lee, Jack Knight, and Andrew D. Martin. "The Supreme Court as a *Strategic* National Policymaker." 50 *Emory Law Journal* 583 (2001).

Epstein, Richard A. "The Constitutional Perils of Moderation: The Case of the Boy Scouts." 74 *Southern California Law Review* 119 (2000).

Eskridge, William N., Jr., and Philip P. Frickey. "The Supreme Court, 1993 Term—Foreword: Law as Equilibrium." 108 *Harvard Law Review* 26 (1994).

Esping-Andersen, Gosta. *Social Foundations of Postindustrial Economies.* Oxford: Oxford University Press, 1999.

Evans, Sean F. "The House That Governs Least, Governs Best: Obstruction in the U.S. House of Representatives." Paper presented at the 1999 Annual Meeting of the American Political Science Association, September 2–5, 1999.

Fallon, Richard H., Daniel Meltzer, and David Shapiro. *Hart and Wechsler's The Federal Courts and the Federal System.* 4th ed. Westbury, NY: Foundation Press, 1996.

Farber, Daniel A. "Speaking in the First Person Plural: Expressive Associations and the First Amendment." 85 *Minnesota Law Review* 1483 (2001).

Farrar-Myers, Victoria A. "Controlling the Floor: The Republicans' Use of House Rules with High Visibility Issues." Paper presented at the 1999 Annual Meeting of the American Political Science Association, September 2–5, 1999.

Feigenbaum, Harvey, Jeffrey Henig, and Chris Hamnett. *Shrinking the State: The*

Political Underpinnings of Privatization. New York: Cambridge University Press, 1999.

Fiorina, Morris. *Divided Government.* 2d ed. Boston: Allyn and Bacon, 1996.

Fisk, Catherine, and Erwin Chemerinsky. "The Filibuster." 49 *Stanford Law Review* 181 (1997).

Fitts, Michael A. "The Legalization of the Presidency: A Twenty-Five Year Watergate Retrospective." 43 *St. Louis University Law Journal* 725 (1999).

Flaherty, Martin S. "History Right? Historical Scholarship, Original Understanding, and Treaties as 'Supreme Law of the Land.'" 99 *Columbia Law Review* 2095 (1999).

———. Letter to the Editor. *New York Times,* December 7, 2000, p. A38.

Fleming, James E. "Fidelity, Basic Liberties, and the Specter of *Lochner.*" 41 *William & Mary Law Review* 147 (1999).

Formisano, Ronald P. "The 'Party Period' Revisited." 86 *Journal of American History* 93 (1999).

Fox, Richard L., and Robert W. Van Sickel. *Tabloid Justice: Criminal Justice in an Age of Media Frenzy.* Boulder, CO: Lynn Rienner, 2001.

Frantz, Laurent B. "The First Amendment in the Balance." 71 *Yale Law Journal* 1424 (1962).

Fried, Charles. "The Artificial Reason of the Law, or: What Lawyers Know." 60 *Texas Law Review* 35 (1981).

Friedman, Barry. "The History of the Countermajoritarian Difficulty, Part Five: The Birth of an Academic Obsession." 2000. (Unpublished manuscript in the author's possession.)

———. "The History of the Countermajoritarian Difficulty, Part Four: Law's Politics." 148 *University of Pennsylvania Law Review* 971 (2000).

———. "Legislative Findings and Judicial Signals: A Positive Political Reading of United States v. Lopez." 46 *Case Western Reserve Law Review* 757 (1996).

Fung, Archon, and Erik Olin Wright. "Deepening Democracy: Innovations in Empowered Participatory Governance." 29 *Politics & Society* 5 (2001).

Gant, Michael M., and William Lyons. "Democratic Theory, Nonvoting, and Public Policy: The 1972–1988 Presidential Elections." 21 *American Politics Quarterly* 185 (1993).

Garrett, Elizabeth. "A Fiscal Constitution with Supermajority Voting Rules." 40 *William & Mary Law Review* 471 (1999).

Geer, John G., ed. *Politicians and Party Politics.* Baltimore: Johns Hopkins University Press, 1998.

Gelman, Sheldon. "The Hedgehog, the Fox, and the Minimalist." 89 *Georgetown Law Journal* 2297 (2001).

Giddens, Anthony. *The Third Way: The Renewal of Social Democracy.* Cambridge: Polity Press, 1998.

Gilbert, Bil. "Look What's Happening in Chicago." *Sports Illustrated,* January 9, 1984, p. 54.

Gill, Stephen. "Globalisation, Market Civilisation, and Disciplinary Neoliberalism." 24 *Millennium* 399 (1995).

Gillman, Howard. "What's Law Got to Do with It? Judicial Behavioralists Test the 'Legal Model' of Judicial Decision Making." 26 *Law & Social Inquiry* 465 (2001).

Gillman, Howard, and Cornell Clayton, eds. *The Supreme Court in American Politics: New Institutionalist Interpretations*. Lawrence: University Press of Kansas, 1999.

Gimpel, James G. *Legislating the Revolution: The Contract with America in Its First 100 Days*. Boston: Allyn and Bacon, 1996.

Gimpel, James G., and Jason E. Schuknecht. "Interstate Migration and Electoral Politics." 63 *Journal of Politics* 207 (2001).

Ginsberg, Benjamin, and Martin Shefter. *Politics by Other Means: The Declining Importance of Elections in America*. New York: Basic Books, 1990.

Ginsberg, Benjamin, Walter R. Mebane, Jr., and Martin Shefter. "The Presidency, Social Forces, and Interest Groups: Why Presidents Can No Longer Govern." In *The Presidency and the Political System*, ed. Michael Nelson. 5th ed. Washington, DC: CQ Press, 1998.

Ginsburg, Tom. "Economic Analysis and the Design of Constitutional Courts." 3 *Theoretical Inquiries in Law* (Online Edition), no. 1, article 3 (2002), http://www.bepress.com/til/default/vol3/Iss1/art3.

Glaberson, William. "NAFTA Invoked to Challenge Court Award." *New York Times*, January 28, 1999, p. C6.

———. "State Courts Sweeping away Laws Curbing Suits for Injury." *New York Times*, July 18, 1999, p. A1.

Goldsmith, Jack L. "Federal Courts, Foreign Affairs, and Federalism." 83 *Virginia Law Review* 1617 (1997).

———. "The New Formalism in United States Foreign Relations Law." 70 *University of Colorado Law Review* 1395 (1999).

———. "Statutory Foreign Affairs Preemption." 2000 *Supreme Court Review* 175 (2001).

Golove, David M. "Treaty-Making and the Nation: The Historical Foundations of the Nationalist Conception of the Treaty Power." 98 *Michigan Law Review* 1075 (2000).

Green, John C., and Daniel M. Shea, eds. *The States of the Parties: The Changing Role of Contemporary American Parties*, 3d ed. Lanham, MD: Rowman and Littlefield, 1999.

Griffin, Stephen. "Judicial Supremacy and Equal Protection in a Democracy of Rights." 5 *University of Pennsylvania Journal of Constitutional Law* 281 (2002).

Grofman, Bernard, ed. *Race and Redistricting in the 1990s*. New York: Agathon Press, 1998.

Grofman, Bernard, William Koetzle, Michael P. McDonald, and Thomas L. Brunell. "A New Look at Split-Ticket Outcomes for House and President: The Comparative Midpoints Model." 62 *Journal of Politics* 34 (2000).

Gunther, Gerald. "The Subtle Vices of the 'Passive Virtues': A Comment on Principle and Expediency in Judicial Review." 64 *Columbia Law Review* 1 (1964).

Hacker, Jacob. *The Road to Nowhere: The Genesis of President Clinton's Plan for Health Security*. Princeton: Princeton University Press, 1997.

Hall, John A., and Charles Lindholm. *Is America Breaking Apart?* Princeton: Princeton University Press, 1999.

Halpern, Stephen C., and Charles M. Lamb. "The Supreme Court and New Constitutional Eras." 64 *Brooklyn Law Review* 1183 (1998).

Hansen, F. Andrew. "Is There a Politically Optimal Level of Judicial Independence?" Stanford Law School, John M. Olin Program in Law and Economics, Working Paper 218, May 2001.

Hart, Henry M. Jr., and Albert M. Sacks. *The Legal Process: Basic Problems in the Making and Application of Law*. Westbury, NY: Foundation Press, 1994.

Healy, Thomas. "Note: Is *Missouri v. Holland* Still Good Law? Federalism and the Treaty Power." 98 *Columbia Law Review* 1726 (1998).

Henkin, Louis. *Foreign Affairs and the Constitution*. Mineola, NY: Foundation Press, 1972.

Hernnson, Paul S., and Dilys M. Hill, eds. *The Clinton Presidency: The First Term, 1992–96*. New York: St. Martin's Press, 1999.

Hetherington, Marc J. "Resurgent Mass Partisanship: The Role of Elite Polarization." 95 *American Political Science Review* 619 (2001).

Hills, Roderick M., Jr., "*The Constitutional Rights of Private Governments*." University of Michigan Law School, Public Law Research Paper No. 003.

———. "Federalism in Constitutional Context." 22 *Harvard Journal of Law & Public Policy* 181 (1998).

———. "The Political Economy of Cooperative Federalism: Why State Autonomy Makes Sense and 'Dual Sovereignty' Doesn't." 96 *Michigan Law Review* 813 (1998).

Hiscox, Michael J. "Supranationalism and Decentralization in the Global Economy." Paper presented at the Annual Meeting of the American Political Science Association, Washington, DC, September 2000.

Holmes, Oliver Wendell. *His Book Notices and Uncollected Letters and Papers*. Ed. Harry Shriver New York: Central Book Co., 1936.

Horwitz, Morton J. *The Transformation of American Law, 1870–1960: The Crisis of Legal Orthodoxy*. New York: Oxford University Press, 1992.

———. *The Warren Court and the Pursuit of Justice*. New York: Hill and Wang, 1998.

Hurwitz, Mark S., Roger J. Moiles, and David W. Rohde. "Distributive and Partisan Issues in Agriculture Policy in the 104th House." 95 *American Political Science Review* 911 (2001).

Ingberman, Daniel, and John Villani. "An Institutional Theory of Divided Government and Party Polarization." 37 *American Journal of Politics* 429 (1993).

Jackson, Vicki C. "Federalism and the Uses and Limits of Law: *Printz* and Principle?" 111 *Harvard Law Review* 2180 (1998).

Jacobs, Lawrence R., and Robert Y. Shapiro. *Politicians Don't Pander: Political Manipulation and the Loss of Democratic Responsiveness*. Chicago: University of Chicago Press, 2000.

Jacobson, Gary C. "The Electoral Basis of Partisan Polarization in Congress." Paper presented at the 2000 Annual Meeting of the American Political Science Association, August 31–September 3, 2000.

———. *The Electoral Origins of Divided Government: Competition in U.S. House Elections, 1946–1988*. Boulder, CO: Westview Press, 1990.

Jeffries, John C., Jr. and James E. Ryan. "A Political History of the Establishment Clause." 100 *Michigan Law Review* 279 (2001).

Jones, Charles O. *The Presidency in a Separated System*. Washington, DC: Brookings Institution, 1994.

Joyce, Philip G., and Daniel R. Mullins. "The Changing Fiscal Structure of the State and Local Public Sector: The Impact of Tax and Expenditure Limitations." 51 *Public Administration Review* 240 (1991).

Jyränki, Antero, ed. *National Constitutions in the Era of Integration*. Boston: Kluwer Law International, 1999.

Kagan, Elena. "Presidential Administration." 114 *Harvard Law Review* 2245 (2001).

Keck, Margaret E., and Kathryn Sikkink. *Activists beyond Borders: Advocacy Networks in International Politics*. Ithaca: Cornell University Press, 1998.

Keefe, William J. *Parties, Politics, and Public Policy in America*. Washington, DC: CQ Press, 1998.

Keller, Morton P., and R. Shep Melnick, eds. *Taking Stock: American Government in the Twentieth Century*. New York: Cambridge University Press, 1999.

Kennedy, David M. "Bill Clinton in the Eye of History." *New York Times*, November 2, 2000, p. A 31.

Klein, Susan R. "Identifying and (Re)Formulating Prophylactic Rules, Safe Harbors, and Incidental Rights in Constitutional Criminal Procedure." 99 *Michigan Law Review* 1030 (2001).

Kline, Stephan O. "The Topsy-Turvy World of Judicial Confirmations in the Era of Hatch and Lott." 103 *Dickinson Law Review* 247 (1999).

Klinkner, Philip A., with Rogers M. Smith. *The Unsteady March: The Rise and Decline of Racial Equality in America*. Chicago: University of Chicago Press, 1999.

Koh, Harold Hong-ju. "Bringing International Law Home." 35 *Houston Law Review* 623 (1998).

Komesar, Neil K. *Imperfect Alternatives: Choosing Institutions in Law, Economics, and Public Policy*. Chicago: University of Chicago Press, 1994.

Kopel, David B., and Glenn Harlan Reynolds. "Taking Federalism Seriously: *Lopez* and the Partial-Birth Abortion Ban Act." 30 *Connecticut Law Review* 59 (1997).

Kornbluh, Mark Lawrence. *Why America Stopped Voting: The Decline of Participatory Democracy and the Emergence of Modern American Politics*. New York: New York University Press, 2000.

Kramer, Larry. "Putting the Politics Back into the Political Safeguards of Federalism." 100 *Columbia Law Review* 215 (2000).

Krasner, Stephen. "Structural Causes and Regime Consequences: Regimes as Intervening Variables." 36 *International Organization* 185 (1982).

Krehbiel, Keith. "Institutional and Partisan Sources of Gridlock: A Theory of Divided and Unified Government." 8 *Journal of Theoretical Politics* 7 (1996).

———. *Pivotal Politics: A Theory of U.S. Lawmaking*. Chicago: University of Chicago Press, 1998.

Kritzer, Herbert M. "The Impact of *Bush v. Gore* on Public Perceptions and Knowledge of the Supreme Court." 85 *Judicature* 32 (2001).

Kronman, Anthony. "Alexander Bickel's Philosophy of Prudence." 94 *Yale Law Journal* 1567 (1985).

Ku, Julian G. "The Delegation of Federal Power to International Organizations: New Problems with Old Solutions." 85 *Minnesota Law Review* 71 (2000).

Kurland, Philip B. "Foreword: 'Equal in Origin and Equal in Title to the Legislative and Executive Branches of the Government.'" 78 *Harvard Law Review* 143 (1964).

Kurtz, Howard. "Americans Wait for the Punch Line on Impeachment." *Washington Post*, January 26, 1999, p. A1.

Landy, Marc, and Sidney M. Milkis. *Presidential Greatness*. Lawrence: University Press of Kansas, 2000.

Layman, Geoffrey C., Thomas M. Carsey, and Barry S. Rundquist. "The Causes and Effects of Preferences for Party Government: A New Test of Policy Balancing." Paper presented at the 2001 Annual Meeting of the American Political Science Association, August 30–September 3, 2001.

Lewis, Frederick P. *The Context of Judicial Activism: The Endurance of the Warren Court Legacy in a Conservative Age*. Lanham, MD: Rowman and Littlefield, 1999.

Lewis, Neil A. "The 2000 Campaign: The Judiciary: The Candidates Differ Sharply on Judges They Would Appoint to Top Courts." *New York Times*, October 8, 2000, p. A28.

Lincoln, Abraham. "Second Annual Message to Congress." In *Collected Works of Abraham Lincoln*. Ed. Roy Basler. Vol. 5. New Brunswick, NJ: Rutgers University Press.

Lipset, Seymour Martin. *American Exceptionalism: A Double-Edged Sword*. New York: W. W. Norton, 1996.

Luard, Evan. *The Globalization of Politics: The Changed Focus of Political Action in the Modern World*. New York: New York University Press, 1990.

Lucas, DeWayne. "Voters, Parties, and Representatives: Why the House of Representatives Is So Partisan in the 1990s." Paper presented at the 2000 Annual Meeting of the Southern Political Science Association, November 8–11, 2000.

Lund, Nelson. "The Unbearable Rightness of *Bush v. Gore*." 23 *Cardozo Law Review* 1219 (2001).

Mayhew, David. *Divided We Govern: Party Control, Lawmaking, and Investigations, 1946–1990*, New Haven: Yale University Press, 1991.

Mazzoleni, Gianpietro, and Winfried Schulz. "'Mediazation' of Politics: A Challenge for Democracy?" 16 *Political Communication* 247 (1999).

McAllister, Stephen R. "An Eagle Soaring: The Jurisprudence of Justice Antonin Scalia." 19 *Campbell Law Review* 223 (1997).

McConnell, Michael. "The Right to Die and the Jurisprudence of Tradition." 1997 *Utah Law Review* 665 (1997).

Mebane, Walter R., Jr. "Coordination, Moderation, and Institutional Balancing in American Presidential and House Elections." 94 *American Political Science Review* 37 (2000).

Meffert, Michael F., Helmut Norpoth, and Anirudh V. S. Ruhl. "Realignment and Macropartisanship." 95 *American Political Science Review* 953 (2001).

Mendelson, Wallace. "On the Meaning of the First Amendment: Absolutes in the Balance." 50 *Southern California Law Review* 821 (1962).

Menefee-Libey, David. *The Triumph of Campaign-Centered Politics*. New York: Chatham House, 2000.

Merritt, Deborah Jones. "Commerce!" 94 *Michigan Law Review* 674 (1995).

Metropoulos, Demetrios G. "Constitutional Dimensions of the North American Free Trade Agreement." 27 *Cornell International Law Journal* 141 (1994).

Mezey, Naomi. "Law as Culture." 13 *Yale Journal of Law & Humanities* 35 (2001).

Michelman, Frank. "Some Notes on Republicanism and Judicial Review." (March 25, 1999).

Mikva, Abner J. "Supreme Patience." *Washington Post*, January 25, 2002, p. A25.

Milkis, Sidney M. *Political Parties and Constitutional Government: Rethinking American Democracy*. Baltimore: Johns Hopkins University Press, 1999.

———. *The President and the Parties: The Transformation of the American Party System since the New Deal*. New York: Oxford University Press, 1993.

Miller, D. W. "Book Says Bolder Isn't Better in Rulings by the Supreme Court." *Chronicle of Higher Education*, March 5, 1999, p. A19.

Morris, Dick. *Behind the Oval Office: Winning the Presidency in the Nineties*. New York: Random House, 1997.

Morris, Irwin L. "Conventional Politics in Exceptional Times: House Votes, Money, and the Clinton Impeachment." Paper presented at the 2000 Annual Meeting of the American Political Science Association, August 31–September 5, 2000.

Morton, F. L. *Pro-Choice vs. Pro-Life: Abortion and the Courts in Canada*. Norman: University of Oklahoma Press, 1992.

Nagel, Robert F. "Name-Calling and the Clear Error Rule." 88 *Northwestern University Law Review* 193 (1993).

Nagel, Stuart S. "Political Party Affiliation and Judges' Decisions." 55 *American Political Science Review* 843 (1961).

Nagle, John Copeland. "The Commerce Clause Meets the Delhi Sands Flower-Loving Fly." 97 *Michigan Law Review* 174 (1998).

Neuman, Gerald L. "The Global Dimension of RFRA." 14 *Constitutional Commentary* 33 (1997).

Nicolay, John G., and John Hay. *Complete Works of Abraham Lincoln*. Harrogate, TN: Lincoln Memorial University, 1894.

O'Brien, David M. "The Rehnquist Court's Shrinking Plenary Docket." *Judicature* 81 (September–October 1997): 58.

Olson, Mancur. *The Rise and Decline of Nations: Economic Growth, Stagflation, and Social Rigidities*. New Haven: Yale University Press, 1982.

Orren, Karen, and Stephen Skowronek. "Regimes and Regime Building in American Government: A Review of Literature on the 1940s." 113 *Political Science Quarterly* 689 (1998–99).

Orth, John V. *The Judicial Power of the United States: The Eleventh Amendment in American History*. New York: Oxford University Press, 1987.

Pagano, Michael A. "State-Local Relations in the 1990s." 509 *Annals* 94 (1990).

Patterson, James T. *The New Deal and the States: Federalism in Transition*. Princeton: Princeton University Press, 1969.

Paulsen, Michael Stokes, and Steffen N. Johnson. "Scalia's Sermonette." 72 *Notre Dame Law Review* 863 (1997).

Peller, Gary. "*Neutral Principles* in the 1950s," 21 *University of Michigan Journal of Law Reform* 561 (1988).

Peretti, Terri Jennings. *In Defense of a Political Court*. Princeton: Princeton University Press, 1999.

Peters, Christopher J. "Assessing the New Judicial Minimalism." 100 *Columbia Law Review* 1454 (2000).

Pildes, Richard H. "The Politics of Race (Book Review)." 108 *Harvard Law Review* 1384 (1995).

Pildes, Richard H., and Cass R. Sunstein. "Reinventing the Regulatory State." 62 *University of Chicago Law Review* 1 (1995).

Piven, Frances Fox, and Richard Cloward. *Why Americans Don't Vote*. New York: Pantheon Books, 1988.

Pomper, Gerald M. "The 2000 Presidential Election: Why Gore Lost." 116 *Political Science Quarterly* 201 (2001).

Posner, Richard A. *An Affair of State: The Investigation, Impeachment, and Trial of President Clinton*. Cambridge, MA: Harvard University Press, 1999.

———. *Breaking the Deadlock*. Cambridge, MA: Harvard University Press, 2001.

Post, Robert C., and Reva B. Siegel. "Equal Protection by Law: Federal Antidiscrimination Legislation after *Morrison* and *Kimel*." 110 *Yale Law Journal* 441 (2000).

Powe, Lucas A. *The Warren Court and American Politics*. Cambridge, MA: Harvard University Press, 2000.

Prakash, Aseem, and Jeffrey A. Hart, eds. *Globalization and Governance*. New York: Routledge, 1999.

Price, David Andrew. "Party of Nine." *Wall Street Journal*, July 2, 1999, p. W13.

Primus, Richard. "Canon, Anti-Canon, and Judicial Dissent." 48 *Duke Law Journal* 243 (1998).

Rader, Eric W., Charles D. Elder, and Richard C. Elling. "Motivations and Behaviors of the 'New Breed' of Term Limited Legislators." Paper prepared for presentation at the Annual Meeting of the American Political Science Association, August 31–September 3, 2000.

Rawlings, Richard. "The New Model Wales." 25 *Journal of Law & Society* 461 (1998).

Reed, Douglas S. "A New Constitutional Regime: The Juridico-Entertainment Complex." Paper prepared for presentation at the annual meeting of the Law & Society Association, Chicago, May 27, 1999.

Regan, Donald H. "How to Think about the Federal Commerce Power and Incidentally Rewrite *United States v. Lopez*." 94 *Michigan Law Review* 554 (1995).

Reich, Robert B. "Public Administration and Public Deliberation: An Interpretative Essay." 94 *Yale Law Journal* 1617 (1985).

Renner, Gerald. "At Bess Eaton: Coffee, Doughnuts, and the Lord." *Hartford Courant*, August 7, 1993, p. A1.

Resnik, Judith. "Categorical Federalism: Jurisdiction, Gender, and the Globe." 111 *Yale Law Journal* 619 (2001).

———. "Judicial Independence and Article III: Too Little and Too Much." 72 *Southern California Law Review* 657 (1999).

———. "Trial as Error, Jurisdiction as Injury: Transforming the Meaning of Article III." 113 *Harvard Law Review* 924 (2000).

Rhodes, R.A.W. "The Hollowing Out of the State: The Changing Nature of the Public Service in Britain." 65 *Political Quarterly* 138 (1994).

Ribuffo, Leo. "From Carter to Clinton: The Latest Crisis of American Liberalism." 35 *American Studies International* 4 (1997).

Rich, Frank. "All the Presidents Stink." *New York Times Magazine*, Augist 15, 1999, p. 42.

Ripley, Randall, and Grace Franklin. *Congress, the Bureaucracy, and Public Policy.* 4th ed. Pacific Grove, CA: Brooks/Cole Publishing, 1987.

Rohde, David W. "The Gingrich Speakership in Context: Majority Leadership in the House in the Late Twentieth Century." *Extensions: A Journal of the Carl Albert Congressional Research and Studies Center* (fall 2000): 7.

———. *Parties and Leaders in the Post-Reform House.* Chicago: University of Chicago Press, 1991.

Roosevelt, Franklin D. "Annual Message to Congress, January 11, 1944." 10 *Vital Speeches of the Day* 194.

Rosen, Jeffrey. "The Age of Mixed Results," review of *One Case at a Time*, by Cass Sunstein. *The New Republic*, June 28, 1999, p. 43.

Ross, Lee, and Richard Nisbett. *The Person and the Situation.* Philadelphia: Temple University Press, 1991.

Rothenberg, Lawrence S., and Mitchell S. Sanders. "Lame-duck Politics: Impending Departure and the Votes on Impeachment." 53 *Political Research Quarterly* 523 (2000).

Rubenfeld, Jed. "The Anti-Antidiscrimination Agenda." 111 *Yale Law Journal* 1141 (2002).

Rubin, Edward L. "Puppy Federalism and the Blessings of America." 574 *Annals* 37 (2001).

Ruggie, John Gerard. "At Home Abroad, Abroad at Home: International Liberalisation and Domestic Stability in the New World Economy." 25 *Millennium* 507 (1995).

Ryan, James E., and Michael Heise. "The Political Economy of School Choice." 111 *Yale Law Journal* 2043 (2002).

Sabel, Charles. "How Experimentalism Can Be Democratic and Constitutional." Paper presented at the Conference on Democratic Experimentalism, Georgetown University Law Center, November 13, 2001.

Sabel, Charles, Archon Fung, and Bradley Karkkainen. "Beyond Backyard Environmentalism." *Boston Review* 24, no. 5 (October–November 1999): 5.

Salant, Jonathan D. "Number of Congressional Candidates, Funds Spent Down in '98." *The Bulletin's Frontrunner*, April 29, 1999. Available in LEXIS-NEXIS, New Group File, Beyond Two Years.

Sassen, Saskia. *Globalization and Its Discontents.* New York: New Press, 1998.

Schickler, Eric. "Institutional Change in the House of Representatives, 1867–1998: A Test of Partisan and Ideological Power Balances." 94 *American Political Science Review* 269 (2000).

Schier, Steven E., ed. *The Postmodern Presidency: Bill Clinton's Legacy in U.S. Politics.* Pittsburgh: University of Pittsburgh Press, 2000.

Schmitter, Phillipe C. *How to Democratize the European Union . . . and Why Bother?* Lanham, MD: Rowman and Littlefield, 2000.

Schneiderman, David. "Investment Rules and the New Constitutionalism." 25 *Law & Social Inquiry* 757 (2000).

Schoenbrod, David. *Power without Responsibility.* New Haven: Yale University Press, 1993.

Scholte, Jan Aarte. *Globalization: A Critical Introduction.* New York: St. Martin's Press, 2000.

Schwartz, Bernard, ed. *The Burger Court: Counter-Revolution or Confirmation?* New York: Oxford University Press, 1998.

Segal, Jeffrey A., and Albert D. Cover. "Ideological Values and the Votes of U.S. Supreme Court Justices." 83 *American Political Science Review* 557 (1989).

Segura, Gary M., and Stephen P. Nicholson. "Sequential Choices and Partisan Transitions in U.S. Senate Delegations: 1972–1988." 57 *Journal of Politics* 86 (1995).

Senior, Justin. "Comment: The Constitutionality of NAFTA's Dispute Resolution Process." 9 *Florida Journal of International Law* 209 (1994).

Shea, Daniel M. "The Passing of Realignment and the Advent of the 'Base-Less' Party System." 27 *American Politics Quarterly* 33 (1999).

Shepsle, Kenneth A. "Congress Is a 'They,' Not an 'It': Legislative Intent as an Oxymoron." 12 *International Review of Law & Economics* 239 (1992).

Shull, Steven A., ed. *Presidential Policymaking: An End-of-Century Assessment.* Armonk, NY: M. E. Sharpe, 1999.

Sidak, J. Gregory, and Daniel F. Spulber. *Deregulatory Takings and the Regulatory Contract: The Competitive Transformation of Network Industries in the United States.* New York: Cambridge University Press, 1997.

Sigelman, Lee, Paul J. Wahlbeck, and Emmett H. Buell, Jr. "Vote Choice and the Preference for Divided Government: Lessons of 1992." 41 *American Journal of Political Science* 879 (1997).

Silbey, Joel. *The Partisan Imperative.* New York: Oxford University Press, 1985.

Silverstein, Mark. *Judicious Choices: The New Politics of Supreme Court Confirmations.* New York: W. W. Norton, 1994.

Sinclair, Barbara. "Bipartisan Governing: Possible, Yes; Likely, No." 34 *PS: Political Science & Politics* 81 (2001).

———. "Do Parties Matter?" Center for the Study of Democracy, UC Irvine, Research Papers (1998).

———. *Legislators, Leaders, and Lawmaking: The U.S. House of Representatives in the Postreform Era.* Baltimore: Johns Hopkins University Press, 1995.

———. "Structure, Preferences and Outcomes: Explaining When Bills Do—and Don't—Become Law." Paper presented at the Annual Meeting of the American Political Science Association, August 30–September 2, 2001.

———. *The Transformation of the U.S. Senate.* Baltimore: Johns Hopkins University Press, 1989.

———. *Unorthodox Lawmaking: New Legislative Processes in the U.S. Congress.* Washington, DC: CQ Press, 1997.

Skocpol, Theda. *Boomerang: Health Care Reform and the Turn against Government.* New York: W. W. Norton, 1997.

Skocpol, Theda, and Morris P. Fiorina, eds. *Civic Engagement in American Democracy.* Washington, DC: Brookings Institution, 1999.

Skowronek, Stephen. *The Politics Presidents Make: Leadership from John Adams to George Bush.* Cambridge, MA: Harvard University Press, 1993.

Slotnick, Elliot E., and Jennifer A. Segal. *Television News and the Supreme Court: All the News That's Fit to Air?* New York: Cambridge University Press, 1998.

Smith, Peter J. "*Pennhurst, Chevron,* and the Spending Power." 110 *Yale Law Journal* 1187 (2001).

Sokolow, Alvin D. "The Changing Property Tax and State-Local Relations." 28 *Publius* 165 (1998).

Sparrow, Bartholomew. *Uncertain Guardians: The News Media as a Political Institution.* Baltimore: Johns Hopkins University Press, 1999.

Spence, David B. "The Shadow of the Rational Polluter: Rethinking the Role of Rational Actor Models in Environmental Law." 89 *California Law Review* 917 (2001).

Spiro, Peter J. "Contextual Determinism and Foreign Relations Federalism." 2 *Chicago Journal of International Law* 363 (2001).

———. "Foreign Relations Federalism." 70 *University of Colorado Law Review* 1223 (1999).

Spitzer, Robert J. "Clinton's Impeachment Will Have Few Consequences for the Presidency." 33 *PS: Political Science & Politics* 541 (1999).

Stark, Kirk J. "The Right to Vote on Taxes." 96 *Northwestern University Law Review* 191 (2001).

Steinzor, Rena I. "Reinventing Environmental Regulation: The Dangerous Journey from Command to Self-Control." 22 *Harvard Environmental Law Review* 103 (1998).

Stephan, Paul B. "International Governance and American Democracy." 1 *Chicago Journal of International Law* 237 (2000).

Stewart, Richard B. "Evaluating the New Deal." 22 *Harvard Journal of Law & Public Policy* 239 (1998).

Stidham, Ronald, Robert A. Carp, and Donald R. Sanger. "The Voting Behavior of President Clinton's Judicial Appointees." 80 *Judicature* (July–August 1996), 16.

Stone, Geoffrey, L. Michael Seidman, Cass R. Sunstein, and Mark V. Tushnet. *Constitutional Law.* (4th ed. New York: Aspen Law & Business, 2001.

Strange, Susan. "The Defective State." 124 *Daedalus* 55 (1995).

Strauss, David A. "Common Law Constitutional Interpretation." 63 *University of Chicago Law Review* 877 (1996).

Strauss, Peter. "Formal and Functional Approaches to Separation of Powers Questions: A Foolish Inconsistency?" 72 *Cornell Law Review* 488 (1972).

Summers, John H. "What Happened to Sex Scandals?: Politics and Peccadilloes, Jefferson to Kennedy." 67 *Journal of American History* 825 (2000).

Sundquist, James L. Dynamics of the Party System. Rev. ed. Washington, DC: Brookings Institution, 1983.

Sunstein, Cass R. "The Broad Virtue in a Modest Ruling." *New York Times,* December 5, 2000, p. A29.

———. "Impeaching the President." 147 *University of Pennsylvania Law Review* 79 (1998).

———. *One Case at a Time: Judicial Minimalism on the Supreme Court.* Cambridge, MA: Harvard University Press, 1999.

———. "What Judge Bork Should Have Said." 23 *Connecticut Law Review* 205 (1991).

Sunstein, Cass R., and Richard Epstein eds. *The Vote: Bush, Gore, and the Supreme Court*. Chicago: University of Chicago Press, 2001.

Symposium. "Congress and Foreign Policy after the Cold War." *Extensions: A Journal of the Carl Albert Congressional Research and Studies Center*. Spring 2001.

Tananbaum, Duane. *The Bricker Amendment Controversy: A Test of Eisenhower's Political Leadership*. Ithaca: Cornell University Press, 1988.

Thomas, Chantal. "Constitutional Change and International Government." 52 *Hastings Law Journal* 1 (2000).

Thompson, Frank J., and Norma M. Riccucci. "Reinventing Government." *1998 Annual Review of Political Science* 231 (1998).

Thornberry, Chad. "Comment: Federalism vs. Foreign Affairs: How the United States Can Administer Article 36 of the Vienna Convention on Consular Relations within the States." 31 *McGeorge Law Review* 107 (1999).

Thorson, Gregory R., Nicholas J. Maxwell, and Tasina Nitzschke. "Strategic Decision Making and the Invoking of Cloture in the United States Senate." Paper presented at the 2001 Annual Meeting of the American Political Science Association, August 30–September 2, 2001.

Tilove, Jonathan. "The New Map of American Politics." *The American Prospect* 11 (May–June 1999): 34.

Trebilcock, Michael J., Ron Daniels, and Malcolm Thorburn, "Government by Voucher." 80 *Boston University Law Review* 205 (2000).

Tribe, Laurence. *American Constitutional Law*. 3d ed. New York: Foundation Press, 2000.

Tulis, Jeffrey K. *The Rhetorical Presidency*. Princeton: Princeton University Press, 1987.

Tushnet, Mark. "Constitutional Interpretation, Character, and Experience." 72 *Boston University Law Review* 747 (1992).

———. "Globalization and Federalism in a Post-*Printz* World." 36 *Tulsa Law Journal* 11 (2000).

———. "How to Deny a Constitutional Right: Reflections on the Assisted-Suicide Cases." 1 *Green Bag* 2d ser., 55 (1997).

———. "Justification in Constitutional Interpretation: A Comment on Constitutional Interpretation." 72 *Texas Law Review* 1707 (1994).

———. *Making Civil Rights Law: Thurgood Marshall and the Supreme Court, 1936–1961*. New York: Oxford University Press, 1994.

———. *Making Constitutional Law: Thurgood Marshall and the Supreme Court, 1961–1991*. New York: Oxford University Press, 1997.

———. "The Redundant Free Exercise Clause." 33 *Loyola University Chicago Law Journal* 71 (2001).

———. *Taking the Constitution away from the Courts*. Princeton: Princeton University Press, 1999.

Tushnet, Mark, and Larry Yackle, "Symbolic Statutes and Real Laws: The Pathologies of the Antiterrorism and Effective Death Penalty Act and the Prison Litigation Reform Act." 47 *Duke Law Journal* 1 (1997).

Vagts, Detlev F. "Taking Treaties Less Seriously." 92 *American Journal of International Law* 458 (1998).

Vázquez, Carlos Manuel. "*Breard, Printz*, and the Treaty Power." 70 *University of Colorado Law Review* 1317 (1999).

———. "W(h)ither *Zschernig*?" 46 *Villanova Law Review* 1259 (2001).

Vetter, Jan. "Postwar Legal Scholarship on Judicial Decision Making." 33 *Journal of Legal Education* 412 (1983).

Volokh, Eugene. "Comment, Freedom of Speech and Workplace Harassment." 39 *UCLA Law Review* 1791 (1992).

———. "What Speech Does 'Hostile Work Environment' Harassment Law Restrict?" 85 *Georgetown Law Journal* 627 (1997).

Watson, George, and John A. Stookey. *Shaping America: The Politics of Supreme Court Appointments*. New York: Longman, 1995.

Wattenberg, Martin P. *The Rise of Candidate-Centered Politics: Presidential Elections of the 1980s*. Cambridge, MA: Harvard University Press, 1991.

Waxman, Seth P. "Foreword: Does the Solicitor General Matter?" 53 *Stanford Law Review* 1115 (2001).

Wayne, Leslie. "Congress Uses Leadership PACs to Wield Power." *New York Times*, March 13, 1997, p. B10.

Weaver, R. Kent, and Bert A. Rockman, eds. *Do Institutions Matter? Government Capabilities in the United States and Abroad*. Washington, DC: Brookings Institution, 1993.

Wechsler, Herbert. *Principle, Politics and Fundamental Law*. Cambridge, MA: Harvard University Press, 1961.

———. "Toward Neutral Principles of Constitutional Law." 73 *Harvard Law Review* 1 (1959).

Weir, Margaret, ed. *The Social Divide: Political Parties and the Future of Activist Government*. Washington, DC: Brookings Institution, 1998.

Weisburd, A. Mark. "International Courts and American Courts." 21 *Michigan Journal of International Law* 877 (2000).

White, G. Edward. *The Constitution and the New Deal*. Cambridge, MA: Harvard University Press, 2000.

Whittington, Keith E. *Constitutional Construction: Divided Powers and Constitutional Meaning*. Cambridge, MA: Harvard University Press, 1999.

———. "Dismantling the Modern State? The Changing Structural Foundations of Federalism." 25 *Hastings Constitutional Law Quarterly* 483 (1998).

Woodward, Bob. *The Agenda: Inside the Clinton White House*. New York: Simon and Schuster, 1994.

Wright, J. Skelly. "Professor Bickel, the Scholarly Tradition, and the Supreme Court." 84 *Harvard Law Review* 769 (1971).

Yalof, David Alistair. *Pursuit of Justices: Presidential Politics and the Selection of Supreme Court Nominees*. Chicago: University of Chicago Press, 1999.

Yoo, John C. "Foreign Affairs Federalism and the Separation of Powers." 46 *Villanova Law Review* 1341 (2001).

Young, Iris Marion. "Activist Challenges to Deliberative Democracy." 29 *Political Theory* 670 (2001).

判例目录[*]

A. L. A. Schechter Poultry Corp. v. United States, 295 US 495 (1935), 191 n. 9, 195 n. 131

Adarand Constructors, Inc. v. Pena, 515 US 200 (1995), 137

Alden v. Maine, 527 US 706 (1999), 53, 217 n. 141

Alexander v. Sandoval, 532 US 275 (2001), 199 n. 214

Allied Structural Steel Co. v. Spannaus, 438 US 234 (1978), 195 n. 105

Asakura v. Seattle, 265 US 332 (1923), 226 n. 72

Babbitt v. Youpee, 519 US 234 (1997), 195 n. 112

Barclays Bank PLC v. Franchise Tax Board, 512 US 298 (1994), 159

Board of Trustees v. Garrett, 531 US 356 (2001), 49, 51, 77, 79, 194 n. 77

Board of Trustees of Univ. of Ill. v. United States, 289 US 48 (1933), 230 n. 107

Bowers v. Hardwick, 478 US 186 (1986), 197 n. 167

Boy Scouts of America v. Dale, 530 US 640 (2000), 198 n. 190

Breard v. Greene, 523 US 371 (1998), 146

Brown v. Board of Education, 347 US 483 (1954), 50, 68, 115, 135, 136, 137

Brown v. Board of Education, 349 US

---

[*] 判例目录及索引中所标注的页码系英文原版书中的页码,相关内容请见本译著中的页边码所在页。——译者注

判例目录

294 (1955), 136, 216 n. 130

Burton v. Wilmington Parking Auth., 365 US 715 (1961), 207 n. 10

Bush v. Gore, 531 US 98 (2000), 3, 7, 32, 127-28, 136, 139, 198 n. 182

Bush v. Palm Beach County Canvassing Board, 531 US 70 (2000), 138

C & A Carbone, Inc. v. Clarkstown, 511 US 383 (1994), 229 n. 98

Carter v. Carter Coal Co., 298 US 238 (1936), 191 n. 8

Central Hudson Gas & Electric Corp. v. Public Service Commission, 447 US 557 (1980), 196 n. 153

Chamber of Commerce v. Department of Labor, 174 F3d 206 (D. C. Cir. 1999), 236 n. 29

Chirac v. Chirac, 15 US (2 Wheat.) 259 (1817), 224 n. 46

Chisholm v. Georgia, 2 US (2 Dall.) 419 (1793), 194 n. 79

Cipollone v. Liggett Group, Inc., 505 US 504 (1992), 200 n. 215, 231 n. 126

City of Boerne v. Flores, 521 US 507 (1997), 137, 191 n. 3, 193 n. 59

City of Ladue v. Gilleo, 512 US 43 (1994), 197 n. 163

City of Mobile v. Bolden, 446 US 55 (1980), 198 n. 187

Clark v. Community for Creative Non-Violence, 468 US 288 (1984), 197 n. 159

Clinton v. City of New York, 524 US 417 (1998), 176 n. 13, 196 n. 134

Coleman v. Thompson, 501 US 722 (1991), 232 n. 136

College Savings Bank v. Florida Prepaid Postsecondary Ed. Expense Bd., 527 US 666 (1999), 217 n. 141

County of Sacramento v. Lewis, 523 US 833 (1998), 210 n. 5

Crosby v. National Foreign Trade Council, 530 US 363 (2000), 90, 157, 161, 162, 200 n. 222

Dennis v. United States, 341 US 494 (1951), 207 n. 5

Dickerson v. United States, 530 US 428 (2000), 92-93

Dolan v. City of Tigard, 512 US 374 (1994), 195 n. 118

Douglas v. California, 372 US 353 (1963), 197 n. 165, 207 n. 9

Dred Scott v. Sandford, 60 US (19 How.) 393 (1857), 135

Eastern Enterprises v. Apfel, 524 US 498 (1998), 58, 60-61

Edgar v. MITE Corp., 457 US 624 (1982), 229 n. 98

Eisenberg v. Montgomery County Public Schools, 197 F3d 123 (4th Cir. 1999), 196 n. 148

Employment Division, Dept. of Human Resources of Oregon v. Smith,

315

494 US 872 (1990), 193 n. 58

Energy Reserves Group, Inc. v. Kansas Power & Light Co., 459 US 400 (1983), 195 n. 106

Ex parte Young, 209 US 123 (1908), 54-55

Exxon Corp. v. Governor of Maryland, 437 US 117 (1978), 229 n. 98

FDA v. Brown & Williamson Tobacco Corp, 529 US 120 (2000), 188 n. 161

Federal Republic of Germany v. United States, 526 US 111 (1999), 147

Fisher v. Hurst, 333 US 147 (1948), 218 n. 146

Fitzpatrick v. Bitzer, 427 US 445 (1976), 194 n. 88

Freeman v. Pitts, 503 US 467 (1992), 196 n. 147

Furman v. Georgia, 408 US 238 (1972), 216 n. 123

Gade v. National Solid Wastes Management Ass'n, 505 US 88 (1992), 200 n. 215

Gaines ex rel. Missouri v. Canada, 305 US 337 (1938), 218 n. 146

Garcia v. San Antonio Metropolitan Transit Auth., 469 US 528 (1985), 45, 191 n. 12

Geier v. American Honda Motor Co., Inc., 529 US 861 (2000), 159-60, 162

General Motors Corp. v. Romein, 503 US 181 (1992), 195 n. 106

Gibbons v. Ogden, 22 US (9 Wheat.) 1 (1824), 158, 228 n. 95

Gibson v. Arkansas Dept. of Correction, 265 F3d 718 (8th Cir. 2001), 194 n. 91

Goldberg v. Kelly, 397 US 254 (1970), 207 n. 8

Green v. County School Board of New Kent County, 391 US 430 (1968), 196 n. 143

Gregg v. Georgia, 428 US 153 (1976), 216 n. 123

Gregory v. Ashcroft, 501 US 452 (1991), 42-43

Griffin v. Illinois, 351 US 12 (1956), 197 n. 165, 207 n. 9

Griswold v. Connecticut, 381 US 479 (1965), 207 n. 8

Hamm v. City of Rock Hill, 379 US 306 (1964), 193 n. 75

Hans v. Louisiana, 134 US 1 (1890), 194 n. 82

Harper v. Virginia State Board of Elections, 383 US 663 (1966), 193 n. 75

Hauenstein v. Lynham, 100 US 483 (1879), 224 n. 46

Healy v. The Beer Institute, 491 US 324 (1989), 229 n. 95

Hines v. Davidowitz, 312 US 52 (1941), 230 n. 107

Hodel v. Irving, 481 US 704 (1987), 195 n. 112

Home Building and Loan Association v. Blaisdell, 290 US 398 (1934), 57, 206 n. 2

Hudgens v. NLRB, 424 US 507 (1976), 197 n. 162

Hunt v. Cromartie, 532 US 234 (2001), 196 n. 149

Idaho v. Coeur d'Alene Tribe of Idaho, 521 US 261 (1997), 194 n. 94

Immigration and Naturalization Service v. Chadha, 462 US 919 (1983), 196 n. 132

Industrial Union Dept., AFL-CIO v. American Petroleum Institute, 448 US 607 (1980), 196 n. 133

International Society for Krishna Consciousness, Inc. v. Lee, 505 US 672 (1992), 197 n. 161

J. W. Hampton, Jr., & Co. v. United States, 276 US 394 (1928), 195 n. 130

Jackson v. Chew, 25 US (12 Wheat.) 153 (1827), 224 n. 45

Japan Line, Ltd. v. County of Los Angeles, 441 US 434 (1979), 158-59

Jenkins v. Missouri, 515 US 70 (1995), 196 n. 147

Jim C. v. Arkansas Department of Education, 235 F3d 1079 (8th Cir. 2000), cert. denied, 121 SCt 2591 (2001), 199 n. 212

Johnson v. Miller, 864 FSupp. 1354 (S. D. Ga. 1994), 180 n. 55

Johnson v. United States, 333 US 10 (1948), 207 n. 4

Kassel v. Consolidated Freightways Corp., 450 US 662 (1981), 229 n. 98

Katzenbach v. McClung, 379 US 294 (1964), 198 n. 202

Katzenbach v. Morgan, 384 US 641 (1966), 46-47, 90

Kimel v. Florida Bd. of Regents, 528 US 62 (2000), 51, 193 n. 63

Knight v. Florida, 528 US 990 (1999), 223 n. 41

Kovacs v. Cooper, 336 US 77 (1949), 208 n. 17

Lassiter v. Northampton County Board of Elections, 360 US 45 (1959), 193 n. 56

Lee v. Weisman, 505 US 577 (1992), 197 n. 177

Lochner v. New York, 198 US 45 (1905), 195 n. 107

Loretto v. Group W. Cable, 522 NYS2d 543 (App. Div. 1987), 195 n. 111

Loretto v. Teleprompter Manhattan CATV Corp., 458 US 419 (1982), 195 n. 110

Lorillard Tobacco Co. v. Reilly, 533 US 525 (2001), 196 n. 154

Lucas v. South Carolina Coastal Council, 505 US 1003 (1992), 62

Luder v. Endicott, 253 F3d 1020 (7th Cir. 2001), 194 n. 96

Massachusetts Board of Retirement v. Murgia, 427 US 307 (1976), 193 n. 62

McLaurin v. Oklahoma State Regents, 339 US 637 (1950), 218 n. 146

Metropolitan Life Ins. Co. v. Massachusetts, 471 US 724 (1985), 200 n. 215

Michael H. v. Gerald D., 491 US 110 (1989), 210 n. 40

Milliken v. Bradley, 418 US 717 (1974), 196 n. 146

Minersville School Dist. v. Gobitis, 310 US 586 (1940), 207 n. 5

Miranda v. Arizona, 384 US 436 (1966), 50, 90, 92, 193 n. 76

Missouri v. Holland, 252 US 416 (1920), 226 n. 64, 234 n. 146

Mitchum v. Foster, 407 US 225 (1972), 194 n. 87

Morales v. Trans World Airlines, Inc., 504 US 374 (1992), 200 n. 215

Morgentaler v. The Queen, [1988] SCR 30, 136

Naim v. Naim, 350 US 891 (1955), after remand, 350 US 985 (1956), 117-18

National League of Cities v. Usery, 426 US 833 (1976), 161

New York v. United States, 505 US 144 (1992), 44-45, 45-46, 84-85, 85-86, 226 n. 73

Nollan v. California Coastal Commission, 483 US 825 (1987), 197 n. 117

Palazzolo v. Rhode Island, 533 US 606 (2001), 63

Panama Refining Co. v. Ryan, 293 US 388 (1935), 195 n. 131

Penn Central Transportation Co. v. City of New York, 438 US 104 (1978), 63-64

Pennell v. City of San Jose, 485 US 1 (1988), 195 n. 114

Pennhurst State School & Hospital v. Halderman, 451 US 1 (1981), 199 n. 209

Pennhurst State School & Hospital v. Halderman, 465 US 89 (1984), 194 n. 92

Pennsylvania v. Union Gas Co., 491 US 1 (1989), 194 n. 83

Pennsylvania Coal Co. v. Mahon, 260 US 393 (1922), 195 n. 120

Phillips v. Washington Legal Foundation, 524 US 156 (1998), 195 n. 113

Pike v. Bruce Church, Inc., 397 US 137 (1970), 229 n. 98

Planned Parenthood of Southeastern Pennsylvania v. Casey, 505 US 833 (1992), 91, 117, 124-25

Plessy v. Ferguson, 163 US 537 (1896), 215 n. 112

Poe v. Ullman, 367 US 497 (1961), 124

Printz v. United States, 521 US 898 (1997), 44, 45-46, 84, 90

R. A. V. v. St. Paul, 505 US 377 (1992), 215 n. 107

Raymond Motor Transportation v. Rice, 434 US 429 (1978), 229 n. 98

Regents of the University of California v. Bakke, 438 US 165 (1978), 219 n. 161

Reickenbacker v. Foster, 274 F. 3d 974 (5th Cir. 2001), 198 n. 187

Reid v. Covert, 354 US 1 (1957), 221 n. 13

Reno v. Condon, 528 US 141 (2000), 45

Rice v. Santa Fe Elevator Corp., 331 US 218 (1947), 231 n. 126

Roe v. Wade, 410 US 113 (1973), 90, 91-92, 124-25, 134-35

Romer v. Evans, 517 US 620 (1996), 133, 197 n. 169

Rosenberger v. Rector and Visitors of University of Virginia, 515 US 819 (1995), 197 n. 179

Saenz v. Roe, 526 US 489 (1999), 194 n. 99

San Antonio Independent School District v. Rodriguez, 411 US 1 (1973), 72

Santa Fe Independent School Dist. v. Doe, 530 US 290 (2000), 197 n. 177

Seminole Tribe of Florida v. Florida, 517 US 44 (1996), 52-53, 90

Shapiro v. Thompson, 394 US 618 (1969), 207 n. 8

Shelley v. Kraemer, 334 US 1 (1948), 207 n. 10

Sherbert v. Verner, 374 US 398 (1963), 197 n. 174

Sipuel v. Oklahoma State Regents, 332 US 631 (1948), 218 n. 146

Soering v. United Kingdom, 11 Eur Ct. HR (ser. A), pp. 439 (1989), 147-48

South Carolina v. Katzenbach, 383 US 301 (1966), 193 n. 57

South Dakota v. Dole, 483 US 203 (1987), 199 n. 210

State v. Pang, 132 Wn2d 852, 940 P2d 1293 (1997), 226 n. 66

Sweatt v. Painter, 339 US 629 (1950), 218 n. 146

Terry v. Adams, 345 US 461 (1953), 207 n. 4

Testa v. Katt, 330 US 386 (1947), 226 n. 70

Thompson v. Colorado, 278 F3d 1020 (10th Cir. 2001), 198 n. 187

U. S. Term Limits v. Thornton, 514 US 779 (1995), 55-56, 176 n. 13, 224 n. 47

United States v. Belmont, 301 US 324 (1937), 226 n. 68

United States v. Butler, 297 US 1 (1936), 113, 225 n. 56

United States v. Carolene Products Co., 304 US 144 (1938), 207 n. 6

United States v. Curtiss-Wright Export Corp., 299 US 304 (1936), 224 n. 47

United States v. E. C. Knight Co., 156 US 1, 12 (1895), 191 n. 7

United States v. Locke, 529 US 89 (2000), 160-62

United States v. Lopez, 514 US 549 (1995), 38-39, 40-41, 42, 76-77, 90, 232 n. 137

United States v. Morrison, 529 US 598 (2000), 39-41, 41-42, 76-77

United States v. Pink, 315 US 203 (1942), 226 n. 68

United States Trust Co. v. New Jersey, 431 US 1 (1977), 195 n. 104

Vera v. Richards, 861 FSupp 1304 (S. D. Tex. 1994), 180 n. 58

Virginia State Board of Pharmacy v. Virginia Citizens Consumer Council, Inc., 425 US 748 (1976), 191 n. 151

Washington v. Glucksberg, 521 US 702 (1998), 210 n. 41, 211 n. 60

Webster v. Reproductive Health Services, 492 US 490 (1989), 203 n. 242

West Coast Hotel Co. v. Parrish, 300 US 379 (1937), 195 n. 108

Whitman v. American Trucking Associations, 531 US 457 (2001), 196 n. 136

Wickard v. Filburn, 317 US 111 (1942), 37, 41

Wisconsin v. Yoder, 406 US 205 (1972), 197 n. 174

Wisconsin Dept. of Industry v. Gould, Inc., 475 US 282 (1986), 232 n. 134

Wygant v. Jackson Board of Education, 476 US 267 (1986), 140

Yee v. City of Escondido, 503 US 519 (1992), 195 n. 114

Zelman v. Simmons-Harris, 536 US —, 122 SG 2460 (2002), 197 n. 178

Zorach v. Clauson, 343 US 306 (1952), 207 n. 4

Zschernig v. Miller, 389 US 429 (1968), 158, 159

索 引

A

Abortion cases，堕胎案，91-92，124，134-35；
  Canadian constitutional law of，加拿大宪法，136
Acheson, Eleanor，艾奇逊，埃莉诺，105
Ackerman, Bruce，阿克曼，布鲁斯，2-3，3-4，97，98-99，100-101，102
Affirmative action，纠偏行动，68，137
Age Discrimination in Employment Act，雇佣法案中的年龄歧视，42，49
Aggregate effects test in federalism cases，联邦制案件中的聚合效果检测，37，38-39，40，41
Americans with Disabilities Act，美国残疾人法案，49，50-51，77-78，79
Amish，阿米什宗派，74

Anti-commandeering principle，反强占原则，43-46，78，83，148
  as applied in foreign affairs cases，在外交事务案件中运用，153-56
Anti-discrimination laws，反歧视法，81-83，102
Assisted suicide cases，助杀案件，67，125，133-34

B

Balkin, Jack M.，巴尔金，杰克，3，7，20
Bickel, Alexander，比克尔，亚历山大，113，115，116-17，120，121，126，132，138
Biodiversity，生物多样性，77
Black, Hugo，布莱克，雨果，140
Blackmun, Harry，布莱克门，哈利，69，158
Bobbitt, Philip，博比特，菲利普，

321

126

Bork, Robert，博克，罗伯特，103
Bradley, Curtis，布拉德利，柯蒂斯，151-52
Brady Handgun Violence Prevention Act，布雷迪手枪暴力预防法案，44，84，86
Breard case，布里尔德案，146-47，148，163
Brennan, William J.，布伦南，威廉，119
Breyer, Stephen，布瑞耶尔，史蒂芬，41，49，50，103，160
Brownell, Herbert，布劳内尔，赫伯特，119
Bureaucracies，官僚机构，12，16-17
Burma law case，缅甸法律案，85-86，90，144，157，161，162
Burt, Robert，伯特，罗伯特，122，137-38
Bush, George H.W.，布什，乔治 H.W.，10，50-51，105，106
Bush, George W.，布什，乔治 W.，105-6，108，108-9

C

Campaign committees, congressional，竞选委员会，议会的，17
Carter, James Earl，卡特，詹姆士伯爵，105
Castells, Manuel，卡斯泰尔，曼纽尔，21-22，142-43，159
Civil Rights Act of 1964，1964年民权法案，5
Clayton, Cornell，克来顿，科奈尔，31
Clinton, Bill，克林顿，比尔，1，10，11，13，26，105，167-68
Coal Act of 1992，1992年煤炭法案，58，60-61
Cold War，冷战，158
Coleman, John，科尔曼，约翰，165
Colorblindness，色盲，68-69
Commercial speech doctrine，商业言论原则，69-70
Conditional preemption power，附条件的优先权，46，86-87，155-56
Conditional spending power，附条件的开销权，45-46，82-83
Congress, internal rules of，议会，的内部规则，18-19，23-24
　organization of，的组织，18
　partisan polarization in，政党两极化，15
　power of leadership in，领导的权力，18
Conservatism，保守主义，8
Constitutional aspirations, chastened，宪法雄心，被消磨，9，22，30-31，32，34，65，97，101-2，110
Constitutional moments，宪法时刻，2-3，4，98
Constitutional order：宪法秩序
　defined，被界定，1，8
　development of，的发展，2
　establishment clause doctrine in New

Deal-Great Society，新政—大社会中的国教条款原则 74

forms of regulation in the new，新秩序中的规制形式，166-67

forms of regulation in New Deal-Great Society，新政—大社会中的规制形式，166-67

individual liberties in the new，新秩序中的个人自由，67-76

jurisprudence of New Deal-Great Society，新政—大社会的法理，113-14，115-16

New Deal-Great Society in general，一般意义上的新政—大社会，1-2，4-5，8，11，12-13，24，28，30，32，35-36

place of international affairs in New Deal-Great Society，新政—大社会中国际事务的定位，144-45，146，152-53

possibility of dramatically different，显著区别的可能性，111-12

principles of new，新原则，2，8

role of courts in new，新秩序中法院的角色，31-32

role in new constitutional order of international agreements，新宪法秩序中国际协定的角色，163-64

role of public and parties in，其中公众和政党的角色，13-14

role of racial equality is New Deal-Great Society，新政—大社会中种族平等的角色，68-69

Constitutional revolution，宪法变革，3，110；

absence of contemporary，当代性缺位，33-34，35，40-41

Consumer Product Safety Commission，消费者安全委员会，166

Contract with America，美利坚契约，9-10，13，16，18

Contracts clause，合同条款，57-58

Cost-benefit analysis，成本效益分析，25

Critical elections，关键性选举，97

Critical legal studies，批判法学派，ix-x

D

Dahl, Robert，达尔，罗伯特，98

Dallek, Robert，达莱克，罗伯特，96-97，107

Daniels, Ron，丹尼尔斯，罗恩，30

Delegation, to executive officials，授权，对行政官员，24

Democratic experimentalism，民主经验主义，168-72

Democratic Party，民主党，9，11，13-14，14，16，118-19，163-64

Deregulatory takings，放松规制下的征收，67

Desegregation，废除种族隔离，68

Dionne, E. J.，迪翁，E. J.，109

Districts, congressional，地区，议会的，14-15

Divided government，分治政府，5，

323

7, 13
causes of，的原因，15-16
conditions for，的条件，32
effects of，的效果，22-23, 26
and implications for judicial review，及对司法审查的影响，31-32
and possibility of unified government，及联合政府的可能性，100-101

Dormant commerce clause，休眠商业条款，228-29 n. 98

Douglas, William O.，道格拉斯，威廉 O.，140, 158

Driver's Privacy Protection Act，司机隐私保护法案，44, 78

E

Economic due process，经济正当程序，58

Economic liberties, constitutional protection of，经济自由，的宪法保护，57-65

Economic regulation, constitutional limitations on，经济规制，的宪法限制，35

Eco-tourism，生态旅游，77

Education policy, state role in，教育政策，中各州的角色，29；federal role in，中的联邦政府角色，83, 170

Eisenhower, Dwight D.，艾森豪威尔，德怀特 D.，11, 20, 119

Elections, candidate-centered，选举，以候选人为中心，14, 15, 18, 31
primary，主要的，14, 15

Eleventh Amendment，第十一条修正案，38, 51-55, 137

Ely, John Hart，伊利，约翰·哈特，122

Endangered Species Act，濒临灭绝物种法案，77, 79

Environmental Protection Agency，环境保护局，166, 168

Environmental regulation，环境规制，62-63

Epstein, Richard，爱泼斯坦，理查德，80

Equal protection clause，平等保护条款，114

Eskridge, William，埃斯克里奇，威廉，126-30

Establishment of religion，建立国教，74-75

Expressive association, right of，表达性结社，的权利，79-82

F

Federalism：联邦制
anti-commandeering principle in，反强占原则在，43-46
contemporary doctrine of，当代原则的，38-55
counterposed to nationalism，对照于民族主义，56
doctrines of state sovereignty of，关于州主权的原则，42

and injunctions to enforce national law,及执行联邦法律的强制令,54-55

New Deal-Great Society doctrine of,的新政——大社会原则,37-38,42

non-infinity principle in,"非无穷大原则",41

pre-New Deal doctrine of,新政之前的原则,36-37

and regulation of commercial activity in the new constitutional order,及新宪法秩序中的商业活动规制,76-77

relation to experimentalism of,与经验主义的关系,169

restoration of original vision of,原初图景的恢复,34,53

role of Congress in protecting,国会在保护……中的角色,37,44

and treaty power,和缔约权,148-52

two dimensions of constitutional doctrine dealing with,宪法原则的两个纬度,37-38

Federalist Society,联邦制社会,7

Fifteenth Amendment,第十五条修正案,78

Filibuster,阻碍法案,23,105

Fiorina, Morris,菲奥里纳,莫里斯,16,23,24,25

Flaherty, Martin,弗莱厄蒂,马丁,144

Fleming, James,弗莱明,詹姆士,67

Footnote 4 jurisprudence,第四脚注的法理,114

Formalism, in law of international affairs,形式主义,国际事务方面的法律,144

Fourteenth Amendment,第十四条修正案,38

congressional power to enforce,议会的执行权,45-51

proportionality requirement of,比例性要求,49-50

Frankfurter, Felix,法兰克福,费利克斯,114,115,116,120

Free exercise of religion,宗教自由原则,73-74

Free speech,言论自由,69-71

and discrimination based on viewpoint or content,以意见或内容为基础的歧视,75

Frickey, Philip,弗里斯基,菲利普,126-30

Fried, Charles,弗里德,查尔斯,126

G

Gabel, Peter,加贝尔,彼得,ix

Gay rights,同性恋权利,72-73,79,133

Gillman, Howard,吉尔曼,霍华德,128

Gingrich, Newt,金里奇,纽特,107,109

Globalization，全球化，6
　　effects on constitutional law of，宪法上的效果，143
　　effects on preemption power of，在优先权上的效果，159
　　relation to decentralization of，与权力分散的关系，142
Goldberg, Arthur，戈登伯格，亚瑟，119
Goldsmith, Jack，戈德史密斯，杰克，144，150
Golove, David，戈洛夫，大卫，149
Gore, Al，戈尔，阿尔，11
Griffin, Stephen，格里芬，史蒂芬，51
Gun Free School Zones Act of 1990，1990年校区禁枪法案，38-39，41
Gunther, Gerald，冈瑟，杰拉尔德，118

H

Harlan, John Marshall，哈伦，约翰·马歇尔，119，124
Hawthorne effect，霍索恩效应，170
Health care policy，医疗保健政策，30，31
Hills, Roderick，希尔斯，罗德里克，87-89
Historic preservation programs，历史维护计划，63
Holmes, Oliver Wendell，霍姆斯，奥利弗·温德尔，152-53
Human rights. See International human rights，人权，参见国际人权

I

Impeachment，弹劾，11，13，21，22，26-28
Integration, racial，混合，种族的，67-68
Interest groups，利益群体，9，11-12，12-13，16-17，25-26，95，97，99，171，174-75 n. 2，202 n. 234
　　and judicial nominations，及司法提名，102-3，106，206 n. 31
　　in New Deal-Great Society constitutional order，在新政—大社会宪法秩序中，115-16
　　NGOs as，非政府组织如，144-45，145-46
　　and nondelegation doctrine，及非授权性原则，66
Interest on lawyers' trust fund accounts programs (IOLTA)，在律师信托基金计划上的利益，60
International Covenant on Civil and Political Rights，公民权利与政治权利国际公约，163
International human rights，国际人权，6，51，163
Interstate migration, political effects of，州际移民，的政治效果，15

J

Jeffords, James，杰福兹，詹姆士，100

Johnson, Lyndon B., 约翰逊, 林登 B., 9

Johnson, William, 约翰逊, 威廉, 158

Judicial restraint, 司法谦抑, 116

Judicial supremacy, 司法至上, 90-91, 92, 95, 137

Juridico-entertainment complex, 司法与娱乐一体化, 20-21

Justiciability, 可诉性, 118

K

Kagan, Elena, 卡根, 埃琳娜, 25-26

Kennedy, Anthony, 肯尼迪, 安东尼, 33, 35, 39, 41, 44, 55, 56, 58, 91, 124

Kennedy, John F., 肯尼迪, 约翰 F., 119

Klinkner, Philip, 克林克纳, 菲利普, 97-98

Koh, Harold, 考, 哈罗德, 143

Kronman, Anthony, 克龙曼, 安东尼, 121

Kulturkampf, 文化斗争, 73

L

Land-use regulation, 土地使用规制, 61-65

Law as equilibrium, 衡平法, 126-30

Legal Process school, 法律过程理论, 116-17, 120, 121-22, 127, 129, 137-38, 140

Legal realism, 法律现实主义, 120, 122, 127

Legislative veto, 立法否决, 196 n. 132

Leno, Jay, 尼罗, 杰伊, 22

Levinson, Sanford, 莱文森, 桑福德, 3

Liberalism, 自由主义, 8;
  programmatic, 计划的, 114-15, 122, 165

Liberty of contract, 合同自由, 58

Line Item Veto Act, 逐项否决法案, 66

Loewen Group case, 洛温集团案, 145

M

Maddox, Lester, 马多克斯, 莱斯特, 80

Maine 200, 缅因州 200, 168, 170

Market participant doctrine, 市场参与原则, 89, 162, 202 n. 237

Marshall, Thurgood, 马歇尔, 瑟古德, 121, 140

Maximalism, advantages of, 极繁主义, 的好处, 135

Mayhew, David, 梅休, 大卫, 22-23

McConnell, Michael, 麦康奈尔, 迈克尔, 134

Media, and relation of politicians to, 媒体, 及与政治家的关联, 19
  political effects of constraints on, 限制的政治效果在, 19-20
  standard practices of, 的标准化实

践，20

Medicare，医疗保健，5，30

Michelman, Frank，米歇尔曼，弗兰克，126

Milkis, Sidney，米尔基斯，西德尼，11-12，17

Minimalism：极简主义
defined，被界定，130-31；
in 2000 election cases，在2000年的选举案中，138-39；
relation to Bickel's approach of，与比克尔方法的关系，132；
relation to democracy of，的民主关系，131-32，133；
relation to new constitutional order will not emerge out of，与新宪法秩序的关系将不会从……中出现，219 n. 164；
role of political judgment in，政治判断的角色在，132，136，138

N

National Industrial Recovery Act，国家工业复苏法，65

National Labor Relations Act，国家劳工关系法，37

New Deal, and contemporary politics，新政，和当代政治，98-99

New Democrats，新民主党人，10，177 n. 20

Nondelegation doctrine，非授权原则，65-66

Nongovernmental organizations (NGOs). See Interest groups 非政府组织。参见利益群体

Non-infinity principle，非无穷大原则，41，42

Normal politics，日常政治，98

North American Free Trade Agreement (NAFTA)，北美自由贸易协定，10，145

O

O'Connor, Sandra Day，奥康纳，桑德拉·戴，33，35，41，43-44，45，60-61，64，82，84，89-90，91，124，154

Occupational Health and Safety Act，职业健康与安全法案，65-66

Occupational Safety and Health Administration，职业安全卫生管理局，168

P

Parliamentary systems，议会制度，100-101

Partisanship, in Congress，党派，在国会中，23，100

Personal Responsibility and Work Opportunity Reconciliation Act，个人责任和工作机会协调法案，72

Polarization, partisan，两极化，政党化，16，24，29，103

Political action committees (PACs)，政治行动委员会，19

Political parties，政党，12；

in Congress，在议会中，13

ideological nature of，的意识形态性质 14

national，全国的，17-18

Political safeguards of federalism，联邦制的政治防护，37，44

Political science, relevance of，政治科学，的相关，5，6

Politics：role in minimalism of，政治：在极简主义中的角色，132；

role of inNew Deal-Great Society constitutional jurisprudence，在新政—大社会宪法法理中的角色，122-23，129-30

Posner, Richard，波斯纳，理查德，21，22

Post, Robert，波斯特，罗伯特，50

Poverty policy，反贫困政策，30，31

Powell, Lewis，鲍威尔，刘易斯，72

Preemption：优先：

constitutional doctrine of，的宪法原则，83-90；

and foreign affairs，与外交事务，156-63；

presidential politics of，的总统政治，10，11，27-28，189 n. 173

Presidency，总统，9-13；

control of administrative agencies by，通过……对行政机关进行控制，25-26；

theory of strong，强的理论，109

Presidential campaign organizations，总统竞选组织，12

Presidents, as leaders，总统们，作为领导，106-7

Principle, role in constitutional adjudication of，原则，在宪法裁判中的角色，117，118，120-21，122，124-25，134，140

Privileges or immunities clause，特权或豁免条款，56

Project XL，XL 工程，168，171

Proportionality requirement，比例性要求，49-50，78

Proposition 13 (California)，第 13 条提案（加利福尼亚），28

Public forum doctrine，公众场所原则，70-71

R

Race discrimination，种族歧视，117-18

Radioactive waste，放射性污染，43-44

Reagan, Ronald，里根，罗纳德，2，8，9，16，105，107，108，109

Realignment, partisan，重组，政党性的，8-9，16

Reapportionment decisions，重组任命决定，14-15

Reconstruction era，重建时期，53

Reed, Douglas，里德，道格拉斯，20-21

Regime，政体，173 nn. 2 and 5. See also Constitutional order 也可参见宪法秩序

329

Regulatory takings. 规制性征收, *See* Takings clause 参见征收条款

Rehnquist, William H., 伦奎斯特, 威廉 H., 21, 38, 40, 41, 45, 82, 92-93, 123

Religion, free exercise of, 宗教, 的自由信仰宗教, 47-48

Religious Freedom Restoration Act, 宗教自由恢复法案, 48, 76, 90

Religious Land Use and Institutionalized Persons Act, 宗教用地与收容人员法案, 50

Rent-control statutes, 租赁控制法案, 69

Republican Party, 共和党, 9, 10, 13-14, 99, 119, 163-64, 165; and judicial nominations, 和司法提名, 102-3

Roberts, Owen, 罗伯茨, 欧文, 113

Rogers, William, 罗杰, 威廉, 119

Rohde, David, 罗德, 大卫, 18

Roosevelt, Franklin D., 罗斯福, 富兰克林 D., 1-2, 9, 11-12, 106

Rubin, Edward, 鲁宾, 爱德华, 56

S

Sabel, Charles, 萨贝尔, 查尔斯, 168-69

Sassen, Saskia, 沙森, 萨斯基亚, 142

Scalia, Antonin, 斯卡利亚, 安东宁, 35, 44, 64, 66, 73, 123, 124, 125, 126

Scandal, politics of, 丑闻, 的政治, 21

Second Amendment, 第二修正案, 44

Second Bill of Rights, 第二权利法案, 1-2, 5, 30, 71, 114

Segregation, 隔离, 30, 116, 120-21

Senate, 参议院, 15

Separation of church and state, 宗教与国家分离, 74-75

Separation of powers, 分权, 155

Seventh Day Adventists, 安息日会的教友, 74

Shapiro, Martin, 夏皮罗, 马丁, 114

Sick chicken case, 病鸡案, 36-37

Siegel, Reva, 西格尔, 雷瓦, 50

Silbey, Joel, 斯贝尔, 乔尔, 18

Silverstein, Mark, 西尔弗斯坦, 马克, 102, 103

Sinclair, Barbara, 辛克莱, 巴巴拉, 23

Skocpol, Theda, 斯科克波, 西达, 12

Skowronek, Stephen, 斯克罗尼克, 史蒂芬, 9, 10, 11, 13, 27, 108

Smart growth programs, "精明增长"计划, 62, 65

Smith, Rogers, 史密斯, 罗杰, 97-98

Social welfare rights, 社会福利权, 71-72

Soering case, 索林案, 147-48, 153

Souter, David, 苏塔, 大卫, 91, 103, 104, 124, 125

索 引

Sovereign immunity of states，各州的主权豁免，51-55

Sparrow, Bartholomew，斯帕罗，巴塞洛缪，20

Speciality, doctrine of，特定行为，的原则，153

Spiro, Peter，斯皮罗，彼得，159

Stare decisis，遵循先例，90-93

Starr, Kenneth，斯塔尔，肯尼思，21

State and local government，州和地方政府，28-30

Stealth nominees，隐秘起来的被提名人，103-4

Stephan, Paul，斯德望，保罗，145, 146

Stevens, John Paul，史蒂文斯，约翰·保罗，63，89-90，160，162

Stewart, Potter，斯图尔特，波特，53，119，158

Stewart, Richard，斯图尔特，理查德，165

Stone, Harlan Fiske，斯通，哈伦·菲斯克，114

Strange, Susan，斯特兰奇，苏珊，142

Summers, John H.，萨默，约翰 H.，21

Sunstein, Cass，孙斯坦，凯斯，6
　on impeachment，弹劾，27
　and jurisprudence of the new constitutional order，及新宪法秩序的法理，130-38

Super-majority requirements for legislation，立法上的绝对多数要求，24

Supreme Court：appointments to，最高法院，任命，3，5，35，118-20；
　and decisions regarding media，关于媒体的判决，21-22；
　importance of，的重要性，5；
　as institution of entertainment，作为娱乐机构，126；
　media coverage of，的媒体报道，19-20；
　nominations to，提名至，102-6，110；
　and power in divided government，及分治政府中的权力，33；
　and regulation of tobacco advertising，及烟草广告规制，26；
　and relation to Congress，及与国会的关系，93-94；
　and relation to political branches，及与其他政府部门的关系，50-51；
　role in new constitutional order of，在新宪法秩序中的角色，33；
　and suspicion of political process，及对政治过程的怀疑，94-95

Sutherland, George，萨瑟兰，乔治，113

T

Takings clause，征收条款，58-65

Taxation of multinational businesses，对多国贸易的征税，158-59

331

Taxes, limitations on state and local ability to raise, 税, 国家和地方在筹集资金上的能力限制, 28-29

Tenth Amendment, 第十修正案, 153

Term limits, 任期限制, 29-30, 55-56

Third Way, 第三条道路, 167-68

Thomas, Clarence, 托马斯, 克拉伦斯, 39, 44, 66, 70, 103

Tobacco advertising, regulation of, 烟草广告, 的规制, 26, 69-70, 83

Treaty power, 缔约权, 148-52

Trebilcock, Michael, 特里比尔科克, 迈克尔, 30

Triangulation, 三角结构, 11

Tulis, Jeffrey, 图利斯, 杰弗里, 106-7

Turnout, voter, 结果, 选民, 13, 17

V

Vázquez, Carlos, 巴斯克斯, 卡洛斯, 156

Vetter, Jan, 维特, 简, 122

Vienna Convention, 维也纳公约, 146, 147, 154, 164

Violence Against Women Act, 妇女暴力法案, 39-40, 41, 76

Voting Rights Act of 1965, 1965年选举权法案, 5, 46-47, 48, 180 n. 55

Voting Rights Act of 1982, 1982年选举权法案, 78-79

Voucher programs, 优惠券计划, 74-75, 95, 111, 165

W

War on Poverty, "向贫穷宣战"计划, 30

War on terrorism, "反恐"战争, 108

Warren Court, 沃伦法院, 75, 114, 120, 121, 122

Warren Earl, 沃伦时期, 119

Waxman, Seth, 韦克斯曼, 塞思, 76

Wechsler, Herbert, 韦克斯勒, 赫伯特, 81, 118

Weisburd, A. Mark, 韦斯伯德, A. 马克, 149, 151, 155, 156

Welfare reform, 福利改革, 72, 114, 170

Wetlands regulation, 沼泽地规制, 62-63

White, Byron, 怀特, 拜伦, 51, 119

Whittaker, Charles, 惠特克, 查尔斯, 120

Wilson, Woodrow, 威尔逊, 伍德罗, 106

Women's rights, 妇女的权利, 72

Y

Yalof, David Alistair, 阿洛夫, 大卫·阿利斯泰尔, 102, 104

译后记

第一次接触到马克·图施耐特《新宪法秩序》这部作品，还是2008年的事情。当时我有幸应马克·图施耐特教授邀请赴哈佛法学院访学，那么，自然就会了解翻阅他的诸多名作。每每想起，都感恩图施耐特教授提供的机会，让我的人生当中有了那样一段弥足珍贵的岁月。彼间学者友人的音容笑貌，点滴往事，此刻想起，犹然在心头浮现。

回国不久，中国人民大学出版社便与我联系此书的翻译事宜，当时我未假思索就爽快地接受了。其一，早在读本科的时候，就在宪法哲学层面接触并学习了刘茂林老师提出并系统阐释的"宪法秩序"概念及理论。其二，翻译本身也算是对"美国宪法秩序"及图施耐特思想的又一次学习，且传播其思想也许算是感恩的一种表达方式吧。其三，最为重要的，该书或许可以让国内法律尤其是宪法学人对"宪法应该以及究竟是什么"这个问题有更进一步的认识。

然而，之后在翻译过程中所经历的艰难远远超过了我最初的想象。之前和一位来香港讲学的美国教授聊天，还提及自己的这份译事，尤其是图施耐特用语的独特性和理论的抽象性等特征，对此他也深表认同，这倒也给了我些许"安慰"。

虽然翻译本身带来了很多挑战，但是翻译之外的收获远远超出了自己当初的想象。很多事情，也许经历了才会有所斩获。它甚至能让人更为深刻地明白新中国法学发展的轨迹和现状，也让人对那些在法学翻译事业上花费大量心血的学者多了几份敬意，因为至少在我看来，一部相对满意的译著所耗费的精力，乃至其中的一些知识挑战有时候并不亚于撰写一部独著。而且，由于语言的内在差异，翻译可以说是一件虽可读懂原文但并非就能摆上满意译作的"绝活"。

译事的最终完成当然离不开诸多师友的关心。感谢申卫星教授当初的勉励，否则，也许这项译事早已夭折。还有在波士顿的点点滴滴，至今都难以忘却。也特别感激杜宇峰编辑。由于在翻译过程中遇到的种种"不可抗力"，比如工作繁忙等，因而译稿一直拖延至今。说实话，这都已超出了我自己可以容忍的底线，更何况作为编辑呢？虽然言语很多时候难以表达内心的感激，但还得说句：谢谢您的耐心和宽容！

也特别感谢郑戈、李洪雷、毕洪海、田雷、李松峰、邓凯等诸位俊贤。他们帮忙校阅并纠正了译稿中的诸多疏漏，让我受益良多。同样感谢黄帅、王继远、陈雪娇、孙才华、吕宁在翻译过程中的帮助。

虽数译此稿，但如杨绛先生言："译文里的谬误，好比猫狗身上的跳蚤，很难捉拿净尽。"故而不尽之处，诚请各位学界同仁批评教正。

怀着感恩的心，继续前行吧！

王书成
于香港城市大学 Academic Building 1，P5523 研究室

图书在版编目（CIP）数据

新宪法秩序/（美）图施耐特著；王书成译. —北京：中国人民大学出版社，2014.4
ISBN 978-7-300-19145-4

Ⅰ.①新… Ⅱ.①图…②王… Ⅲ.①宪法-研究 Ⅳ.①D911.04

中国版本图书馆 CIP 数据核字（2014）第 064148 号

The New Constitutional Order by Mark Tushnet
Copyright © 2003 by Princeton University Press
Simplified Chinese version © 2013 by China Renmin University Press
All Rights Reserved.
No Part of this book may be reproduced or transmitted in any form or by any means, electronic or mechanical, including photocopying, recording or by any information storage and retrieval system, without permission in writing from the Publisher.

"十二五"国家重点图书出版规划
法学译丛·公法系列
新宪法秩序
[美] 马克·图施耐特（Mark Tushnet） 著
王书成 译
Xinxianfa Zhixu

出版发行	中国人民大学出版社				
社 址	北京中关村大街 31 号		邮政编码	100080	
电 话	010-62511242（总编室）		010-62511770（质管部）		
	010-82501766（邮购部）		010-62514148（门市部）		
	010-62515195（发行公司）		010-62515275（盗版举报）		
网 址	http://www.crup.com.cn				
	http://www.ttrnet.com（人大教研网）				
经 销	新华书店				
印 刷	北京东君印刷有限公司				
规 格	155 mm×235 mm　16 开本		版 次	2014 年 4 月第 1 版	
印 张	21.5 插页 2		印 次	2014 年 4 月第 1 次印刷	
字 数	301 000		定 价	62.00 元	

版权所有　侵权必究　印装差错　负责调换